QUELLENSTUDIEN

ZUR

HOLLÄNDISCHEN KUNSTGESCHICHTE.

QUELLENSTUDIEN

ZUR

HOLLÄNDISCHEN KUNSTGESCHICHTE

ARNOLD HOUBRAKEN

UND SEINE „GROOTE SCHOUBURGH"

KRITISCH BELEUCHTET,

von

DR. CORN. HOFSTEDE DE GROOT.

HAAG
MARTINUS NIJHOFF
1893

ISBN 978-94-015-2040-9 ISBN 978-94-015-3219-8 (eBook)
DOI 10.1007/978-94-015-3219-8

DE ZUID-HOLLANDSCHE BOEK- EN HANDELSDRUKKERIJ.

A. BREDIUS

IN DANKBARER VEREHRUNG
GEWIDMET.

Ik my niet schame te zeggen, dat hy myn leermeester geweest is, en ik den grontslag van al wat ik in de Konst weet aan hem verschuldigt ben.

G. D. II. 155.

VORWORT.

Gegenwärtige Abhandlung hat im Sommer 1891 der Leipziger philosophischen Facultät als Inauguraldissertation vorgelegen. Nur die Abschnitte „Kunstwerke als Quellen" des ersten, und „Gedichtsammlungen" des zweiten Teiles haben seitdem Erweiterungen bzw. Umarbeitungen erfahren. In jenem verdanke ich namentlich den Herren BREDIUS und MOES manche wertvolle Bereicherung, während diese nur durch die nach meiner Rückkehr in meine Heimat angestellten Nachforschungen in holländischen Bibliotheken ihre jetzige Gestalt erlangen konnte.

Dem Inhalte nach soll meine Arbeit der erste Versuch sein, mit einer Lebensskizze HOUBRAKENS als Einleitung, seine Groote Schouburgh kritisch zu behandeln, und insofern es möglich ist, seine Quellen nachzuweisen. Was darüber hinausgeht, liegt ausserhalb des Rahmens dieses Buches. Unberücksichtigt geblieben ist also in der Regel jede Nachricht, für die mir keine Quelle bekannt war, und die von mir geübte Kritik hat sich nur auf HOUBRAKENS Entlehnungen, nicht aber auch auf die Controle der von seinen Quellen als wahr hingestellten Tatsachen erstreckt. Ich hätte sonst gleichzeitig eine Quellenkritik Sandrarts, de Bie's usw. usw. und fünf Bände statt einen schreiben müssen.

Dieser Einschränkung des Stoffes steht eine Ausdehnung gegenüber, über die ich mit einigen Worten Rechenschaft ablegen möchte. Ich habe nemlich aus sämtlichen Quellenwerken, die auf holländische Künstler bzw. Maler bezüglichen Stellen, welche von HOUBRAKEN nicht benützt worden sind, registrirt. Eine richtige Würdigung seiner Geschichtschreibung ist nur dann möglich, wenn man auch weiss, welche Nachrichten seiner Vorgänger er aus irgend einem Grunde nicht der Aufnahme würdig hielt. Namentlich bei den Dichtern sind diese unerwähnten Kunstwerke der Zahl und Bedeutung nach nicht unbeträchtlich und manche dürften hier zum ersten Male in die kunstgeschichtliche Literatur eingeführt worden sein.

Einer kurzen Rechtfertigung bedarf auch die Anordnung der Register. Während das zweite ein Ortsverzeichnis der noch vorhandenen Kunstwerke enthält, sind aus dem dritten, dem allgemeinen Personenverzeichnis, diejenigen Stellen des Zweiten Teiles zu einem ersten Verzeichnis vereinigt, an denen die Bestandteile jeder einzelnen Biographie ihren Quellen nach behandelt werden. Der Vorteil, dadurch gewissermaassen eine tabellarische Uebersicht über HOUBRAKENS Quellenbenützung zu erlangen, schien mir grösser als der Nachteil der jetzt durch ein — in manchen Fällen nötiges — Nachschlagen in zwei Registern entsteht. Durch Hinzufügung der durch die vorgesetzte Römisehe Ziffer I, II, III erkenntlichen Seitenzahl der Groote Schouburgh habe ich dem sehr unbequemen Mangel an dortigen Registern nach Kräften abzuhelfen gesucht.

Die Reihenfolge innerhalb der Register ist eine alfabetische. Die schwankende Orthographie des siebzehnten Jahrhunderts machte es aber notwendig das C und K, das S und Z zusammenzufügen. Das y ist wo es den Wert eines i hat, auch als solches eingereiht 1). Endlich sind die Namen, welche aus einem Vornamen und dem Genitiv des Vaternamens bestehen, unter ersterem aufgeführt. Es wäre dem Sprach-

---

1) Sonst müsste man z. B. Jacob Ruisdael und Salomon Ruysdael durch Rachel Ruysch trennen!

gefühl des XVII Jahrhunderts ebenso zuwider, wenn man PIETER CLAESZ unter CLAESZ, oder NICOLAES ELIASZ unter ELIASZ einreihte, wie wenn man z. B. in einem griechischen Register Μιλτιάδης ὁ Κίμωνος unter Κίμωνος einen Platz geben wollte. Freilich ändert sich die Sitte im Lauf der Zeit mehr und mehr. Die wirklichen Familiennamen werden stets häufiger, und anfängliche Patronymika werden zu solchen. WIJNANTS, SEGERS, LIEVENS, FOKKENS, JANSSENS und viele anderen haben diese Wandlung mitgemacht. Die Grenze zu ziehen, ist nicht immer leicht. Für eine ausführliche Begründung meines Vorgehens in jedem einzelnen Fall ist es hier nicht der Ort; durch zahlreiche Verweisungen aber bin ich der Praxis zu Hülfe gekommen.

Zum Schlusse ist es mir hier eine angenehme Pflicht allen denjenigen, die durche ihre Beiträge, durch ihr Entgegenkommen meine Arbeit gefördert haben, meinen herzlichen Dank auszusprechen. Nicht im geringsten gebührt derselbe mehreren lieben deutschen Freunden, die durch Durchsicht der Correcturbogen mir behilflich gewesen sind, dem sprachlichen Ausdruck wenigstens bis zu einem gewissen Grade den Charakter des Apodemischen zu entnehmen.

HAAG, Dec. 1892. D. V.

INHALTS UEBERSICHT.

ERSTER TEIL.

ZWEITER TEIL.

EINZELNACHWEIS DER LITERARISCHEN QUELLEN.

A. Die Malerbiographien.

Seite.

F. Varia.

ERSTER TEIL.

1. Houbrakens Leben.

Die erste zusammenhängende Lebensbeschreibung Arnold Houbrakens finden wir bei demselben Schriftsteller, der auch sein unvollendet gelassenes Werk erweiterte und fortführte: Johan van Gool setzte ihm im ersten Bande seiner *Nieuwe Schouburg* (S. 131—143) ein ehrendes Denkmal. Daneben sind aber die Nachrichten, welche Houbraken selbst der *Groote Schouburgh* eingefügt hat, nicht zu verschmähen. Combiniren wir die Mitteilungen dieser beiden literarischen Quellen mit den Ergebnissen der neueren archivalischen Forschung, so erhalten wir folgendes Bild.

Arnold Houbraken wurde nach van Gool am 28 März 1660 als Sohn eines braven Bürgers zu Dordrecht geboren. Eine Bestätigung durch archivalische Urkunden ist bisjetzt für dieses Datum allerdings vergeblich gesucht, aber ebensowenig ist etwas gefunden worden, was der Richtigkeit desselben widerspräche. Ueber seine Eltern ist nichts bekannt, denn die von J. Veth ausgesprochene Vermutung (Oud Holland VII S. 300), der Tuchmacher Jan Houbraken [1]), dessen Wittwe 1670 erwähnt wird, könnte recht wohl sein Vater gewesen sein, wird hinfällig, wenn man bedenkt, wie ausdrücklich Houbraken selbst im zweiten Bande seines Werkes S. 148 f. seinen Vater als im

[1]) Andere Personen namens Houbraken kommen in Antwerpen, Brügge, Gorcum, Dordrecht und Amsterdam vor. In ersterer Stadt bereits im J. 1417. Vgl. Fr. Lippmann im Repert. f. Kunstw. Bd. I S. 233, Anm. **).

Jahre 1672 noch lebend erwähnt. Schon frühe muss er Lust zur Kunst gehabt haben. In der Lebensbeschreibung von Joris van Schooten vergleicht er dessen Jugendgeschichte mit seiner eigenen: beide konnten ihre Eltern nicht bewegen, sie zur Kunst erziehen zu lassen. Schon 1669, also neun Jahre alt, wurde Houbraken zu einem Kaufmann Johannes de Haan gebracht, bei dem er zwei Jahre lang Garn wickeln musste (G. S. I S. 130). Dieser de Haan, später Auctionator und vereidigter Makler zu Dordrecht hatte in seinen jungen Jahren ebenfalls die Kunst geübt und zwar bei keinem geringeren als Nicolaes Maes. Weshalb er die Kunst aufgegeben, erfahren wir nicht. Die Liebe zu ihr scheint ihm aber beigeblieben zu sein, denn, wenn er mit seiner jungen Frau Besuche machte, was häufig vorkam, gab er seinem kleinen Gehülfen Zeichnungen und Stiche zu copiren, wodurch er die Sicherheit gewann, dass der Junge pflichtgetreu zu Hause blieb. Dieser machte aber dabei solche Fortschritte, dass er durch Fürsprache guter Freunde noch vor Ablauf des Contraktes von de Haan weggenommen und zu Willem Drillenburg gebracht wurde. „Dies war im Jahre 1669" fügt Houbraken (B. I S. 131) hinzu, und fordert uns dadurch auf zur Frage, ob er damit, wie wir oben schon stillschweigend angenommen haben, seinen Eintritt ins Geschäft von de Haan oder ins Atelier Drillenburgs gemeint habe. Die Antwort hierauf giebt uns B. II S. 148, wo wir lesen, dass Drillenburg zwar schon 1668 oder 1669 nach Dordrecht gekommen war, aber dass Houbrakens Vater ihn erst 1672 kennen lernte. Nehmen wir also an, dass Arnold gegen Ende des Jahres 1669 zu de Haan gebracht wurde und fassen wir die zweijährige dort zugebrachte Zeit nicht gar zu genau, dann stimmt dazu recht gut, dass er bald nachdem sein Vater Drillenburgs persönliche Bekanntschaft gemacht hatte, zu diesem in die Lehre gebracht wurde. Jedenfalls war er dort, als die B. II S. 149 geschilderten Unruhen ausbrachen [1]) (Juni 1672). Er scheint sich bei ihm

[1]) Dieser Drillenburg war nach Houbrakens Schätzung bei seiner Ankunft in Dordrecht ein Mann von etwa 42 bis 43 Jahren; er wird

nur im Zeichnen geübt zu haben, denn er sagt a. a. O.: „mein Vater gab mich zu ihm, damit ich zeichnen lernte", und S. 153 „la Vecq kam in das Haus meiner Eltern, als ich eben bei Drillenburg ausgetreten war, und für mich allein, ohne Unterricht zeichnete".

Ueber die Dauer dieser ersten Lehrzeit lässt sich nicht viel sagen. Folgen wir Houbrakens eigenen Mitteilungen, dann wäre er neun Monate bei Jacob le Vecq in der Lehre gewesen und starb dieser, wenn er sich recht erinnerte, Anfang 1674. Hiernach müsste er etwa um die Mitte des Jahres 1673 zu diesem Meister gekommen sein. Als er aber diese Worte niederschrieb, erinnerte er sich eben nicht recht, wann le Vecq starb, da dies nach Balen, *Beschrijving van Dordrecht* S. 1066 erst am 2 September 1675 der Fall war, einem Datum, das durch Veth's archivalische Forschungen als richtig erwiesen ist (a. a. O. S. 308). Wäre demnach Houbrakens Lehrzeit bei ihm etwa von November oder December 1674 bis September 1675 anzusetzen, so widerspricht dem wieder das, was er selbst B. II S. 158 mitteilt, dass er nämlich schon bei seinem dritten Lehrer Samuel van Hoogstraten war, als dieser das zweite Bild der Vorsteher der Münze malte, und dies war nach Balen a. a. O. S. 682 schon im Jahre 1674 der Fall. Wenn Houbrakens eigene Angaben sosehr mit einander in Widerspruch sind, müssen wir heutzutage von näheren Versuchen, diese Sache zur Klarheit zu bringen, abstehen.

Wie Houbraken zu Hoogstraten in die Lehre kam und wie lange er dort war, erfahren wir nicht. Wie wir eben sahen, war er 1674 in dieser Werkstatt, also als vierzehnjähriger Knabe. An andrer Stelle (B. II S. 165) lesen wir, dass er der älteste Schüler war, als die Nascherei der Muskatelltrauben stattfand und B. II S. 167, dass Hoogstraten nach seinem Fortgange keine anderen Schüler mehr annahm. Da nun dieser am 19 Oct. 1678 starb

---

also um 1625 geboren sein. Er stammte aus Utrecht, lernte dort bei Abr. Bloemaert, doch folgte er später der Malweise J. Both's, ohne ihn in Behandlung und Colorit zu erreichen. Aus B. III S. 354 geht hervor, dass Willem Beurs zu gleicher Zeit wie Houbraken sein Schüler war.

(B. II S. 167; bestätigt durch Veth, a. a. O. S. 141) und Houbraken imselben Jahre als Mitglied der Malergenossenschaft angenommen wurde (B III S. 181) werden wir wohl nicht fehl gehen, wenn wir seine Schülerzeit bei Hoogstraten auf mindestens drei bis vier Jahre berechnen. Eine Unterstützung gewinnt diese Annahme noch dadurch, dass wir B. II S. 161 erfahren, dass H. noch als Schüler auserwählt ward mit seinem Lehrer die Abbildungen zu dessen *Inleyding tot de hooge schole der schilderkunst*, welche 1678 erschien, zu radiren. Nachdem er aber eine Platte (auf S. 269 dieses Werkes) fertig gestellt hatte, machte ihm ein Mitschüler mit gutem Erfolge diesen Vorteil streitig, wodurch die weitere Mitwirkung unterblieb. Sein freundschaftliches Verhältnis zu Hoogstraten wurde hierdurch, wie es scheint keineswegs beeinträchtigt, ebensowenig wie sein Dankbarkeitsgefühl ihm gegenüber dadurch erlosch. Als Beweis für ersteres darf gelten, dass ihm ein unvollendetes Werk seines Meisters nach dessen Tode anvertraut wurde, um es zu vollenden und herauszugeben (B. II S. 161, Anm.) und von letzterem legt Houbraken B. II S. 155 ff. u. A. durch folgende Worte Zeugnis ab: „Und wenn meine Feder etwas ausführlicher ist in seiner Lebensbeschreibung als in der Anderer, so schreibe man es dem Dankbarkeitsgefühle zu, das ich seitdem ich die Ehre seines Unterrichts genossen habe, für ihn im Busen trage, dem ich jetzt genügen will, indem ich mich nicht schäme, zu erklären, dass er derjenige meiner Lehrer gewesen ist, dem ich die Grundlage meines Könnens in der Kunst verdanke."

Auch in der sich diesen Worten anschliessenden Biographie lässt Houbraken sich keine Gelegenheit entgehen, seinen Meister und dessen Unterricht zu loben, einen Unterricht, dessen vollkommen academische Tendenz man in den Gemälden Houbrakens und in den theoretischen Excursen der G. S. ohne Mühe erkennt.

Nachdem nun Houbraken, wie schon erwähnt, im Jahre 1678 in die Gilde seiner Vaterstadt eingetreten war, arbeitete er dort während eines Zeitraumes von mehr als dreissig Jahren. Im Jahre 1685 führte er Sara, die Tochter des städtischen Chirurgen Jacob Sasbout Souburg als Gattin heim und zeugte im Laufe der

Zeit eine zahlreiche Nachkommenschaft. [1]) Er malte nach dem Zeugnisse van Gools (S. 133) viele Bildnisse für die angesehensten Familien der Stadt und hatte, ebensowie seinerzeit sein Lehrer Hoogstraten, die Ehre, die Vorsteher der Münze in einem Gesammtbilde malen zu dürfen. Auch malte er viele Geschichtsbilder, sowohl als Gesammtdecoration für Zimmer und Säle, als auch in der Gestalt von Cabinetstücken. Ein Beispiel ersterer Art ist uns noch erhalten im Deckengemälde und Kaminstück im Regentenzimmer des Arent-Maertensz-Hofje in Dordrecht. Beide sind allegorischen Inhalts und wenig erfreulich. Auch nach aussen scheint sich schon damals sein Ruf als Bildnismaler verbreitet zu haben; wurde er doch 1694 nach Nymegen entboten, um den Burggrafen dieser Stadt zu porträtiren (B. III S. 202). Einige Bilder können wir auf Grund ihrer Daten oder aus anderen Gründen als Werke der Dordrechter Zeit nachweisen. Es sind dies ein Familienbild aus dem Dordrechter Geschlecht Beelaerts van Blokland, noch heute im Besitze der Familie; eine Opferung Mariae (Darstellung im Tempel) aus der Sammlung Schönborn zu Pommersfelden, datirt 1689; ein Diogenes mit der Laterne in der Pinacothek zu Turin, datirt 1701; ein Apoll mit den Musen auf dem Parnass in der Sammlung Wente zu Amsterdam, vom Jahre 1707; und die Bildnisse der Pastoren Flud van Giffen († 1701) Jac. Oldenborg († 1690) und S. van Til († 1713), sämmtlich der Dordrechter Gemeinde angehörig, also vermutlich auch dort gemalt. Die Originalbilder sind heutzutage nichtmehr nachweisbar, aber ihre Existenz wird durch die danach gefertigten Stiche von Adr. Haelwegh und A. v. Sijlvelt bezeugt. Auch die Bildnisse von Jacob Moelaert, anfangs Künstler, später Kunstliebhaber zu Dordrecht, vom 1692 gestorbenen Joach. Oudaen, vom Prae-

---

[1]) Ueber diesen Punkt vgl. P. J. Frederiks in Obreens Archief VI S. 332 und Veth a. a. O. S. 300. Auffallend ist, dass das von Houbraken eigenhändig niedergeschriebene Datum seiner Hochzeit an der erstgenannten Stelle, nicht übereinstimmt mit dem Auszug aus dem officiellen Kirchenbuche, den Veth mitteilt (3 Juli 1685 und 13 Mai 1685).

ceptor der Lateinischen Schule zu Dordrecht Frank van Schie sind aller Wahrscheinlichkeit nach in Houbrakens Vaterstadt von ihm gemalt. Das erste und letzte wurde von Nic. Verkolje in Schabkunst, das zweite von Dirk Jonkman mit dem Grabstichel gestochen.

Eine Wertschätzung dieser Werke nach künstlerischer Richtung und ein Vergleich derselben mit den späteren Amsterdamer Bildern müssen wir uns versagen; wir können nur darauf hinweisen, wie einige noch nicht erwähnte Bilder dieser Periode von seinen Zeitgenossen gewürdigt wurden. Es sind diejenigen, welche in einer Dordrechter Auction vom Jahre 1708 vorkommen, deren mit Preisen versehenen Catalog uns die Sammlung von Hoet (B. I S. 119 f.) aufbewahrt hat. Hier sind sie folgendermaassen verzeichnet:

N°.	1.	Atalante, een kapitael en curieus stuk. . .	*f* 170.—
„	9.	Lucretia, } beide van een grootze Ordonnantie en konstige uitvoering	„ 145.—
„	10.	Cleopatra, }	„ 50.—
„	25.	Romeinze Historie op een kooperplaetje, in een gesnede lijsje	„ 18.10

Welchen Maassstab diese Preise für Houbrakens Wertschätzung durch seine Zeitgenossen bilden, geht aus einem Vergleich mit den für andere Bilder aufgewendeten Summen hervor. Da sehen wir, dass nur drei Bilder dieser aus 28 Nummern bestehenden Auction einen höhern Preis erzielten als Houbrakens Atalante und Lucretia. Es sind dies eine Bordellszene von Gio. Batt. Weenix, im Catalog hervorgehoben durch die Worte „bekannt als sein bestes Bild", ad f 295.—, der verlorne Sohn, von seinem Vater Abschied nehmend von Ger. Pzn. van Zijl ebenfalls „das beste Bild, das von ihm bekannt ist" ad f 370.— und die Enthauptung des Quintus Fabius von Jac. van der Ulft ad f 210.—, „ausserordentlich vollendet mit mehreren schönen Gebäuden und einer fast unzählbaren Menge von Figuren und Pferden. Nach diesen drei, durch ihre Prädikate als besonders hervorragend gekennzeichneten Bildern von verstorbenen Meistern kommen die beiden Werke unseres Künstlers ad 170 und 145 Gulden und dann erst eine Bathseba von Schalcken

„besonders curios und zart gemalt" ad f 120.—, Ruinen mit Figuren von Thom. Wijk in seiner besten Art ad f 110.— und ein Stillleben von Heda ad f 105.—. Ein Werk von G. de Lairesse, damals in höchster Blüte, erzielt nur f 55.—, und sämmtliche andere Werke, worunter die Namen Ruysdael's, van der Does', Percelles', van der Ulft's und Poelenburg's vorkommen, noch weniger. Man kann daher nicht sagen, dass bei dieser Gelegenheit Houbrakens Kunst nicht gewürdigt worden sei, ob dies immer so war, oder ob dieser Fall grade eine Ausnahme bildet, entzieht sich aus Mangel an Nachrichten unsrer Beurteilung. Fast möchte man glauben, dass letzteres der Fall und einer der Gründe gewesen sei, die unsren Meister zum Umzug nach Amsterdam bestimmten. Diese Stadt, obwohl nicht mehr, wie damals als Rembrandt dorthin übersiedelte, die vornehmste Kaufstadt Europa's, war dennoch die hervorragendste Stadt der Vereinigten Niederlande und besonders auf dem Gebiete der Kunst noch stets Führerin. Wenn nun auch van Gool als Gründe des Umzugs angiebt, Houbraken habe dort besser für die Erziehung und Zukunft seiner Kinder Sorge tragen zu können gehofft, so schliesst dies nicht aus, dass nicht auch finanzielle Gründe hier maassgebend gewesen seien. Grade bei einer zahlreichen Nachkommenschaft giebt man, wenn man nicht über die nötigen Mittel verfügt, einen sicheren Erwerb nicht für eine unsichere Zukunft Preis, und auch Houbraken wird beim Heranwachsen seiner neun Kinder und den stetig steigenden Ausgaben seines Haushalts wohl von einer Kunstübung in Amsterdam grössere Vorteile erwartet haben, als sein Pinsel ihm in Dordrecht zu liefern im Stande war. Ein Umstand wird ausserdem von van Gool als entscheidend auf seinen Beschluss hervorgehoben. Er hatte Gelegenheit gehabt, für den Amsterdamer Kunstmäcen Jonas Witsen zwei Cabinetstücke zu malen, und hatte dies zu solcher Zufriedenheit seines Auftraggebers ausgeführt, dass jener ihm seine Unterstützung zusagte. Welche Bilder dies gewesen sind, geht mit grosser Wahrscheinlichkeit aus dem Witsen'schen Auctionscatalog (Hoet I S. 205) hervor. Von den drei dort erwähnten Bildern Houbrakens ist eins, das

Bad der Callisto das Gegenstück zu einem Bad der Diana von Wil. v. Mieris, während die beiden andern unter sich als Pendants bezeichnet werden. Es sind:

N°. 18. Ein Ecce Homo, mit geschnitztem Goldrahmen, eins seiner allerbesten und

„ 19. Ein Pendant dazu, beide gut.

Diese Bilder wurden zusammen verkauft und erzielten die bedeutende Summe von 720 Gulden; während das Bad der Callisto nur 215 Gulden brachte.

Auch der Zeitpunkt von Houbrakens Uebersiedlung nach Amsterdam, über den van Gool schweigt, können wir mit ziemlicher Sicherheit bestimmen. Der verstorbene Archivar Amsterdams, Scheltema, hat in dem Sammelwerke *Aemstels Oudheid*, B. V, S. 72, das Datum veröffentlicht, an welchem Houbraken daselbst als Bürger eingetragen wurde; es war dies der 8 Oct. 1710, während Herr Veth a. a. O. S. 300 mitteilt, dass unser Künstler am 29 April 1709 seine Wohnung zu Dordrecht verkauft hatte. Zwischen diesen beiden Daten liegt also das Ereignis, mit dem die zweite Periode in Houbrakens Leben anfängt [1]).

Auch über das Jahrzehnt, welches Houbraken in Amsterdam verlebte, ist van Gool unsre erste und ausführlichste Quelle. Seine Darstellung hat aber sofort nach dem Erscheinen der *Nieuwe Schouburg* Widerspruch hervorgerufen und auch ich werde ihre Richtigkeit an mehreren Punkten bezweifeln müssen. Die Tatsachen, welche er erwähnt, sind in wenigen Worten folgende:

Anfangs ging es unsrem Künstler unter den Flügeln Witsens nach Wunsch. Dieser ward aber durch den Tod hinweggerissen, ehe

[1]) Herrn Bibliothekar E. W. Moes in Amsterdam verdanke ich den nachträglichen Nachweis eines Briefes von Houbraken, der bereits am 16 Mai 1710 zu Amsterdam an de la Court in Leiden geschrieben wurde. Dieser Brief kam 28 Jan. 1887 in der Auction Mazel im Haag (Cat. Nr. 696) vor. Es war ein Begleitschreiben zu einer Zeichnung mit der Darstellung von Romulus und Remus und wurde für f 12.— ans kgl. Kupferstichcabinet in Amsterdam verkauft.

Houbrakens Ruf begründet und seine Kunst in Ansehen war. Die Bilder der Sammlung Witsen wurden teuer bezahlt, wegen des berühmten Namens ihres Besitzers, aber die Werke, welche Houbraken später lieferte, fanden keine Käufer. Er musste daher viel für Buchhändler zeichnen und dies brachte ihm nur geringen Verdienst. Im Jahre 1713 machte er die Bekanntschaft eines Engländers, in dessen Auftrag er sich nach England begab, um dort Bildnisse für ein Geschichtswerk über die Regierungszeit König Karls I zu zeichnen. In England brachte er acht bis neun Monate zu, und musste dann nach seiner Rückkehr die traurige Erfahrung machen, dass sein Auftraggeber contractbrüchig geworden und er um seinen Lohn gekommen sei. Sodann fasste er im Jahre 1717 den Plan, sein Werk über die niederländischen Maler zu schreiben, starb aber noch ehe der dritte Band desselben erschienen war.

Dies ist in Kürze die Reihenfolge der von van Gool berichteten Tatsachen.

Es ist bekannt, dass gleich nach dem Erscheinen des ersten Bandes des van Goolschen Werkes, von Seiten des Kunsthändlers Hoet Kritik an demselben geübt wurde, woraus sich eine von beiden Seiten mit Erbittrung geführte Polemik entspann. Steht es nun ein für allemal fest, dass Hoet sich hauptsächlich durch van Gool's Ausfälle gegen die Kunsthändler zu seinem überscharfen Tadel verleiten liess, so kann andrerseits nicht geleugnet werden, dass namentlich seine zweite Flugschrift: „Aanmerkingen op het eerste en tweede deel des „Nieuwen Schouburgs der Nederlantsche Kunstschilders en „Schilderessen door Johan van Gool" viele begründete Aussprüche tadelnder Art enthält, und zu diesen wird wohl auch die Stelle auf S. 32 gerechnet werden müssen, in welcher er die Aussage van Gools bekämpft, alsob Houbraken stets mit Missgeschick zu kämpfen gehabt habe. Er, Hoet, habe davon nie reden hören, und Houbrakens Sohn werde dem Verfasser wenig dankbar sein für diese Behauptung.[1] Hier haben wir also zwei entgegen-

[1] Er nennt sie „eene assurante en onbetamelijke uitwijding."

gesetzte Meinungen, die eine von van Gool, einem persönlichen Freunde Houbrakens, die andere von Hoet vertreten, dessen Vater Gerard Hoet der Ältere ihm mindestens eben so nahe stand als van Gool. In diesem Falle spricht a priori die Wahrscheinlichkeit dafür, dass der Angreifer Recht hat und van Gool sich bei der Schilderung von Houbrakens Missgeschick mindestens zu starker und übertriebener Ausdrücke bedient hat. Diese Annahme wird unterstützt durch die Prüfung der Gründe, welche van Gool für seine Mitteilung anführt. Da heisst es: solange Houbrakens Mäcen, Jonas Witsen, lebte, ging alles gut; als dieser starb ehe sein Ruhm begründet war, fanden seine Werke keine Käufer mehr, und er musste das wenig einträgliche Zeichnen für Buchhändler übernehmen. Sehen wir jetzt zu, was hiervon Wahrheit, was Erfindung ist: Aus dem Jahre 1712 besitzen wir aus Houbrakens eigenem Munde eine Aeusserung über sein anfängliches Wohlergehn zu Amsterdam. Dieselbe findet sich vor dem unten zu erwähnenden Gedichte J. van Hoogstratens über den Apostel Paulus und lautet etwa folgendermaassen: Mein Umzug nach Amsterdam hatte sehr schwierige Folgen. Kaum hatte ich jedoch dieselben gehörig überwunden, da zeigte mir das Glück ein viel freundlicheres Antlitz, als es je in Dordrecht getan und überhäufte mich mit sehr vielen Beschäftigungen usw. Ferner wissen wir, dass Houbraken 1709 oder 1710 nach Amsterdam kam und Witsen erst fünf Jahre später (31 Mai 1715) starb. Vor dessen Tod war Houbraken bereits längere Zeit in England gewesen (1713/4) und viele der von ihm für Buchhändler gezeichneten Illustrationen und Titelblätter tragen ein früheres Datum.

Von solchen sind mir bekannt:

Zedezangen en Stigtelijke liederen etc. Gouda, Luc. Kloppenburg 1708 (Houbraken war damals noch zu Dordrecht ansässig).

Philalethes' Brieven, Amsterdam, P. Boeteman 1712 [1]).

---

[1]) Dies Werk ist von Houbraken selbst verfasst, wie aus mehreren Stellen der G. S. hervorgeht. Vgl. schon G. D. J. Schotel, im *Ned. Spectator* 1889 S. 230 f, der dem Verfasser jedoch irrtümlich den Vornamen seines Sohnes Jacobus giebt.

Leven en Bedrijf van den grooten apostel Paulus, Ibid. 1712 [1]).

Dl. Willinks, *Amsterdamsche Tempe*, Eerste Boek.

Id. id. Tweede Boek.

Id. *Amstelstroom*. Alle Amsterdam, van de Gaete 1712.

E. Verrijke, *Zederijke zinnebeelden*. Amsterdam, Trojel 1712.

P. H. van Limborchs *Uitleggingen over de handelingen der Apostelen*, Rotterdam. Barend Bos 1713.

S. Pitisci, *Lexicon Antiquitatum Romanarum*, Tom. II. Fr. Halma Leovardiae 1713.

Folioblatt mit der Aufschrift: *Magna Britanniae Regina s. Anna Hostibus Sociisque dat Pacem* 1713.

Jacob Zeeus, *De Wolf in 't Schaepsvel*. Rotterdam, A. Willis, 1715.

Het Hooglied Salomons, door Abr. Hellenbroek, Rotterdam R. van Doesburg 1717.

Endlich trägt ein Blatt aus der neutestamentlichen Folge, welche nach Houbrakens Zeichnungen von F. Bleyswijk, Bloois (de Bloys), G. de Broen, van Buisen, Folkema, G. van der Gouwe, Jongman, J. Mulder, M. Pool und Sluiter für die Bibelausgabe von van der Mark gestochen ist, die Jahreszahl 1711 [2]). Es ist dies die von J. Mulder gestochene Verkündigung an die Hirten.

Aus dem vorstehenden ist zu folgern:

I. Dass van Gool mit Recht behauptet, dass es Houbraken anfangs in Amsterdam nach Wunsch ging.

II. Dass man aber den Tod Witsens nicht in Verbindung bringen darf mit Houbrakens grösserm oder geringerm Erfolg als Maler in Amsterdam.

III. Dass Houbraken lange vorher, ja schon während seines Dordrechter Aufenthalts für Buchhändler zeichnete, und dass

---

[1]) Zu diesem Gedichte seines Freundes J. van Hoogstraten lieferte Houbraken Zeichnungen und Marginalia; diese hauptsächlich antiquarischen Inhalts.

[2]) Den Grund, weshalb dies Werk damals nicht erschien teilt Z. C. v. Uffenbach aus dem Munde von Ger. Hoet, im dritten Bande seiner *Merkwürdigen Reisen*, S. 715, mit. Bekanntlich kam es erst i. J. 1728 heraus.

die Darstellung van Gools daher in diesen Punkten entschieden falsch ist [1]).

Ueber Houbrakens Englische Reise haben wir ausser dem, was van Gool mitteilt nur wenige Nachrichten. In Bezug auf den „Terminus post quem" des Antritts liefert die Grosse Schouburg einen Anhaltspunkt B. I S. 86, wo von Bildern des Königs Wilhelm III die Rede ist, welche zum Verkauf von Schloss Loo nach Amsterdam gebracht worden waren und welche Houbraken ausdrücklich bezeugt dort gesehen zu haben. Da dieser Verkauf nach seiner, von Hoet (Cat. B. I S. 149) bestätigten Aussage am 26 Juli 1713 stattfand, kann er erst nach diesem Zeitpunkt auf Reisen gegangen sein. Im Jahre 1714 sah er zu London den Saal im Bankethouse zu Whitehall, bekannt durch die Hinrichtung Karls I. (B. I S. 68) und ohne Zeitangabe erwähnt er B. I S. 187 die vielen Bildnisse van Dyks, die er zu Winsingdon, dem Sitze des Lord Warthon, zu bewundern Gelegenheit hatte. Van Gool S. 136 behauptet, aus dieser Stelle gehe hervor, dass grade dieser Herr ihm bei der Erfüllung seiner Aufgabe Schwierigkeiten bereitet habe. Dies ist jedoch unrichtig und van Gool wird, falls seine Angabe überhaupt auf Wahrheit beruht, sich hier vielleicht mündlicher Mitteilungen Houbrakens erinnert haben.

Die Englische Reise brachte Houbraken nach van Gool nur Nachteil, Verdruss und Aerger. Als er mit vieler Mühe nach acht bis neun Monaten mit seinem Auftrage fertig war und Bezahlung zu erlangen hoffte, war sein Auftraggeber verschwunden. Dies muss ungefähr um dieselbe Zeit gewesen sein, als sein Gönner Jonas Witsen starb (Ende Mai 1715) und es mag sein, dass das Zusammentreffen dieser beiden Schicksalsschläge van Gool Anlass gegeben hat zu jener Darstellung von Houbrakens äusseren Verhältnissen, deren Unrichtigkeit ich oben bewiesen zu haben glaube.

---

[1]) Van Gools Ansicht über die geringe Einträglichkeit des Zeichnens für Buchhändler wird ebenfalls von Hoet bekämpft in seinem *Brief aan een vriend* S. 8. Ohne Kenntnis der damals bezahlten Honorare ist es nicht möglich, heutzutage zu entscheiden, welche Partei in diesem Punkte Recht hatte.

Nach seiner Rückkehr aus England malte Houbraken unter anderm folgende Cabinetstücke: für Herrn van Heemskerk im Haag: einen Orest und Pylades, im Begriff vor einer grossen Volksmenge geopfert zu werden [1]), ein Opfer der Iphigenie in Tauris, eine Grossmut des Scipio, die Erstaunung des Kerkermeisters zu Philippi und die Taufe desselben [2]). Auch befand sich zu van Gools Zeiten bei Herrn P. Leendert de Neufville in Amsterdam ein Bild aus dieser Zeit, die Kreuzigung Christi darstellend, eine reiche, gut gemalte Composition.

Mehr erfahren wir über seine Tätigkeit als Maler nicht. Wie die bereits erwähnten Bilder stellen auch die sonst in Auctionen des vorigen Jahrhunderts vorkommenden Gemälde meist biblische oder mythologische, auch profangeschichtliche Ereignisse vor. Dazu kommen Bildnisse, Allegorien, Genrestücke und vereinzelt Landschaften. Auch erwähnen die alten Cataloge dann und wann Bilder älterer Meister, die von Houbraken mit Staffagen versehen worden sind. Heutzutage kommen seine Gemälde fast nur noch in Galerien untergeordneten Ranges vor und auch im Kunsthandel sind sie wenig geschätzt. Die Sammlungen van der Hoop, jetzt mit dem Amsterdamer Rijksmuseum vereinigt und Liechtenstein zu Wien dürften die einzigen namhafteren Galerien sein, die den Namen Houbraken aufführen. Ein Verzeichnis seiner mir bekannt gewordenen Werke ist dieser Lebensskizze angehängt, ohne jedoch den geringsten Anspruch auf Vollständigkeit zu erheben.

Als Houbrakens Schüler sind uns nur diejenigen bekannt geworden, deren Namen uns van Gool als solche überliefert hat. Es sind dies: Mathys Balen, der 1684 geborene Enkel des gleichnamigen Stadtchronisten von Dordrecht, der zwei Jahre bei ihm lernte (B. II S. 55 f); Adriaan van der Burg, 1693, ebenfalls zu Dordrecht geboren, der seinem Meister bei dessen Uebersiedlung nach Amsterdam folgte (B. II. S. 21)

---

[1]) Houbraken erwähnt dieses Bild B. III S. 263 f.

[2]) Nach Houbrakens Zeichnung wurden die beiden letzten Ereignisse von M. Pool und Mulder gestochen.

und Johan Graham der erst bei Matheus Terwesten in der Lehre gewesen war (B. II S. 277) [1]).

Der Charakter von Houbrakens Malerei ist durch und durch academisch; seine Bilder sind die Lehren seines Meisters van Hoogstraten in Farben übersetzt. Eine sorgfältig abgewogene Composition muss man ihnen nachrühmen, aber damit ist auch alles Gute von ihnen gesagt. Die Zeichnung, obwohl eine nicht geringe Uebung der Hand verratend, ist bei der Jagd nach schönen Formen vielfach unwahr, beim Schildern der Gemütsbewegungen übertrieben und dabei das Colorit schwach. Wie es in allen Perioden einer zurückgegangenen Kunstblüte in den Niederlanden der Fall war, sind bei ihm die Leistungen im Porträt am erfreulichsten, weil er da am wenigsten fremden Einflüssen und academischen Principien unterworfen war.

Zeichnungen von Houbrakens Hand sind ziemlich häufig zu finden. Die meisten, welche mir zu Gesicht kamen [2]), sind mit Tusche oder Rötel ausgeführt und behandeln dieselben Gegenstände wie seine Gemälde, deren Schwächen und Vorzüge sie teilen.

Auch Houbrakens Radirungen tragen wenig bei zum Ruhm ihres Urhebers. Ausser der bereits oben erwähnten Platte in Hoogstratens Inleyding und einigen Blättern in seiner Grossen Schouburg hat Houbraken eine Reihe von 60 Stichen herausgegeben unter dem Titel: *Tooneel van Sinnebeelden geopent tot Dienst van schilders, beelthouders* etc. 3 Abteilungen zu 23, 17 und 20 Blatt. Dordrecht, Niclaes de Vries 1700. Dasselbe Werk wurde 1729 nochmals herausgegeben unter dem Titel: *Stichtelijke Zinnebeelden, gepast op Deugden en Ondeugden* in LVII

---

[1]) Ausserdem hat der Dichter Jacob Zeeus (1686—1718) in seiner Jugend (ca. 1697—98) einige Zeit bei Houbraken gezeichnet, sich später aber ausschliesslich der Dichtkunst zugewandt. (Vgl. seine Biographie vor den *Overgebleve Gedichten van Jacob Zeeus*, Rotterdam 1726, S. XXIII). Er hat seinem Lehrer eins seiner Gedichte mit dem Titel *Geestoefening* dedicirt und Beischriften zu einigen Werken Houbrakens gedichtet. Houbraken hat seinerseits das Bildnis von Zeeus geschabt und gezeichnet.

[2]) In den Kupferstichcabinetten zu Amsterdam, Haarlem (Teylers Stiftung) Rotterdam, Dresden und München sah ich Blätter von seiner Hand.

tafereelen, vertoont door A. Houbraken en verrijkt met de bijgedichten van Juffr. Gesine Brit, t' Amsterdam bij Isaak Tirion MDCCXXIX.

An mehreren Stellen der seiner Grossen Schouburg eingeflochtenen antikisirenden, moralisirenden oder aesthetisirenden Abhandlungen bezieht sich Houbraken auf dieses Werk, und einmal (B. II S. 176) giebt er sogar eine Abbildung aus demselben, welche zur Charakterisirung der übrigen Blätter vollständig genügt. A. Verhuell beschreibt ferner im Supplement seines „Jacobus Houbraken et son oeuvre" (S. 36) eine Folge von 36 Radirungen in „*De Schoole der Wereld*" — uit het Latijnsch proza van Joseph Hall — in rijm verhaelt door F. V. H. Bij Fransois van Hoogstraeten, tot Rotterdam 1687. Die Blätter sind 7 cM. hoch und 8 cM. breit, „la plupart sont „des griffonnements, qui plaisent par leur simplicité et extrême „facilité d'exécution même." [1]) Um von weiteren Blättern entweder in Aetz- oder in Schabkunst-manier zu schweigen, sei hier nur noch eine selten vorkommende Radirung seiner Hand erwähnt, welche das von Joh. de Baen gemalte Bildnis seines Schwiegervaters Jacob Sasbout Souburg darstellt. Veth a. a. O. giebt davon eine ausführliche Beschreibung.

Auf dem Gebiete des Kupferstichs liegt, wie gesagt Houbrakens Verdienst nicht in seinen eigenen Productionen, sondern vielmehr darin, dass er der Lehrer war seines Sohnes Jacobus, der nicht nur der beste Vertreter seiner Kunst während des ganzen achtzehnten Jahrhunderts wurde, sondern auch zu den hervorragenden Stechern aller Zeiten gerechnet zu werden verdient. Von seiner Hand sind mit zwei Ausnahmen sämmtliche Bildnistafeln der Grossen Schouburg. Sein Gesammtwerk hat durch A. Verhuell die erste Bearbeitung erfahren (*J. Houbraken et son oeuvre*, Arnhem 1875, Supplément, Ibid. 1877).

Im Jahre 1717, so schreibt van Gool (B. I S. 137) fasste Houbraken den Plan, aus aufrichtiger Verehrung seiner Kunstgenossen die Grosse Schouburg der Niederländischen Maler und Malerinnen zu schreiben.

[1]) Dieses Werkchen befindet sich im Leidener Kupferstichcabinet.

Der erste Band dieses Werkes erschien bereits 1718. Es ist daher die van Gool'sche Zeitangabe gewiss nicht zu früh gegriffen. Sichere Anzeichen über den genauen Zeitpunkt bietet auch die Schouburg selbst nicht. An einer Stelle (B. III S. 76) bedauert Houbraken im Jahre 1714 noch nicht mit seiner Arbeit begonnen zu haben, während er B. III S. 208 über Aert de Gelder schreibt: „Er ist jetzt, in diesem Jahre 1715, während ich dies schreibe, noch in guter Gesundheit" usw. Eine dritte Stelle lautet (B. III S. 236) „Jetzt lebt er [Godfr. Kneller] in guten Verhältnissen beim gegenwärtigen König [von England, Georg I; 1714—1727] der ihn zum Beweise seiner Gunst zum erblichen Ritter-baronet erhob. Seit dieser Zeit bis jetzt, wo man schreibt 1715, hat er eine nicht zu nennende Zahl von Bildnissen gemalt."

Die beiden letzten Angaben würden gegen van Gool entscheiden, wenn nicht das Datum der letzten sehr unwahrscheinlich wäre und auch die Genauigkeit des ersteren in Frage stellte. König Georg kam bei seiner Tronbesteigung erst am 17 Sept. 1714 auf Englischem Boden an [1]), und die Ernennung Knellers zum Hofmaler und Baronet wird wohl erst erfolgt sein, nachdem dieser sich des Königs Gunst erworben hatte. Wo bleibt da bis 1715 die Zeit zum Malen unzähliger Bildnisse?

Da andere Stellen des dritten Bandes nachweislich viel später verfasst sind — so z. B. S. 167 im November 1718; S. 17 nach dem Anfangs 1718 erfolgten Tode L. van Hairens; S. 31 nach dem 18 Mai 1718; S. 212 nach dem 23 März 1717 — ist die Jahreszahl 1715 hier vielleicht ein Druckfehler. Nimmt man dies aber an, dann kann man mit demselben Recht oder Unrecht dasselbe tun in Bezug auf das über A. de Gelder mitgeteilte Datum, und dann bleibt als einziger Anhaltspunkt nur das von van Gool angegebene Jahr 1717 als Zeitpunkt der Inangriffnahme des Werkes übrig. Im folgenden Jahre erschien bereits der erste Band, und 1719 der zweite, aber ehe der dritte zum Abschluss gebracht war, starb der Verfasser und zwar nach van Gools Angabe in Folge einer auszehrenden Krankheit am 14 October 1719. Seine Leiche

---

[1]) Smollet, Fortsetzung von Hume's History of England S. 186.

wurde am 18 desselben Monats in der Nieuwezijds-kapel zu Amsterdam zur ewigen Ruhe gebettet (Oud Holland III S. 154). Zwei Jahre nach seinem Tode erschien im Verlage seiner Wittwe der dritte und letzte Band der Schouburg, während am 17ten Juli 1720 bereits der künstlerische Nachlass des Verstorbenen, zu einem Gesammtertrag von f 2302.1 versteigert worden war [1]). Ausser Houbrakens Sohn Jacobus sind noch zwei seiner Töchter in der Kunstgeschichte bekannt geworden, und zwar beide durch ihre Heirat mit einem Künstler: Antonina (geb. 1686) heiratete, in welchem Jahre ist unbekannt, den Zeichner Jacobus Stellingwerf, während die 1695 geborene Christina, im Jahre 1724 die Gattin des Porträt-, Geschichts- und Decorationsmaler Anthoni Elliger wurde. Von Antonina werden ausserdem hier und da Gemälde und Zeichnungen aufgeführt. So in der Auction Gildemeester (11 Juni 1800 in Amsterdam) unter Nr. 85/6 des Catalogs und bei Kramm. Näheres über diese Familie bieten die bereits oben erwähnten Aufsätze von Veth in Oud Holland und P. J. Frederiks in Obreens Archief [2]).

---

[1]) Den Auctionscatalog hat uns Hoet im ersten Bande seiner bekannten Catalogsammlung (S. 255) aufbewahrt.

[2]) Nach Abschluss dieser Lebensskizze machte mich Herr Director J. Ph. van der Kellen vom kgl. Kupferstichcabinet in Amsterdam in gewohnter Liebenswürdigkeit mit einem anonymen, wider Houbraken gerichteten Pamphlete bekannt, dem vielleicht einige neue Daten zu seiner Biographie zu entnehmen sind. Ich werde dasselbe seinem Hauptinhalte nach als Anhang zur vorliegenden Arbeit abdrucken und commentiren.

2. Verzeichnis der Gemälde Houbrakens. [1]

I. ALTES TESTAMENT.

1. **Abraham und Sara.**

Auction 17 April 1715 zu Hoorn. Cat. Nr. 53. Zusammen mit Nr. 8 verkauft für f 42.— (Hoet I. 181.)

2. **Sara führt Hagar dem Abraham zu.** Sehr ausführlich.

Auction des Nachlasses, am 17 Juli 1720. Cat. Nr. 10. Verkauft für f 90.— (H. I 255.)

Dies Bild kann identisch sein mit dem vorhergehenden. Es ist dies aber nicht wahrscheinlich, weil in diesem Falle Houbraken das Gemälde zurück erworben haben müsste.

3. **Jacob und Laban.** Sehr kunstreich copirt nach G. Lairesse.

Auction Lamb. van Hairen, 13 Oct. 1718 zu Dordrecht. Cat. Nr. 22. Verk. f. f 50.— (H. I 220.)

4. **Joseph und die Frau Potiphars.**

Auction des Nachlasses. Cat. Nr. 14: Ein schönes Bild. Verk. f. f 22.—

Auction J. Smees, 6 Apr. 1729 zu Amsterdam. Cat. Nr. 44. Verk. f. f 29.— (H. II 387.)

5. **Findung Mosis.**

Auction des Nachlasses. Cat. Nr. 21. Verk. f. f 21.—

6. **Der Engel erscheint Manoah** in einer schönen Landschaft mit Gebäuden, einem Esel und einigem Beiwerk. Holz 1′3½″ × 1′1″ Rheinl. [2]

Auction De la Court, 8 Sept. 1766 zu Leiden. Cat. Nr. 112. Verk. f. f 120.— (Terwesten S. 557.)

---

[1]) Von ihnen sind diejenigen, deren gegenwärtiger Aufbewahrungsort mir bekannt ist, durch den Druck hervorgehoben.

[2]) Bei Angabe der Maasse ist die Höhe der Breite vorangestellt.

7. **Elia bei der Wittwe zu Sareptha.**

Auction des Nachlasses. Cat. Nr. 25. Verk. f. f 9.—

8. **Susanna mit den beiden Aeltesten.**

Auction 17 April 1715 zu Hoorn. Cat. Nr. 52: Sehr schön gemalt. Zusammen mit Nr. verk. f. f 42.— (H. I 181).

II. NEUES TESTAMENT.

9. **MARIAE VERKÜNDIGUNG.**

Links kniet die Jungfrau vor einem Betpult und wendet sich um nach dem Engel, welcher rechts auf einer Wolke hinter ihr erscheint. Hintergrund eine Mauer mit einer gewölbten Öffnung und etwas Luft.

Leinw. 40 × 30 c.M. Bez. A. Houbrake.

Museum Suermondt in Aachen. Cat. 1883. Nr. 70.

10. **Joseph, Maria und das Christkind.**

Auction des Nachlasses. Cat. Nr. 3: Kräftig und ausführlich gemalt. Verk. f. f 180.—

Auction R. Pickfatt, 12 April 1736 zu Rotterdam, Cat. Nr. 85: Maria das Christkind im Schoosse haltend, nebst Joseph; das Beste, was von ihm bekannt ist 1′2″ × 11″. Verk. f. f 150.— (H. I 471.)

Auction J. J. v. Mansveldt, 8 April 1755 zu Utrecht. Cat. Nr. 48: 1′2″ × 1′ Utrechtsches Maass. Verk. f. f 21— (Terw. 124.)

Auction B. L. C. v. d. Heuvel, 15 Apr. 1863 zu Amsterdam. Cat. Nr. 43: von schöner Zeichnung. Holz 32 × 28 c.M.

10a. **Anbetung der Hirten.**

Holz 1′4″ × 1′2″ Hamb. Maass.

Sammlung D. Stenglin zu Hamburg. Cat. 1763 Nr. CII.

11. **Simeon im Tempel.**

Er hält das Christkind im Arme; vor ihm Maria in ehrfurchtsvoller Haltung knieend; neben ihr steht Joseph und einige Schriftgelehrten, die ihrer Verwunderung im höchsten Grade Ausdruck geben. Dieses Bild ist verständig componirt und sauber gemalt.

Holz 15″ × 16″.

Auction T. T. Cremer, 16 Apr. 1816 zu Rotterdam. Cat. Nr. 41. Irrtümlich einem Antoni Houbraken zugeschrieben.

Verk. f. f 60.— an Croessen, laut handschriftlicher Notiz im Exemplar des Catalogs, welches sich im Kupferstichcabinet zu Leiden befindet.

12. **Dieselbe Begebenheit.**

Mariae Opferung, bzw. die Darstellung im Tempel; der Hohepriester mit dem Christkinde, links Maria und Joseph, Tauben haltend in einer Gruppe von anderen Personen.

Holz 40 × 31 c.M. Unten bez.: A. Houbraken 1689.

Auction Pommersfelden, 1867 zu Paris. Cat. Nr. 58. Vgl. auch Parthey, Deutscher Bildersaal i. v. Houbraken.

13. **Johannes der Täufer.**

Auction des Nachlasses. Cat. Nr. 24. Verk. f. f 3.—

14. **Eine Taufe Christi.**

Auction 19 Mai 1723 im Haag. Cat. Nr. 6: sehr schön. Verk. f. f 160.— Nr. 7: Ein Gegenstück dazu, dessen Gegenstand nicht angegeben wird, erzielte f 40.— (H. I 295.)

15. **Die Berufung des Matthäus.**

Auction des Nachlasses. Cat. Nr. 6: kräftig gemalt. Verk. f. f 100.—

16. **Christus und die Ehebrecherin.**

Ibid. Cat. Nr. 18. Verk. f. f 40.—

17. **Martha und Maria.**

Ibid. Cat. Nr. 11. Gegenstück zu Nr. 2. Verk. f. f 80.—

18. **Der verlorne Sohn in Wollust.**

Cabinet Nic. van Bremen 2'1 1/2" × 1'9". (H. II 486.)

19. **CHRISTUS DEM VOLKE VORGESTELLT,** welches seinen Tod verlangt.

Pilatus hört dem Boten zu, den seine Frau ihm eben geschickt hat.

Holz 23 1/2" × 28" (Dänisch). Bez. A. Houbraken inv. efc.

Kgl. Gem. Galerie zu Christiansborg bei Kopenhagen. Cat. 1875 Nr. 152.

Auction W. Lormier im Haag, 4 Juli 1763. Cat. Nr. 110: Christus vor Pilatus, sehr viele Figuren und sonstiges Beiwerk. Holz 1'11 3/4" × 2'5". (Rheinl.) Verk. f. f 215.— an van Houten (Terw. 320).

Lormier hatte das Bild laut, eigenhändigem Eintrag im Exemplar des Catalogs, welches sich in der kgl. Gem. Gal. im Haag befindet von Joh. Bapt. Kockx in Antwerpen für f 100 erworben.

Auction Jon. Witsen in Amsterdam, 23 März 1717. Cat. Nr. 18:

Ein Ecce Homo, zu seinen allerbesten Bildern zählend, mit geschnitztem Goldrahmen. Zusammen mit Nr. 19 derselben Auction, welche ohne Angabe des dargestellten Gegenstandes nur als „Gegenstück dazu, ebenfalls gut" bezeichnet wird, für f 720.— verkauft (H. I 206.)

20. **DIE DORNENKRÖNUNG.**

Von Siret sub voce Houbraken erwähnt, als im Museum zu Kopenhagen befindlich.

21. **Die Kreuzigung.**

Auction des Nachlasses, Cat. Nr. 27: ein kapitales Bild, nur reichlich halb vollendet. Verk. f. f 30.—

v. Gool. N. Schouburg Bd. I S. 137 erwähnt (1751) eine Kreuzigung, reich componirt und wohl gemalt im Besitze des Pieter Leendert de Neufville zu Amsterdam.

Diese Sammlung wurde am 19 Juni 1765 zu Amsterdam versteigert, aber im Auctionscatalog, wie ihn Terwesten (S. 468 ff.) mitteilt, kommt das Bild Houbrakens nicht vor. Es ist daher sehr wohl möglich, dass der Besitzer sich dessen vorher entäussert hat. In diesem Falle könnte es identisch sein mit dem

Christus am Kreuz, sehr schön und ausführlich, welcher in der Auction vom 28 Juni 1756 zu Rotterdam für f 57.— verkauft wurde. (Cat. Nr. 27. Terw. 149.)

22. **Der auferstandene Christus wird von den Frauen erkannt.**

Leinw. 70 × 56 c.M. Bez. A. Houbraken.

Auction Pappelendam und Schouten, 11 Juni 1889 zu Amsterdam. Cat. Nr. 77; verk. f. f 25.—

Auction 23 Nov. 1891 zu Bonn, Cat. Nr. 48: Christus aus dem Felsengrabe tretend wird von den überraschten Frauen empfangen. Leinw. 66 × 54 c.M.

23 **Die Taufe des Kerkermeisters.**

Auction H. Schut zu Rotterdam, 8 Apr. 1739. Cat. Nr. 2:
und ein schönes Cabinetstück seiner besten Zeit. Verk. f. f 320.— (H. I 572).

24. **Das Erstaunen des Kerkermeisters,** der ins Gefängnis kommt mit einer Fackel.

Ibid. Cat. Nr. 3; verk. f. f 80.—

v. Gool. N. S. I 137 erwähnt diese Bilder als in der Sammlung Bisschop zu Rotterdam befindlich (1751).

Am 11 Juni 1800 wurden sie mit der Sammlung J. Gildemeester Jzn. zu Amsterdam versteigert. Das erste Bild, Cat. Nr. 82 heisst dort zwar „die Taufe des Cornelius", es geht aber sowohl aus der Beschreibung des Bildes, als daraus, dass es das Gegenstück bildet zu Nr. 83: „Der verzweifelte Kerkermeister bei Paulus" zur Genüge hervor, dass die Taufe des Kerkermeisters dargestellt ist. Der Ertrag beider Bilder war f 112.—; Maasse und Material werden mit 17" × 13" Holz angegeben.

III. MYTHOLOGIE UND PROFANGESCHICHTE.

25. **Jupiter und Juno.**

Auction des Nachlasses. Cat. Nr. 8: sehr gefällig [plaizierig] gemalt. Verk. f. f 91.—

Auction R. Pickfatt zu Rotterdam, 12 Apr. 1736. Cat. Nr. 90. Verk. f. f 30.—

26. **Venus den Tod des Adonis beweinend.**

Gegenstück zum vorhergehenden Bilde.

Ibid. Cat. Nr. 9. Verk. f. f 100.—

Auction Pickfatt Cat. Nr. 89: Venus und Adonis. 1'4" × 1'2". Verk. f. f 31.—

27. **Venus, Cupido schlafend findend.** Nachtstück.

Auction J. W. Sandra zu Middelburg, 3 Aug. 1713. Cat. Nr. 67. Verk. f. f 18.— (H. II 369.)

28. **DER PARNASS MIT APOLL UND DEN MUSEN.** Ihnen erscheint die bewaffnete Athena.

Leinw. 72 × 95 c.M. Bez. A. Houbraken F. 1707.

Samml. Wente zu Amsterdam. Cat. Nr. 24. Im Frühjahr 1890 daselbst ausgestellt.

Auction Gruyter zu Amsterdam, 24 Oct. 1882. Cat. Nr. 42 unter dem falschen Titel: *l'Olympe*, und mit der unrichtigen Jahresangabe 1701.

Auction der Nachlasses. Cat. Nr. 4: kapitales Bild. Verk. f. f 255.—

29. **Göttertanz.**

Auction R. Pickfatt zu Rotterdam, 12 Apr. 1736. Cat. Nr. 86. 2'5" × 3'. Verk. f. f 41.— (H. I 471.)

Hat dieselben Maasse wie die vorige Nummer. Könnte daher mit ihr identisch sein.

30. **Pallas, die Jugend unterrichtend.**

Auction des Nachlasses. Cat. Nr. 20: kapitales Bild. Verk. f. f 23.—

31. **Bad der Kallisto.**

Auction Jonas Witsen zu Amsterdam, 13 März 1717. Cat. Nr. 9. Gegenstück zu einem Bad der Diana von W. v. Mieris. Verk. f. f 215.— (H. I. 205.)

Auction Lamb. v. Hairen zu Dordrecht, 13 Oct. 1718. Cat. Nr. 9: nett und curios componirt und gemalt 1'1 1/2" × 1'3". Verk. f. f 104.— (H. I 219.)

Auction 21 Jan. 1733 zu Amsterdam. Cat. Nr. 21. Verk. f. f 350.— (H. I 377.)

32. **Bad der Diana.**

Kann mit der vorigen Nummer identisch sein.

Auction 27 Apr. 1740 zu Amsterdam. Cat. Nr. 29. Verk. f. f 36.— (H. II 2.)

33. **Die Auffindung von Erichthonius.** [Durch die Kekropstöchter Aglauros, Herse und Pandrosos.]

Auction W. v. Wouw im Haag, 29 Mai 1764. Cat. Nr. 111. 1'8" × 1'4". (Rheinl.) Verk. f. 45.— (Terw. 364.)

Bereits 12 Apr. 1736 in der Auction Pickfatt zu Rotterdam unter dem Namen Augloras. Cat. Nr. 88. 1'7" × 1'4". Verk. f. f 18.— (H. I 471.)

34. **Atalante.**

Auction 2 Mai 1708 zu Dordrecht. Cat. Nr. 1: ein kapitales und curioses Bild. Verk. f. f 170.— (H. I 119.)

Auction L. v. Hairen zu Dordrecht, 13 Oct. 1718. Cat. Nr. 4: Atalante und Hippomenes, geistreich componirt und gemalt 4'2" × 3'2". Verk. f. f 152.— (H. I 218.)

35. **Die Fabel von Vertumnus und Pomona.**

In einer Hofansicht dargestellt; die Kleidung ist graciös, desgleichen die Behandlung.

Leinw. 18" × 15".

Auction Anna Catha. Putman zu Amsterdam, 17 Aug. 1803. Cat. Nr. 36. Erworben von Hodges für f 11.— laut handschriftlicher Notiz im Exemplar der kgl. Gemäldegalerie im Haag.

36. **Narcissus.**

Auction des Nachlasses. Cat. Nr. 19: ein schönes Bildchen. Verk. f. f 45.—

37. **Eine Parabel aus Ovid.**

Ibid. Cat. Nr. 13: ein sehr tüchtiges Bild. Verk. f. f 102.—

38. **Caritas Romana.**

Ibid. Cat. Nr. 12: sehr kräftig. Verk. f. f 125.—

39. **Paris führt Helena in Troja.**

Auction 31 Oct. 1725 zu Amsterdam. Cat. Nr. 6: hervorragend schön 2'9½" × 3'7". Verk. f. f 600.— (H. I 313).

40. **OPFERUNG DER IPHIGENIE.**

Auf Leinw. Bez. A. Houbraken fec.

Im Schlosse zu Meiningen.

v. Gool. N. Schoub. I 137 erwähnt ein Bild dieses Gegenstandes.

Desgl. Dr. Th. Frimmel im Rep. f. Kunstwissenschaft XIII (1890) S. 294 aus dem Pariser Auctionscatalog der Wiener Sammlung Porges (1861): „Sacrifice d'Iphigénie, toile, signé A. Houbraken 47 × 60 c.M. (Collection Baranowsky)."

41. **Orest und Pylades.**

Nach G. S. III 263 und v. Gool. N. Schoub. I 137 gemalt für Herrn van Heemskerk im Haag.

42. **DIOGENES MIT DER LATERNE.**

Leinw. 53 × 69 c.M. Bez. A. Houbraken Fec. 1701.

In der Pinacothek zu Turin. Indic. Somm. v. J. 1884. Nr. 468.

Auction des Nachlasses. Cat. Nr. 5: Diogenes, auf dem Markte Athens, sehr kräftig gemalt. Verk. f. f 100.—

43. **HOCHZEIT ALEXANDERS MIT ROXANE.**

Hymen hält das kgl. Diadem über das Haupt der Braut.

Leinw. 54" × 45" (Dänisch).

Copenhagen; Cat. von Chr. Ludw. le Maire v. J. 1850 Nr. 239. Siret i. v. Houbraken.

In den späteren Catalogen finde ich das Bild nicht mehr verzeichnet.

44. **Die Geschichte Dido's.**

Auction des Nachlasses. Cat. Nr. 1: Das hervorragendste [allerkapitaalste] und ausführlichste, was er je gemalt hat. Verk. f. f 400.—

45. **Romulus und Remus.**

In der Mitte des Gemäldes liegend, werden sie von einem Hirtenpaar nebst Kind mitleidsvoll betrachtet; eine gebirgige Landschaft bildet den Hintergrund.

Holz 1'11¼" × 1,7" (Rheinl.)

Auction de la Court zu Leiden, [1]) 8 Sept. 1766. Cat. Nr. 111. Verk. f. f 220.— (Terw. 557.)

46. **Lucretia.**

Auction 2 Mai 1708 zu Dordrecht. Cat. Nr. 9: „von grossartiger Composition und kunstreicher Ausführung." Verk. f. f 145.— (H. I 120.)

Auction L. v. Hairen zu Dordrecht. 13 Oct. 1718. Cat. Nr. 25: „herrlich entworfen und curios gemalt, zu seinen besten Werken gehörend. 1½′ × 1½′ Verk. f. f 93. (H. I 48.)

47. **DIE GETÖTETE VIRGINIA WIRD DURCH DIE STRASSEN ROMS GEFÜHRT.**

Bez. A. Houbraken fec. Leinw. 66 × 55 c.M.

Galerie zu Schleissheim. Cat. 1885 Nr. 474.

48. **Die Grossmut des Scipio.**

Auction des Nachlasses. Cat. Nr. 2: eins seiner hervorragendsten Bilder. Verk. f. f 300.—

49. **Cleopatra.**

Auction 2 Mai 1708 zu Dordrecht. Cat. Nr. 10: wie Nr. 9 von grossartiger Composition und kunstreicher Ausführung. Verk. f. f 50.— (H. I 120.)

50. **Eine Römische Geschichte,** auf Kupfer in geschnitztem Rahmen.

Ibid. Cat. Nr. 25. Verk. f. f 18.10.— (H. I 120.)

51. **Eine heidnische Geschichte.**

Auction 28 Juni 1756 zu Rotterdam. Cat. Nr. 26: besonders schön gemalt. 1′6½″ × 1′11″. Verk. f. f 63.— (Terw. 149.)

IV. ALLEGORIEN.

52. **Die Jugend hält die Flügel der Zeit fest.** Kaminstück.

Auction G. Bruyn zu Amsterdam. 16 März 1724. Cat. Nr. 48. Verk. f. f 50.— (H. I 301.)

53. **Die trauernde Kunst, von der Hoffnung getröstet.**

Auction A. Grill zu Amsterdam, 14 Apr. 1728. Cat. Nr. 42. Verk. f. f 50.— (H. I 328.)

[1]) Ueber eine Zeichnung desselben Vorwurfs vgl. die Anmerkung auf S. 8. Aus dem Briefe geht hervor, dass es sich um die Skizze eines von de la Court bestellten Bildes handelte.

Auction S. Tierens im Haag 23 Juli 1743. Cat. Nr. 293: Die Hoffnung die Malerei tröstend. 1'7" × 1'2". Verk. f. f 12.15.— (H. II 118.)

54. und 55. **ALLEGORISCHES KAMINSTÜCK UND DECKENGEMÄLDE**, welche sich auf die Wohltätigkeit beziehen.

Ersteres bez.: A. Houbraken f.

Im Regentenzimmer des Arent-Maertensz-Hofje zu Dordrecht.

V. GENRE.

56. **DAS MALERATELIER.**

Ein Maler, arbeitend nach einem nackten weiblichen Modell. Ein zweiter sieht zu. Frauenkleider liegen am Boden.

Holz 28 × 18 c.M. bez. AN. Houbrake pinxit. [1]

Rijksmuseum zu Amsterdam. Cat. 1891. Nr. 693.

Sammlung van der Hoop. Cat. 1872. Nr. 55.

Erworben 1841 f. f 306.—

56a. **Der besuch im Atelier.**

Ein Maler vor seiner Staffelei sitzend empfängt den Besuch eines vornehmen Herrn und seiner Dame.

Auction Snouck van Loosen, Enkhuizen 29 April 1886. Cat. Nr. 29. Leinw. 81 × 67 c.M. Bez. und datirt 1707. Erworben von F. Muller & Cie f. f 75.—.

57. **Eine Zeichenschule.**

Auction des Nachlasses. Cat. Nr. 22: sehr ausführlich gemalt. Verk. f. f 5.10.—

58. **Ein Fräulein und ein flötenspielender Herr.**

Auction R. Pickfatt zu Rotterdam, 12 Apr. 1736. Cat. Nr. 99. 10½" × 8½". Verk. f. f 32.— (Hoet I 472.)

Auction des Nachlasses Cat. Nr. 7: Ein Flötenblaser und ein singendes Fräulein, sehr gefällig [pleizierig] und ausführlich. Verk. f. f 100.—

---

[1] Diese Bezeichnung lässt es fraglich erscheinen, ob das Bild von Arnold Houbraken herrührt.

59. **Ein blumengiessendes Mädchen** mit anderm Beiwerk in einer Nische.

Auction B. da Costa im Haag, 13 Aug. 1764. Cat. Nr. 28 Holz $10^1/_2$" × $8^1/_4$". Verk. f. f 242.— (Terw. 376.)

Auction Anna Bout v. Lieshout, Wwe. v. Wil. Tornbury im Haag, 3 Mai 1797. Cat. Nr. 8: Ein Mädchen öffnet ein Fenster; sie hat in der Rechten ein Glas und ist im Begriff zwei vor dem Fenster stehende Blumentöpfe zu begiessen. Delikat und natürlich durch A. Houbraken.

Holz $10^1/_2$" × 8". Erw. f. f 14.— von Teissier, laut handschriftl. Eintrag im Ex. der kgl. Gem. Gal. im Haag.

Auction J. Gildemeester Jzn., Amsterdam 11 Juni 1800, Cat. Nr. 86 als Werk der Antonina Houbraken. Zusammen mit der folgenden Nummer verk. f. f 24.— an Spruyter, laut handschriftl. Eintrag im Ex. d. kgl. Gem. Gal. im Haag. Die Beschreibung, die Maasse: 11" × 8" und das Material stimmen volkommen zu denjenigen der vorigen Auctionscatalogen, sodass ohne Zweifel dasselbe Bild gemeint ist.

60. **Ein Knabe mit einem Vogel spielend.**

Er lehnt sich über die untere, geschlossene Hälfte einer Thür, deren oberer Teil geöffnet ist. Der Vogel fliegt auf die Krücke zu, die er in der Hand hat. Hinter ihm sieht man das Innere eines Hauses mit einem Fenster.

Dieses Bild war in der Auction Gildemeester das Gegenstück der vorigen Nummer und wurde zusammen mit ihr verkauft. Es galt ebenfalls als ein Werk der Antonina Houbraken.

61. **Eine junge Dame bei einer Wahrsagerin.**

Stehend vor der Thür eines Hauses, in Begleitung eines Herrn; sie zeigt dem Weibe ihre Hand. Eine sehr geistvolle Composition von schöner Behandlung.

Leinw. 27" × 23".

Auction Gildemeester, Cat. Nr. 84. Verk. f. f 28.— an Yver, laut handschriftl. Notiz im Ex. der kgl. Gem. Gal. im Haag.

62. **Ein Greis bei einer Kerze schreibend.**

Auction Fraula zu Brüssel, 21 Juli 1738. Cat. Nr. 164. 1' × $8^1/_2$". Verk. f. f 8.— Gegenstück zum folgenden Bilde. (H. I 532.)

63. **Ein Raucher, auf dem Tisch Fische.**

Gegenstück zum vorigen Bilde. Ibid. Cat. Nr. 165. Verk. f. f 9.10.—

64. **Eine Spinnerin.**
Auction des Nachlasses. Cat. Nr. 23: schön gemalt. Verk. f. f 2.12.—

65. **Eine lesende Person.**
Ibid. Cat. Nr. 29. Verk. f. f 4.—

66. **Ein Knabe der ein Vogelnest raubt.**
Auction D. Grenier zu Middelburg, 18 Aug. 1712. Cat. Nr. 3. Verk. f. f 2.10.— (H. II 358.)

67. **Ein sitzendes Mädchen.**
Auction 3 Mai 1729 im Haag. Cat. Nr. 87: sehr ausführlich. Verk. f. f 46.— (Terw. 7.)

68. **Ein lesender Mann.**

69. **Eine Frau im Gebet.**
Auction 28 Juni 1756 zu Rotterdam. Cat. Nr. 28. Jedes Bild 8" × 7". Zusammen verk. f. f 22.— (Terw. 149.)

70. **Ein Einsiedler.**
Auction B. Croonenburgh zu Amsterdam, 22 März 1762. Cat. Nr. 33: sehr ausführlich. $7^1/_2$" × 6". Verk. f. f 20.—, laut handschriftl. Notiz im Ex. des kgl. Kupferstichcabinets zu Dresden.
Dieses Bild könnte mit Nr. 68 identisch sein.

71. **BRUSTBILD EINES ORIENTALEN.**
In Lebensgrösse. Leinw.
Amalienstift zu Dessau. Cat. 1877 Nr. 92.

72. **ALTER MANN IN EINEM PERGAMENT LESEND.**
In Lebensgrösse. Leinw.
Ibid. Nr. 162.

73. **BRUSTBILD EINER JUNGEN ORIENTALIN.**
In Lebensgrösse. Leinw.
Ibid. Nr. 409.

74. **AUSRITT ZUR JAGD.**
Gemälde, vermutlich biblischen oder geschichtlichen Inhalts, eine zahlreiche, vornehme Gesellschaft auf der Terrasse eines Palastes darstellend, welche eben im Begriff ist, zum Kriege oder zur Jagd auszureiten. Ein Krieger führt eine festlich angezogene Dame zu ihrem Pferde. Im Vordergrund sind etwa 10—12 spanngrosse Figuren dargestellt.
Im Schlosse zu Meiningen.

75. **Hirt und Hirtin.**
Auction des Nachlasses. Cat. Nr. 16: kunstreich und ausführlich gemalt. Verk. f. f 14.10.—

76. **Ein Gegenstück dazu.**
Ibid Nr. 17. Verk. f. f 12.10.—

77. **Ein Schuster, der einer Frau das Maass nimmt.**
Ibid Nr. 26. Verk. f. f 9.—

78. **Eine musizirende Gesellschaft.**
Auction H. v. d. Vugt zu Amsterdam, 27 Apr. 1745. Cat. Nr. 86: 2'2" × 1'9". Verk. f. f 43.— (H. II 163.)

79. **Ein Königspaar auf einem Throne.**
Auction 3 Mai 1729 im Haag. Cat. Nr. 88. Auf Kupfer gemalt. Verk. f. f 35.10.— (Terw. 7.)

80. **Ein schönes Cabinetstück mit drei Figuren** und anderm Beiwerk.
Auction 24 Apr. 1737 im Haag. Cat. Nr. 18: sehr ausführlich gemalt. 16" × 13". Verk. f. f 60.— (Terw. 13.)

81. **Ein Bauer wird vom Stein geschnitten.**
Auction 20 März 1764 im Amsterdam. Cat. Nr. 160. 8" × 6". Verk. f. f 15.— laut handschriftl. Notiz im Ex. des kgl. Kupferstichcabinets zu Dresden.

82. **Ein Nachtstück.**
Auction D. Grenier zu Middelburg, 18 Aug. 1712. Cat. Nr. 4: sehr gut gemalt. Verk. f. f 3.10.— (H. II 358.)

83. **Eine Kerzenbeleuchtung.**
Auction des Nachlasses, Cat. Nr. 15: sehr kräftig gemalt. Verk. f. f 27.—

84. **Ein Nachtstück.**
Auction A. Leers, Amsterdam 19 Mai 1767. Cat. Nr. 69: 17" × 13". Verk. f. f 33.— (Terw. 601.)
Dieses Bild kann den Maassen nach identisch sein mit Nr. 24.

84a. **Bauernkneipe.**
Zwei Bauern sitzen rauchend und trinkend bei einer Tonne. Ausführlich behandelt.
Auction Mr. H. A. Haarsma zu Amsterdam, 8 Oct. 1867. Cat. Nr. 29: Holz 30 × 24 c.M.

VI. BILDNISSE.

85. **Der Czar und die Czarin.**
Auction des Nachlasses. Cat. Nr. 28. Verk. f. f 50.—

86. **Regentenstück aller Herrn, welche zur Münze in Dordrecht gehören.**
Erwähnt von v. Gool. N. S. I 133.

87. Porträt des **Burggrafen van Nijmegen.**
Laut Houbrakens Aussage i. J. 1694 gemalt. (G. S. III 202).

88. Desgl. von **D. Flud van Giffen,** Pastor zu Dordrecht († 1701).
Adr. Haelwegh sc. (Fred. Muller, Catal. v. 7000 Portretten, Nr. 1857.)

89. Desgl. von **Jac. Oldenborg,** id. id. (1650—1690).
Adr. Haelwegh sc. (Fred. Muller a. a. O. Nr. 3995). Der Stich bildet das Gegenstück zum vorhergehenden.

90. Desgl. von **S. van Til,** id. id. (1644—1713).
A. v. Zylvelt sc.

91 und 92. Desgl. von **DAN. HOOFT** (geb. 1675) und seiner Frau **SOPHIA MARIA REAAL** (geb. 1687).
Ihrem Alter nach müssen die Dargestellten kurz vor Houbrakens Tode von ihm gemalt worden sein.
Im Besitze des Herrn Hooft van Vreeland zu Amsterdam.

93. Desgl. eines Herrn **RUDOLPH VON LOEN** zum Eichlerhof in Frankfurt am Main.
Holz 42 × 34 c.M. Bez.: Houbraken.
Städel'sches Institut in Frankfurt a/M. Cat. 1883 Nr. 202.
Geschenk des Herrn Joh. Friedr. Koch 1878.

94. Desgl. der Frau **CHRISTINA BEELAERTS, geb. POMPE.**
Sitzend mit zwei Kindern; links oben kleine Engel mit verstorbenen Kindern. Lebensgross in ganzer Figur.
Leinw. R. unten bez. A. Houbraken.
Im Besitze der Familie Beelaerts im Haag.

95. **Das Bildnis von Thomas Morus.**
Auction Baron Schönborn zu Amsterdam, 16 Apr. 1738. Cat. Nr. 142. Verk. f. f 6.— (H. I 515.)

96. **Mehrere Bildnisse Jan van Hoogstratens.**
Vgl.: *A. Houbraken aan den gunstigen lezer.* Vor: *De Kruisheld of het leven van den grooten Apostel Paulus* von J. v. Hoogstraten 1712.

VII. LANDSCHAFTEN.

97. **Eine kleine Landschaft.**

Auction des Nachlasses. Cat. Nr. 30. Verk. f. f 1.14.—

98. **LANDSCHAFT MIT HIRTEN UND VIEH.**

Rechts Berge, links Bäume vor einer Ruine.

Holz 74 × 100 c.M.

Galerie Liechtenstein in Wien. Cat. 1885. Nr. 288.

99. Eine kleine **Landschaft** von **Swaneveld** mit **Pferden** von **Houbraken.**

Auction 2 Mai 1708 zu Dordrecht. Cat. Nr. 18. Verk. f. f 10.— (H. I 120.)

100. Eine **Landschaft** von **A. Pijnacker,** von **Houbraken** geistreich **staffirt.**

Auction L. v. Hairen zu Dordrecht, 13 Oct. 1718. Cat. Nr. 15. Verk. f. f 34.— (H. I 219.)

101. Ein besonders ausführlicher **Tempel** von **B. V. B.** oder Barth. van Brüssel [= Bartholomeus van Bassen] mit sehr schön hinzugefügten **Figuren von A. Houbraken.** [1])

$32^{1}/_{4}'' \times 47^{1}/_{2}''$ (Dordrechtsches Maass).

Sammlung van der Linden van Slingelandt zu Dordrecht (H. II 489.)

---

[1]) In Bezug auf diese und die beiden vorhergehenden Nummern ist daran zu erinnern, dass die Künstler van Bassen, Swaneveld und Pijnacker wesentlich älter waren als Houbraken. Van Bassen starb 1652, Swaneveld 1655 und Pijnacker 1673. Da Houbraken 1660 geboren wurde, kann er mit keinem von ihnen in dem Sinne zusammen gearbeitet haben, wie dies z. B. Adr. van de Velde und Joh. Lingelbach mit Jac. Ruisdael, J. Wijnants u. a. taten. Er hat also „in geistreicher und schöner Weise", wie die Cataloge uns versichern, die längst vorhandenen Bilder mit Staffage von seiner Hand bereichert, ein Verfahren, das in jener Zeit nicht ohne Analogieen ist. Erzählt z. B. van Gool (N. S. II 141), dass der im J. 1688 geborene Robert Griffier Bilder von Jac. Ruisdael so genau in der Art des Phil. Wouwerman mit Pferden und Figuren zu staffiren wusste, dass sie von den Liebhabern als Originale dieser beiden Meister gekauft wurden. Ferner befindet sich in der Braunschweiger Galerie eine 1630 datirte Kirche von P. Saenredam, worin sich eine zahlreiche Staffage im Costüm von etwa 1700 bewegt.

VIII. BILDER OHNE ANGABE DES DARGESTELLTEN GEGENSTANDES.

A. Ein Bild von Houbraken.

Auction R. Pickfatt zu Rotterdam, 12 Apr. 1736. Cat. Nr. 87. 1'4" × 1'7". Verk. f. f 91.— (H. I 471.)

B. Ein schönes Bild von A. Houbraken von kapitaler Composition, aus seiner besten Zeit.

Auction 15 Apr. 1739, Amsterdam. Cat. Nr. 121. Verk. f. f 58.— (H. I 582.) [1])

---

[1]) Galland, Gesch. d. holl. Baukunst S. 505 erwähnt Kamin-, Decorations- und Plafondgemälde im Innern des Enkhuizer Rathauses von G. de Lairesse, A. Houbraken und van Neck. Ich habe vergeblich sowohl im Gebäude selbst nach derartigen Bildern von de Lairesse und Houbraken gesucht, als auch in der Literatur die Belegstelle für diese Behauptung zu finden getrachtet. Auch das unlängst erschienene Kunstinventar eines Teils der Provinz Nord Holland (Noord-Hollandsche Oudheden beschreven en afgebeeld door G. van Arkel en A. W. Weissman) schweigt über dieselben.

3. Aeussere Beschreibung der Groote Schouburgh, und Ausgaben derselben.

Die Groote Schouburgh besteht aus drei Bänden zu 381, 361 und 408 Octavseiten, wozu noch ein nach den Vornamen geordnetes Verzeichnis der behandelten Maler, ein Register der Bildnisse und eine Liste der vornehmsten, erwähnten Sachen und Merkwürdigkeiten kommen. Der erste Band enthält auf 19 Tafeln 50 Malerbildnisse, von denen eins auf dem Titelblatt vorkommt, eins den Verfasser darstellt, und die übrigen mit A. bis R. bezeichnet sind. Ferner befindet sich im ersten Band eine Tafel mit Opfergeräten, eine Radirung nach einer Rembrandtschen Zeichnung (Die Jünger zu Emmaus) und im Texte auf S. 143 die Abbildung von drei antiken Münzen mit einem Dreifuss als Gepräge, sowie auf S. 192 die Abbildung zweier einbalsamirter Kinderleichen. Diese kommt in den meisten Exemplaren als Schabkunstblatt mit dem Kopfe des grössten Kindes an der linken Seite vor, doch giebt es deren auch, in welchen eine gegenseitige Radirung vorkommt. Der zweite Band enthält 10 Tafeln (A—K) mit 25 Bildnissen und ausserdem je eine mit antiken Feldzeichen und Medaillen und eine aus des Vf's „*Zinnebeelden*" herübergenommene Darstellung von Jupiter und Semele. Der dritte Band endlich bietet 30 Bildnisse auf 14 Tafeln (A—O), sowie im Texte auf S. 150 die zwei Seiten einer antiken Münze mit Bacchischen Darstellungen und auf S. 333 die Abbildung eines Schildes zur Erinnrung an die Wiederaufrichtung der Amsterdamer Lucasgilde im Jahre 1654.

Die Bildnisse sind mit Ausnahme zweier Tafeln im dritten

Bande (D und F, von der Hand des D. Jongman), sämmtlich von Jacobus Houbraken gestochen. Von den übrigen Tafeln sind die Jünger zu Emmaus und Jupiter und Semele laut seiner Aussage von Arnold's eigener Hand. Während das Blatt mit den Opfergeräten mit W. Jongman bezeichnet ist, zeigen die übrigen gar keinen Stechernamen, ebensowenig wie die Titelvignetten, und das Wappen auf der Dedicationstafel im zweiten Bande. Das der Dedication des ersten Bandes ist mit „J. Mulder sculps." bezeichnet. Diese Dedicationen sind im ersten Bande gerichtet an „Den Edelen Gestrengen Heer, „den Heer Johan van Schuilenburch, Raadsheer, Secreta-„ris en Griffier van de nagelaten domeinen van wijle zijn „koninklijke Majesteit van Groot-Brittanje, hoogloffelijker ge-„dachtenisse enz. enz., groot beminnaar van de schilderkunst", und im zweiten an „Den Konstlievenden Heere, den Heer „Mr. Pieter de la Court vander Voort". Im dritten Bande fehlt in Folge des inzwischen eingetretenen Todes des Verfassers eine Dedication.

Von dem Werke erschien im Jahre 1753 im Haag bei J. Swart, C. Bouquet und M. Gaillard ein Neudruck, ebenfalls in drei Bänden und überhaupt ein wörtlicher Abdruck der Originalausgabe. Diese Wörtlichkeit geht soweit, dass sogar Stellen wie „er lebt heute noch", oder „er ist jetzt zwei Jahre tot" unverändert geblieben sind. Der einzige Unterschied, ausser einigen Druckfehlern ist der, dass das Register jetzt nach den Familien-, anstatt nach den Vornamen der Künstler geordnet ist. Die Qualität der Abbildungen hat sich bedeutend verschlechtert, da die Bildnisse (mit Ausnahme derer von Houbraken und van der Werf) inzwischen für Jac. Campo Weyermans Levensbeschrijvingen der Nederlandsche konstschilders verwendet worden waren. B. I S. 192 findet sich hier durchgängig die Radirung statt des Schabkunstblattes und im dritten Bande ist eine Tafel P. mit den Bildnissen der Brüder Berckheyde und Casp. Netschers eingeschaltet.

Eine dritte Ausgabe war dem Werke Houbrakens vor kaum einem Jahrzehnt beschieden. Sie erschien in deutscher Sprache, und zwar als Nr. XIV der Quellenschriften für Kunstgeschichte von Eitelberger v. Edelberg, Wien 1880 bei W. Braumüller. Sie wurde nach Angabe des Titelblatts übersetzt, mit Einleitung, Anmerkungen und Inhalts-verzeichnissen versehen von Dr. Alfred von Wurzbach. Zu bemerken ist aber, dass der zweite Band, der die Anmerkungen enthalten sollte, bisjetzt nicht erschienen ist [1]. Auch ist zu constatiren, dass hier nicht eine Gesammtausgabe der Groote Schouburgh vorliegt, sondern dass „alle „jene Stellen, welche ihrem Inhalte nach moralisirend oder „philosophirend sind, ebensowie mehrere ermüdende Abhandlun-„gen antiquarischen Inhalts, Anekdoten, die zur Charakterisirung „des Künstlers nichts beitragen, und alle eingestreuten Gedichte" ausgelassen sind (Einl. S. XV). Kann man dem Uebersetzer nur beistimmen in der Ausmerzung jener antiquarischen, philosophirenden und moralisirenden Excurse, so muss man ihm andererseits zum Vorwurf machen, dass er in der Weglassung von Anekdoten entschieden zu weit gegangen ist, und auch sonst Abschnitte ausgelassen hat, die zu keiner der von ihm aufgezählten Categorien gerechnet werden können. So z. B. B. I S. 365 die Beschreibung eines Bildes von Abr. Bloemaert, welches Houbraken selbst gesehen zu haben erklärt; so am Schlusse desselben Bandes mehrere Mitteilungen über Bilder von Dav. Teniers und J. Steen; so, um nur dies noch anzuführen, B. II S. 75 eine Stelle, woraus die persönliche Bekanntschaft des Malers Pieter Roestraten mit P. v. Laer, Jan [soll heissen Jacob] de Wet, Phil. Wouwerman und Mich. Carré hervorgeht und aus welcher man ausserdem erkennt, auf welche Art Houbraken zu seinen Nachrichten gelangte [2].

Ehe ich diese Beschreibung der verschiedenen Ausgaben schliesse, muss ich noch bemerken, dass die von Wurzbach'sche

[1]) Auf eine Anfrage, auf buchhändlerischem Wege an den Verleger gerichtet, habe ich die Antwort bekommen, dass ein Erscheinen dieses zweiten Bandes vorläufig nicht in Aussicht genommen ist

[2]) An anderer Stelle (S. 63 unten) werde ich ein Beispiel dafür anführen, wie wichtig manche der von Wurzbach weggelassenen Anekdoten von rein kunstgeschichtlichem Gesichtspunkte sind.

Uebersetzung nur mit Vorsicht und unter beständiger Heranziehung des Originals zu benützen ist, da des Vf's Kräfte, bzw. seine Kenntnisse der holländischen Sprache nicht ausreichten, um diese schwierige Arbeit zu bewältigen. Ein Verzeichnis derjenigen Stellen zu geben, an welchen falsche Uebersetzungen vorliegen, würde die mir hier gebotenen Grenzen überschreiten, ich kann nur versichern, dass fast auf jeder Seite mehrere derselben zu finden sind. Dagegen verdienen die drei Register des Buches die höchste Anerkennung und man wird dieselben auch bei der Benützung der Originalausgabe mit Erfolg zu Rate ziehen.

4. Plan und Anlage des Werkes.

Hierüber geben die Titelblätter in erster Linie Auskunft; das der ersten Bandes lautet: „Die grosse Schouburgh [1]) der nieder-„ländischen Kunstmaler und Malerinnen, von denen viele mit „ihren Bildnissen auf der Bühne erscheinen und deren Lebens-„führung und Kunstwerke beschrieben werden, eine Fortsetzung „des Malerbuches von K. v. Mander bildend". Das Titelblatt des zweiten Bandes wiederholt diese Worte und fugt hinzu: „der zweite Band, der seinen Anfang nimmt mit dem Jahre „1613 und fortfährt mit den Künstlern, deren Geburt bis zum „Jahre 1635 fällt", während der dritte Band an derselben Stelle aussagt, dass er die Künstler umfasse, deren Geburt zwischen den Jahren 1635 und 1659 liegt. Wie klar und einfach diese Disposition auch scheinen mag, in der Praxis gestaltet sie sich wesentlich anders. Richtig ist, dass Houbraken mit den Meistern den Anfang macht, die van Mander vergessen hat (S. 11), und dann eine Anzahl Maler behandelt, die beim Abschluss des *Schilderboecks* noch lebten, indem er die Biographien von dem Punkte an weiterzuführen versucht, an dem van Mander aufgehört hatte. Im Uebrigen aber kann man ohne Uebertreibung behaupten, dass dreiviertel sämmtlicher Künstler n i c h t in ihrem Geburtsjahr erwähnt werden. Und wie hätte dies auch geschehen können, bei der grossen Anzahl von Fällen, in denen das Geburtsjahr

---

[1]) Schouburg heisst wörtlich Schauspielhaus und ist offenbar die Uebersetzung des damals für Sammelwerke so sehr beliebten lateinischen Ausdrucks t h e a t r u m. Des bequemen Citirens wegen behalte ich das Wort im Anschluss an Wurzbach unübersetzt bei.

unbekannt war! Zwar versucht Houbraken in einigen derselben durch Combinationen seinen Zweck zu erreichen, aber diese haben meist so wenig Annehmbares, dass wir dem Verfasser nur dankbar sein können, wenn diese Fälle zu den Ausnahmen gehören. So berechnet er z. B. mit Benützung der Angabe van Manders, dass Pieter Lastman 1604 in Italien war, das Geburtsjahr desselben auf 1581, indem er annimmt, dass er nicht vor seinem 23sten Jahre die Reise nach dem Süden unternommen haben werde (B. I S. 97). Dreissig Seiten weiter spricht er über Jac. Ernst Thoman von Hagelstein, erwähnt sein Zusammensein mit Lastman in Italien ums Jahr 1605 und — giebt als Geburtsjahr 1588! (B. I S. 132). Auch Johannes Lingelbach war nach Houbrakens, allerdings um zwei Jahre zu jung angesetzte Angabe, im Alter von 17 Jahren schon in Frankreich und zwei Jahre später in Rom (B. II S. 145).

Ein zweiter, durch die Verhältnisse erzwungener Grund, von der chronologischen Reihenfolge abzuweichen, war, dass der Verfasser oft nicht zur rechten Zeit die erbetene Auskunft über einen Meister erhalten hatte. Am Schlusse des ersten Bandes (S. 370) spricht er hierüber, und fordert seine Leser auf, ihm Mitteilungen zu machen über Barth. Breenberg, Gabriel Metzu, Gerard ter Borch und Gerard van Zijl. Die Biographie ter Borchs bekommt er erst, als er, beim Anfang des dritten Bandes, schon bis zum Jahre 1635 vorgeschritten ist, während nach seinen Quellen der Künstler schon im Jahre 1608 geboren wäre [1]). Nach ter Borch (S. 40 ff.) kommt dann erst der bereits 1615 geborene Gabriel Metsu an die Reihe [2]).

Ausserdem weicht Houbraken noch aus den mannigfachsten Gründen von der chronologischen Reihenfolge ab. So liebt er es Mitglieder derselben Familie an der gleichen Stelle zu besprechen: die Brüder Crabeth (B. I S. 26), Is. Nicolaï und seine drei Söhne (B. I S. 36), Abr. Bloemaert und seine drei Söhne (B. I S. 43), die

---

[1]) Allerdings wissen wir heutzutage, dass diese Angabe falsch ist, und ter Borch erst 1617 das Licht der Welt erblickte.

[2]) Auch diese Angabe ist unrichtig, da urkundlich feststeht, dass Metsu erst um 1629/30 geboren wurde.

Malerfamilie Franck (Vranx) (B. I S. 51), den alten Jac. Wzn. Delff und seine 3 Söhne (B. I S. 61, dagegen den Enkel erst B. II S. 56), die Familie Hals (B. I S. 90), die de Bray (B. I S. 175), die Cuyp (B. I S. 237), die drei Karel van Mander (B. I S. 251), die drei Quellinus (B. I S. 291), die Everdingen, Vaillant, Withoos, Busschop, Roos, Hondecoeter, Lairesse usw. usw., um von allen den Fällen, wo blos zwei Künstler desselben Namens erwähnt werden, gar nicht zu reden. Ein anderes Mal führt er eine Reihe von Künstlern hinter einander auf, die er in einer seiner Quellen, mit der er sich in dem Augenblicke grade beschäftigte, erwähnt fand. So werden von S. 26 bis 34 zwölf Gouda'sche Künstler, deren Lebensbeschreibungen alle aus Walvis' Beschrijving der stad Gouda stammen, nach einander erwähnt. Aus derselben Quelle folgen B. II S. 90—93 acht weitere Meister. Van Dijcks Iconographie veranlasste, dass B. I S. 188 f. acht Künstler zusammengefügt wurden. Aus de Bie wurden B. I S. 216—222 25 Künstlerbiographien — manche allerdings sehr kurz — erwähnt, und aus derselben Quelle B. II S. 139—145 nochmals 23 Maler citirt; desgleichen aus Bleyswijcks Beschrijving der stad Delft B. I S. 235 f. Notizen über sechs Künstler und aus Schrevelius' Harlemias B. II S. 122 ff. über achtzehn. Nicht immer hat Houbraken dann gemerkt, dass er Diesen oder Jenen bereits an andrer Stelle erwähnt hatte, in Folge dessen manchmal recht heitre Verwechslungen vorkommen. So hat er B. I S. 276—282 eine recht ausführliche, in der Hauptsache auf die Teutsche Academie zurückgehende Lebensskizze Joachim von Sandrarts gebracht, was ihn nicht verhindert, kaum zehn Seiten weiter eine Notiz aus de Bie zu entlehnen, die sich offenbar auf denselben Maler bezieht, aber ihn durch den falschen Vornamen Jacob irreführte. Ähnlich verhält es sich mit Justus van Egmont der B. I S. 223 in Anschluss an de Bie erwähnt wird, nachdem er bereits S. 171 unter den Leidener Malern [aus Orlers] aufgezählt war [1]).

[1]) Vgl. über Houbrakens Flüchtigkeit an dieser Stelle, den Abschnitt über Orlers. Ausser dem zu Leiden geborenen Justus van Egmont gab es dort noch einen Maler Pieter Cornelisz van Egmondt, über

Andere Fälle von Erwähnung an verschiedenen Stellen sind z. B. P. de Laer. B. I S. 359 aus Sandrart; B. II S. 124 aus Schrevelius; desgleichen Joh. Torrentius B. I S. 137 und B. II S. 118. Jan Adriaensz de Man B. I S. 170 aus Orlers, als Lehrer van Goyens, und bereits S. 120 aus dem von Orlers vollständig abhängigen van Leeuwen als: Jan Arentsz, guter Landschafter aus der Zeit des David Bailly.

Ein dritter Grund um chronologisch getrennte Künstler zu vereinen, ist das Schülerverhältnis. Beispiele dafür sind B. I S. 128. Cornelis Poelenburg, nebst seinen Schülern van der Lisse, Vertangen, Verwilt, van Rijzen und van Steenre. Vorher, B. I S. 76 ff. schon Soutman, Schut, Sam. Hofman und Jan van Hoek als Nachfolger des Rubens. B. I S. 158 Hendrik Berckman nach seinem Lehrer Jordaens. B. I S. 273 Paudiss, Wulfhagen und Jurr. Ovens als Schüler Rembrandts. B. II S. 95 erscheinen vier Schüler des Caes. van Everdingen nach ihrem Lehrer und B. III S. 285 f. deren fünf nach ihrem Lehrer Joh. Verkolje. Auch die drei Lehrer Houbrakens: Willem Drillenburg, Jacob Lavecq und Samuel van Hoogstraten fanden nach einander ihren Platz (B. II S. 147 ff.).

Kleinere Gruppen bilden ferner: Glasmaler: (B. I S. 27 ff.: Dirk und Wouter Crabeth, Tomberg, Willem Tybout, Corn. Ysbrantsz Kusseus und Laurens van Koot; B. II S. 209: Josef und Catharina Oostfries, Claes van der Meulen und Jan Jansz. Slob); Personen vornehmen Standes: (B. II S. 227 von Fabius Pictor und König Renatus von Sizilien bis zu den Bürgermeistern van Delen, van der Lisse, Verschuring, van der Ulft und ter Borch); Schnellmaler: (B. I S. 165 ff. Frans Floris, van Goyen, Knibbergen, Porcellis, Raimond la Fage und Boitard); Rivale: (B. I S. 78 f. Marten Pepijn und Abr. Janssens nach Rubens) und Frauen: (B. I 313 ff. Anna Maria Schuurmans und Margaretha Godewijk) [1]).

---

den Bredius Documente aus den Jahren 1637, 1643 und 1656 besitzt, während er erst 1661—62 in den dortigen Gildebüchern vorkommt (Obreens Archief V. 223).

[1]) An dieser Stelle entschuldigt sich Houbraken sogar beim Leser, dass

Endlich sei hier erwähnt, dass Houbraken B. I S. 205 ff. die Geburt von Joan Lijs und Jan Davidsz de Heem ins Jahr 1600 versetzt, um dadurch diesem Jahre besondern Glanz zu verleihen.

Eine Chronologie eigener Art ist es, wenn Houbraken Künstler, über die ihm sonst keine Daten bekannt geworden sind, nach irgend einem Ereignis ihres Lebens, meistenteils nach ihrem Todesjahr, seiner Reihenfolge einverleibt. So finden z. B. Cornelis Janssens van Ceulen und Gerard Pzn. van Zijl unter den 1630 geborenen Künstlern ihren Platz (B. II S. 224 f.), weil sie sich um diese Zeit am Englischen Hofe aufgehalten haben sollen, während dagegen die folgenden Künstler in ihrem Todesjahr behandelt werden: Karel van Mander (1606, B. I S. 251), Hendrik Goltzius (1617, B. II S. 35), Cornelis van Haarlem (1638, B. III S. 89), Gerard Seghers (1651, B. III S. 317), Carel Fabritius (1654, Bd. III S. 337), Paulus van Hillegaert und Pieter de Ruelles (1658, B. III S. 379).

Sieht man von Fällen, wie den im Vorhergehenden aufgezählten ab, dann darf man in Bezug auf die übrigen Biographien annehmen, dass Houbraken bei ihnen die chronologische Reihenfolge nach der Geburt befolgt habe, wobei der häufig gebrauchte Ausdruck „Zeitgenosse" immer heissen soll: geboren in demselben Jahre.

Da diese chronologische Reihenfolge nicht immer genügende Beachtung gefunden hat, sei dieselbe hier durch ein auch aus andern Gründen interessantes Beispiel illustrirt.

Otto Marseus, der bekannte Sträuche- und Insectenmaler wird von Houbraken am Schlusse des ersten Bandes behandelt und zwar nach Johannes Mytens [Meyssens], Pieter Janszen und Thomas Willeborts Bosschaert (nach Houbraken geboren 17 Mai 1612; 1612 und 1613) aber vor Pieter de Laer, dessen Geburtsjahr mit circa 1613 angegeben wird, und vor Nicolaes de Helt-Stocade, Abr. Willaerts und Jacques d'Arthois, die ebenfalls im Jahre 1613 geboren sein sollen. Nach dem Platze, den er in der Groote Schouburgh einnimmt, hätte Marseus also in demselben Jahre das Licht

er diese Frauen, deren Geburt viele Jahre aus einander liege, nach einander behandle.

der Welt erblickt. Hiermit stimmt überein, dass er nach Angabe von Houbrakens Quelle im Jahre 1673, 60 Jahre alt, starb. Letztere Angabe ist aber erwiesenermaassen falsch, wie A. D. de Vries bereits im ersten Jahrgang von Oud Holland (S. 168) mitteilen konnte, indem er einen Auszug aus dem Beerdigungsbuche Amsterdams veröffentlichte, woraus hervorgeht, dass unser Künstler erst am 22 Juni 1678 begraben wurde. Fast gleichzeitig, und wohl unabhängig von einander, wurde in jüngster Zeit an zwei verschiedenen Stellen (Descriptive and historical catalogue of the pictures in the National Gallery; Ausgabe von 1889, S. 259, Anm. †; und Bode, die Galerie zu Schwerin, in den Graphischen Künsten vom J. 1888, S. 18) die Vermutung aufgestellt, die Jahreszahl 1673, deren Quelle die Wittwe des Marseus war, könne Druckfehler sein für 1678. Obwohl diese Vermutung unterstützt wird durch die Angabe eines zweiten von de Vries gefundenen Documents, dass nämlich der Künstler bei seiner 1664 erfolgten Heirat nach eigener Erklärung 44 Jahre alt war, darf man sie doch nicht als berechtigt hinstellen, eben weil die Erwähnung zwischen mehreren im Jahre 1613 geborenen Künstler sicher beweist, dass Houbraken dieses Jahr für das Geburtsjahr des Künstlers hielt, ebensowie 1673 für das Todesjahr. Hat er bei letzterem sicher Unrecht, so muss erstere Behauptung durch kräftigere Gründe widerlegt werden, als es bisjetzt geschehen ist. Wir wissen aus vielen Beispielen, deren bekanntestes das des Willem van Aelst ist (O. H. III S. 58) [1]), dass man es im siebzehnten Jahrhundert mit den Alterserklärungen bei Verlobungen nicht gar zu genau nahm. Hier liegt der Fall vor, dass die Braut erst 20 Jahre alt war, und es ist daher durchaus nicht unwahrscheinlich, dass der einundfünfzigjährige Bräutigam, sein Alter um sieben Jahre zu gering angab.

Im Vorhergehenden habe ich betont, dass Houbraken in vielen

---

[1]) Er erklärt 31 Dec. 1678 52 Jahre alt zu sein, während er bereits am 9 Nov. 1643 Mitglied der Delfter Gilde wurde. Dies wäre kaum möglich gewesen, wenn er damals bloss 17 Jahre gezählt hätte. Auch kommen von 1644 an datirte Bilder von ihm vor (Dresden. Cat. Nr. 1330).

Fällen von der Chronologie abweicht, wo er Mitglieder derselben Familie nach einander anführt. Im Gegensatz hierzu giebt es auch Fälle, wo er die Erwähnung eines jüngern Gliedes bis zu dessen Geburtsjahr aufschiebt, wie z. B. beim jüngeren Jac. Wzn. Delff, bei Benjamin Blok, bei Samuel und Jan van Hoogstraten und dergl. mehr. Einige ähnliche Fälle im zweiten und dritten Bande, wo für die Biographie des Sohnes eines Malers auf des ersteren Geburtsjahr verwiesen wird, enthalten einen Hinweis darauf, dass Houbraken seinem Werke noch einen vierten Teil zugefügt hätte, wenn er nicht bereits vor der Ausgabe des dritten gestorben wäre [1]). Derartige Stellen sind z. B. B. II S. 314. „Wir werden Jacobus de Baen in seinem Geburtsjahr „(1673) gedenken." B. III. S. 285. „Vom Adlerflug, den Nico„laas Verkolje in der Kunst nahm, werden wir unter dem „Jahre 1673 berichten." und B. III. S. 286. „Von Willem Hen„driksz. Verschuring werden wir später Meldung machen."

Neben den kunstgeschichtlich wichtigen Bestandteilen der Groote Schouburgh bilden die sogenannten Zwischenreden einen leider nicht unbeträchtlichen Teil derselben. Sie sind antiquarischen, philosophirenden oder moralisirenden Inhalts, aber ohne auch nur im geringsten den Wert selbständiger Untersuchungen zu haben. Die Listen „der vornehmsten und bemerkenswertesten Sachen," welche jedem Bande angehängt sind, beweisen einerseits, welchen grossen Wert der Verfasser

[1]) Dem vorzeitigen Tod des Verfassers schreibt van Gool auch den Uebelstand zu, dass „sich im dritten Bande mannigfache Unordnungen befänden" (N. S. I S. 5) und an anderer Stelle sagt er (B. I S. 140) „das Werk [soll wohl heissen: der dritte Band] würde weniger fehlerhaft und in seiner Art vollkommener herausgegeben worden sein, wenn der Verfasser daran hätte die letzte Hand legen können". Dieses Urteil ist seitdem allgemein als richtig angenommen worden, aber wie ich glaube, mit Unrecht. Van Gool hat dabei entweder blos die grosse Zahl der Druckfehler: 45 im dritten, 13 im zweiten und nur 6 im Verzeichnis des ersten Bandes rügen wollen, oder ihm sind die Fehler in den Biographien der späteren, ihm also zeitlich näheren Künstler mehr aufgefallen, als die in den Biographien der beiden ersten Bände. Für uns, die wir an jeden Band denselben Maassstab anlegen können, steht der dritte Band in dieser Beziehung durchaus nicht gegen die beiden anderen zurück.

diesem, von seiner Belesenheit Zeugnis ablegenden Teile seines Werkes beimass und andrerseits geben sie uns eine Uebersicht über die darin besprochenen Gegenstände. So behandelt Houbraken um ein Beispiel statt vieler anzuführen, B. I S. 203 f. das Thema, dass ein Historienmaler besser tue in seiner Darstellung den Geschichtschreibern als den Dichtern zu folgen. Rubens habe z. B. sehr richtig die Geschichte von Thomiris mit dem Kopfe des Cyrus nach Herodot wiedergegeben [1]). Wer aber dem französischen Dichter Quinault folgen würde, würde den Perserkönig darstellen, wie er sich als Gefangenen, angesichts des vor dem Zelte der Thomiris errichteten Schaffottes, mit dem, seinem Wächter entrissenen Schwerte durch drei Stiche in die Brust das Leben nimmt. „Wir haben es, fügt er dann sich entschuldigend hinzu, auf diese Weise getan, aber nicht aus Irrtum, sondern als Illustration der Uebersetzung jenes Trauerspiels."

Derartige Abhandlungen, in den meisten Fällen weit weniger interessant, als die eben nacherzählte, ziehen sich durch sämmtliche drei Bände. Der Zweck derselben war, sowohl der, den Lesern seines Werkes die grösstmögliche Abwechslung zu bieten, als auch — wenn auch nur bruchstückweise — eine Art theoretisches Handbuch für angehende Maler zu liefern, wie dies ja ausser van Mander und Sandrart, sein Lehrer Hoogstraten vor ihm, und zu seinen Lebzeiten Gerard Lairesse getan hatten. Giebt er sogar einigen dieser Abhandlungen, wie z. B. der über die Opfergeräte und Feldzeichen der Alten, Abbildungen bei!

---

[1]) Man vergleiche den Stich von P. Pontius, bzw. die Copie von Ragot.

5. Die Quellen Houbrakens.

A. DIE LITERARISCHEN QUELLEN.

Wie man über Houbraken urteilen mag, eine recht ausgedehnte literarische Kenntnis darf man ihm nicht absprechen. Zwar lassen sich einzelne Werke nachweisen, welche ihm unbekannt geblieben sind, und die er mit Nutzen hätte consultiren können, wie z. B. die Stadtbeschreibungen Amsterdams, die Académie von Bullaert, oder das Werk: Cominciamento e progresso dell' arte dell' intagliare in rame von Franc. Baldinucci [1]), aber im Grossen und Ganzen hat er die einschlägige Literatur gekannt und benützt. Und nicht nur diejenigen Werke seiner Vorgänger, die denselben Zweck verfolgten wie er, wie das Gülden Cabinet de Bie's, die Teutsche Academie Sandrarts, die kleineren Werke de Piles' und le Comte's, hat er auszubeuten gewusst, sondern auch Bücher, deren Inhalt der Hauptsache nach anderer Art ist, hat er für seinen Zweck durchgesehen, und hierin ist er ganz ohne Vorgänger. Während z. B. Sandrart für die niederländischen Künstler vornehmlich van Mander und de Bie excerpirt [2]), zieht Houbraken die Städtebeschreibungen heran, liest die Dichter durch, und weiss sogar in politischen Geschichtsbüchern, wie in Gerard Brandt's Leben des Admiral de Ruyter, Material für sein Werk

---

[1]) Em. Michel hat erst kürzlich wieder in Oud Holland (VIII, 167) die Aufmerksamkeit auf die interessanten Angaben gelenkt, welche dies Werk über Rembrandt enthält.

[2]) Vgl. J. L. Sponsel, Sandrarts Teutsche Academie, Eine kritische Sichtung. Leipziger Doctordissertation. S. 14—22.

zu finden (B. I S. 355). Andrer Art sind wiederum die theoretischen Schriften, wie seines Lehrers Hoogstraten Inleyding tot de Hoge schoole der Schilderkunst, Phil. Angels' Lof der Schilderkunst, W. de Geests Kabinet der Statuen, andrer Art schliesslich die Bildnissammlung, heutzutage bekannt als Iconographie van Dijcks, die Monographie über D.Rzn. Camphuyzen, die Flugschrift über Hendrik Terbruggen usw. und alle diese macht er seinem Zwecke dienstbar.

Im zweiten Teil der vorliegenden Abhandlung werd ich diese Quellenschriften der Reihe nach besprechen, weshalb ich mich hier mit einer kurzen Zusammenstellung der nachweislich benützten begnüge.

A. *Künstlerbiographen.*

1. Karel van Mander, Het Schilderboeck. Houbraken benützt, wie ich unten nachweisen werde, die zweite Ausgabe, vom Jahre 1618, und citirt sie in der Regel nur da, wo er an ihre Darstellung anknüpfend weiter erzählt.
2. Corn. de Bie, Het Gulden Cabinet, Antwerpen 1662. Die darin aufgenommene Bildnissammlung von J. Meyssens: Images de divers hommes d'esprit sublime (1649 erschienen) kennt Houbraken als solche nicht.
3. Joach. v. Sandrart, Teutsche Academie, Deutsche Ausgabe von 1675—79; Lateinische von 1684. Beide sind Houbraken bekannt.
4. Roger de Piles, Abrégé de la vie des peintres.
5. Flor. le Comte, Cabinet des singularitez.
6. André Félibien, Entretiens sur la vie des peintres. Dieses Werk wird von Houbraken ausdrücklich als eine seiner Quellen erwähnt (B. I. S. 45), es ist mir aber auch nicht in einem einzigen Falle gelungen, seine Benützung nachzuweisen.

B. *Theoretische Schriften über Kunst.*

1. Phil. Angel, Lof der Schilderkunst, Leiden 1642.
2. Sam. van Hoogstraten, Inleyding tot de Hoge Schoole der Schilderkunst, Dordrecht 1678.

3. Willem Beurs, De groote Werelt in 't klein geschildert, Zwolle 1692.
4. Wybr. de Geest, Het Kabinet der Statuen, Amsterdam 1702.

C. *Bildnissammlung.*

1. Die sogen. Iconographie van Dijcks und
2. Eine Anzahl von Einzelbildnissen mit ihren Unterschriften, welche ich bei der Besprechung der Bildnistafeln der Groote Schouburgh anführen werde.

D. *Städtebeschreibungen.*

1. Amsterdam, Wegwijzer, 1713 erschienen.
2. Delft, Bleyswyk (1675).
3. Dordrecht, Balen (1677).
4. Gouda, Walvis (1713).
5. Haarlem, Ampsing (1628).
6. ———, Schrevelius (holländisch 1647; lateinisch 1648).
7. Leyden, Orlers (zweite von Houbraken benützte Ausgabe vom J. 1641).
8. ———, van Leeuwen (1672).

Fraglich erscheint die Benützung von van Spaan's Beschreibung von Rotterdam (1698) und der Kronijk van Hoorn (1706).

E. *Gedichtsammlungen.*

1. Citate aus zahlreichen holländischen Dichtern des 17ten und beginnenden 18ten Jahrhunderts, für deren Namen ich auf den zweiten Teil verweise.

F. *Varia.*

1. Het leven van D. R. Camphuijzen, Angaben enthaltend über diesen Theologen, der in seiner Jugend gemalt hatte, und dem Houbraken die jetzt als Werke anderer Mitglieder derselben Familie erkannten Gemälde zuschrieb.
2. G. Brandt, Het leven van M. Azn. de Ruyter, welches S. 476 eine Stelle über W. van de Velde Sr. enthält (Sieh B. I, S. 355).
3. Morery, Grand Dictionaire historique, welchem Houbraken die Biographie Ant. van Dijcks entlehnt.

4. Rich. Terbruggen Notificatie of waarschouwing aan alle liefhebbers der schilderkunst; zur Wahrung der Ehre seines Vaters Hendrik Terbruggen gegen die angeblichen Angriffe Sandrarts.
5. Gedruckter Extract aus den Resolutionsbüchern der Stadt Deventer, über ein Geschenk von 4 Bildern H. Terbruggens von seinem ebengenannten Sohne Richard gemacht.
6. Die Schriften der Maria Sibylla Merian, über dieselbe.
7. T. Asselijn, Broederschap der Schilderkunst usw. Vgl. B. III S. 329 ff. Dieses sehr selten vorkommende Werkchen, welches sich nach Angabe von H. Riegel, Beiträge zur niederländischen Kunstgeschichte B. II S. 366 auf der kgl. Bibliothek zu Brüssel befindet, ist mir leider unzugänglich geblieben. Der Inhalt bezieht sich auf das am 21 Oct. 1654 zu Amsterdam gehaltene Lucasfest. Vgl. Vosmaer, Rembrandt, S. 325 ff.
8. Haarlems Doodt-Basuin, uitgeblazen op de Tombe van den Heer Jacob van Kampen. Vgl. B. III. S. 380. Houbraken hat diesem Gedichte das Todesdatum des Künstlers entlehnt und vermutlich auch die beiden Zeilen auf S. 381, worin der Giebel des Herrn Guldewagen mit der Darstellung einer Hirschjagd als ein Werk dieses Baumeisters erwähnt wird. Auch dies Gedicht war mir nicht zugänglich.

Während andere, wie Sandrart und die Franzosen le Comte und de Piles es liebten, die Quellen zu verschweigen, aus denen sie ihre Mitteilungen schöpften, hat Houbraken die lobenswerte Gewohnheit, seine Vorgänger, aus denen er entlehnt, zu nennen. Wollten jene durch ihr Verfahren den Schein erwecken, alsob sie die ersten wären, die die betreffende Mitteilung machten, Houbraken hatte im Gegenteil das Bestreben, durch möglichst viele Citate zu beweisen, wie sehr er mit der einschlägigen Literatur vertraut sei. Und seine Belesenheit gab ihm dazu, wie wir oben gesehen haben, gewissermaassen das Recht. Zwar citirt er nicht bei jeder kleinen Notiz seine Quelle, aber die meisten nennt er zu wiederholten Malen und häufig giebt er seinen Lesern in dieser Beziehung dadurch einen Fingerzeig, dass er, wie wir oben gesehen habe, es liebt eine ganze Reihe von Künstlern, über welche seine Nachrichten aus derselben Quelle stammen, hinter einander zu behandlen. Das Citiren der Quelle geht soweit, dass es mir nicht gelungen ist, auch nur ein einziges Werk aufzufinden, deren Benützung feststünde, ohne dass es erwähnt worden sei. Hierdurch sind wir zur Annahme berechtigt, dass mit den oben aufgezählten Werken die Reihe von Houbrakens gedruckten Quellen im Grossen und Ganzen erschöpft ist.

In Bezug auf den Umfang, worin Houbraken seine Quellen ausbeutet, muss man ihm ein günstiges Zeugnis ausstellen: er tut es in der Regel in erschöpfender Weise. Als Beispiel dafür will ich nur anführen, dass er bei Sandrart nicht nur den grossen Abschnitt des ersten Bandes kennt, worin dieser die niederländischen Maler behandelt, sondern dass er auch den Nachtrag dazu im zweiten Bande, der zwischen Abhandlungen ganz anderer Art versteckt ist, benützt und schliesslich auch noch entdeckt hat, dass die lateinische Ausgabe Mitteilungen enthält, welche an keiner der beiden Stellen der deutschen zu finden sind. Auch bei den Stadtbeschreibungen, welche der Mehrzahl nach einen besondern Abschnitt mit Künstlerbiographien enthalten, hat er denselben in vollem Umfang benützt. Nur sind ihm dort meistens diejenigen Stellen entgangen, an denen bei der Beschreibung von Kirchen, Rathäusern, Doelen usw. von den daselbst befindlichen Kunstwerken und ihren Urhebern gesprochen wird. In der zweiten Abteilung werde ich diese Stellen einzeln anführen. Daher kann ich mich hier mit diesen kurzen Andeutungen begnügen.

Was die Autorität betrifft, die er den einzelnen Quellen beimisst, so ist Houbraken darin ein echtes Kind seiner Zeit, dass er in der Regel das letzterschienene Werk für das beste hält. Er bemerkt nicht, dass in den allermeisten Fällen, wo zwei über denselben Maler berichten, der spätere vom früheren einfach abschreibt. Dies ist um so auffälliger, da seine eigene Geschichtschreibung ausschliesslich und allein dieselbe Methode befolgt [1]). So entgeht es ihm, dass Sandrart abhängig ist von de Bie, und le Comte und de Piles wiederum von Sandart, und dass das gleiche Verhältnis vorliegt, wo Schrevelius dasselbe berichtet wie Ampzing, oder van Leeuwen wie Orlers. Die Folgen dieser Methode sind natürlich die, dass die Fehler der Abschreiber, als neuentdeckte Tatsachen angesehen werden. So ist aus van Leeuwen Joris van Schooten statt Jacob van Swanenburch als Lehrer Rembrandts, so aus de Piles Christoffel Schovarts [Schouarts] statt Christ. Schwartz, so endlich aus le Comte Joan Dac statt Hans von Aachen in Houbrakens Werk und dadurch in die kunstgeschichtliche Literatur gekommen, aus der erst die Forschung der Neuzeit sie wieder vertrieben hat.

1) Einmal tadelt er sogar de Bie, dass er beim Nachschreiben van Manders nicht genügend Acht gegeben habe (Bd. I S. 43).

6. B. DIE UNGEDRUCKTEN QUELLEN.

Neben den gedruckten Quellen nehmen die ungedruckten einen nicht unansehnlichen Platz ein. Sie bestehen einerseits aus Briefen, Notizen, fragmentarischen Mitteilungen aus den Gildebüchern einiger Städte, usw., andererseits aus persönlichen Mitteilungen. Selbstverständlich sind sie für uns nur in den Fällen erkenntlich, in denen sie ausdrücklich als solche genannt werden. Wo dies nicht der Fall, entbehren wir eines jeden Anhalts über die Herkunft der Houbrakenschen Nachrichten.

Die Angaben aus den Gildebüchern werde ich, da diese, soweit sie noch vorhanden sind, jetzt in Obreens Archief gedruckt vorliegen, im zweiten Teile einzeln besprechen. Ich begnüge mich daher hier mit der Mitteilung, dass sie sich auf die Gilden zu Alkmaar, Amsterdam, Delft, Dordrecht und Haarlem beziehen.

Das umfangreichste der von Houbraken benützten Schriftstücke ist das B. II S. 264 erwähnte Tagebuch des Malers W. Schellinks. Dasselbe bezog sich auf eine in den Jahren 1661—1665 gemachte Reise durch England, Frankreich, Italien, die Schweiz und Deutschland, und befand sich, drei Bände stark, damals im Besitze des bekannten Kunstliebhabers Arnoud van Halen, bei dem Houbraken Gelegenheit hatte es einzusehn. Heutzutage ist es verschollen. Es ist daher nicht möglich, die Referate Houbrakens zu prüfen. Ausser den Mitteilungen über Schellinks' Reisegefährten, über das Bildnis, welches W. Vaillant zu Paris von Jac. Thierry malte und über eine Enthauptung Johannis des Täufers von Ger. Honthorsts Hand, welche Schellinks in einer Kirche zu Rom sah, bieten die Auszüge Houbrakens nichts, das für die niederländische Kunstgeschichte von Interesse wäre. Ueber den Verfasser dieses Reisebuchs hat A. D. de Vries erschöpfend in Oud Holland I S. 150 ff. berichtet. Hier erörtert er auch die Frage nach dem Alter des Künstlers, welche Houbraken aus einem Gesundheitszeugnis v. J. 1665 beantworten zu können glaubt. Nach demselben wäre der Künstler damals 31 Jahre alt gewesen, also 1633/4 geboren. Es ist jedoch wahrscheinlich, dass entweder Houbraken falsch gelesen hat, oder dass jenes amtliche Zeugnis ein unrichtiges Alter angab. Dies ergiebt sich daraus, dass der Künstler im Jahre 1667, bei seiner Verlobung bezeugte 40 Jahre alt zu sein, und weil Zeichnungen vom Jahre 1642 von ihm vorkommen. Diese beiden Tatsachen stehen in unauflöslichem Gegensatz zu jenem Zeugnis, welches daher — wenigstens in der Houbrakenschen Wiedergabe — für uns wenig oder gar keinen Wert hat.

Zwei ähnliche, wenn auch allem Anschein nach weit weniger ausführliche Schriftstücke als Schellinks Tagebuch verdankte Houbraken den Malern Abraham Genoels und Jan van Bunnik. Von Genoels erwähnt er B. II S. 328 eine Reisebeschreibung, an andern Orten (B. III S. 101 und 204) Briefe. Die Ausführlichkeit der daraus geschöpften Mitteilungen steht leider nicht in Verhältnis zu des Künstlers Bedeutung und ebenso sind die Maler, mit denen Genoels Umgang pflog, der Mehrzahl nach längst vergessen. Am interessantesten sind die Mitteilungen über die Namen unter seinem Taufschein beim Eintritt in die Römische Malerbent [1]); über Theod. Helmbreker (B. II S. 328 und III 103), mit dem Genoels sehr befreundet war, und über die verschwägerten Meister Jan Asselijn und Nic. de Helt-Stocade (B. III S. 64). Letztere erhielt Genoels seinerseits von seinem Vetter Laurens Frank, der im Jahre 1645 mit A. Quellinus, Asselijn und de Helt in Lyon zusammenwohnte. Ihr Inhalt besagt, dass de Helt um das genannte Jahr die älteste, Asselijn dagegen die jüngste Tochter eines Kaufmanns Houwaart oder

[1]) Im zweiten Teil werde ich bei der Besprechung von Houbrakens Entlehnungen aus den Gedichten van Rijssens auch auf Genoels Mitteilungen ausführlicher zurückkommen.

Houward heiratete, und dass beide ihre Frauen mit nach Holland brachten. Die Richtigkeit dieser Angaben wird in Bezug auf de Helt bestätigt durch van den Branden (Gesch. d. Antw. Schilderschool S. 872), laut dessen archivalischen Entdeckungen er am 1 Juli 1647 zu Antwerpen als Gatte der Joanna Huart nachweisbar ist. Ihr Kind Jeremias wurde am 21 September 1646 in der dortigen Cathedrale getauft, und er selbst wurde in jenem Jahre Mitglied der Antwerpener Gilde. Die Eltern seiner Frau hiessen David Huart und Catharina Gestel.

Ueber Jan Asselijn hat der achte Jahrgang Oud Hollands (S. 231) Aufschluss gegeben. Dort veröffentlicht Bredius sein Testament vom 28 September 1652, worin seine Frau Antoinette Huart und seine älteste, siebenjährige Tochter Katharine erwähnt werden. [1]). Offenbar war letztere nach ihrer Grossmutter Katharina Gestel benannt worden, welche als Schwiegermutter de Helts bezeugt ist. Ihr siebenjähriges Alter im Jahre 1652 stimmt zu Houbrakens Mitteilung, dass die Eltern um 1645 geheiratet hatten. Ebenso ist es einleuchtend, dass die Namensform Huart der Documente mit derjenigen Houbrakens: Houwaart identisch, und dass sein Zusatz Koorman Druckfehler für „Koopman" (Kaufmann) ist.

Von den übrigen Angaben über Genoels lässt sich diejenige seines Geburtsjahres 1640 durch eine m.W. bisjetzt nicht publizirte Notiz auf einer Handzeichnung in der Sammlung Friedrich August II zu Dresden controliren bzw. bestätigen. Dieselbe, eine staffirte Landschaft darstellend, besagt durch ihre Unterschrift dass „Abraham Genoels, Roomsche Archimedes", sie „oud 78 jaer 1719, maert 22" zu Antwerpen gefertigt habe.

Der Mitteilung, dass Houbraken von Jan van Bunnik ein Verzeichnis aller Orte empfing, an welchen er Proben seiner Kunst hinterlassen hatte, schliesst sich unmittelbar die auf diesem

---

[1]) Wie in Lyon, kommt jetzt hier in Amsterdam der Name Quellinus in Verbindung mit Asselijn vor. Vgl. die verschiedenen a. a. O. mitgeteilten Acten, welche Artus und Hubertus Quellinus als Zeugen mitunterschreiben.

Verzeichnis beruhende Beschreibung von van Bunniks italienischer Reise an (B. III S. 339). Auch der Bericht vom Zusammentreffen des Künstlers mit Gerard Hoet und andern Malern in dem niederrheinischen Städtchen Rees (III 239) wird auf dasselbe zurückgehn. Dies muss in, oder kurz nach dem Jahre 1672 stattgefunden haben, was volkommen stimmt zu den Angaben auf S. 340 f., laut welchen van Bunnik nach kürzerem oder längerem Aufenthalt in Frankfurt, Speier, Genua und Livorno in Rom mit Abr. Genoels zusammentraf. Von diesem wissen wir durch Houbraken, dass er am 3 Jan. 1675 in die Römische Bent eintrat (B. III S. 101), von jenem, dass er nach achtjährigem Dienste am herzoglichen Hofe zu Modena, im Jahre 1684 wieder in die Heimat zurückkehrte (S. 341).

Nicht ohne Interesse und Wert sind für uns einige sogenannte begrafenisbriefjes, welche Houbraken benützt hat. Es waren dies gedruckte Einladungen zur Beiwohnung von Beerdigungen, welche uns durch van der Willigen in beträchtlicher Zahl bekannt gemacht sind. Wie die von diesem Forscher veröffentlichten, haben auch die von Houbraken erwähnten Bezug auf Haarlemer Künstler [1]) und zwar auf Frans Hals, Philip Wouwerman und Jacob van Ruysdael. Das erste von ihnen wird B. I S. 94 f. folgendermaassen erwähnt:

„Ich war mit der Abfassung meines Buches schon fast bis „zum Schlusse gediehen, als unter den Papieren eines alten „Haarlemer Malers ein Begräbniszettel von ihm [Frans Hals] „gefunden wurde, auf dessen Rückseite notirt war: „Frans ist „„gestorben zu Haarlem, im Alter von 85 oder 86 Jahren, im „„Jahre 1666 und ist am 29 August im Chor der Grossen Kirche „„begraben, nachdem sein Bruder Dirk ihm 1656 vorangegangen „„war. Sie waren gebürtig von Mecheln.""

Wer der anonyme alte Haarlemer Maler war, unter dessen Papieren dieser Fund gemacht wurde, geht aus S. 325 hervor,

[1]) Auch in andern Städten waren sie üblich. Rembrandt z. B. hat die Rückseite zweier Amsterdamer Zettel zum Entwurf von Skizzen benützt, welche sich jetzt im kgl. Kupferstichcabinet zu München befinden.

wo die Notizen erwähnt werden, welche „der ältere Vincent van der Vinne auf der Rückseite der Begräbniszettel von Frans und Herman [lies: Dirk] Hals gemacht hatte." Dieser Maler, selbst Schüler des Frans Hals, starb am 26 August 1702, aber erst um 1716/7 muss jener Fund unter seinen nachgelassenen Papieren gemacht sein. Die darin enthaltenen Angaben werden durch van der Willigen (S. 148 f.) im Ganzen bestätigt: das Beerdigungsdatum des Frans Hals war nur drei Tage später, und als Geburtsort ist Antwerpen statt Mecheln nachgewiesen. Auf Grund der Altersangabe bei van der Vinne hat Houbraken dem Meister wohl mit Recht einen Platz eingeräumt zwischen den Künstlern der Jahre 1580 (A. Stalbemt und E. Blok) und 1581 (Deod. del Mont und P. Lastman).

Bei dem zweiten Beerdigungszettel, dem des Philip Wouwerman, wird die Herkunft aus dem Nachlasse des Vincent van der Vinne ebenfalls ausdrücklich bestätigt. Die betreffende Stelle Houbrakens lautet (B. II S. 70): „Ich würde die Geburtszeit des Philip „Wouwerman nicht erfahren haben, wenn mir sein Beerdigungs- „zettel mit dem Stempel 1668 nicht in die Hände gekommen „wäre, worauf der alte Vincent van der Vinne seiner Zeit „geschrieben hatte, dass er in seinem 48sten Jahre gestorben sei." Hier ist dieser, falls Houbraken seine Worte richtig wiedergiebt, um ein Geringes im Irrtum, da Wouwerman, der einige Tage vor dem 13 Mai 1619 geboren wurde, als man ihn am 23 Mai 1668 in der Neuen Kirche beerdigte, grade sein neunundvierzigstes Lebensjahr vollendet hatte (v. d. Willigen S. 337 und 339).

Die dritte der hier in Betracht kommenden Stellen lautet (B. III S. 65): „Jacob Ruisdael ist gestorben zu Haarlem im „Jahre 1681 und begraben am 16 November, wie mir aus einem „der Beerdigungszettel hervorgegangen ist." Die Tatsache ist an sich volkommen richtig; sie darf aber nicht auf den grossen Landschafter dieses Namens bezogen werden, da dieser nachweislich erst am 14 März des nächsten Jahres beerdigt wurde, sondern — wie bereits v. d. Willigen S. 260 richtig bemerkt hat — auf den weit weniger begabten Jacob Salomonsz

Ruysdael, dessen Werke erst in letzter Zeit von denen seines berühmten Vetters getrennt worden sind.

Eine englische Urkunde dieser Art bezieht sich auf den Tod des Malers Willem van de Velde des Aelteren. Houbraken sah sie bei seiner Enkelin, der Tochter Adriaen van de Veldes. Neben Symbolen des Todes, der Beerdigung, Auferstehung und Himmelfahrt enthielt sie Namen, Titel und Wohnort des Verstorbenen, und ausserdem Ort und Datum der Beerdigung. Letzteres war nach Houbrakens Angabe der 16 December 1693 (I 355) [1].

Nächst diesen Documenten kommen hier die Beischriften zweier Bildnisse in Betracht. Die eine machte Houbraken mit dem am 20 December 1640 erfolgten Tode Dirk van Hoogstratens bekannt (I 161) und befand sich auf einer von dessen Sohne Samuel herrührenden Zeichnung. Houbraken fand sie in der Sammlung David van Hoogstratens. Das angegebene Datum ist durch die neuere Urkundenforschung durchaus bestätigt (Vgl. Veth in O. H. IV S. 275). Die zweite Beischrift entdeckte Houbraken auf einem Probedruck des von P. Moreelse gemalten, von Geertruij Rogman gestochenen Bildnisses des Roeland Savery, im Besitze des kunstliebenden Herrn E. Feytama (I 57). Sie war angeblich eigenhändig von Hendr. Lamb. Rogman im Jahre 1640 niedergeschrieben und besagte, dass der Künstler Hofmaler der Kaiser Rudolph und Mathias gewesen sei. Dieses Bildnis mit der gestochenen Unterschrift ist noch heute wohl bekannt. Letztere enthält ausserdem Ort und Zeit der Geburt und des Todes (1576 zu Kortrijck—1639 zu Utrecht) und ist 1647 und nicht 1640 datirt. Auch die Verse lauten ein wenig anders als bei Houbraken, der allerdings nur ihren Sinn wiederzugeben beansprucht. Wichtig ist, dass aus der Zeile: „Natuer bevreest, dat hij in als haer moght ver-

---

[1]) Vgl. hierzu Walpole, Ausg. von 1876. B. II S. 139, der die Grabinschrift aus der Kirche St. James mitteilt:
Mr. William Vandevelde, senior, late painter of sea-fights to their majesties King Charles II and King James, dyed 1693.

winnen, benam hem 't leven door verstroïnge der sinnen" hervorgeht, dass der Künstler im Wahnsinn starb. Houbraken hat auf die Wiedergabe dieser Tatsache verzichtet und auch sonst ist sie in der kunstgeschichtlichen Literatur meines Wissens nicht verwertet worden.

Auf die gedruckten Unterschriften einiger anderen Bildnisse, welche Houbraken erwähnt, werde ich bei der Besprechung der von ihm angeführten Kunstwerke zurückkommen.

Eine weitere handschriftliche Notiz bezieht sich auf die Lehrer des Malers Michiel van Musscher (B. III S. 211). Dieser hatte sie eigenhändig niedergeschrieben, wie folgt:
„1660 zwei Monate gezeichnet bei Martin Zaagmolen.
„1661 bei Abraham van den Tempel.
„1665 sieben Kunststunden gehabt von Gabriel Metsu und i. J.
„1667 drei Monate bei Adriaen van Ostade".

Belege für diese Angaben sind mir nicht bekannt, aber ebensowenig etwas, was ihnen wiederspräche: v. Musscher wurde nach Houbraken am 17 Januar 1645, nach seiner eigenen Angabe bei seiner Verlobung [1]) etwas eher (1643/4) zu Rotterdam geboren; er scheint früh nach Amsterdam gekommen zu sein, denn dort waren seine drei ersten Lehrer ansässig, Saagmolen seit 1654 (Oud Holland VI 123 ff.), van den Tempel seit dem 1 Mai 1660 (Obreens Archief V 199) und Gabr. Metsu bereits seit 1650 (Bredius, Catalog des Rijksmuseums, 3^e^ Aufl.), alle bis zu ihrem 1669, bzw. 1672 und 1667 erfolgten Tode. In der Tat fand Bredius den Michiel Jansz. van Musscher bereits i. J. 1661 in Amsterdam erwähnt (Prot. Not. Bleyenberg). Dann muss er sich nach Haarlem gewandt haben, wo Adr. van Ostade sein ganzes Leben tätig war und grade um die Zeit auf der Höhe seines Ruhmes stand. Spuren seiner Anwesenheit in Haarlem sind weiter nicht nachweisbar; vielmehr hat er, wie Houbraken berichtet, die meiste Zeit seines Lebens in Amsterdam zugebracht, wo er in Jonas Witsen einen Mäcen fand, der ihn auf's tatkräftigste unterstützte. Da Houbraken zu Witsen im-

[1]) Vgl. Oud Holland III S. 233.

selben Verhältnis stand, mag dies zur näheren Bekanntschaft der beiden Maler Anlass gegeben haben.

Weitaus den wichtigsten Teil der ungedruckten Quellen Houbrakens bilden die von ihm erwähnten persönlichen Mitteilungen seiner Zeitgenossen. Ob dieselben ihm mündlich oder schriftlich zugegangen sind, und ob sie von ihm ausdrücklich eingezogen, oder ihm nur zufällig mitgeteilt wurden, kann uns gleichgültig sein; wir haben hier vielmehr nur zu betonen, dass jede Nachricht, die nicht auf Houbrakens eigener Erfahrung beruhen kann, an Bedeutung gewinnt, sobald der Verfasser uns die Quelle nennt, aus der er geschöpft hat und wir in Folge dessen im Stande sind den Wert dieser Quelle zu untersuchen. Das jetzt folgende, alfabetisch geordnete Verzeichnis von Houbrakens Gewährsmännern wird uns an mehreren Stellen Anlass geben, ihre Glaubwürdigkeit durch anderweitig bekannte Tatsachen zu prüfen.

van Beuningen Jan. Er versichert Houbraken aus unanfechtbaren Quellen zu wissen, dass Luca Giordano jedes der neun in seinem Besitze befindlichen grossen Bilder in zwei Tagen gemalt habe (II 29). Vgl. über dieselben das Gemäldeverzeichnis weiter unten und den Auctionscatalog bei Hoet I S. 199 ff., wo die Bilder unter Nr. 17—25 vorkommen.

Ausserdem sah Houbraken bei ihm ein besonders schönes Selbstbildnis von Rembrandt (I 269), (welches nicht im Auctionscatalog vorkommt), und eine dem Raphaël zugeschriebene Majolikaschüssel (II 271).

Beurs W. Dieser war in den Jahren 1671 und 1672 Houbrakens Mitschüler bei W. Drillenburg (III 354). Diese Tatsache, sowie das Geburtsjahr 1656 gehen vermutlich auf persönliche Erinnrung zurück. Was von den spätern Schicksalen des Meisters aus dessen Werke. „De Groote Werelt in 't klein geschildert" entlehnt ist, werde ich im zweiten Teile untersuchen.

le Blon Chr. Houbraken nennt ihn dreimal als Gewährsmann über Philipp Roos, den er zu Rom gekannt hatte (B. II 279, 284 und 287), und es ist daher sehr wahrscheinlich, dass die ganze Lebensskizze auf ihn als Urheber zurückgeht.

Boitard F., Schüler la Fage's. Houbraken sah ihn in England eine Probe seiner Schnellmalerei ablegen. Er nennt ihn wenig richtig Bauttard (B. I S. 170).

Bronkhorst Johan [1]). Diesem Maler-Bäcker zu Hoorn verdankt Houbraken manche Nachricht über die dortigen Künstler. B. II S. 190 erzählt er ihm über Hendrik Grauw, der in seinem Auftrag Zeichnungen gemacht hatte; S. 329 desselben Bandes giebt er sein Urteil ab über die Werke des früh verstorbenen Hoornschen Marinemalers Gaspar van den Bos und auf S. 31 des dritten Bandes wird ein vom 18 Mai 1718 datirter Brief von ihm citirt, welcher Mitteilungen über Jan Linsen enthielt. Aus der auf S. 242 f. enthaltenen Biographie Bronkhorsts geht nicht ausdrücklich hervor, ob sie, wie es wahrscheinlich ist, auf dessen eigenen Mitteilungen beruht, während wir B. II S. 11 bei der Erwähnung eines ehemals in Bronkhorsts Besitz befindlichen Bildes von Jacques Wabbe oder Waben [2]) wohl eine diesbezügliche Mitteilung von diesem, oder Autopsie Houbrakens im Bronkhorstschen Hause vorauszusetzen haben. Im Ganzen sind dies fünf Hoornsche Künstler, von welchen wir mit mehr oder weniger Sicherheit voraussetzen können, dass Bronkhorst die Quelle der über sie mitgeteilten Tatsachen gewesen ist. Wenn wir uns sodann an dieser Stelle erinnern, wie sehr Houbraken es liebt, die aus einer Quelle geschöpften Nachrichten einfach hintereinander in seinem Werke abzudrucken (Beispiele oben S. 39), und ferner beobachten, dass an jeder der eben angeführten Stellen, an welchen Bronkhorsts Name vorkommt, von mehreren Malern aus seinem Wohnort Hoorn die Rede ist, dann ist einiger Grund vorhanden zur Vermutung, dass Houbraken seine Nachrichten über diese ebenfalls seinem dor-

---

[1]) Nicht zu verwechseln mit dem 40 Jahre älteren Utrechter Meister Jan Gerritsz van Bronkhorst.

[2]) Beide Schreibweisen sind urkundlich beglaubigt. Houbraken bedient sich der ersteren.

tigen Freunde verdankt. So schliesst sich den Mitteilungen über Waben die Erwähnung der beiden Rotius oder Roodtseus an (II 11); so geht der Biographie Grauws diejenige des Mathias Withoos [1]) und seiner Söhne (II 186); der Lebensskizze des van den Bos diejenige des Pieter Gallis voran (II 328).

Von Allem was über diese Künstler, sowie über die beiden Rietschoof (III 323) mitgeteilt wird, können wir leider nur wenig vermittelst anderer Quellen nachprüfen. — Dass Waben ein guter Bildnismaler war, bestätigen die Gemälde seiner Hand, welche im Westfriesischen Museum in Hoorn aufbewahrt werden. Die datirten unter ihnen stammen aus den zwanziger und der ersten Hälfte der dreissiger Jahre des XVII Jahrhunderts. Sie stehen etwa auf gleicher Stufe wie die zeitgenössischen Bildnisse eines Zacharias Paulusz zu Alkmaar oder Joris van Schooten zu Leiden. Ungefähr um dieselbe Zeit, zwischen den Jahren 1610 und 1621 kommt der Künstler in den Archiven zu Hoorn vor [2]). Weniger gelungen als die Bildnisse sind eine im ebengenannten Museum aufbewahrte Allegorie, eine Illustration des Spruches: „Glückselig das Land, wo das Recht blind ist und keine Hände hat", und ein unlängst (Dec. 1891) zu Köln versteigertes Bild ähnlicher Art. (Sammlung Merlo, Cat. Nr. 122). Für die Tatsache, dass die obenerwähnten Künstler wirklich in Hoorn ansässig gewesen sind, dürfte ferner der Umstand maassgebend sein, dass von der Mehrzahl von ihnen zahlreiche Werke in der am 17 April 1715 daselbst abgehaltenen Auction van Suchtelen vorkommen (Hoet I S. 178 ff.). In derselben sind J. v. Bronkhorst und Casp. van den Bos mit je 6, H. Rietschoof und Jac. Rotius mit je 4, P. Gallis und Jan Linsen mit je 2 Werken und A. Withoos mit einem Werke vertreten. — Auch in der Auction

---

1) Auch über ihn vergl. weiter unten.

2) Mitteilung von Dr. A. Bredius.

Coninck vom 24 März 1733 zu Hoorn kommen nicht weniger als 18 Werke von den Hoornschen Künstler. G. van den Bos, H. Rietschoof, Rotius, Jan Slob, Math. und Al. Withoos vor (Hoet I S. 386 ff.).

van Bunnik Jan. Ueber Houbrakens Beziehungen zu ihm sieh bereits oben, S. 53.

Carré Hendrik und Michiel. Diese Meister waren Brüder, und Söhne des friesischen Hofmalers François Carré. Houbraken hat beide persönlich gekannt und citirt beide. Es scheint aber nicht über jeden Zweifel erhaben, dass er in jedem Fall den richtigen Vornamen nennt, da aus einer Stelle ein sonst nicht weiter bekannter Aufenthalt Hendriks in England hervorgehen würde, während derselbe für Michiel gesichert erscheint [1]).

Ohne Schwierigkeit lässt sich eine Mitteilung über das Werk einer Künstlerin namens Rozee auf Michiel Carré beziehen (B. II S. 263) da dieselbe weiter nichts enthält als die Tatsache, dass er mehrere ihrer Werke gesehen habe.

Auch an einer zweiten Mitteilung Michiels (B. III S. 76) lässt sich nicht rütteln. Es geht aus ihr hervor, dass Johannes Visscher im Herbste des Jahres 1692 zu Amsterdam sein Schüler war; der hierdurch bedingte Amsterdamer Aufenthalt wird bestätigt durch die urkundliche Nachricht, dass unser Meister dort i. J. 1686 heiratete und als in Amsterdam ansässig bezeichnet wird (Haverkorn van Rijsewijk in Obreens Archief VI S. 342).

Ebenso sicher wie diese beiden Nachrichten über Michiel scheinen mir die folgenden über Hendrik: B. II S. 49 versichert er Houbraken, dass sein Lehrer Jurriaen Jacobsz von Geburt Hamburger war, längere Zeit am Hofe zu Leeuwarden malte und erst im Jahre 1685 starb. Zieht man in Betracht, dass Hendriks Vater ebenfalls friesischer Hofmaler war und dass sein Geburtsjahr 1658, wenn nicht überhaupt richtig, doch jedenfalls nicht weit von der Wahr-

[1]) Vgl. van Gool, N. S. I. S. 125.

heit entfernt sein kann [1]), dann gewinnen seine Mitteilungen über Jurriaen Jacobsz gegenüber denjenigen, die ihn bereits im Jahre 1664 sterben lassen, sehr an Gewicht. Besonders auch, weil die Abstammung des Jurriaen Jacobsz aus Hamburg durch mehrere, unveröffentlichte Documente von Dr. A. Bredius im höchsten Grade wahrscheinlich gemacht wird. Diese Documente erstrecken sich über die Jahre 1658, 1659, 1660 (dreimal), 1662 und 1664 (24 und 25 Juni; 15 August).

Im dritten Band (S. 382) macht Houbraken einen Ansatz zur Biographie Hendrik Carrés, wiederholt aber nur das Geburtsjahr, teilt sodann mit, dass er Schüler von Jacob Jordaens und Jurriaen Jacobsz war, und ...... verfällt wieder in die Lebensdaten des Letzteren.

Drei weitere Mitteilungen beziehen sich auf einen Aufenthalt des Gewährsmannes in England. Ich spreche hier erst von ihrem Inhalt und erörtere dann die Frage, ob Michiel oder Hendrik ihr Urheber sein mag.

B. II S. 18 erzählt Houbraken auf die Autorität Hendriks hin, dass Jan Wijk das Pferd und den Hintergrund des berühmten, lebensgrossen Reiterbildnisses des Herzogs von Schomberg von der Hand Gotfried Knellers gemalt habe. Hendrik Carré habe Jan Wijk in den Jahren 1692 und 1693 zu London gekannt.

Auf S. 75 und S. 191 desselben Bandes wird sodann die Bekanntschaft Michiel Carrés mit dem in London ansässigen Schwiegersohn des Frans Hals, Pieter Roestraten erwähnt. An ersterer Stelle berichtet dieser über Intriguen des Kunsthändlers und Malers Jan [soll heissen Jacob] de Wet in Verbindung mit Ph. Wouwerman gegen Pieter de Laer, und den Diebstahl von dessen hinterlassenen Studien und Skizzen. Letztere sollte Wouwerman für seine Gemälde ausgebeutet, aber vor seinem Tode verbrannt haben „damit die Welt nicht erführe mit wessen Kälbern „er gepflügt habe." Die Grundlosigkeit des letzten Teils

[1]) Man vergleiche Haverkorn van Rijsewijk a. a. O.

dieser Anschuldigung ist bereits von Bode erörtet worden (Graphische Künste, B. XI S. 108), ob am ersten Teil etwas wahres ist, lässt sich nicht weiter untersuchen. Wichtiger ist aber die zweite Stelle. Dort erfährt Michiel Carré, der im Jahre 1695 in England wohnte, zu wiederholten Malen aus Roestratens Munde, in wie unsauberer Weise der Knabe Adriaen Brouwer, einmal gleiches mit gleichem vergolten habe, als er während seiner Lehrzeit bei Frans Hals von dessen Töchterchen, der spätern Gattin Roestratens beschmutzt worden war. Aus van der Willigen (les Artistes de Harlem S. 140) wissen wir, dass Adriaentje Hals, welche nach Oud Holland III S. 310, am 6 Juni 1654 mit Pieter Roestraten die Ehe einging, am 21 Juli 1623 getauft wurde. Da Adriaen Brouwers Haarlemer Aufenthalt seit dem Anfang des Jahres 1625 bezeugt ist, trägt diese Anecdote durchaus den Stempel der Wahrscheinlichkeit und darf sie vielleicht dazu verwendet werden, den Anfang von Brouwers Lehrzeit bei Frans Hals bereits in das Jahr 1624 oder gar 1623 zu rücken [1]).

Angesichts der van Goolschen Mitteilung, dass Michiel Carré eine Zeit lang in England ansässig gewesen sei, lässt sich wohl kaum bezweifeln, dass Houbraken von ihm diese Nachrichten über Roestraten bekommen hat. Wollen wir nicht blos der einen Mitteilung über Jan Wijk zu Liebe, ebenfalls einen (sonst nicht überlieferten) englischen Aufenthalt Hendrik Carrés annehmen, so liegt nichts näher, als an dieser Stelle eine in der alten Literatur häufig genug vorkommende Verwechslung der Vornamen vorauszusetzen. Michiel Carré müsste dann bald nach dem 18 Sept. 1692, an welchem Tage er noch zu Amsterdam war (sieh oben), nach England übergesiedelt sein, weil seine Bekanntschaft mit Jan Wijk in die Jahre 1692 und 93 fiele, falls wir eben an obiger Stelle (B. II S. 18) den Vornamen Hendrik durch Michiel ersetzen wollen.

[1]) Vgl. Bode im Jahrb. der kgl. Pr. Kunstsamml. 1890 S. 218 [1]).

Covijn Isr. Houbrakens Bekanntschaft mit ihm scheint sich darauf beschränkt zu haben, dass er ihn mehrere Jahre lang als Aeltesten der Gilde am Lucastage mit Weinlaub bekränzt am obern Ende der Festtafel sitzen sah (B. III S. 216).

Diepraem. Abr. Diesen Künstler will Houbraken im Jahre 1674 gekannt haben, also etwa 40 Jahre bevor er den Plan zu seinem Werke fasste, und, was mehr sagt, in kaum 14 jährigem Alter. Wir dürfen seinen Mitteilungen daher schwerlich dasselbe Zutrauen schenken, was wir den späteren persönlichen Reminiscenzen zuzuschreiben berechtigt sind. Unwahrscheinlich klingt z. B. aus chronologischen Gründen die Behauptung, Diepraem sei erst Schüler Sorghs gewesen, habe dann eine Reise durch Frankreich angetreten und erst darauf eine Lehrzeit bei Adriaen Brouwer durchgemacht. Da wir für das Geburtsjahr Sorghs nur die nicht weiter verbürgte Angabe Houbrakens, er sei 1645 34 Jahre alt gewesen, besitzen, eine zweite Mitteilung über ihn, er sei 1682 gestorben, aber nachweislich falsch ist, dürfen wir diesen Daten nicht soviel Gewicht beilegen als dem Umstand, dass datirte Bilder Sorghs erst aus den vierziger Jahren bekannt sind [1]). Demnach ist es unwahrscheinlich, dass Diepraem bereits um 1635 sein Schüler gewesen sei, was der Fall sein müsste, wenn er nach Ablauf einer Reise durch Frankreich noch vor 1638 zu dem in diesem Jahre gestorbenen Adr. Brouwer gekommen sein sollte. Ich vermute daher, dass Houbraken sein Schülerverhältnis zu Brouwer blos aus der Stilverwandtschaft der beiderseitigen Werke geschlossen hat, wie er ja den Worten „Diepraem kam zu Brouwer" unmittelbar den Satz folgen lässt: „dessen Malweise und Compositionsart er „imitirt hat, sodass die Erzeugnisse seines Pinsels viel „Aehnlichkeit haben mit denen des Adriaen Brouwer." Dass Diepraem 1648 in die Dordrechter Lucasgilde gekommen

[1]) Zwei Bildnisse eines Ehepaars bei Dr. Ed. Brockhaus zu Leipzig; das weibliche trägt die Jahreszahl 1641. Ferner Werke von 1642 zu Kopenhagen, 1644 zu Hannover, 1646 zu St. Petersburg und München usw.

sei, mag Houbraken den Gildebüchern entnommen haben.

v. Drillenburg Willem. Die Mitteilungen über diesen Künstler beruhen alle auf persönlicher Erinnerung Houbrakens, der die Anfangsgründe der Kunst bei ihm lernte (II 147 ff; I 131, III 214 und III 355). Aus der letzten Stelle geht hervor, dass Willem Beurs sein Mitschüler bei Drillenburg war (sieh oben S. 58). B. III S. 214 begegnen wir Drillenburg in der Gesellschaft von drei andern Dordrechter Künstlern: Ary Huibertsz Verveer, Joh. Offermans und Arnoldus Verbuis. Vielleicht verdankt Houbraken ihm daher die Nachrichten über diese Meister [1]).

de Gelder Aert. B. III S. 269 erzählt Houbraken von einem Besuch beim Maler Augustinus Terwesten, den er in Begleitung Aert de Gelders und des Bildschnitzers Hendrik Noteman ausführte. Dies lässt auf eine nahe Bekanntschaft, um nicht zu sagen ein freundschaftliches Verhältnis schliessen. Die Mitteilungen über de Gelder verdienen daher in hohem Maasse Beachtung (B. III S. 206—8). Zu bedauern ist, dass das Jahr, in welchem de Gelder in Rembrandts Atelier eintrat, durch einen Druckfehler mit 1645 angegeben wird. Das ist de Gelders Geburtsjahr und kann daher unmöglich richtig sein. Vosmaer substituirt 1665 (Rembrandt S. 373). Dies ist vermutlich zu spät, da die Künstler des 17ten Jahrhunderts mit 20 Jahren bereits selbständig zu sein pflegten. Die Zeit um 1660—62 dürfte der Wahrheit mehr entsprechen, Sicheres ist aber auch hier nicht zu sagen. Der Schlusssatz Houbrakens: „Er ist jetzt, in diesem Jahre 1715, „während ich dies schreibe, noch in guter Gesundheit und

[1]) Bilder Drillenburgs kommen zwar in alten Auctionscatalogen sporadisch vor, sind aber heutzutage m. W. nicht mehr nachweisbar. Nach Houbraken soll er Landschaften in der Art des Jan Both gemalt haben. Mir ist eine W. D./Dort bezeichnete Landschaft, eine Ansicht Dordrechts von der Landseite darstellend, in Emdener Privatbesitz bekannt, welche dem Monogramme und der Entstehungszeit (± 1660—70) nach von ihm herrühren könnte. Allerdings erinnert sie in der Auffassung und Farbengebung am meisten an die spätesten Werke Sal. v. Ruysdaels.

„unverheiratet," lässt durch die Bestimmtheit, womit er ausgesprochen wird, darauf schliessen, dass Houbraken, der damals mindestens schon fünf Jahre aus Dordrecht weggezogen war, für seine Zwecke genaue briefliche Erkundigungen über seinen alten Freund eingezogen hat. Zu demselben Schluss berechtigt Houbrakens genaue Kenntnis vom Stadium der Vollendung einer Passionsfolge, womit de Gelder damals beschäftigt war. Die betreffende Stelle (B. III S. 208) sagt aus: „Das letzte seiner Werke ist die Passion, oder „die Geschichte des leidenden Christus in Stücken, von „denen bereits 20 vollendet sind" .... Eine Anzahl Bilder mit Passionsszenen, welche de Gelders späteren Stil aufweisen, befindet sich in der Galerie zu Aschaffenburg, grösstenteils unter seinem Namen, zwei jedoch als Werke Leon. Bramers, der bereits 40 Jahre vor ihrer Entstehung gestorben war (begr. am 10 Febr. 1674 zu Delft). Vertreten sind die folgenden Darstellungen:

Das Abendmahl	(Cat. Nr.	217),
Christus am Oelberg	id.	243,
Die Gefangennahme	id.	238,
Die Geisselung	id.	229,
Die Kreuztragung	id.	215,
Die Kreuzigung	id.	77,
Die Kreuzabnahme	id.	87,
Die Grablegung	id.	225,
Christus als Gärtner	id.	206 und
Die Himmelfahrt	id.	245.

Die übrigen Bilder scheinen verschollen. Es dürften sich darunter Darstellungen befunden haben von einer bis drei Confrontationen Christi, von der Dornenkrönung, der Schaustellung, der Aufrichtung des Kreuzes, der Auferstehung, der Marien am Grabe, des Ganges nach bzw. der Erkennung des Herrn in Emmaus und des unglaubigen Thomas. Auch der Einzug in Jerusalem, die Fusswaschung und die Ausgiessung des heiligen Geistes kommen in Betracht. Da die Aschaffenburger Bilder auf Leinwand gemalt, ca. 71 c.M. hoch und 58 c.M. breit sind, muss dasselbe bei etwa noch zu identificirenden Bildern dieser Folge vorausgesetzt werden und kommt das schöne Dresdener Bild der Schaustellung Christi (Cat. Nr. 1791), abgesehen von der zu frühen Datirung: 1671, schon des Formats wegen nicht in Betracht. Dasselbe misst 152 c.M. in der Höhe und 192 c.M. in der Breite.

Genoels Abr. Ueber Houbrakens Bekanntschaft mit ihm sieh bereits oben S. 52 ff.

Glauber, Joh. genannt Polydor. Aus B. III S. 60 geht Houbrakens persönliche Bekanntschaft mit ihm hervor. An dieser Stelle wird seine Erzählung über den 1678 zu Venedig erfolgten Tod des Kar. du Jardin wiedergegeben. Glaubers Bekanntschaft mit diesem Künstler wird ebenfalls B. III S. 218 gedacht. Ein andrer Reisegefährte Glaubers war Alb. Meyering, der B. III S. 210 und 219 in Verbindung mit ihm erwähnt wird. Drittens dürften Houbrakens Berichte über die beiden Geschwister Glaubers: Joh. Gottlieb und Diana auf Angaben Johann Polydor's zurückgehn, da sie wegen ihrer Ausführlichkeit auf eine gutunterrichtete Quelle schliessen lassen, während eine persönliche Bekanntschaft Houbrakens mit ihnen selbst nicht nachweisbar ist.

v. Gool Joh. Mit diesem Künstler, der dreissig Jahre nach Houbrakens Tode sein Werk fortsetzte, stand Houbraken in einem sehr freundschaftlichen Verhältnis, was besonders durch van Gools Biographie seines Freundes im ersten Band der Nieuwe Schouburg (I 131 ff.) bezeugt wird. Houbraken mag ihm daher mehr Nachrichten verdanken als die eine, bei der er ihn durch Nennung des Namens als Quelle erwähnt. Es ist dies B. III S. 327 über Simon van der Does, seinen Lehrer. Mit Bezugnahme auf van Gools um 1685 erfolgte Geburt, darf man seine Lehrzeit um 1700 ansetzen [1]). Van der Does hat nach seinen Angaben

[1]) 1703 wird er zuerst als Schüler der Haager Academie erwähnt und 1711 bezahlt er der Confrerie seinen Beitrag als Meister (Obreens Archief IV 174, V 141).

damals alltäglich sehr fleissig gemalt, obwohl er unter häuslichen Sorgen litt.

Graat Bar. Bei diesem Künstler lässt sich trotz der Ausführlichkeit nur eine Quelle nachweisen, welche Houbraken allem Anschein nach nicht hat benützen können: B. II S. 208 beklagt sich Houbraken über den Schwiegersohn des Künstlers, der ihm das Bildnis seines Schwiegervaters behufs Aufnahme in die Schouburgh verweigert habe. Mit grosser Wahrscheinlichkeit lässt sich daraus schliessen, dass er ihm auch keine Auskunft über Graats Leben erteilt haben wird.

Grasdorp Wil. Persönliche Bekanntschaft mit Houbraken geht aus B. III S. 376 hervor, wo dieser seine Berichte über seine Lehrzeit bei Ernst Stuven wiedergiebt. Hierauf beschränkt sich alles, was Houbraken über ihn mitteilt.

v. Halen Arn. genannt Aquila. Ueber die Kunstwerke, welche sich im Besitze dieses Mäcens und Schabkünstlers befanden, vergleiche man das Verzeichnis der von Houbraken erwähnten Kunstwerke sub de Bray, Lairesse und Pierson. Sein reges Interesse für Künstler geht u. A. daraus hervor, dass er eine Totenklage zu Ehren Lairesse's dichtete (III 129), sowie, dass er Besitzer des Tagebuchs von Willem Schellinks war, dessen drei Bände Houbraken bei ihm einsah und zur Biographie des Künstlers benützte (Sieh oben S. 51 f.). Bei den vielen Beziehungen, die van Halen zu den zeitgenössischen Malern seines Landes hatte, ist anzunehmen, dass er Houbraken auch sonst Mitteilungen für sein Werk verschafft hat. Welche freilich, können wir heutzutage nicht mehr entscheiden.

Hellemans Cornelis, Kunsthändler zu Amsterdam machte Houbraken Mitteilungen über den plötzlichen Tod des Stilleben malers Willem Kalf (B. II S. 218). Sie beruhten auf persönliche Erinnerung und verdienen schon deshalb Glauben, weil der in ihnen enthaltene Todestag, der 31 Juli 1693, vollkommen stimmt zu dem aus den Kirchenbüchern ermittelten Beerdigungsdatum: 3 August 1693 (de Roever bei Bredius, Catalogus van het Rijksmuseum[3] S. 88).

Hoet Gerard. Persönliche Bekanntschaft mit dieser dem Houbraken in hohem Grade verwandten Künstlernatur geht aus B. III S. 199, hervor, wo Hoets Urteil über seinen Stadtgenossen Johannes Vorstermans citirt wird. Auf S. 240 desselben Bandes wird eines Briefwechsels zwischen diesen beiden Künstlern Erwähnung getan, was die Vermutung nahe legt, dass auch die übrigen Angaben Houbrakens über Vorstermans auf Hoet zurückgehn. Dasselbe darf man annehmen in Bezug auf Hoets Lehrer Warnar van Rijsen, der als solcher sowohl in der Biographie des Schülers (B. III S. 239 ff.), als auch bereits B. I S. 129 unter den Nachahmern Poelenburgs aufgezählt wird. Endlich wird auch die Bekanntschaft Hoets mit Johan van Bunnik an zwei Stellen erwähnt: das eine Mal, wo ihre gemeinschaftliche Tätigkeit zu Rees, das andere Mal, wo van Bunniks darauf erfolgte Rückkehr nach Utrecht erzählt wird (B. III S. 239 und 339). Umsomehr dürfen wir den hierauf bezüglichen Angaben Vertrauen schenken, weil wir oben (S. 53) sahen, dass die Biographie van Bunniks (S. 339 ff.) sie bestätigt und ebenfalls auf persönliche Mitteilungen an Houbraken beruht.

de Hooge Romein. B. II S. 310 erzählt Houbraken, dass er für ihn die Zeichnung für den Stich nach einem im Jahre 1672 vom Pöbel zerstörten Gemälde Jan de Baens gemacht habe, welches den Kriegszug nach Chattam (1667) und den daran beteiligten Cornelis de Wit verherrlichte [1]). B. III S. 378 lesen wir, dass der Blumenmaler Ernst Stuven sich nach seiner Entlassung aus der Gefangenschaft zu ihm begab, während S. 257 desselben Bandes sein wenig erbaulicher Lebenswandel gerügt, und eine Anzahl seiner Werke auf dem Gebiete der Malerei erwähnt wird. Sämmtliche Angaben sind der Art, dass sie keinen Anlass zu Zweifeln bieten. Aus der ersten darf man auf einen persön-

[1]) Ueber eine Copie dieses Bildes in der kgl. Gemäldegalerie im Haag sieh weiter unter den Abschnitt: Kunstwerke als Quellen, sub Jan de Baen.

lichen oder schriftlichen Verkehr mit Houbraken schliessen.

v. Hoogstraten David. Er war ein Neffe von Houbrakens Lehrer Samuel van Hoogstraten. Houbraken sah bei ihm (B. I S. 162) das Bildnis des Malers Dirk van Hoogstraten, seines Grossvaters. Es war vom damals 13jährigen Samuel bei Dirks im Jahre 1640 erfolgten Tode gezeichnet. Das Todesdatum: 20 December 1640 war beigeschrieben und wurde, ebensowie wohl auch das Bildnis selbst, von Houbraken für seine Schouburgh verwertet.

v. Hoogstraten Sam. Es unterliegt kaum einem Zweifel, dass zahlreiche Nachrichten, auch dort, wo die Quelle nicht genannt wird, auf diesen Lehrer Houbrakens zurückgehen. Nicht nur war jener Hoogstratens bevorzugter Schüler, und hatte er ein nachgelassenes Werk von ihm behufs Veröffentlichung in Bewahrung (B. II S. 161, Anm.), sondern Hoogstraten war durch seine eigene kunstschriftstellerische Neigung mehr wie viele andere in der Lage seinem Schüler wissenswertes mitzuteilen. Daher darf jede Nachricht Houbrakens, welche sich auf Hoogstratens Lehrer, Mitschüler, Freunde, Stadtgenossen oder Schüler bezieht, auf besondere Beachtung Anspruch erheben. Hier gilt es freilich nur, die Stellen zu verzeichnen, wo Hoogstraten ausdrücklich als Gewährsmann genannt wird, oder wo sonstige Umstände auf ihn als solchen hinweisen. Zu diesen gehören in erster Linie die Biographien Samuels (B. II S. 155 ff.) und seines früh gestorbenen Bruders Jan (B. II S. 168 ff.) und ferner die Stelle B. II S. 170, wo ein Brief vom 9 Aug. 1651 aus Wien erwähnt wird, in welchem er die Ankunft Sandrarts daselbst als bevorstehend meldet. Der Zweck seiner Reise war nach Hoogstraten die Erwerbung der kaiserlichen Gunst und die Ueberflüglung des damaligen Kammermalers Leux oder Luix.

An drei Stellen des dritten Bandes nennt Houbraken Schüler Hoogstratens: B. III S. 175 Godfried Schalcken (geb. 1643); B. III S. 206 Aert de Gelder (geb. 1645) und B. III S. 310 Cornelis van der Meulen, dessen Geburtsjahr weder bestimmt angegeben wird, noch sonst bekannt ist, der aber vermutlich ebenfalls älter war, als der 1660 geborene Houbraken [1]). Ob diese Nachrichten auf Atelierüberlieferungen, oder auf Mitteilungen aus Hoogstratens Munde zurückgehen, ist nicht zu sagen, kommt aber für ihre Zuverlässigkeit auch nicht weiter in Betracht.

v. Huysum Justus, machte Houbraken Mitteilungen über Nicolaas Berchem (B. II S. 112), dessen Schüler er war. Aber nicht im Jahre 1665, wie an dieser Stelle angegeben wird, denn damals zählte Huysum erst sechs Jahre. [Seine Geburt, von Houbraken (B. III S. 387) ins Jahr 1659 gesetzt, wird bestätigt durch die Altersangabe (22 Jahre) bei seiner 1681 erfolgten Heirat; Oud Holland III S. 155]. Wahrscheinlich muss es, wie auch auf S. 387 des dritten Bandes gesagt wird, 1675 heissen. Damals soll Berchem so fleissig gewesen sein, dass er von Morgens früh bis 4 Uhr Nachmittags vor seiner Staffelei sass. Dies hilft die grosse Anzahl der von ihm hinterlassenen Werke erklären.

Lavecq Jac. Er gehörte zu Houbrakens Lehrern, starb aber als Houbraken ein 15jähriger Knabe war. Dieser sagt daher mit Recht bei der Angabe des Todesdatum: „wenn ich mein Gedächtnis zu Rate ziehe, starb er Anfangs des Jahres 1674". Herr Veth hat in Oud Holland (B. VII S. 308) nachgewiesen, dass Houbraken sich um anderthalb Jahre irrte, denn sein urkundlicher Begräbnistag ist der 2 Sept. 1675 [2]). Von den übrigen Mitteilungen über ihn, mag die Jahresangabe seines Eintritts in die Dordrechter Gilde den Gildebüchern entlehnt sein, und die anderen auf persönliche Erinnerung zurückgehn. Allerdings beklagt sich Houbraken, dass er, trotzdem er auf freundschaftlichem Fusse mit ihm stand, wenig über ihn mitteilen könne. Seine Beobachtung, dass Lavecq's Bildnisse Ähnlichkeit hatten

---

1) Er setzt ihn um das Jahr 1650 an.

2) Dieses Datum hätte Houbraken bereits in dem von ihm benützten Werke Balens: Beschrijving van Dordrecht, finden können (S. 1066).

mit denen de Baens, wird durch eine Notiz in Oud Holland a. a. O. bestätigt.

v. d. Leeuw Pieter, gehörte wie der vorhergehende zu Houbrakens älteren Stadtgenossen. B. III S. 181 wird hervorgehoben, dass er im Jahre 1678 Houbrakens Aufnahme in die Dordrechter Lucasgilde vollzogen habe. S. 310 wird er nochmals, und zwar als Schüler Adriaen van de Veldes erwähnt. Da er nach der ersten Stelle erst 1669 in die Gilde kam, ausserdem nach den neuesten Forschungen erst 1647 geboren wurde [1]), van de Velde dagegen bereits 1672 starb, so ist die Bezeichnung „Schüler" wohl nur aufzufassen als „Nachahmer", in Uebereinstimmung damit, dass S. 181 erzählt wird, er habe stets ein Bild von Adr. v. d. Velde neben sich auf der Staffelei gehabt.

Dass Houbraken Pieter v. d. Leeuw's älteren Bruder Govert oder Gabriel ebenfalls persönlich gekannt habe, geht nicht mit Sicherheit aus seinen Mitteilungen hervor, da jener aber seinen Bruder neun Jahre überlebte († 3 Juli 1688, wie Houbraken richtig angiebt) ist die Wahrscheinlichkeit gross. B. III S. 179 f. wird sein Lebensabriss gegeben; S. 60 desselben Bandes ausserdem mitgeteilt, dass van der Leeuw beim Tode du Jardins im Jahre 1678 zu Venedig anwesend gewesen sei. Schon diese Mitteilung lässt gewissermaassen auf persönlichen oder brieflichen Verkekr schliessen [2]).

Luiken Jan. Auf ihn, der in seiner Jugend malte [3]), später aber ausschliesslich als Zeichner und Radirer tätig war, machte Houbraken ein Lobgedicht nach seinem Tode (B. III S. 256); persönliche Bekanntschaft ist daher vorauszusetzen. Cha-

---

[1]) Oud Holland VIII S. 26.

[2]) Das neueste über den Künstler bringt Veth, Oud Holland VIII S. 23.

[3]) Das einzige heutzutage nachweisbare Bild des Künstlers befindet sich in der Galerie Six zu Amsterdam. Es stammt aus der Sammlung des Corn. Ploos van Amstel und kommt in mehreren alten Auctionscatalogen vor.

rakteristich für die Houbrakensche Geschichtschreibung ist, dass er B. III S. 63 noch mit einer gewissen Reserve sagt: „wie man sagt, lernte Luiken in seiner Jugend bei Saag„molen die Zeichenkunst und die Malerei", auf S. 253 dagegen schon positiv behauptet: „Luiken hat die Malerei „bei M. Saagmolen gelernt". An der ersten Stelle war es offenbar die Aehnlichkeit des Stiles zwischen den beiden Künstlern, welche Houbraken das „on dit" in die Feder gab, genau in derselben Weise, wie Pieter van der Leeuw B. III S. 181 nur Nachahmer des Adr. van de Velde hiess, während 130 Seiten weiter dieser schlechthin zu seinem Lehrer gestempelt wird.

Marseus Otto. Bei diesem Künstler liegt einer der auffälligsten Beispiele vor, dass Houbraken sich trotz der denkbar zuverlässigsten Gewährsmänner, manchmal nicht unbeträchtlich irrt. Es war die Wittwe des Künstlers, welche Houbraken als Quelle für einige seiner Nachrichten citirt. Dennoch ist das Todesjahr um nicht weniger als fünf Jahre zu früh — 1673 [1]) statt 1678 — und die Dauer der Ehe um zwei Jahre zu kurz — 12 statt 14 Jahre (1664—78) — angegeben. (Vgl. Oud Holland I S. 166 ff.)

Eine zweite Nachricht über Marseus verdankte Houbraken der Tochter des Malers Mathias Withoos (B. II S. 187). Auch sie stimmt nicht vollkommen zu dem, was von anderer Seite bekannt ist. Demnach wäre nämlich Marseus nach einem zweijährigen Aufenthalt in Italien bereits 1650 nach Holland zurückgekommen, während Sam. v. Hoogstraten ihn 1652 zu Rom gekannt haben will (Inleydinge S. 169). Hoogstraten war im Herbst 1651 noch zu Wien; seinerseits kann daher in Betreff der Jahreszahl kein Irrtum vorliegen. Derselbe muss also entweder bei Houbraken bzw. dessen Gewährsmanne vorausgesetzt werden, oder man müsste sich zur Annahme einer zweiten Römischen

[1]) Dass diese Jahreszahl nicht, wie man in neuester Zeit wiederholt angenommen hat, einfach Druckfehler für 1678 sein kann, glaube ich oben (S. 41 f.) gezeigt zu haben.

Reise des Marseus bequemen. Hierüber fehlt aber jede Nachricht.

de Moor Carel, wurde mit Houbraken bekannt, als er zu Dordrecht Schüler Godfried Schalckens war (III 343). Dies war der Fall, nachdem er bis 1672 den Unterricht des Abr. van den Tempel und darauf denjenigen des älteren Frans van Mieris genossen hatte. Es wird daher um die Mitte der 70er Jahre gewesen sein. — B. I S. 213 versichert er Houbraken, dass der Marinemaler Jan Porcelles aus Leiden gebürtig und zu Leiderdorp beerdigt sei. Beide Nachrichten sind falsch. Aus v. d. Willigen, les Artistes de Harlem S. 242 wissen wir, dass der Künstler aus Gent stammt, während Bredius als Ort seines Todes das (allerdings unweit Leiderdorp gelegene) Dorf Zoeterwoude ermittelt hat [1]).

Aus van Gool (Nieuwe Schouburg II S. 424) geht hervor, dass Houbraken auf sein Gesuch um persönliche Mitteilungen über de Moors Leben und Wirken, sowie um sein Bildnis, von ihm eine unfreundliche Antwort empfing und dass dies der Grund war, weshalb Houbrakens Mitteilungen so kurzgefasst sind. Van Gool giebt in Anschluss an diese Bemerkung eine Uebersicht über de Moors Tätigkeit als Künstler.

Moucheron Isaac, scheint Houbraken über mehrere Künstler, die er in Italien gekannt hatte, Mitteilungen gemacht zu haben. B. II S. 230 wird er ausdrucklich als Urheber einiger Notizen über die Kunstübung des sächsischen Generals Wackerbaart genannt, den er 1695 zu Rom traf. B. III S. 183 wird erzählt, dass er 1697 gleichzeitig mit dem

[1]) Vielleicht beziehen sich jedoch de Moors Versicherungen auf einen der jüngeren Porcelles (Vgl. W. Schmidt im Rep. f. Kunstw. I 68 u. 412). — Zwei weitere Mitteilungen de Moors tragen einen vollständig anecdotenhaften Character: die eine (B. II S. 110) über den Ursprung des Namens Berghem, die andere (B. III S. 25) über ein von ihm gemaltes Bildnis von Jan Steens zweiter Frau im Sonntagsanzug, welches durch ihren Mann in humoristischer Weise vollendet wurde.

jüngeren Pieter Mulier [1]) dort war. B. II S. 298 gedenkt Houbraken seiner als eines geschickten Nachahmers von Nic. Poussin und S. 328 desselben Bandes werden weitere Nachrichten über ihn in Aussicht gestellt. Houbraken wollte ihn wohl unter den Malern seines Geburtsjahres 1670 behandeln; da aber sein Werk blos bis zum Jahre 1659 gedieh, blieb diese Absicht unausgeführt. Anzunehmen ist, dass Houbraken die Daten über Isaacs Vater Frederik de Moucheron ebenfalls dem Sohne verdankt, obwohl dies nirgends ausdrücklich gesagt wird.

Mulder Jos. Dieser Künstler war Kupferstecher, nicht Maler, und wird in Folge dessen von Houbraken nur beiläufig erwähnt. Nahe persönliche Beziehungen mit ihm ergeben sich aus dem Umstand, dass Mulder sowohl für die Ausschmückung der Groote Schouburgh mit Vignetten und dergl., als für die von Hoet, Houbraken und Picart gezeichnete Folge von biblischen Darstellungen als Stecher tätig war. B. III S. 247 berichtet er Houbraken über seinen Lehrer Hendrik Bogaart, bei dem er 1672 zeichnen lernte. Die Kürze und geringe Bedeutung der Nachrichten steht aber in vollständig erklärlichem Zusammenhange mit der langen Dauer des seitdem verflossenen Zeitabschnittes (1672—1718).

van Neck Johan, starb nach Houbrakens Angabe im Jahre 1714 (B. III S. 75). Houbraken erzählt, dass er ihn während seiner letzten Krankheit öfters besuchte. Er sei sehr gesprächig gewesen, sodass Houbraken, wenn er sich damals bereits mit dem Plan zu seinen Künstlerbiographien getragen hätte, viel Nutzen aus diesen Gesprächen hätte ziehen können. Da Houbraken van Necks Freundschaft mit dem Maler Dirk Freres (1643—93) besonders hervorhebt, ist es recht gut möglich, dass seine Mitteilungen über diesen (B. III S. 184 f.) auf van Necks Vermittlung zurückgehen.

---

[1]) So ist zu lesen statt Molijn; vgl. Woermann, Dresdener Catalog unter Nr. 1516.

N o t e m a n Hendrik, Bildhauer zu Dordrecht. B. III S. 269 erzählt Houbraken von einem in Gemeinschaft mit ihm und Arent de Gelder gemachten Besuch bei Augustinus Terwesten, der damals in Dordrecht Zimmerdecorationen ausführte. B. III S. 208 wird sein von de Gelder gemaltes Bildnis rühmend erwähnt [1]).

O f f e r m a n s Johannes, gehörte ebenfalls zu Houbrakens Stadtgenossen, mit denen er, laut Aussage auf S. 215 des dritten Bandes persönlichen Umgang pflog. Ueber Offermans Kunst berichtet er jedoch nur, dass er anfangs Landschaftsmaler war, sich aber später zum Kunsthandel und zur Decorationsmalerei wandte.

v. P a r z i j n Cornelis, Kunsthändler zu Dordrecht erzählte Houbraken, dass Abr. Diepraem in seiner Spätzeit für ihn gearbeitet habe. Oben (S. 64) haben wir gesehen, dass Houbraken ihn in seiner Jugend auch selbst gekannt haben will (B. III S. 245 f.)

v. R e e n e n Nicolaas, war ein Sohn aus zweiter Ehe von Paulus Potters Wittwe. Er machte Houbraken brieflich mit einigen Aeusserungen seiner Mutter bekannt, welche den Fleiss ihres ersten Gatten rühmten (II 129). Auch die sonstigen Nachrichten über Potter scheinen aus derselben Quelle zu stammen. S. 125 wird eine Schrift erwähnt, aus der Houbraken die Abstammung Potters aus dem berühmten Geschlecht Egmond erfahren habe. Die Tatsache der Abstammung an sich ist richtig, die Genealogie aber fehlerhaft. W e s t h r e e n e (Paulus Potter, sa vie et ses oeuvres S. 36 ff.) hat die Irrtümer aufgedeckt und verbessert.

v. R o y e n Willem, übermittelte Houbraken — vermutlich brieflich oder durch Zwischenpersonen, denn er war seit 1669 am Brandenburgischen Hofe tätig — Berichte über seinen Lehrer Melchior d'Hondecoeter. Da dieser urkundlich 1636 geboren wurde, van Royen aber bereits 1661 als Schüler des Arent van Ravesteyn in die Haager Lucasgilde eintrat [2]),

---

[1]) Vergl. über dasselbe den Abschnitt: Kunstwerke als Quellen.

[2]) Obreens Archief V 146, Ueber van Royens Tätigkeit am Ber-

und seine selbständige Tätigkeit als Maler seit 1662 durch Daten auf Bildern (Schwerin) bezeugt ist, müsste letzterer zu Hondecoeters frühesten Schülern (vor 1661) gezählt werden. Hierzu stimmt nicht, dass er über des Meisters spätere Zeit berichten will, als dieser „tot zijn jaren gekomen was", ausserdem schon verheiratet war (B. III S. 74), was erst seit 1663 der Fall war (Oud Holland III S. 152). Es ist daher mindestens fraglich, ob van Royens Mitteilungen über das unsolide Leben Hondecoeters Gewicht beizulegen ist.

v. Ruiven Pieter [Reuven], ist Houbrakens Gewährsmann über seinen Stadtgenossen Adriaen van Linschoten, den er 1677/78 gekannt hatte, als jener 87—88 Jahre alt war. Insofern diese Jahreszahl die zeitliche Gränze der Bekanntschaft anzugeben beabsichtigt, ist sie ungefähr richtig, da Linschoten urkundlich im Juli 1677 starb (Bredius in Oud Holland II S. 135 ff.). Was Ruiven über Linschotens Kunst erzählt, ist heutzutage nicht nachzuprüfen, weil sämmtliche Werke des Meisters verschollen sind, z. T. wohl auch unter den Namen seiner italienischen Vorbilder Caravaggio und Ribera gehen. — Die Nachrichten, welche B. III S. 290 über Ruiven selbst enthält, werden ebenfalls auf seine Mitteilungen an Houbraken zurückgehen. Dabei dürfte der Vorname Jaques seines Lehrers Jordaen möglicher Weise Irrtum sein für Jan bzw. Hans, einen Namen den mehrere Mitglieder des in Delft ansässigen Zweigs der Familie Jordaens trugen [1]).

Six Nicolaas, fand unter seinen Familienpapieren eine Schrift, worin die Geburt Adr. Brouwers zu Haarlem behauptet wurde (I 318). Heutzutage ist festgestellt, dass Brouwer zwar vermutlich schon sehr früh (um 1623; 15 bis 16 Jahre alt) zu Frans Hals nach Haarlem kam, dass er aber von Geburt ein Vlame, und zwar aus Oudenaerde, war. Es geht

liner Hof vgl. Nicolai, Nagler, Kramm und den Catalog der 1890er Leihausstellung von Werken niederländischer Kunst zu Berlin. Die Gleichkeit der Vornamen: *W. F.* verbürgt die Identität des Meisters.

[1]) Vgl. Obreens Archief I 4, 45, 62; V 57, 125, 203 ff. 299, 301.

nicht aus Houbrakens Worten hervor, ob er dieser Schrift noch weitere Nachrichten über Brouwer entnommen hat.

Sodijn, Frau, Tochter des Malers Adriaen van de Velde erzählte Houbraken nicht nur manches über ihren Vater (B. III S. 90), sondern zeigte ihm auch den Begräbniszettel ihres Grossvaters, des älteren Willem van de Velde (B. I S. 355) [1].

Somer Jan Pietersz. Dieser bekannte Kunsthändler berichtete Houbraken über den Maler Mathias Withoos, den er bis zu dessen Tode gekannt hatte (B. II S. 187). Auch mit Willem Kalff war er bekannt, laut B. II S. 219 und im ersten Bande (S. 357) wird er als Schüler eines Zeichners und Glasmalers Pieter Janszen erwähnt. Ferner erzählt er Houbraken B. II S. 112, dass er Nicolaas Berchem die damals sehr hohe Summe von 60 Gulden für den Stich nach Rafaels Kindermord mit der Fichte (Bartsch Nr. 18 des Oeuvre von Marcanton) habe bezahlen sehen. Bekannt ist endlich seine Freundschaft mit Rembrandt, der ihm einen ausgezeichneten Abdruck des Hundertguldenblattes [das jetzige Amsterdamer Exemplar [2])] gegen die Pest von Marcanton überliess; um es kurz zu sagen Somer stand im Mittelpunkte des Amsterdamer Kunstlebens und es ist anzunehmen, dass Houbraken nicht nur in dem einen, obenerwähnten Falle seine Mitteilungen benützt hat, sondern sie auch an anderen Stellen verwertete, ohne freilich den Namen des Urhebers zu nennen.

Soukens Joh. Mit ihm machte Houbraken im Jahre 1694 eine kurze Reisebekanntschaft (B. III S. 202 f.), ohne später je wieder etwas von ihm zu hören. Die Veröffentlichung der damals mit Soukens geführten Unterhaltung ist Houbraken von dessen Verwanten sehr übel genommen, wie aus einer Aeusserung der Enkel bei van Eynden en

---

[1]) Vgl. oben S. 56. Ueber ihren Mann sieh Havard, l'Art et les artistes hollandais B. I S. 116.

[2]) Die rückseitige Inschrift: „Vereering van mijn speciale vriend Rembrandt tegens de pest van m. Anthony" u. A. bei Vosmaer S. 292.

van der Willigen, Geschiedenis der vaderlandsche schilderkunst B. I S. 324 hervorgeht. Houbrakens Mitteilung, dass Soukens Schüler von Joh. Vorstermans und somit Enkelschüler Herman Saftlevens war, erhält eine Bestätigung durch sein einziges mir in einer Sammlung bekanntes Bild. Es stellt eine Rheinlandschaft in der Art Saftlevens dar, aber bedeutend schwächer, ist bezeichnet ISoukens und hängt als Unbekannt in der Gräfl. Nostitzschen Galerie zu Prag. (Cat. Nr. 127.) Andere Bilder sah ich dann und wann im Kunsthandel.

Terwesten Aug. Der Besuch, den Houbraken ihm machte als er zu Dordrecht Decorationsmalereien ausführte (III 269) ist bereits unter de Gelder und Noteman besprochen. Andere Erwähnungen, aus denen persönlicher oder brieflicher Verkehr zwischen den beiden Künstlern hervorginge, sind nicht vorhanden. Dennoch wird Terwesten ausser in seiner eigentlichen Biographie (B. III S. 268 ff.) noch an drei anderen Stellen erwähnt: B. II S. 48 als Zeuge der letzten Stunde des Brandenburgischen Hofmalers Abr. Jansz. Begeyn; Ibid. S. 222 als Lehrer des Dordrechter Künstlers Jacobus Busschop und Ibid. S. 302 als Bevollmächtigter eines Ungenannten zum Ankauf der aus der Erbschaft Christina's von Schweden stammenden Sammlung Odescalchi.

Terwesten Matthäus, hilft Houbraken bei seiner Suche nach Verwanten des Pieter Lely—van der Faes, welche über dessen Leben Auskunft erteilen können. Auf die so erlangten Mitteilungen gehen Houbrakens Angaben zurück (II 41 ff.). Eigener Zusatz scheinen bei Lelys Geburtsort Soest die Worte „in Westphalen" zu sein, während vielmehr an das Dorf dieses Namens in der Provinz Utrecht zu denken ist. Besonders, weil die Mutter, Abigaël van Vliet aus einem vornehmen und ansehnlichen Utrechter Geschlechte stammte (S. 42). Laut mehreren von Dr. A. Bredius aufgefundenen Acten kommt eine Familie van der Faes um 1675—80 wiederholt im Haag vor. In einem dieser Documente, vom 4 Dec. 1679, wird auch „Pieter van der Faes, geseijt Lely, tegenwoordich in Engeland" erwähnt [1]). — Houbraken hat offenbar das Unwahrscheinliche seiner Hypothese gefühlt, denn er motivirt sie erstens durch die Annahme, Lelys Vater (ein holländischer Offizir!) habe zur Zeit der Geburt seines Sohnes zu Soest garnisonirt, was durch keine geschichtliche Tatsache glaubhaft gemacht werden kann, und zweitens durch das Epitheton „Landsman", welches der aus Zwolle stammende Prediger Vollenhove, dem Lely in einem Lobgedicht erteilt. — Es ist jedoch klar, dass ein Bürger von Zwolle einen zu Soest in Westphalen Geborenen nie und nimmermehr Landsmann nennen kann, und ebenso einleuchtend ist es, wenn man das in England verfasste Gedicht liest (S. 44 ff.), dass die Worte „Ehre unseres Geburtslandes" sich auf die Abstammung des damals in London ansässigen Lely aus den Sieben Vereinigten Provinzen beziehen.

Velthuizen, Maler zu Gouda und Neffe des Künstlers Heiman Dullaert, über den er Houbraken berichtet (III 79). Da Dullaert mit mehreren Mitgliedern der Familie Hoogstraten, auch mit Houbrakens Lehrer Samuel sehr befreundet war, mögen andere Nachrichten über ihn durch diesen Canal zu Houbraken gekommen sein.

Verkolje, Johan und Nicolaas. Ersteren, den Vater († 1693) hat Houbraken, wenn er ihn auch persönlich gekannt hat, nicht mehr für seine schriftstellerischen Zwecke um Auskunft angehen können. Umso öfter hat er es bei dem Sohne getan. Dieser berichtet B. I S. 374 über zwei Bilder Jan Steens im Besitz des Herrn de Meester zu Middelburg welche „so ausgezeichnet vollendet und kunst„reich ausgeführt seien, wie Gerard Dou es je getan habe" [2]). B. II S. 216 erfahren wir durch ihn interessante Einzelheiten über die Beziehungen zwischen Maria van Oosterwijk, ihrem Bewerber Willem van Aelst und ihrer kunstübenden

[1]) Prot. Not. J. Vinck im Haag.

[2]) Leider wird nicht angegeben, um welche Darstellungen es sich handelt.

Magd Geertje Pieters, Beziehungen, welche durch archivalische (noch nicht veröffentlichte) Entdeckungen des Herrn Dr. Bredius beglaubigt sind. Drittens erfahren wir B. III S. 283, dass Nicolaas im Besitze einer vom Vater in seiner Jugend verfertigten Copie nach dem Mantegnaschen Bacchus war, welche Houbraken mit Bewunderung betrachtete. Aus dieser Stelle ist zu schliessen, dass die Nachrichten über Johannes Vercolje von seinem Sohne herrühren. Ausser der Biographie (B. III S. 282—286) handelt es sich noch um zwei andere Stellen, wo der Name J. Vercoljes genannt wird: B. I S. 236, wo sein Umgang mit P.Jzn. van Asch erwähnt, derselbe aber wohl blos aus dem von Vercolje gestochenen Bildnisse dieses Malers geschlossen wird, und B. II S. 196,

(Verschuring, Wil.) wo Willem Verschuring als sein Schüler genannt wird. Letztere Tatsache, welche B. III S. 286 nochmals erzählt wird, geht indess eher auf eigene Mitteilung Verschurings zurück, der Houbraken (B. II S. 194) brieflich über seinen Vater Hendrik Verschuring Auskunft gab in Ergänzung und teilweise auch zur Berichtigung der von R. de Piles gegebenen Biographie [1]).

Vincentius D., Schwiegersohn des Malers Jan de Baen giebt in einem Brief vom 2 Februar 1717 eine Erklärung über das Gemälde seines Schwiegervaters ab, welches den Kriegszug nach Chattam verherrlichte (Sieh auch oben unter Rom. de Hooghe) (II 307).

v. d. Vinne, Laurens und Vincent. Letzterer hat Houbraken keine persönlichen Mitteilungen mehr verschaffen können, da er bereits 1702, also 12—13 Jahre ehe Houbraken das Material für seine Schouburgh zu sammeln anfing, starb. Seine schriftlichen Aufzeichnungen, welche Houbraken bei seinem Sohne Laurens zur Verfügung standen, habe ich oben (S. 54 f.) besprochen.

Die Nachrichten Houbrakens über das Leben des Vincent

[1]) Abrégé de la vie des Peintres S. 437—441. Wie sich weiter unten ergeben wird, war de Piles über Verschuring nicht schlecht unterrichtet.

van der Vinne gehen ebenfalls auf Mitteilungen seines Sohnes Laurens, bzw. auf seinen eigenen schriftlichen Nachlass zurück (B. II S. 210 ff.). Auch van der Willigen stand ein Teil desselben zu Gebote, sodass er Houbraken zu controliren vermochte (a. a. O. S. 314 ff.). Wir können uns daher mit Bezugnahme auf diese Stelle darauf beschränken, zu constatiren, dass Houbrakens Angaben im Allgemeinen richtig sind, dass er aber das Todesdatum irrtümlich mit „24 van Hooymaand" (= Juli) anstatt „26 van Oogstmaand" (= August) 1702) angiebt.

Bei Vincents Sohn Laurens van der Vinne sah Houbraken (B. II S. 76) eine Landschaft von Jan Wouwerman; dies ist die Stelle, woraus seine persönlichen Beziehungen mit den van der Vinne's hervorgehen. B. III S. 379 werden einigen Daten über Laurens' Leben mitgeteilt, von denen der Geburtstag von van der Willigen bestätigt wird (a. a. O. S. 313).

Nicht unerwähnt darf hier bleiben, dass van Gool laut einer Aeusserung auf S. 457 des zweiten Bandes seiner Nieuwe Schouburg im Besitze eines Manuscriptes von Houbraken war, welches die Maler Jan und Isaak van der Vinne (geboren 1663 und 1665) behandelte. Offenbar waren diese Biographieen für den vierten Band des Houbrakenschen Werkes bestimmt, welcher die seit 1659 geborenen Maler enthalten sollte. An mehreren Stellen [1]) der Groote Schouburgh wird auf diesen vierten Band hingewiesen, sein Erscheinen unterblieb aber in Folge des frühzeitigen Todes des Verfassers. In demselben Schriftstück soll Houbraken den Eifer Isaaks van der Vinne, den er beim Nachforschen nach Lebensdaten mehrerer Künstler gezeigt, rühmend erwähnt haben.

Voorhout Johannes, wird an nicht weniger als sechs Stellen als Quelle genannt. Die erste Nachricht, die auf ihn zurückgehen soll, ist notorisch falsch. Es ist die, dass er, zwei

[1]) Vgl. z. B. II 314 (Jacobus de Baan) und III S. 285 (Nic. Verkolje).

Jahre nachdem er 1672 aus Furcht vor den Franzosen die Niederlande verlassen, zu Hamburg den Marinemaler Jan Theunisz Blankerhoff getroffen habe; „was er mir selbst erzählt hat", fügt Houbraken hinzu (B. II S. 200). Da dieser Künstler urkundlich Anfangs October des Jahres 1669 zu Amsterdam beerdigt wurde [1]), ergiebt sich die Unhaltbarkeit letzterer Tatsache von selbst [2]). Houbraken hätte daher besser getan, der (anonymen) Mitteilung, dass Blanckerhoff im Jahre 1669 zu Amsterdam gestorben sei, Glauben zu schenken.

Aus der Lebensbeschreibung Voorhouts (B. III S. 224 ff.) geht hervor, dass er etwa drei Jahre, erst in Frederikstad in Holstein, und darauf in Hamburg wohnte (1672—75). In diesen Jahren will er dort die folgenden Künstler gekannt haben: zunächst in Frederikstad Jurriaen Ovens, der ihn veranlassen wollte, für ihn zu malen, ein Vorschlag, auf den Voorhout aber nicht einging; ferner Jacob Bellevois, Mathias Scheits und wohl auch Horatius Paulijn (B. III S. 186 f.). Von Letztgenanntem sagt er es zwar nicht ausdrücklich, es scheint aber aus dem Zusammenhang hervorzugehen. Seine Mitteilungen über ihn sind heutzutage nicht zu controliren. Ueber Bellevois beschränkt sich Voorhout auf die Angabe, dass er Marinemaler war, dagegen ist er etwas ausführlicher über Math. Scheits, wobei er sich gut informirt zeigt [3]).

Auch den Blumenmaler Ernst Stuven lernte Voor-

[1]) Sein Name ist unmittelbar unter demjenigen Rembrandts ins Totenbuch eingetragen, ein Umstand, der Anlass gab, dass man lange Zeit seine Wittwe Catharina van Wijk für die zweite Frau Rembrandts gehalten hat, bis der Herausgeber Oud Hollands, Mr. N. de Roever den wahren Sachverhalt aufdeckte (O. H. I 1 ff.).

[2]) Möglicher Weise liegt hier eine Verwechslung der beiden Marinemaler J. Blanckerhoff und J. Bellevois vor. In Bezug auf letzteren geht aus einer anderen, gleich zu erwähnenden Stelle hervor, dass Voorhout ihn ums Jahr 1674 zu Hamburg gekannt hat.

[3]) Man vergleiche was Bode über einige handschriftliche Notizen dieses Künstlers veröffentlicht hat: v. Zahns Jahrbücher, 1876 S. 63 ff. und Studien S. 41.

hout bereits in dessen Vaterstadt Hamburg kennen (B. III S. 372). Als er sich im Jahre 1675 wieder nach Holland begeben hatte, kam der 18jährige Stuven in Amsterdam wieder zu ihm, jedoch nur, um kurze Zeit nachher Voorhouts Unterricht mit dem der Blumenmaler W. van Aelst und Abr. Mignon zu vertauschen. Voorhout konnte über den Character Stuvens noch ein günstiges Zeugnis ablegen. Um so trauriger waren aber die Erfahrungen, über die Stuvens späterer Schüler Willem Grasdorp dem Houbraken Bericht erstattete (sieh oben).

Endlich kannte Voorhout zu Hamburg den Landschaftsmaler Willem Dalens, der ebenfalls aus Furcht vor den Franzosen dorthin entwichen war (B. III S. 386) und daselbst starb. Diese Voorhoutschen Mitteilungen werden durch einen Fund von Dr. A. Bredius bestätigt, aus welchem hervorgeht, dass in der Tat der Maler Willem Dalens am 1 Nov. 1675 zu Hamburg starb.

In Amsterdam hatte Voorhout, zwischen den Jahren 1666 und 1672, den Maler Dirk Freres gekannt, mit dem er in einer Art Academie („Oefenschool") Actstudien trieb (B. III S. 185). Dieser erzählte ihm über seinen italienischen Aufenthalt (im Jahre 1666 war er dort mit Adriaen Backer zusammen) und über die von ihm gemachte Probe, mit wie wenig Geld man dort in einem Jahre auskommen könne. — Ob die übrigen Mitteilungen über Freres auch von Voorhout herrühren, bleibt unentschieden, ich erinnre aber daran, dass auch Johan van Neck mit Freres befreundet und mit Houbraken persönlich bekannt war (sieh oben S. 75).

Vreem Anthony, Stadt- und Altersgenosse Houbrakens, der sich als Maler kaum hervorgetan haben wird, da er in jugendlichem Alter starb. Houbraken widmete ihm einen poetischen Nachruf (III 384 f.).

Weenix Jan, erzählt Houbraken (B. II S. 51) wie er vor 45 Jahren, also etwa um das Jahr 1675, den Maler und Radirer Anth. Waterloo in seiner Wohnung zwischen

Maarsen und Breukelen besucht und einige seiner Bilder mit Staffage versehen habe; auch die übrigen, kurzen Mitteilungen über diesen Künstler mögen auf Weenix zurückgehn. Dasselbe darf man sagen von der Biographie des Vaters, Jan Baptist Weenix (B. II S. 77 ff.), in welcher auf S. 82 das Zeugnis des Sohnes namentlich angeführt wird. Dagegen ist die Bemerkung auf S. 111, dass J. B. Weenix einer der Lehrer Berchems gewesen sei, nicht unverdächtig, da unser Künstler nach Houbrakens, bis jetzt weder widerlegten, noch bestätigten Angabe erst 1621, also ein Jahr nach Berchem geboren wurde und datirte Bilder Berchems bereits seit 1642 vorkommen. Ich vermute, dass die, allerdings nicht zu verkennende Aehnlichkeit in der Auffassung und im Vorwurf, welche zwischen einer Gruppe Berchemscher Bilder — ich erwähne z. B. den Empfang des Mohren in der Dresdener Galerie und ein Bild desselben Gegenstandes in der Sammlung-Six zu Amsterdam — und den italienischen Hafenbildern des J. B. Weenix existirt, Houbraken zur Annahme eines Schulverhältnisses verleitet hat, während am Ende nur eine Beeinflussung oder ein Zurückgreifen auf gemeinsame Vorbilder vorliegt.

B. III S. 73 macht Jan Weenix unserm Houbraken Mitteilungen über seinen Vetter Melchior d'Hondecoeter; ibidem S. 353 wird er selbst aufgezählt unter den Künstlern die im Kur-pfälzischen Dienste standen, aber eine eigentliche, eine zusammenhängende Biographie von ihm findet man bei Houbraken nicht.

Westhovius F. G., Rector der lateinischen Schule zu Gorinchem übersandte Houbraken brieflich eine epigrammatische Unterschrift zum Bildnis des Hendrik Verschuring (II 196). Möglicherweise gehen daher auch noch andere Mitteilungen auf ihn zurück.

Wieland, J. ein alter Haarlemer Kunstfreund [1]) kannte die meisten Söhne und anderen Nachkommen des Frans Hals

[1]) Und Maler; vgl. van der Willigen S. 329.

und sagte über sie aus, dass sie fröhlichen Geistes („luchtig van geest") und Freunde des Gesanges und der Musik gewesen seien (I 95).

Wigmana Ger. Mit ihm trieb Houbraken kunstkritische Forschungen (B. I S. 163), insofern er bei ihm ein Bildnis sah, welches sie beide dem Michiel Miereveld zuschrieben, bis sie im Hintergrund das Monogramm *PM. 1620* entdeckten. Hieraus schloss Houbraken, dass Bild müsse von Pieter Miereveld herrühren, wogegen zu bemerken ist, dass auch Paulus Moreelse in der Art seines Lehrers M. Miereveld malte und das Monogramm *PM.* anwandte, während sein Mitschüler Pieter Montfoort wenigstens dasselbe getan haben kann.

Im Jahre 1699 war Wigmana zu Rom und traf dort den oesterreichischen Maler Daniel Sijder (B. III S. 233).

Withoos Alida, zweite Tochter des Malers Math. Withoos. Sie war bei der Herausgabe der Groote Schouburgh noch am Leben, war selbst Malerin und berichtete Houbraken über ihren Vater (B. II S. 187).

Witsen Jonas, veranlasste Houbraken von Dordrecht nach Amsterdam überzusiedeln [1]). Persönliche Bekanntschaft ist daher erwiesen. Houbraken sah bei ihm colorirte Zeichnungen von Adr. v. Ostade (I 347) und ein Bild, welches Willem Schellinks zugeschrieben wurde (II 273), aber so gut wie sicher mit einem J. Lingelbach des Haager Museums identisch ist [2]). B. III S. 211 wird Witsen als Protector Mich. v. Musschers erwähnt. Es ist daher nicht unmöglich, dass Houbraken ihm Nachrichten über diesen Künstler verdankt.

Wulfraat, Math. erzählte Houbraken über Aquarelle von der Hand der Königin Maria von England, deren er mehrere gesehen habe (II 229). Seine Biographie im dritten Bande S. 248 ff. enthält alles, was bis jetzt über den Künstler bekannt geworden ist.

---

[1]) Van Gool I 133.
[2]) Catal. 1891 Nr. 210.

ANONYME MITTEILUNGEN.

Houbraken erwähnt derer über die folgenden Künstler:

die Brüder Berkheyde: es giebt Leute, die aus ihrem eigenen Munde ihre Erlebnisse zu Heidelberg vernommen haben (III 192).

Ducart, Is.: über den Schmutz in seiner Wohnung (B. III S. 84).

v. Dyk, Ant.: mehrere glaubwürdige Leute erzählen Houbraken in England über van Dycks Tod (I 187).

la Fage, Raimond: Bericht von zuverlässiger Seite über eine Production von ihm in der Schnellmalerei (I 169).

Freres, Dirk: es wird mit Lob gesprochen über einen von ihm ausgemalten Saal im Hause des Herrn Roeters zu Amsterdam (III 184) und im allgemeinen wird bezeugt, dass er ein besserer Zeichner als Colorist war (III 185).

Kneller, Godfr.: briefliche Nachrichten aus London sagten im Gegensatze zu den Berichten französischer Schriftsteller aus, dass Kneller bereits bei Lebzeiten des Pieter Lely nach England gekommen sei, wo er Empfehlungen gehabt habe an Jonathan Banks, einen in London lebenden Hamburger Kaufmann (III 235).

Lely, Pieter: Mehrere von denen, welche in England mit ihm verkehrten, gaben Houbraken Auskunft über seine Lebensweise, Tageseinteilung usw. (II 43).

Mulier, Pieter der Jüngere [1]) war nach dem Zeugnisse derer, die ihn gekannt hatten, ein grosser Freund der Kunst und der Liebe (III 184).

Oudendijck, Adr.: über ihn wurde Houbraken erzählt, dass er in der Landschaftsmalerei von seinem Vater Evert Oudendijck gelernt hatte, dass er die Tiere aus den Bildern des Adriaen van de Velde, die menschliche Staffage dagegen

---

[1]) Houbraken nennt den Künstler an dieser Stelle irrtümlich Mulijn. B. II S. 350 dagegen richtig Molier. Vgl. über diese Frage den Dresdener Galeriecatalog unter Nr. 1516.

aus denen des Thom. Wijk copirt habe, weshalb man ihn Rapianus genannt habe (III 53).

Pierson, Chr.: Houbraken erhält sein Bildnis für die Groote Schouburgh, aber leider zu spät um es aufzunehmen (II 262).

Rembrandt: einige seiner Schüler haben Houbraken versichert, dass Rembrandt manchmal einen Vorwurf auf zehn verschiedene Weisen skizzirte, ehe er ihn auf die Tafel brachte; auch habe er sich einen bis zwei Tage damit beschäftigen können, einen Turban nach seinem Geschmack aufzusetzen (I 261).

v. Slingelant, Pieter: über ihn wurde Houbraken als Wahrheit erzählt, dass er vier bis sechs Wochen an einer Spitzenkrause malte (III 162).

Smits, Lodew. genannt Hartkamp. Wie Houbraken berichtet wurde, war Smits Vater ein Offizir, der um die Zeit der Geburt seines Sohnes zu Swartewaal, oberhalb Zutfens in Overijsel wohnte (III 67) [1]).

de Vois, Ary: Man erzählte Houbraken über ihn, er habe in dreizehn Jahren nur ein Bild, Dido und Eneas auf der Jagd darstellend, gemalt (III 163).

Wouwerman, Phil.: Es wurde Houbraken als Wahrheit berichtet, dass dieser Künstler seiner Tochter, welche den Maler Hendrik de Fromentiou heiratete, eine Mitgift von 20.000 Gulden gab (II 71).

v. Zijl, Ger. Pzn.: soll nach dem Zeugnis derjenigen, die ihn gekannt haben, zwischen den Jahren 1655—58 in der Hartenstraat zu Amsterdam gewohnt haben und etwa 40 Jahre alt gewesen sein (II 225).

---

[1]) Entweder der Name des Geburtsortes oder die nähere Andeutung der Lage ist falsch: Zwartewaal ist ein Dorf in der Provinz Süd-Holland; in Overijsel giebt es ein Ort Zwartsluis am Zwartewater.

7. C. KUNSTWERKE ALS QUELLEN.

Nicht unbeträchtlich ist die Zahl der von Houbraken erwähnten Kunstwerke, und zwar beschränkt er sich nicht darauf, in allgemeinen Ausdrücken anzuführen, dass ein Künstler sich in einer bestimmten Gattung ausgezeichnet habe, sondern in sehr vielen Fällen erwähnt er auch seine besonders hervorragenden Werke unter Hinzufügung des Ortes, wo sie sich zu seiner Zeit befanden, oder der Person, in deren Auftrag sie gemalt wurden. In Fällen, wo sie ihm durch Autopsie bekannt sind, knüpft er an ihre Erwähnung auch Betrachtungen über ihre malerischen Verdienste, über die Stilrichtung, welche sie zeigten, die Bewunderung, welche sie bei den Zeitgenossen erregten und dergleichen mehr. Es wäre müssig, hier ausdrücklich zu betonen, welchen Wert manche dieser Mitteilungen noch heutzutage besitzen; von grösserem Interesse ist dagegen die Frage, einen wie grossen Teil des damals vorhandenen Bilderschatzes Houbraken gekannt und für sein Werk verwertet hat.

Niemand wird dasjenige, was wir bei einem modernen Künstlerbiograph mit vollem Rechte voraussetzen: den Besitz einer möchlichst ausgedehnten, durch eigene Anschauung erworbenen Kenntnis der Werke des Meisters, den er behandelt, von Houbraken verlangen. Dass er nicht einmal danach gestrebt hat, ist, wie so viele andere Eigenschaften, die wir in seinem Buche schmerzlich vermissen, nicht sein Fehler, sondern ein Mangel seiner Zeit. Dennoch muss es uns auffallen, wie wenig er im Verhältnis zu seinem Vorgänger, van Mander und Nachfolger, van Gool, die autoptischen Kenntnisse verwertet, deren Besitz wir ihm nachweisen könnnen. Aus seinem eigenen Munde, wie aus dem des van Gool erfahren wir, dass er zu den vornehmsten Kunstcabineten seiner Zeit Zugang hatte, — wie spärlich sind aber seine Mitteilungen über die dort befindlichen Kunstschätze! In den meisten Fällen erwähnt er nicht mehr als drei oder vier Bilder selbst aus den berühmtesten Sammlungen. Noch kürzer sind seine Nachrichten über die zahlreichen Gemälde, welche sich in den öffentlichen Instituten befanden und die jetzt die grössten Schätze der holländischen Museen ausmachen. Wo sich Erwähnungen dieser Art finden, da lässt sich meistens nachweisen, dass er aus seinen literarischen Quellen abgeschrieben hat, während Werke die dort nicht vorkommen, wie z. B. die Mehrzahl der Frans Hals'schen Schützenstücke in den Haarlemer Doelen, die Ravesteijnschen Bilder im Haag und die Wandmalereien des doch sonst von Houbraken so sehr gepriesenen Gerard Lairesse in der Ratskammer des dortigen Gerichtsgebäudes auch in der Groote Schouburgh keinen Platz gefunden haben [1]). In machen Fällen fehlen dort sogar Kunstwerke, über die dem Verfasser in den von ihm benützten Schriften Nachrichten vorlagen. Beispiele davon liefern die Städtebeschreibungen, von denen Houbraken meistens nur die Abschnitte benützt hat, welche Künstlerbiographieen enthalten, ohne auf die Kunstwerke Acht zu geben, welche gelegentlich der Beschreibung der öffentlichen Gebäude als dort befindlich erwähnt werden.

Diese regelmässig wiederkehrende Lücke berechtigt uns in einigen Fällen, wo keine gedruckte Quelle vorliegt, aber trotzdem eine beträchtliche Anzahl von Kunstwerken angeführt wird, eine mündliche bzw. briefliche Mitteilung von Seiten des Künstlers, seiner Angehörigen, Schüler oder Freunde vorauszusetzen. Beispielsweise bei Jan de Baen. Von ihm erwähnt Houbraken nicht weniger als 25 bis 30 Werke. Hierunter Regentenstücke in Amsterdam, Leiden, Haag und Hoorn (2

---

[1]) Dies hat schon van Gool Anlass gegeben, am Anfang seines Werkes eingehende Mitteilungen über Haager Kunstschätze und deren Urheber zu machen.

Stück). Kannte er diese Bilder aus eigener Anschauung, so wäre es wunderbar, dass er die Bilder anderer Meister, welche sich in denselben oder ähnlichen Anstalten befanden, mit Stillschweigen übergeht. Dazu gehören u. A. in der Tuchhalle zu Leiden: drei noch jetzt dort befindliche Bilder Abr. van den Tempels; im Doelen im Haag: die schon erwähnten Bilder des Jan van Ravesteijn; ferner solche von Joach. Hoeckgeest und Martinus Lengele [1]), und in Amsterdam die zahlreichen Regentenstücke des Werkhuis, Spinhuis, Leprozenhuis, Oude-mannen-en-vrouwenhuis und dergl. mehr. Nichts ist daher wahrscheinlicher, als dass Houbraken das Verzeichnis der Werke de Baens ihm selbst bzw. einer ihm nahestehenden Person verdankte, sodass er der Mühe einer persönlichen Umschau überhoben war. Aehnliche Aufzählungen von Kunstwerken, für die eine gedruckte Quelle nicht vorliegt, die aber ebensowenig den Eindruck machen auf Autopsie zu beruhen, finden sich bei Ger. ter Borch, Godfr. Kneller, J. Fr. Douven [2]), Joh. Glauber, Bar. Graat, Fr. v. Mieris, Car. de Moor, Gil. Schagen, Joh. Spilberg, Phil. Tiedeman, J. Verkolje und Adr. v. d. Werf.

Ich gebe im Folgenden ein nach Künstlern geordnetes Verzeichnis der bei Houbraken vorkommenden Werke der bildenden Kunst, mit Ausschluss der Antike und derjenigen Erzeugnisse der italienischen Kunst, welche der Verfasser in seinen theoretischen Excursen etwa als mustergültige Beispiele eines guten Geschmacks oder zu ähnlichen Zwecken anführt, Letztere sind alle aus allgemein zugänglichen, älteren Quellen (van Mander, Sandrart, Hoogstraten) geschöpft und ihre Aufzählung hat, da Houbraken nie in Italien war und nicht aus eigener Anschauung urteilte, absolut kein kunsthistorisches Interesse. Wo er dagegen italienische Bilder aus Autopsie oder auf Grund zuverlässiger

---

[1]) Vgl. van Gool I S. 17 ff, 29, 30.

[2]) Dieser Maler, sowie Spilberg, Egl. van der Neer und van der Werf gehören zu den für die kunstsinnigen Pfalzgrafen zu Düsseldorf arbeitenden Künstlern, über die Houbraken sich im Allgemeinen sehr ausführlich ausspricht. Ich habe aber leider keine Quelle für diese Nachrichten entdecken können.

Nachrichten (Tagebuch des W. Schellinks) erwähnt, werden sie mit angeführt. Ein Sternchen deutet an, dass die Erwähnung laut eigener Aussage oder aus Wahrscheinlichkeitsgründen auf Autopsie beruht, während diejenigen Kunstwerke, bei denen eine Vorerwähnung in Houbrakens Quellen constatirt werden kann, mit dem Zeichen ° versehen sind.

I. Gemälde.

Akerboom. [1]) (III, 53) *Ansicht der Stadt Doornik, in kleinem Formate, aber sehr ausführlich.

v. Anraadt, Pieter (III, 50) Die Regenten des Oudezijds-huissittenhuis zu Amsterdam. — Jetzt Rijksmuseum Cat. 1887 Nr. 10, datirt 1675.

Anthonisz, sieh Cornelis [2]).

Appelman, Barend (III 161) Landschaften mit schönen Figuren in einem grossen Saale des Lustschlosses Soestdijk, welche sehr gerühmt werden.

de Baen, Jan (II 305—313, 321, 323; III 213) Bildnis des Königs und der Königin von England kurz nach dem Jahre 1660 gemalt.

Desgl. des Herzogs von Celle.

Desgl. des Grossherzogs von Florenz. — Vermutlich des Prinzen Cosmo III de Medici, der in den Jahren

---

[1]) Wurzbach hat diesen Namen in A. Verboom ändern zu müssen geglaubt. Da er jedoch gut holländisch ist — ein Priester dieses Namens kommt z. B. in den Gedichten Vondels vor (I 511) — und da nähere Beziehungen Verbooms zu Doornik, welche einen Wahrscheinlichkeitsgrund für die Aenderung abgeben könnten, m. W. nicht vorhanden sind, so liegt dazu absolut keine Ursache vor. Ich gestehe jedoch, dass eine anderweitige Erwähnung Akerbooms mir nicht bekannt ist.

[2]) Diejenigen Künstler, deren Name aus einem Vornamen und dem Genitiv des Vaternamens besteht, führe ich unter ersterem an, mit Ausnahme von den Fällen, in welchen das Patronymikon im Laufe der Zeit zum Geschlechtsnamen geworden ist, wie z. B. bei Jan Lievens, Jan Wijnants, Daniel Segers. Wegen der schwankenden Orthographie sind die Namen mit K. unter C., diejenigen mit Z. unter S. angeführt.

1667 und 1669 als Tronfolger zwei Reisen durch die Niederlande machte und den Künstlern grosses Interesse zuwandte.

°Selbstbildnis für den Grossherzog von Florenz. — Wie es scheint nicht mehr in den Uffizien vorhanden.

Bildnisse von Joan und Cornelis de Witt. — Im Rijksmuseum (Cat. Nr. 33/34) befinden sich Bildnisse der beiden Brüder von de Baens Hand; ausserdem stellte Mr. W. Wintgens 1881 eins von Jan de Witt auf der Haager Ausstellung aus (Cat. Nr. 72).

Bildnis des Cornelis de Witt, lebensgross in ganzer Figur mit allegorischen Beziehungen auf den Zug nach Chattam i. J. 1667. Dies Bild, welches sich im Rathause zu Dordrecht befand, ging während der Unruhen des Jahres 1672 fast ganz zu Grunde. Houbraken sammelte später die noch aufzutreibenden Bruchstücke und machte danach eine Skizze für den Stich von Romeijn de Hooghe [1]).

*Entwürfe zum ebengenannten Bilde im Besitz von Herrn Pompe und von der Tochter des Cornelis de Witt. — Einer von diesen Entwürfen wurde von Aert Schouman für die Zeichnung benützt, nach welcher S. Fokke die Abbildung im 13ten Bande von Wagenaers Vaderlandsche historie stach [2]). Eine kleine alte Copie des Bildes befindet sich in der kgl. Gemäldegalerie im Haag (Cat. 1891 Nr. 245; Geschenk des Herrn W. Hoog, eines Nachkommens der berühmten Brüder). Eine ähnliche Verherrlichung des Corn. de Witt von der Hand des Dordrechter Malers Cornelis Busschop gehört zu den neuen Erwerbungen des Amsterdamer Rijksmuseum (datirt 1668).

Mehrere Bildnisse des Kurfürsten Friedrich Wilhelms von Brandenburg.

Vier oder fünf Bildnisse des Prinzen Wilhelm III von Oranien; auch zusammen mit seiner Gattin.

---

1) Vgl. Fred. Muller, Catalogus van historieprenten I 334 No. 2276.
2) Vgl. die Unterschrift: A. Schouman del. naar 't Origineele Model.

Im Westfriesischen Museum zu Hoorn befindet sich ein Bildnis Wilhelm III durch de Baen (Cat. 1891 Nr. 25). Es ist dies vermutlich dasselbe, wovon im Nederl. Spectator v. J. 1877 S. 5 die Rede ist. Ebendort S. 4 f. wird auch noch eins vom Jahre 1673 erwähnt.

Bildnis des Herzogs von York. Vor seiner 1660 erfolgten Abreise aus Holland gemalt.

*Desgl. von Jacob Sasbout Souburg, Houbrakens Schwiegervater [1]).

Die Regenten des Amsterdamer Zuchthauses. — Jetzt im Rijksmuseum Cat. Nr. 38, datirt 1684.

Vier Staalmeesters in der Tuchhalle zu Leiden, datirt 1675. — Noch jetzt an Ort und Stelle in dem zum städtischen Museum eingerichteten Gebäude. (Cat. 1886 Nr. 1593).

Die Mitglieder des Haager Magistrats, im neuen Doelen daselbst. — Ebenfalls noch an Ort und Stelle im jetzigen Gemeindemuseum (Cat. 1888 Nr. 3). Datirt 1682.

Die Vorsteher der Ost-Indischen Compagnie zu Hoorn. — Jetzt im Westfriesischen Museum daselbst. Cat. 1891 Nr. 23. Datirt 1682.

Schützenstück zu Hoorn. — Ibidem Cat. Nr. 24. Datirt 1686.

Bildnis des Prinzen Joan Maurits von Nassau-Siegen; nach dem Tode des Fürsten wieder in den Besitz des Künstlers gelangt und von dessen Tochter i. J. 1702 an den König von Preussen verkauft. — Ein Bildnis dieses Fürsten befindet sich u. A. in der Sammlung des Mauritshuis (Cat. Nr. 10), des von ihm errichteten und nach ihm benannten Gebäudes. Ein zweites im Braunschweiger Museum (Riegel II 297).

Bildnisse des Statthalters von Friesland. [Hendrik Casimir II; 1657—96] und dessen Gattin [Henriette Amalia von Anhalt; 1666—1726]. — Von letzterer giebt

---

[1]) Von Houbraken in Schabmanier gestochen. Sieh oben S. 15.

es ein Schabkunstporträt von E. Quiter nach de Baen [1]).
Zwei Bildnisse des Prinzen von Ansbach-Brandenburg; das zweite gemalt i. J. 1692.
°Bildnis des Zeichners J. de Bisschop [Episcopius]. Houbraken kennt und benützt den danach von D. Coster gefertigten Stich zu seinem Bildnis auf Tafel H. des dritten Bandes. — Das Porträt kam am 20 März 1720 in der Auction Jac. de Flines zu Amsterdam vor, und erzielte f 10.— (Hoet I 240, Nr. 43).

Backer, Adriaen (III 186). Das jüngste Gericht am Gewölbe des grossen Saales im Amsterdamer Rathause, dem jetzigen Palaste. — Noch an Ort und Stelle.

Backer, Jacob (I 336 f.) °Weibliches Bildnis in mehr als halber Figur mit zwei Händen, welches von ihm an einem Tage vollendet wurde.
°Cimon der eine Nymphe belauscht; zur Zeit des Jan Vos im grossen Saale des Herrn Abrah. van Bassen, und von ihm besungen. — Der Vorname Jacob findet sich bei ihm nicht, sondern erst bei Lud. Smids, der den aus Boccacio entlehnten Vorwurf „Die Iphigenia von Cyprus" benennt. Obwohl Smids ausdrücklich sagt: Jan Vos dicht *ook* op *dit* van Bakker, denkt Houbraken bei diesen Gedichten an zwei verschiedene Gemälde. Das Bild ist vielleicht mit einem der in Braunschweig befindlichen Jacob Backers (Riegel II 300 Nr. 522) identisch.

de Bakker, Jacq. [2]) (III 51). *Jüngstes Gericht mit vielen nackten Figuren; die des Vordergrundes anderthalb Spannen gross. — Ueber die Darstellungen des Weltgerichts von diesem Künstler vergleiche man Hymans, van Mander I 287 f.

Bakhuizen, Lud. (II 240). Amsterdam von der Wasserseite, ein grosses Bild, welches die städtische Regirung i. J. 1665 dem König Ludwig XIV von Frankreich schenkte.

[1]) v. Someren, Catalogus van Portretten, Nr. 815.
[2]) Den Vornamen nennt Houbraken nicht; es ist aber in hohem Grade wahrscheinlich, dass er diesen Künstler meint, der ± 1560—90 lebte.

Derselbe gab dem Gemälde einen Platz im Louvre. — Ueber die Frage, ob die jetzige Nr. 5 des Catalogs der germanischen Schulen mit unserm Bilde identisch ist, vergleiche man die dortige Bemerkung des Herausgebers.

Bailly, David (I 118). °Copie nach einem Architecturbild von Steenwijk. Erwähnt von Orlers.

v, Balen, Hendrik [Sr.] (I 81 f.) Die Sünden der Menschheit zur Zeit Noah's. — Hoet (I 282) erwähnt eine Sintflut von van Balen; die Landschaft von Breughel.

Moses Wasser aus dem Felsen schlagend.

Der Untergang Pharao's.

*Derselbe Gegenstand in kleinerem Format, ausführlich von Houbraken beschrieben.

*Das Parisurteil, auf Kupfer gemalt; die Landschaft von J. Breughel.

*Eine Allegorie auf die Tugend, in der Sammlung Schuijlenburg. — Dies Bild kommt nicht im Auctionscatalog der Sammlung vor (Hoet I 443 ff.).

Bartolet, Vgl. Lairesse im zweiten Abschnitt dieses Capitels.

Bassano, sieh Ponte.

Baur, J. W., (II 332). Mehrere Ansichten des Palastes vom Herzog von Brassignano, das Heer König Davids und Absaloms Tod; sämmtlich von de Bie gepriesene Miniaturmalereien.

Beck, David (II 84). °Zahlreiche Bildnisse der Königin Christina von Schweden; von Vondel 1653 besungen in Versen, die de Bie bereits 1661 citirt. — Ein Bildnis im Nationalmuseum zu Stockholm. Man vergleiche die dortige Bemerkung des Herausgebers und die nach Becks' Vorlagen gestochenen Blätter von Jer. Falck.

Bellisarius, sieh Solario.

Berckheijde, Hiob und Gerrit (III 191 f.). Bildnisse eines verstorbenen Priesters und seiner Schwester, welche ebenfalls dem geistlichen Stande angehörte, zu Cöln in Ermanglung andern Materials auf ein Hemd gemalt.

°Je ein Bild, den Jagdauszug des Kurfürsten von der Pfalz darstellend. — Ein derartiges Bild von Hiob Berckheijde ist m. W. heute nicht nachweisbar. Von Gerrit erwähnt Woermann (Gesch. d. Malerei III 656) mehrere Bilder dieses Vorwurfs [1]).

—, Gerrit (III 197). °Ansicht der neuen Heeregracht zu Amsterdam; 1672 gemalt. Von Vondel besungen. —Jetzt in der Sammlung Six zu Amsterdam.

°Ansicht des Amsterdamer Rathauses in kleinem Format, von P. Rixtel durch Verse verherrlicht (1669). — Diese Ansicht, sowohl von der Vorder-, wie von der Rückseite des Gebäudes, kommt in vielen Sammlungen vor; ich erwähne: das Rijksmuseum (viermal! Cat. Nr. 101, 104—106), Dresden, Schwerin, Karlsruhe und Antwerpen. Mehrere dieser Bilder tragen freilich ein späteres Datum als 1669, und können daher von Rixtel nicht gemeint sein.

Berchem, Claes (II 113). *Gebirgige Landschaft mit Ochsen, Kühen, Schafen und Figuren. Eins seiner besten Werke, in Concurrenz mit Jan Both für den Bürgermeister van der Hulk zu Dordrecht gemalt. — Es wurde am 23 Apr. 1720 in der Nachlassauction für f 295,— verkauft (Hoet, I 249).

Derselbe, zusammen mit Giov. Batt. Weenix. *Die Berufung des Matthäus zum Apostelamt, im Besitze der Erben von Lamb. van Hairen zu Dordrecht. — In der Auction der Sammlung van Hairen, am 13 Oct. 1718, wurde das Bild als Nr. 1 des Catalogs zum Preise von f 292 verkauft. Hoet (I 218) bezeichnet es als „extra schön" und giebt als Maasse an 3′4″ × 4′ (= ± 100 × 120 c.M.).

Bernaerts, Nicasius (III 100). Er beteiligte sich als Tiermaler an den Tapetenentwürfen Genoels für den Grafen Monterey.

Berrettini da Cortona, Pietro (II 267). °Altarbild in der

---

[1]) Ausserdem findet sich von ihm im Kopenhagener Catalog eine Flusslandschaft aus der Nähe Heidelbergs verzeichnet.

Kirche S. Maria della Scala in Rom. Von Schellinks in seinem Tagebuch erwähnt. — Ich finde das Bild nicht im Verzeichnis von Berrettini's Werken in J. Meyers Allgem. Künstlerlexicon.

de Bie, Adr. (I 152). °Altarbild in der Kirche St. Gomar zu Lier. Von seinem Sohne Cornelis im Gülden Cabinet erwähnt.

Bisschop, sieh Busschop.

Blanckerhof, Jan Thzn. (II 199). Strandbild. Eins seiner besten Werke im Besitz des Malers Ger. van der Steur zu Alkmaar.

Bleker [D.] (II 342). Die triumphirende Venus für den Prinzen von Oranien und

eine Danaë, für Herrn van Halteren gemalt; beide von Vondel besungen. — Für die Venus wurde dem jetzt wenig geschätzten Künstler bekanntlich die damals (1650) sehr hohe Summe von 1700 Gulden bezahlt [1]).

Blok, Benj. (II 259). °Bildnis des Herzogs von Mecklenburg im Jahre 1647 mit der Feder gefertigt.

°Die Sächsische Herzogsfamilie.

°Bildnis des P. Athan. Kircher.

°Zwei Bildnisse Joach. v. Sandrarts; von Houbraken irrtümlich als Bildnisse der Anna Cath. Blok, geb. Fischer, von Sandrarts Hand angeführt. Sämmtliche Werke Bloks finden eine Vorerwähnung bei Sandrart.

Blok, Dan. (I 88) °Genealogie der Herzöge von Mecklenburg. Ebenfalls bereits von Sandrart erwähnt.

Bloemaert, Abr. (I 365*) *Juno, ihren Pfau mit den Argusaugen schmückend, im Hintergrunde Mercur im Begriff Argus zu töten. — Heutzutage befindet sich ein Bild Merkur und Argus, datirt 1645, in der Galerie Liechtenstein zu Wien. Nach den kurzen Angaben des Catalogs (v. J. 1885, Nr. 349) decken sich aber die Détails der Darstellung nicht mit Houbrakens Beschreibung.

---

[1]) Ordonnantieboeken van Frederik Hendrik, Kunstkroniek 1861 S. 40.

Boel, Pieter (III 100) °Die Vögel in Tapetenentwürfen, welche Abr. Genoels circa 1670—74 für den Statthalter der spanischen Niederlande, den Grafen de Monterey anfertigte.

Boité [1]) (III 100). °Die Basreliefs in denselben Entwürfen.

Bol, Ferd. (I 302 II 25). °Allegorie im Schiffe der Amsterdamer Admiralität. — Jetzt im dortigen Rathause, Cat. 1879 Nr. 17.

°Die Wahl der Aeltesten in Israël, im Ratszimmer; °Moses empfängt die Gesetzestafeln, im Schöffenzimmer; °Fabricius bei Pyrrhus, im Bürgermeisterzimmer des Amsterdamer Rathauses. — Sämmtliche Bilder sind noch jetzt im kgl. Palast vorhanden. Das erste ist jedoch kein Werk des F. Bol, sondern Jan van Bronkhorsts, wie die von Scheltema zuerst nachgewiesene Signatur: Jan Bronkhorst invenit et fecit anno 1659, beweist [2]). Das zweite ist durch den königlichen Tron der Betrachtung entzogen.

Houbraken citirt alle genannten Werke Bols auf Grund der Vorerwähnung in den Gedichten Vondels, und im Wegwijzer van Amsterdam.

°Das Urteil des T. Manlius Torquatus im neuen Zimmer des Admiralitätsgebäudes zu Amsterdam. Von Vondel ohne Angabe des Malernamens besungen, von Houbraken aber mit Unrecht dem Gov. Flink zugeschrieben, wo näher über das Bild gehandelt wird.

ter Borch, Ger. (III 35—40). Bildnis des Grafen Peñeranda, während der Friedensunterhandlungen zu Münster dort gemalt.

Desgl. des Königs von Spanien.

Desgl. Wilhelm III von Oranien i. J. 1672.

---

[1]) Dieser Name findet sich in keinem der von mir consultirten Handbücher und ich halte ihn daher für verdorben. Eine sichere Conjectur wusste ich nicht zu machen.

[2]) Vgl. Aemstels Oudheid III 107, 115; II 76.

Das erste Bildnis ging in Folge nachlässiger Aufbewahrung bald zu Grunde [1]).

Zweites Bildnis desselben Fürsten, wie das erste zu Deventer gemalt, von ter Borch aber später nach Amsterdam verkauft.

Eine Replik dieses zweiten Bildes, welche Eigentum des Dargestellten wurde.

°Bildnis der Cornelia Bicker, von Jan Vos besungen.

Der Friedenscongress zu Münster, im Besitze des Bürgermeisters ter Borch. — Jetzt zu den bekanntesten Bildern der Londoner National Gallery gehörig. (Cat. 1889 Nr. 896, wo man seine Schicksale beschrieben findet). Eine alte Copie ist die Nr. 1414 des Rijksmuseum.

*Selbstbildnis, Houbraken aus Zwolle zugeschickt und von ihm für die Schouburgh verwertet (Bd. III Tafel B). — Dasselbe stimmt, was die Kopfhaltung und den Gesichtsausdruck betrifft, volkommen mit dem Haager Bildnis in ganzer Figur überein. (Cat. Nr. 37). Die Tracht scheint, soweit sie sichtbar, anders gewesen zu sein.

Both, Jan (II 113, 115). Eine in Concurrenz mit Berchem (sieh S. 97) gemalte Landschaft für Herrn van der Hulk zu Dordrecht. Es ist vermutlich die Nr. 18 des Auctionscatalogs vom 23 Apr. 1720 (Hoet I S. 249). Trotz des bedeutenden Umfangs, 5′10″ X 7′2″ (= c^a 175 X 215 c.M.) und trotz der Epitheta: „herrlich und kunstreich staffirt und gemalt" erzielte das Bild nur 80 Gulden, während das Concurrenzbild Berchems 295 Gulden eintrug. Nach Houbraken bekamen die Künstler jeder 800 Gulden und ein Geschenk für ihr Werk.

*Argus und Merkur, reichlich 6 Fuss hoch, genannt das Testament Boths; von Houbraken einige Jahre vorher in der Sammlung des Kunstfreundes de Jode im Haag gesehen. — Im Auctionscatalog dieser Sammlung, vom

---

[1]) Vgl. über dasselbe und über die folgenden Werke ter Borchs: E. W. Moes in Oud Holland IV S. 149 ff.

18 Apr. 1735 (Hoet I S. 430) kommt das Bild nicht vor, was jedoch nicht auffallen darf, da van Gool es unter den vom Kurfürsten Johann Wilhelm († 1709) gesammelten Schätzen der Düsseldorfer Galerie aufzählt [1]. Von dort wanderte das Bild in die Münchener Pinacothek. (Cat. Nr. 583: 169 × 129 c.M.)

de Bray, Jan [Houbraken sagt irrtümlich Jacob [2]] (I 176). König David vor der Bundeslade Harfe spielend, in Begleitung von singenden und spielenden Leviten, datirt 1697, im Besitz des Arn. von Halen zu Amsterdam. — Im Braunschweiger Museum befindet sich ein Bild desselben Gegenstandes, ebenfalls mit lebensgrossen Figuren, aber datirt 1674 [3]. Bei Riegel (Beiträge II 305) wird angegeben, dass dies Bild „etwa seit der Mitte des vorigen Jahrhunderts" als Pfand beim Kaufgericht zu Braunschweig hinterlegt gewesen und 1820 dem Museum überwiesen worden sei. Ist die erste Zeitangabe auch nur annähernd richtig, so kann das Bild nicht identisch sein mit einem Gemälde desselben Gegenstandes und genau derselben Grösse, welches 1805 zu Amsterdam in der Sammlung Taets van Amerongen versteigert, und seinerseits vom Catalog für identisch mit dem von Weyerman, — d. h. von Houbraken, den Weyerman einfach abschrieb — erwähnten erklärt wurde [4].

---

[1]) N. S. II 553; die Maasse werden dort mit 5′2″ × 3′5″ etwas geringer angegeben als bei Houbraken.

[2]) Vgl. über die Verwechslung von Jan und Jacob de Bray: van der Willigen S. 90 ff.

[3]) Auf Leinwand 147 × 165 cM.

[4]) Die Beschreibung des Catalogs lautet folgendermaassen: Cat. Nr. 2. S. [soll heissen J.] de Bray, 57″ × 62″ [= 147 × 160 cM.] Doek. Dit stuk in Campo Wyerman beschreven en voorstellende koning David in rijke kleeding voor de bondkist staande, verzelt van den priesterlijken trein, van veele zingende en op instrumenten spelende Levieten, en andere, welke de kandelaren aanbrengen, zijnde konstig geteekend en krachtig en zuiver gepenseeld. — Erworben von Coclers, für f 100, , laut Notiz im Exemplar des Auctionscatalogs in der kgl. Gemäldegalerie im Haag.

°Bildnis des Dichters Fr. Snellinx: Von Rixtel besungen, der jedoch den Vornamen des Malers nicht angiebt.

Bramer, Leon (I 164) °Auferweckung des Lazarus und °Verleugnung Petri, beide laut Aussage de Bies in Italien gemalt, von wo Bramer bereits 1629 zurückgekehrt war [1]). — Letzteres Bild kann daher nicht identisch sein mit einem 1642 datirten Bild dieses Vorwurfs bei Herrn des Tombe im Haag, ersteres dagegen vielleicht mit einem von Vosmaer als in der Turiner Pinacothek befindlich erwähnten Gemälde (Rembrandt S. 470).

°Pyramus und Thisbe. Von Lud. Smids besungen. Aus dem Gedichte geht hervor, dass Pyramus'Vater und Thisbes Mutter dargestellt waren, wie sie sich bei den Leichen ihrer Kinder begegnen. Das Bild war auf Kupfer gemalt und befand sich — was Houbraken nicht erwähnt — zu Smids' Zeiten in Privatbesitz zu Groningen. Es war nach einer Zeichnung von Schut [2]) gemalt. — Vosmaer (a. a. O. S. 470) erwähnt zweimal eine Darstellung dieses Gegenstandes, deren eine bereits bei Terwesten in der Auction Pook-van Pee, am 23 Mai 1747 im Haag vorkommt (S. 48) Cat. Nr. 31: Pyramus en Thisbe op een koopere plaat, verbeeldende de donkere Nagt f 285.—. Die zweite Darstellung erzielte 1764 in der Sammlung des Kurfürsten von Köln 500 livres. Ferner existirt ein Stich Canots nach einem zu seiner Zeit beim Grafen von Penbroke befindlichen Original Bramers, während sich im Galeriewerke le Bruns ein Stich von le Grand nach einem auf Holz gemalten Gemälde Bramers befindet, welches mit der Penbroke'schen Darstellung identisch erscheint. Als Maasse werden 18″ × 27″ (= + 49 × 73 c.M.) angegeben.

Breughel, Jan (I 82, 86 f.). *Die Landschaft des S. 95 erwähnten Parisurteils von Hendr. v. Balen.

---

[1]) Obreens Archief I 25.

[2]) Wohl dem Antwerpener Historienmaler Cornelis Schut.

*Pomona und Vertumnus in einer ausführlichen Landschaft, 3′ X 4′; Figuren von Rubens. Dies Bild stammte aus der Oranischen Sammlung im Schloss Loo und wurde am 26 Juli 1713 zu Amsterdam für f 2825 verkauft. — Diese Angaben stimmen volkommen zu denjenigen Hoets (I 150). Näheres bei Rooses B. III S. 151.

*Gegenstück zum vorigen Bilde, eine schlafende Frau mit Satyr, von denselben Meistern, für f 1875 verkauft. — Vgl. Hoet a. a. O. Nr. 8. Hier werden als Maasse des Bildes 2′ X 3½′ angegeben, sodass der Ausdruck: weerga = Pendant, Gegenstück nicht ganz zutreffend ist. Rooses B. III S. 114 erwähnt das Bild nicht.

*Adam und Eva im Paradies, ebenfalls von denselben Meistern; in der Sammlung de la Court van der Voort zu Leiden, vorher im Cabinet de Bie. — Terwesten erwähnt das Bild als erste Nummer der Auction van der Voort, welche am 8 Sept. 1766 zu Leiden stattfand. Es wurde für f 7350 für das Cabinet des Statthalters Wilhelm V erworben, aus dem es in die kgl. Gemäldegalerie im Haag überging. (Cat. Nr. 300).

Breughel, Pieter (I 85). °Eins seiner letzten Bilder, worauf ein Galgen mit einer schnatternden Elster vorkam. Bereits von van Mander lobend erwähnt. — Jetzt im Darmstädter Museum (Cat. 1885, Nr. 271).

Brisé, Corn. (II 341). °Ein Bild, Briefe, Acten und andere Papiere darstellend, in der Thesaurie des Amsterdamer Rathauses, von Vondel besungen. — Noch jetzt im Amsterdamer Rathause. (Cat. 1879, Nr. 23). Eine Reproduction in Ungers Vondel-Ausgabe.

Die Türen der kleinen Orgel der Oude Kerk in Amsterdam. — Noch an Ort und Stelle.

Die Stilleben in zwei Bildern von Antony de Grebber, °das verarmte Alter und °das Alter nach Amsterdam kommend, darstellend; beide im Oude-mannenhuis in Amsterdam. Von Jan Vos besungen, aber heutzutage verschollen.

Broers [Gasp.] (III 63). Eine Marktszene; ein ziemlich grosses Bild mit zahlreichen Bauern.

v. Bronkhorst, Jan (I 233, 302). Die Orgeltüren in der Nieuwe Kerk zu Amsterdam, drei Vorgänge aus der Geschichte Davids enthaltend. — Noch an Ort und Stelle.

°Die Wahl der Aeltesten in Israël. — Von Houbraken als ein Werk des Ferd. Bol erwähnt. Sieh oben S. 99. Noch jetzt an der ursprünglichen Stelle im kgl. Palast zu Amsterdam.

Bronkhorst, Pieter (I 136). °Das Urteil Salomonis, in einem grossen Gebäude dargestellt; im Gerichtszimmer des Delfter Rathauses, von Bleijswijck zuerst erwähnt. — Noch jetzt im Stadthause zu Delft.

°Christus die Händler aus dem Tempel treibend, bei der Wittwe seines Sohnes. Ebenfalls schon bei Bleijswijck.

Brouwer, Adr. (I 320, 323, 330). Die fünf Sinne, zwölf Monate und ähnliche Folgen, während seiner Lehrzeit bei Frans Hals gemalt. — Bilder aus der spätern Zeit des Meisters, welche zu derartigen Folgen, namentlich zu den fünf Sinnen zu gehören scheinen, kommen in mehreren Sammlungen vor. So in München Cat. Nr. 183—5; Frankfurt Cat. Nr. 149; Louvre, Galerie La Caze Cat. 1874 Nr. 45.

Streit zwischen Bauern und Soldaten, beim Kartenspiel entstanden. Auf Kupfer, während Brouwers Amsterdamer Aufenthalt gemalt und später in der Kurpfälzischen Galerie befindlich. – Ein auf Kupfer gemaltes Bild befindet sich nicht unter den aus Düsseldorf nach München gelangten Gemälden Brouwers; von den auf einer Holztafel gemalten Bildern könnte aber die jetzige Nr. 879, welche aus Düsseldorf stammt, mit dem von Houbraken erwähnten Bilde identisch sein.

Spanische Soldaten beim Kartenspiel, im Hintergrund einer, der einem natürlichen Bedürfnisse genügt. Während Brouwers Gefangenschaft in der Antwerpener Citadelle (± 1632), von ihm gemalt. — Dies Bild wurde von Bürger-Thoré — ob mit Recht? — wiedererkannt in einem Gemälde der Sammlung du Bus de Gisignies: Buveurs attablés, welches mit dem vollen Namen des Künstlers bezeichnet ist. Es befindet sich jetzt im Museum zu Brüssel. Eine Abbildung enthält der Catalog-du Bus von Fétis. (1878 S. 13).

Brueghel, sieh Breughel.

ter Bruggen, Hendr. (I 133—135). °Ein grosses Bild über dem Hochaltar in der Grossen Kirche [1]) zu Neapel.

Eine fröhliche Mahlzeit mit lebensgrossen Figuren bei den Erben des Herrn van der Streng zu Middelburg. — Vermutlich eine Darstellung des im Honthortschen Kreise so sehr beliebten „verloren zoon in wellust."

°Einige von seinem Sohne i. J. 1707 der Stadt Deventer zum Geschenk gemachte Bilder. — Es sind dies die lebensgrossen Brustbilder der vier Evangelisten, welche sich noch jetzt im Rathause zu Deventer befinden. Ihre Unterschriften lauten „A° 1621 pinxit Henricus Terbruggen, natus 1588, denatus 1629. Filius Richardus Curiae Trajectinae Advocatus Civitati Daventriensi Donavit Anno 1707 Aetatis suae 89".

de Brun, Anna Françoise. (I 163) °Die Geheimnisse des Rosenkranzes; von Houbraken in Folge der misverstandenen Worte le Comtes als ein Werk des Jacques Francart erwähnt.

van Bunnik, Jan (III 342). Grosse Landschaften in den Schlössern Loo und Voorst und im Hause des Herrn van Odijk zu Zeist.

Buns, Joh. (III 64). °Zwei Darstellungen einer nackten Venus, beide von J. Blasius besungen. Die Epigramme sind datirt vom 27 Dec. 1660 und 22 Apr. 1661. — Das einzige mir bekannte Bild des Meisters, ein lebensgrosses Damenbildnis vom Jahre 1667, befindet sich seit längerer Zeit im Kunsthandel zu Amsterdam [2]).

[1]) Soll wohl heissen: im Dom zu S. Gennaro.
[2]) Oud Holland IV 53 wird es schon erwähnt.

Busschop, Corn. (II 221). Gemälde mit zwei oder drei Figuren bei Kerzenbeleuchtung im Besitze des Königs Ludwig XIV [1]).

v. Campen, Jac. (II 190). Vier grosse Kuppelbilder im Oranjezaal beim Haag. — Noch jetzt vorhanden.

Cansiagi [soll heissen Cambiaso], Luca (II 268). °Mehrere Passionsbilder in der Certosa zu St. Martin in Neapel. Von Schellinks in seinem Tagebuch erwähnt. — Gegen die Umtaufe auf den Genuesischen Künstler Cambiaso spricht der Umstand, dass die Passionsbilder a. a. O. sonst alle von Neapolitaner Künstlern der Schule Ribera's ausgeführt sind (Vgl. Burckhardts Cicerone, sub Neapel, S. Martino).

Caravaggio, Polydoro (II 268). °Grosses Altarbild in sechs Abteilungen im Capuzinerkloster zu Messina, in Schellinks Tagebuch erwähnt.

de Keijser, Thom. (I 98, 336) °Bildnis des P. Lastman, von Vondel besungen.

°Bildnis von Jac. Backer, von D. Matham gestochen. — (v. Someren Nr. 207).

Cesari, Gius., genannt Cavaliere d'Arpino (II 268). °Passionsbilder in der Certosa zu S. Martin in Neapel, von Schellinks erwähnt. — Noch jetzt vorhanden; vgl. Burckhardt a. a. O.

le Ceur, sieh Lesueur.

de Champaigne, Phil. (I 225 f.). °Einige grosse Werke in der Kirche und dem Kloster der Karmeliter zu Paris, im Auftrag der Königin gemalt.

---

1) Vgl. über diesen Künstler: Veth in Oud Holland V S. 156 ff. Von den dort erwähnten Werken befindet sich das Regentenstück jetzt im Dordrechter Museum und die Familie des Böttchers (soll heissen: Weinhändlers) in der Casseler Galerie. Ein dem letzten Bilde sehr nahe verwandtes Werk sah ich unlängst als Jan Bapt. Weenix im Münchener Kunsthandel. Andere Werke, sowohl Originale als auch Copien nach älteren Gemälden befinden sich im Aerent-Maertensz-Hofje zu Dordrecht. Bekanntlich wird Busschops Name auch genannt in Bezug auf ein Dordrechter Schützenstück im Rijksmuseum (Cat. Nr. 634) und den dazu gehörigen Entwurf in der Galerie Weber zu Hamburg.

°Mehrere Bildnisse des Kardinal de Richelieu. — Ihrer drei, Brustbilder auf einer Leinwand, befinden sich heutzutage in der Londoner National Gallery. (Cat. Nr. 798). Ein lebensgrosses in ganzer Figur im Louvre.

°Eine Maria bei dem Leichnam Christi, mit Ludwig XIII als Donator, der Mutter Gottes eine Krone anbietend; 1638 in die Notre Dame Kirche zu Paris gestiftet. — Die Stelle bei Houbraken ist recht mangelhaft aus le Comte entlehnt [1]).

Kloosterman (III 356 f.). Bildnisse des Königs und der Königin von Spanien, 1696 gemalt.

°Bildnis des Mr. Gibbons mit seiner Frau, von J. Smith geschabt. — Vgl. Brit. M. T. Portraits III, Nr. 106.

Kneller, Godfr. (II 18, 326; III 234 ff.). °Bildnis Friedrichs von Schömberg [2]) zu Pferde in Lebensgrösse. Das Pferd und die Landschaft waren von Jan Wijk gemalt. Geschabt von J. Smith. — Walpole (1876, B. III S. 213 [1]) erwähnt das Bild im Besitze des Marquis of Lothian, Newbattle Abbey, Scotland.

°Desgl. des Marinemalers Wil. van de Velde d. Jüngeren, 1680 gemalt; 1707 von J. Smith geschabt.

°Familienbild des Kaufmannes Jacob del Boë zu Hamburg. — Schon von Sandrart erwähnt.

°Bildnis des Sr. Jonathan Banks, eines zu London lebenden Hamburger Kaufmanns, sowie ein Gruppenbild von dessen Familie — Ebenfalls bereits bei Sandrart.

°Desgl. des Herzogs von Monmouth.

°Desgl. König Karls II von England, in Concurrenz mit Lely gemalt.

°Desgl. Ludwigs XIV von Frankreich, im Auftrag Karls II, kurz vor dessen 1685 erfolgtem Tode gemalt.

Desgl. König Wilhelms III und der Königin Maria. — Nach Huyghens, Journaal I 244 f. gewährte Wilhelm

---

[1]) Vgl. weiter unten den zweiten Teil dieser Abhandlung.

[2]) Gefallen in der Schlacht an der Boyne, am 1 Juli 1690.

dem Maler am 17 und 20 März 1690 Sitzungen zu einem Bilde. Ein 1697 datirtes hängt in Schloss Hamptoncourt, andere im kgl. Palast im Haag, im Museum zu Lissabon und beim Duke of Norfolk. Es sind Stiche danach bekannt von Faithorne und J. Houbraken. Königin Maria findet sich in den Schlössern Windsor und Hamptoncourt. Stiche von J. Houbraken, B. Picart u. A.

Desgl. der Bevollmächtigten zum Rijswijker Frieden (1697), im Auftrage Wilhelms III gemalt.

Drei Bildnisse der Königin Anna.

Bildnis ihres Gatten, des Prinzen Georg von Dänemark.

Desgl. des jungen Herzogs von Gloucester. — Durch Smiths berühmtes Schwarzkunstblatt allgemein bekannt, aber im Original verschollen [1]).

Desgl. des Erzherzogs Karl von Oesterreich, des spätern Kaiser Karls VI.

Knupfer, Nic. (I 234). °Drei Schlachtenbilder für den König von Dänemark, Siege von dessen Vorfahren darstellend. Bereits von de Bie erwähnt.

Coberger, Wenc. (I 116). °Ein mehr als lebensgrosser St. Sebastian in der Kapelle der Bogenschützen der Antwerpener Liebfrauenkirche. Aus le Comte entlehnt. — Die Franzosen raubten das Bild im Jahre 1794, und verschleppten es nach Nancy, wo es sich noch heutzutage befindet. (van den Branden, Gesch. d. Antw. Schilderschool S. 595). Ueber die Verstümmelung, welche das Bild schon frühzeitig erlitt, vergleiche man im zweiten Teil den Abschnitt über le Comte.

Colijns, Dav. (III 321). Die Mannalese und Moses, wie er Wasser aus dem Felsen schlägt.

Koning, Phil. (I 269, II 53 ff. III 79). °Selbstbildnis beim Grossherzog von Toscana. — Noch jetzt in den Uffizien.

°Mehrere Bildnisse des Dichters J. van den Vondel.

---

[1]) Woermann, III S. 902.

— Houbraken citirt ein Gedicht Vondels auf ein Bildnis in kleinem Formate (Aet. 69, also 1656), sowie einige Verse von Jan Vos. Das einzige öffentliche Institut, welches gemalte [1]) Vondelbildnisse von Phil. Koning besitzt, ist die Universitätsbibliothek in Leiden. Eins der zwei dort aufbewahrten, in kleinem Formate (25 X 19 c.M.) ist jedoch dem Costüm nach später als 1656; es kann somit nicht das vom Dichter im 69sten Lebensjahre besungene sein. Näheres über dies und die übrigen Vondelbildnisse findet man im Catalog der Vondelausstellung v. J. 1879 unter Nr. 42, 48, 52, 55, 69, 70 und 72. Auch sind der Catalog der historischen Ausstellung von Amsterdam (1876) Nr. 2942 ff. nebst dem Aufsatz von A. D. de Vries in der Zeitschrift de Gids 1876, B. III S. 554 und die Artikel im Navorscher von 1874 und 1875 zu vergleichen, sowie J. A. Alberdingk Thijm, Portretten van Joost van den Vondel (1876) S. 215 ff. Im Inventar von Konings Wittwe fand Bredius ebenfalls ein Bildnis von Vondel erwähnt. Ein Gedicht von J. Pluymer (1723) bezieht sich auf ein solches, welches ein Herr Nuijts für vier Gulden erwarb. (B. II S. 157).

°Bildnisse von Maria van Oudshoorn und Margaretha van Rijn. Beide von Vondel besungen. — Letzteres Gedicht ist datirt 1656. Im folgenden Jahre heiratete die Dargestellte den Künstler [2])

°Eine schlafende Venus, von Vondel besungen. — Die sich an dieses Bild knüpfende Frage über des Dichters Verständnis für Rembrandts Kunst behandle ich im zweiten Teile.

Ein zweites Selbstbildnis, von Houbraken für seine Tafel B des zweiten Bandes copirt.

Bildnis des Maler-Dichters Heiman Dullaert, ebenfalls

---

[1]) Ein gezeichnetes unter den ausgestellten Blättern im Amsterdamer Kupferstichcabinet.

[2]) Obreens Archief I 124, Havard, IV 152, Oud Holland I 305 f.

für die Groote Schouburgh copirt. — Jedoch nur mittelbar, da das Original des Stiches sich in der Gedichtsammlung Dullaerts befindet. Es trägt die Unterschrift: Jac. Houbraken sculpsit, aber der Name des Malers fehlt. Woher Houbraken wusste, dass es Philip Koning war, ist nicht ersichtlich [1]).

Koning, Sal. (I 344). °Tarquinius und Lucretia, gemalt für Joh. Huydecooper. — Dies und die folgenden Bilder werden sämmtlich bereits von de Bie erwähnt, aus dem Houbraken seine Nachrichten schöpfte. Aber auch bei Jan Vos finden wir ein Gedicht auf ein Bild „Sextus vindt Lucretia in de nacht bij haar staatdochters door S. de Koning" (Ausg. v. 1662 S. 536.)

°David und Bathseba, für Lod. van Ludick gemalt, später vom Portugiesischen Gesandten erworben.

°Judas wirft dem Hohenpriester die dreissig Silberlinge vor die Füsse, für Jan Pzn. Bruijning gemalt. — Ein Bild dieses Vorwurfs befindet sich heutzutage in der Sammlung Wesendonck zu Berlin. Es war 1891 dort ausgestellt. (Cat. Nr. 164).

°Salomo den Götzen opfernd, für Ger. Luiken gemalt.

°Mehrere Bilder für den König von Dänemark; nach

---

[1]) Es ist merkwürdig, dass sämmtliche von Houbraken erwähnte Werke Ph. Konings Porträts, bzw. Figurenbilder sind, welche heutzutage zwar nicht ganz selten, aber bei weitem nicht so hoch geschätzt sind wie seine Panoramenlandschaften echt holländischen Charakters. Offenbar wurden diese zu Konings Lebzeiten ebensowenig gewürdigt, wie die Landschaften eines Herc. Seghers, A. v. d. Neer, Hobbema und Jac. Ruisdael. — Figurenbilder Konings findet man ausser den schon erwähnten Vondelbildnissen und dem Selbstporträt in den Uffizien u. A. in Schwerin (Wirtshausszene von 1646), beim Consul Weber zu Hamburg, bei J. Salomon zu Kopenhagen (Oct. 1891 dort ausgestellt, Cat. Nr. 103: Kartenspieler von 1658), in Christiania (Cat. 1887 Nr. 89: Ritter in seiner Ordenstracht) und bei Rupprechts Nachf zu München (Magdalena salbt die Füsse Jesu; 6 ganze Figuren in halber Lebensgrösse; von 1670). Auch sind ihm Studienköpfe von Greisen in der Art des Jan Lievens und Sal. Koning zuzuschreiben, wie etwa die Nr. 335 der Münchener Pinacothek.

de Bie waren es Geschichtsbilder aus der Vergangenheit Seelands.

Coques, Gonz. (II 50). °Bildnis des Malers Robert van Hoeck. — Seit 1882 in der Londoner National Gallery (Cat. Nr. 1114). Es bildet mit vier andern Gemälden eine Folge der fünf Sinne, welche aus der Sammlung du Bus de Gisignies zu Brüssel stammen. Im Catalog derselben befindet sich eine Reproduction des „das Gesicht" darstellenden Bildes. Houbraken sagt zwar, dass ihm dies Bildnis in die Hände kam, aber der Zusammenhang zeigt deutlich genug, dass er damit den Stich von C. Caukercken im Gülden Cabinet meint.

Cornelis Anthoniszen (I 23). Ansicht der Stadt Amsterdam aus der Vogelperspective, wie sie sich nach der Ummauerung des Jahres 1482 zeigte; 1536 gemalt und zu Houbrakens Zeit in der Thesaurie-ordinaris des Rathauses befindlich. — Noch heute im Amsterdamer Rathause (Cat. 1879 Nr. 3).

Cornelis Cornelisz (I 33, 297). °Gemalter Fuss [des Vulkan] in einem Bilde im Prinzenhof zu Haarlem, wofür 600 Gulden geboten sein sollten. Die Anecdote ist einem Epigramm des Jan Vos entlehnt. (S. 485, Nr. 743) — Das betreffende Bild ist das jetzt im Mauritshuis befindliche Hochzeitsmahl von Peleus und Thetis, welches aus dem Prinzenhof in Haarlem stammt und 1593 durch die städtische Regirung vom Künstler gekauft wurde (v. d. Willigen S. 115).

°Zwei [1]) Bilder, Heraclit und Democrit, wie Orlers berichtet, von Jan Lievens in seiner Jugend in täuschender Aehnlichkeit copirt.

Cortone, sieh Berrettini.

Cossiers, Joh. (I 235). °Bild [oder vielmehr drei Bilder] in der Kirche des Grossen Beguinenhofes in

[1]) Also nicht das jetzt im Braunschweiger Museum aufbewahrte Bild, das die beiden Philosophen auf einer Tafel zeigt (Riegel, Beiträge II S. 159 f.)

Mecheln. — Noch jetzt daselbst. Vgl. über dieselben, Christus und die beiden Schächer auf je einer Leinwand darstellend, v. d. Branden S. 895.

v. Kouwenberg, Christ. (I 236). °Gemälde in den prinzlichen Lustschlössern zu Rijswijk und im Haager Busch. Von Bleijswijck (S. 859) vorerwähnt. — Die Richtigkeit dieser Angaben wird, was Schloss Nieuburg zu Rijswijk betrifft, bestätigt durch die von Vosmaer in der Kunstkroniek v. J. 1861, S. 37 ff. veröffentlichten Auszüge aus den Zahlungsbüchern des Prinzen Friedrich Heinrich [1]). Ebendort werden auch Malereien im Schlosse Honselaarsdijk erwähnt. Bleijswijck hat sich daher am Ende geirrt, wenn er statt dessen das Schloss im Busch nannte, wo m. W. keine Werke Kouwenbergs nachweisbar sind [2]). Heutzutage sind von diesem, seinerzeit hoch geschätzten Meister nur noch einige Bildnisse im Kölner Museum beglaubigt, welche sich nicht über das Niveau der andern dort vertretenen einheimischen Künstler: Pottgiesser Kessler, Klapphauer usw. erheben.

Covijn, Isr. (III 216). Die Geschichte vom „Spaansch Heidinnetje" nach Jac. Cats.

Coxie, [Ant. [3])]. (II 5). Die Statuen der freien Künste, als Grisaillen auf den Aussenseiten eines triptychonartig Bildes von Ger. Dou gemalt. Näheres darüber S. 115.

Coxie, Mich. (I 25) °Die Flügel des Bildes von J. Gossaert [Houbraken sagt in Anschluss an van Mander irrtümlich B. van Orley], worin Lucas dargestellt ist, wie er die Madonna malt. — Das Bild, allgemein bekannt als Prager Dombild, befindet sich heutzutage im Rudolphinum daselbst. (Cat. Nr. 230—232).

Crabeth, Wouter d. J. (I 178 f.). °Mariae Himmelfahrt,

---

[1]) Vgl. auch Bredius in Oud Holland VIII S. 223.

[2]) Auch Veegens, De Stichting der Oranjezaal, weiss nichts bestimmtes über sie mitzuteilen.

[3]) In Bezug auf diesen Künstler vergleiche man den Abschnitt über de Geests Kabinet der Statuen.

Altarbild in der Kapelle von J. W [alvis] zu Gouda. — Vgl. über dies, 1628 gemalte Bild die Mitteilungen de Lange van Wijngaerdens, citirt in Obreens Archief B. IV S. 279.

°Schützenbild im St. Jorisdoelen zu Gouda, sein letztes grosses Bild. — Jetzt im dortigen städtischen Museum, Cat. Nr. 221: 14 lebensgrosse Figuren in ganzer Gestalt, datirt 1644 [1]). Die Erwähnung beider Bilder ist der Beschreibung Gouda's von J. Walvis entnommen.

v. Kuijk, Jan Wzn. (I 51) °Grosses Bild des Urteil Salomonis, im Gefängnis gemalt [i. J. 1572], von Baalen vorerwähnt. Vgl. Veth in Oud Holland VII S. 307.

Cuyp, Aelb. (I 249). Der Dordrechter Viehmarkt und die Reitbahn, welche zu seinen vornehmsten Werken gehören. — Letzteres Bild befand sich in der Sammlung van der Linden van Slingelandt, welche am 22 Aug. 1785 zu Dordrecht versteigert wurde. Näheres bei Veth, Oud Holland II S. 287. Heutzutage schmückt eine ähnliche Darstellung die Galerie von Dulwich College (Cat. 1876 Nr. 114).

Danks, Franç. (III 319). °Bildnis der Catharina Questiers, von J. Koenerding besungen.

Delff, Jac. Wzn. (I 61, II 56). Schützenstück v. J. 1592 im Doelen zu Delft. Von Bleijswijck angeführt. — Noch heute im Rathause befindlich.

---

[1]) Von einer ganz andern Seite, wie in diesem, wenn auch nicht besonders hervorragenden, so doch immerhin ganz tüchtigen und nationalen Bilde, lernt man den Künstler kennen durch zwei Gesellschaftsbilder mit lebensgrossen Figuren im Stile Honthorsts, Bylerts und der übrigen Utrechter Caravaggisten. Ich sah sie im Sommer 1891 in Düsseldorfer Privatbesitz. Es sind vermutlich dieselben, welche Hoet (II 121) in der Auction Tierens, am 23 Juli 1743 im Haag erwähnt, Cat. Nr. 350: Valsche speelders, leevens grootte door W. Crabeth, 4' 4" × 5' 6" (= ± 130 × 165 c.M.) f. 98,5.— und Nr. 351. Een dito, zijnde een weerga, door denzelve f 13,5.— Aus Oud Holland VII S. 239 erfahren wir, dass der Künstler i. J. 1615 in Frankreich oder Italien mit Wybr. de Geest, der ebenfalls der Utrechter Schule entstammt, zusammentraf.

Delff, Jac. Jr. (II 56). °Die Offizire der weissen Schützencompagnie, zuerst im alten, nach der Pulverexplosion vom 12 Oct. 1654 im neuen Doelen zu Delft, zwischen den ähnlichen Bildern seiner beiden Grossväter: Jac. Wzn. Delff und Mich. Mierevelt aufgehängt. Vgl. Bleijswijck. — Das 1641 datirte Bild befindet sich ebenfalls noch heute im Delfter Rathause.

v. Diepenbeeck, Abr. (I 289). °Selbstbildnis, von Vondel besungen. — Die Verse Vondels werden von de Bie, S 286 citirt. Ebendort kommt der zur Meyssens'schen Folge gehörige Stich von P. Pontius nach diesem Selbstbildnis vor.

Donker, Jan (II 93) °Die Regenten des Zuchthauses zu Gouda. Bei Walvis erwähnt — Heutzutage verschollen.

Dou, Gerard (I 269, 274, II 3, 5, 127). °Selbstbildnis in der Galerie des Grossherzogs von Toscana. — Noch heute in den Uffizien.

*Bildnis des Malers Jurriaen Ovens. — Dies Porträt, wonach dasjenige auf Tafel O im ersten Bande der Groote Schouburgh genommen ist, sah Houbraken wahrscheinlich im Cabinet der Wittwe von Jacob van Hoek zu Amsterdam, welches er nach eigener Aussage kannte. (II 5 und 127) Im Auctionscatalog vom 12 April 1719 (Hoet I 220 ff.) kommt das Bild als Nr. 94 vor, erzielte aber nur den Preis von f 5,15. Am 23 Juli 1743 ward in der Sammlung Seger Tierens im Haag nochmals ein Bildnis Ovens' von Dous Hand verkauft. Dieses mass 7" $\times$ 5¾" und war oval. Der erzielte Preis war f 56 (Hoet II, 108 Nr. 164). Es ist kaum möglich zu entscheiden, ob diese Bilder unter sich identisch sind.

°Bildnisgruppe des Herrn Spiering, seiner Frau und ältesten Tochter [Houbraken sagt irrtümlich: der Mutter seiner Frau]. Bereits bei Sandrart erwähnt.

Eine Frau, ihr Kind auf dem Schooss haltend und ein Mädchen, das mit dem Kinde spielt; erworben aus dem Cabinet de Bie; und von den Staaten Hollands (nach Anderen, von der Ostindischen Compagnie) dem

König Karl II von England verehrt, später aber von Wilhelm III nach Schloss Loo gebracht. Der nachmalige Verbleib des Bildes war Houbraken unbekannt. — Es wurde nicht mit verkauft in der Auction vom 26 Juli 1713 (Hoet I 149 ff.).

*Triptychartiges Bild; in der Mitte eine Mutter ihr Kind säugend, im Hintergrunde ein Barbierladen; auf den Flügeln ein Federschneider bei Kerzenbeleuchtung und eine Abendschule. Das Bild war 3 F. hoch und 2 F. 6 Z. breit und befand sich bei der Wittwe van der Hoek zu Amsterdam. — Am 12 April 1719 wurde es für 6000 Gulden verkauft (Hoet I 220 Nr. 1). Später bildete es eine der Hauptzierden der Sammlung Braamkamp. Auf der Auction derselben (Juli 1771) für die Kaiserin von Russland erworben, ging es im November dieses Jahres mit Meisterwerken von Paul Potter und Gabr. Metsu auf dem Transporte in der Ostsee unter. Von seiner Beliebtheit zeugen mehrere Copien aus dem vorigen Jahrhundert. Es befindet sich deren je eine in der Sammlung Six zu Amsterdam und bei Herrn C. L. Kniphorst in Assen; letztere von W. J. Laqui, dem Schützling Braamkamps gemalt.

Doudijns, Wil. (I 244, II 235). Die bildenden Künste im Schutze der Haager Stadtgöttin; Mittelstück des Deckengemäldes im dortigen Gildezimmer [1]).

Das Urteil Salomonis, im Rechtssaal des Haager Rathauses. — Noch jetzt an Ort und Stelle; datirt 1671.

Douven, J. Fr. (III 350 ff.). Bildnisse des Kaisers Leopold, der Kaiserin Eleonora und mehrerer Mitglieder des kaiserlichen Hofes; zu Wien gemalt.

Desgl. der Königin von Portugal, Maria Sophia von der Pfalz.

Bildnis der Königin von Spanien, Maria Anna von der Pfalz, vor ihrer Abreise nach Spanien gemalt.

Desgl. von Maria Anna Lucia [soll heissen: Luisa]

[1]) Vgl. über dies Plafondgemälde Obreens Archief IV S. 204 f.

von Toscana, Gattin des Kurfürsten Johann Wilhelm von der Pfalz. — Vgl. van Gool, B. II S. 565. Das Bild befindet sich noch jetzt in den Uffizien.

Desgl. von Charlotte, Prinzessin von Dänemark.

Desgl. des Königs und der Königin von Dänemark, wie das vorige zu Kopenhagen gemalt.

Desgl. der Prinzessin Amalia von Hannover, zu drei wiederholten Malen: in kleinem und grossem Format, sowie in Seitenansicht; im Winter 1697 zu Modena gemalt.

Desgl. des Grossherzogs von Florenz [Cosmus III], um 1697 im Auftrage seiner Tochter, der Kurfürstin Maria Anna Luisa daselbst gemalt.

°Selbstbildnis für den Grossherzog, ebenfalls um 1697 zu Florenz gemalt. — Noch jetzt in den Uffizien.

Bildnis des Erzherzogs Karl von Oesterreich, des spätern Kaisers Karl VI, auf seiner Durchreise nach Spanien zu Düsseldorf gemalt. — Van Gool erwähnt das Bildnis nebst andern von Mitgliedern des kaiserlichen Hauses in seinem Catalog der Düsseldorfer Galerie. (B. II S. 560).

Desgl. seiner spätern Gattin, der Prinzessin Elisabeth von Braunschweig.

Drost, Rembrandtschüler (III 61) *Predigt Johannis des Täufers. — Es ist dies der Maler des ganz unter Rembrandtschen Einfluss entstandenen Casseler Bildes: Noli me tangere (Cat. 1888 Nr. 237) [1]). Demselben wird auch die Nr. 289 des Rijksmuseum zugeschrieben, wo in der Anmerkung ein „C. Drost fecit 1654" bezeichnetes Bild der Auction le Roy d'Estioles angeführt wird. Ein anderer Meister ist der P. Drost eines Bildes im Ferdinandeum zu Innsbruck (Cat. 1890 Nr. 602; Knabe mit Geier in Lebensgrösse Leinwand 86 × 74 c.M. Legat L. Rigel 1889; bez. P. Drost). Dieser dürfte das tradi-

[1]) Schon bei Hoet in der Auction Jan Agges, 1702 zu Amsterdam, erwähnt (B. I S. 68 Nr. 69). Ebendort passim auch noch andere Bilder unter dem Namen eines van Drost oder den Drost.

tionell einem Drost zugeschriebene Bild der Dresdener Galerie: Merkur den Argus einschläfernd (Cat. 1887 Nr. 1608) gemalt haben. Beide Bilder sind vollständig frei von Rembrandtschem Einfluss, und lassen viel eher vermuten, dass ihr Urheber der mit Jan van der Meer d. J. und Karl Loth in Italien gewesene Drost Houbrakens sei, als der Maler des Casseler Bildes. Ein dritter Künstler namens Drost ist der Zeichner Anthoni Drost, der sich anscheinend um die Wende des XVII und XVIII Jahrhunderts hauptsächlich durch aquarellirte Vögel, Insecten usw. auszeichnete [1]). Dass endlich die Künstler Jacob van Dorsten und Gerrit Willemsz Horst jetzt nicht mehr wie früher mit Cornelis Drost verwechselt werden, ist den archivalischen Untersuchungen Bredius' und den sich daran knüpfenden Ausführungen in den neuesten Catalogen Berlins, Dresdens und Cassels (Nachtrag) zu verdanken.

Duive, Jan (II 90). °Bildnis des Minoriten Gregorius Simpernel, nach dessen Tode gemalt. Bereits bei Walvis erwähnt.

Dujardin, sieh du Jardin.

Dullaert, Heiman (III 79 f.). Küchenstück mit zwei Figuren und vielem Metallgeschirr, nebst mehreren Bildnissen in Lebensgrösse noch zu Houbrakens Zeit in Rotterdam vorhanden.

Fünf Bilder in der Auction eines Dr. Douw, Dullaerts Schwager, 1696 zu Leiden abgehalten.

°Mars im Harnisch, laut Mitteilung des Malers Velthuizen in Gouda, der eine Nichte Dullaerts zur Frau hatte, zu Amsterdam als ein Werk Rembrandts verkauft.

Duval, Rob. (I 244). Die Astronomie und Geometrie in einem Deckengemälde des Haager Gildezimmers. — Vergl. die Anmerkung bei Doudijns.

---

1) Auch soll er in Wachs modellirt haben. Vgl. v. Eynden en v. d. Willigen I 223, IV 124.

v. Dijck, Ant. [1]. (I 70, 91, 180—186, III 237). Bildnis des Franz Hals, nach Houbrakens Anecdote auf der Durchreise durch Haarlem gemalt, nachdem Hals zuerst van Dijcks Bildnis gemalt hatte.

*Maria, Joseph, das Christkind und tanzende Engel, hoch 7 F, breit 10 F., aus dem Schloss Loo stammend, und am 26 Juli 1713 für f 12050 zu Amsterdam verkauft. Vgl. Nr. 1 des Catalogs (Hoet I, 149). Jetzt befindet sich das Bild in der Eremitage zu St. Petersburg. Smith erwähnt es B. III S. 81 als Nr. 268 seines Verzeichnisses, und teilt dort einiges über die Schicksale des Bildes mit.

°Bildnis von Rubens' erster Frau, noch während seiner Lehrzeit bei diesem Meister gemalt.

Das Bildnis des Rubens, welches Houbraken an dieser Stelle ausserdem erwähnt, wird in seiner Quelle: Morery's Grand dictionnaire historique, nicht angeführt. — Es wird ihm das Porträt der Iconographie vor Augen geschwebt haben.

°Christus in Gethsemané, und die Dornenkrönung Christi; nach Morery während, nach Houbraken unmittelbar nach der Lehrzeit gemalt. — Beide Darstellungen befanden sich in Rubens' Nachlass, aus dem sie für die königlichen Sammlungen in Madrid erworben wurden, wo sie sich noch jetzt befinden. Erstere kommt auch sonst vor. Vgl. Smith III S. 451, v. d. Branden S. 704 und besonders Bode im neuen Berliner Galeriewerk S. 21.

°St. Augustinus, als Altarbild des Augustinerklosters zu Antwerpen. — Noch jetzt an Ort und Stelle. Vgl. v. d. Branden S. 713.

°Bildnisse des Prinzen Friedrich Heinrich, seiner Gattin und seines Sohnes. — Die durch ihre Herkunft

[1]) Die Bildnisse nach denen die Stiche der Iconographie angefertigt wurden, bleiben hier unerwähnt, da sie im zweiten Teile besprochen werden.

aus der Oranischen Erbschaft beglaubigten Bildnisse des Elternpaares befinden sich heutzutage im Schlosse von Wörlitz bei Dessau. Der Sohn, Wilhelm II dagegen im Damenstift Mosigkau, (Cat. 1874 Nr. 18) ebenfalls aus jener Erbschaft stammend. Das weit geringere Exemplar im Rudolphinum zu Prag ist offenbar nur eine Copie danach [1]. Andere Bildnisse der Amalia van Solms durch van Dijck verzeichnet Moes, Iconographia Batava Nr. 143, 4—6.

°Eine Pietas für die Cordeliers zu Antwerpen, und ein Altarbild für die Capuciner zu Dendermonde; beide nach seinem Ausflug nach Holland gemalt. — Jene heutzutage im Museum zu Antwerpen, dieses, eine Kreuzigung Christi darstellend, noch an Ort und Stelle. Vgl. v. d. Branden. S. 713.

°Isabella Clara Eugenia, Statthalterin der Niederlande in geistlichem Gewande, von Jan Vos besungen, der aber wohl nur einen der danach gefertigten Stiche kannte. — Die Galerien zu Wien (Belvédère und Liechtenstein) und zu Paris (Louvre) rühmen sich des Besitzes derartiger Bildnisse. Der neue Catalog (1891) des Berliner Museums, welches selbst eine Atelierwiederholung besitzt, lässt ausser dem Liechtensteinschen Exemplar in erster Linie diejenigen zu Turin und Hopetownhouse (Schottland) als eigenhändige Arbeiten van Dijcks gelten.

°Mehrere Bildnisse König Karl I von England. — Vgl. das Verzeichnis von Smith (III S. 459), wo deren mehr als dreissig aufgezählt werden, und Woermann, Gesch d. Malerei (B. III S. 455), der mindestens neunzehn annimmt.

°Bildnis der Königin von England, Henriette de Bourbon. — Smith a. a. O. S. 466 erwähnt deren 25, Woermann, 17.

---

[1]) Vgl. bereits W. Schmidts Bemerkung im Repert. f. Kunstw. 1891 S. 166.

°Bildnisse der Prinzen Karl und Jacob von England. — Heutzutage sind von den Kindern Karls I nur Gruppenbilder mit mindestens drei Personen bekannt. Vgl. Woermann III S. 455 f, Bode, a. a. O. S. 27.

*32 Bildnisse, von denen 14 in ganzer Figur bei Lord Wharton [Houbraken: Warthon] zu Winsingdon.

v. d. Eeckhout, Gerbr. (II 100 f.). Bildnis seines Vaters, eines Goldschmiedes, im Besitze von des Künstlers gleichnamigem Vetter [bzw. Neffen [1])]. — Ein Jan Pietersz. van den Eeckhout ist als Goldschmied nachweisbar, seit dem 4 Febr. 1633, wo er sich als Wittwer von Grietje Claesz Leydeckers mit der 38 jährigen Cornelia Dedels verlobt. Er wird am 18 Nov. 1660 zu Amsterdam beerdigt [2]). Als Bildnisse dieses Ehepaars gelten die Porträts bei Staatsrat Dr. P. F. Hubrecht im Haag; das männliche bezeichnet G. van den Eeckhout Aetatis 67, 1651; das weibliche G. van den Eeckhout ft. 1644. Sie waren 1881 auf der dortigen Ausstellung alter Kunst (Cat. Nr. 126/7) zu sehen.

*Christus unter den Schriftgelehrten. — Vermutlich eine Darstellung des 12 jährigen Christus im Tempel, wie van Gool eine in der Düssseldorfer Galerie erwähnt (B. II S. 531). Diese befindet sich jetzt in der Münchener Pinacothek. (Cat. Nr. 348).

°Simeon mit dem Christkinde, bei Jacob Hinloopen, von Jan Vos besungen. — Eine solche Darstellung kam in der Auction van der Linden van Slingelandt vor (Cat. Nr. 129). Sie war auf Kupfer gemalt, mass 9" × 11½" und erzielte f 65,— In bedeutend grösserm Maassstab befindet sie sich heutzutage im Museum zu Berlin (Cat. Nr. 820) und in der Dresdener Galerie (Cat. Nr. 1618). Hier bereits im Inventar von 1722 nachweisbar.

Elzheimer, Ad. (I 54). Ceres verwandelt den Knaben,

---

[1]) Das holländische Wort neef hat bekanntlich beide Bedeutungen.
[2]) Oud Holland III S. 141.

der sie verspottet, in eine Eidechse; gestochen von H. Goudt; und zu Houbrakens Zeiten mit f 800 bezahlt. — Es muss dies eine der zahlreichen alten Copien gewesen sein, da das Original aus Rubens' Nachlass in den Besitz der spanischen Krone überging und sich noch jetzt im Prado zu Madrid befindet (Cat. Nr. 2845; vgl. Bodes Studien S. 294, wo auch mehrere Copien aufgezählt werden [1]).

Emelraadt, sieh Immenraadt.

Erasmus, Desid. (I 19) °Ein Crucifix, bzw. eine Kreuzigung Christi, von Bleijswijck im Besitz des Prior Musius zu Delft erwähnt. — Ein angeblich hiermit identisches Bild kommt in mehreren Auctionen vor. Man vergleiche die Catalogsammlung Terwestens, Kramm, und den Catalog der Versteigerung de Court van Valkenswaard (1847).

v. Everdingen, Caes. (II 94) Davids Sieg über Goliath; auf den Orgeltüren in der Alkmaarer Kirche.

Entwurf v. J. 1648 dazu, im dortigen Rathause.

Schützenbild mit lebensgrossen Figuren im alten Doelen zu Alkmaar. — Das 1659 datirte Gemälde befindet sich jetzt nebst einem Bilde vomselben Jahre aus dem neuen Doelen und einem Gemälde mit 12 Offiziren vom Jahre 1641 im städtischen Museum zu Alkmaar. (Cat. Nr. 48, 49 und 47).

v. d. Faes, sieh Lely.

Fabritius, Carel (III 337). °Bildnis des Küsters Simon Decker, womit der Künstler beschäftigt war, als er bei der Pulverexplosion vom 12 Oct. 1654 den Tod erlitt. Bleijswijck nacherzählt.

Flaman, sieh Bartolet.

Flink, Gov. (II 22—26). Bildnis des Kurfürsten Friedrich Wilhelm von Brandenburg, Herzogs von Cleve, ausserordentlich flott und geistreich, aber dabei ausführlich

---

[1]) Die kleine Copie, welche auf der Ansicht eines Malerateliers im Mauritshuis (Cat. 1891 Nr. 403: Vlämische Schule ± 1630) zu sehen ist, dürfte nach dem damals bei Rubens befindlichen Originale gefertigt sein.

gemalt und häufig übergangen. — Auf dieses Bild existirt ein von Houbraken nicht erwähntes Gedicht Vondels (Ausgabe von 1682, B. I S. 550). Am 6 Mai 1729 wurden zu Amsterdam die Bildnisse des alten Kurfürsten von Brandenburg und des Prinzen Moriz (ebenfalls von Vondel besungen) von Flinks Hand zusammen für f 11,10 verkauft (Hoet I 338). Heutzutage befindet sich ein solches Porträt in kaiserlichem Besitze zu Berlin, wo es im Frühjahr 1890 ausgestellt war. (Cat. Nr. 58).

Zwei Schützenbilder, deren eins zu Houbrakens Zeit noch neben dem Kamin im grossen Saale des Kloveniersdoelen zu Amsterdam zu sehen war. — Es ist dies die 1645 gemalte, jetzige Nr. 364 des Rijksmuseum, während das andere, von Houbraken weiter nicht erwähnte, i. J. 1648 zur Feier des westphälischen Friedens für den Voetboogsdoelen gemalt war, wo es das Gegenstück zum van der Helstschen Friedensmahl bildete. Diese Bilder befanden sich schon zu Houbrakens Zeit [1]) im Rathause und gelangten von dort ins Rijksmuseum (Cat. Nr. 362 und 467). Näheres bei D. C. Meijer, Oud Holland VII S. 45 ff.

Marcus Curius, die Geschenke der Samniter zurückweisend, Kaminstück im Bürgermeisterzimmer des neuen Rathauses. — Noch amselben Ort im jetzigen Palaste.

°Salomons Gebet um Weisheit, im Ratsaale daselbst. Von Vondel besungen. — Ebenfalls noch dort befindlich.

Eine Replik dieses Bildes in kleinerem Umfange als Geschenk für seine Geburtstadt Cleve, welche ihm durch einen vom 29 August 1659 datirten Brief ihren Dank aussprach.

°Das Urteil des T. Manlius Torquatus; von Vondel besungen.— Dieser nennt jedoch keinen Malernamen und giebt ausserdem mit den Worten: „Op het nieuwe Raethuis ter Admiraliteit" den Ort, wo sich das Bild be-

---

[1]) Vgl. Dr. J. Six, Oud Holland IV S. 89.

fand, nicht ganz genau an. Er wollte sagen „ter nieuwe Raetkamer der Admiraliteit". Hier, im jetzt zum Rathause eingerichteten Gebäude befand sich eine grosse Darstellung vom Urteil des T. Manlius (vgl. z. B. Wagenaars Beschreibung von Amsterdam), welche sich im Depot des Rijksmuseum erhalten hat und unzweifelhaft die Hand des Ferd. Bol zeigt. Auch das Gegenstück, wozu sich der Entwurf im Museum zu Braunschweig befindet, ist dort. Der Vorwurf desselben, der bisjetzt von verschiedenen Seiten für die Bekränzung des C. Duilius nach dem Seesiege bei Myle erklärt wurde, (Riegel, B. II S. 261 ff.) erhält seine richtige Deutung durch ein Epigramm Vondels „Op het uitdeelen der prijzen des zeestrijt van Koning Eneas", welches sich dem obenerwähnten Gedicht auf das Erkenntnis des T. Manlius unmittelbar anschliesst (Ausg. von 1682, B. II S. 329). Allerdings muss Flink letzteren Gegenstand ebenfalls gemalt haben, da sich in der städtischen Bibliothek zu Rotterdam ein Pamphlet v. J. 1782 findet: „Vraag aan Amsterdam, bij de Beschouwing van eene schilderije, op welke de geschiedenis van T. Manlius Torquatus kunstig gemaald was door Govert Flink. Thansin 't Cabinet van Baron van Heekeren tot Zuijderas." Dies Bild ist nicht mehr nachweisbar.

Frank......, (I 46). Staffage in einem Bilde Verhaeghts, den Turmbau zu Babel darstellend, von de Bie bereits erwähnt.

Frank [Vranx], Sebastian (I 52). *Die Kinder, welche dem Propheten schimpfend nachlaufen, von einem Bären zerfleischt; und eine *neutestamentliche Geschichte, beide auf Kupfer gemalt und ihrer Zeit im Besitze von Houbrakens Schwiegervater, Jacob Sasbout Souburg.

Francart, sieh Anna Françoise de Brun.

Freres [Ferreris], Dirk (III 184). Eine Galerie im Lustschlosse Honselaersdijk. — Das Schloss ist verschwunden; aus einem Inventar v. J. 1758 geht aber hervor, dass sich damals noch 17 Bilder von Freres meistenteils mit lebensgrossen Figuren dort befanden.

Mehrere grosse Bilder im neuen Rathause zu Enkhuizen von denen einige in Folge seines Todes unvollendet geblieben sind. — Die Richtigkeit dieser Mitteilung wird bestätigt durch die von Bredius aufgefundene Notiz einer Zahlung der Stadt Enkhuizen an Pieter Heermans zu Amsterdam, für gelieferte Leinwand zu den Bildern des D. Ferreris (15 Nov. 1692). Es haben sich aber im genannten Gebäude nur Decorationsbilder von Joh. van Neck und Rom. de Hooghe (sieh unten) erhalten.

Ein gemalter Saal bei Herrn Roeters auf der Heeregracht zu Amsterdam.

Furni [1]) (III 100). Teile des von Genoels verfertigten Entwurfs für Tapeten für den Statthalter, Grafen Monterey.

v. Geel, [Joost] (III 51). *Amme mit Kind. Neben ihnen steht die Mutter in roter Jacke mit weissem Pelzrand und gelbem Atlasrock. Sie spielt mit dem Kinde. Das ganze gemalt in der Art des Gabr. Metsu. — Dies Bild ist in der Galerie le Brun, B. II S. 48 von Mlle Retor gestochen. Die Unterschrift besagt, dass es auf Holz gemalt war und 13" $\times$ 11" (= $\pm$ 35 $\times$ 30 c.M.) mass. Ueber den Künstler und seine seltenen Bilder sind zu vergleichen: Der Text bei le Brun, der auf Angaben eines Nachkommens van Geels beruht, Woermann III 840, Rotterdamsche Historiebladen III 1 602, Smith Cat. Rais. IV. 120 und Hoet I 457.

de Gelder, Aert (III 208). David sterbend, während Bathseba die Krone für ihren Sohn Salomo verlangt, und Jacob segnet die Söhne Josephs; beide besonders hervorragende Bilder. — Ihr gegenwärtiger Aufbewahrungsort ist mir nicht bekannt. „Die Zegeninge van Jacob door de Gelders", wurde am 16 Sept. 1739 zu Amsterdam für f 10.5 verkauft (Hoet I 606, Nr. 122), während der sterbende David im Catalog der Sammlung van der Linden van Slingelandt (Hoet II 495) mit Bezugnahme

[1]) Ob dieser Name von Houbraken richtig überliefert ist, erscheint mindestens zweifelhaft.

auf Houbrakens lobende Erwähnung angeführt wird. Im Auctionscatalog v. J. 1785 kommt das Bild unter Nr. 142 vor. Es wurde für f 226,— verkauft.

Bildnis des Bildhauers Hendr. Noteman. — Seit kurzem im Museum seiner Vaterstadt Dordrecht.

Eine Passionsfolge von 22 Bildern, von denen 1715 bereits 20 vollendet waren. — Vermutlich gehört eine Anzahl (neun) Passionsbilder, welche jetzt im Schloss zu Aschaffenburg aufbewahrt wird, dieser Folge an. Näheres über dieselben bereits oben S. 66.

Genoels, Abr. (III 97—104). °Acht Bilder mit lebensgrossen Kindern und Landschaften, Patronen für Tapeten im Hause des Marquis de Louvois und ausgeführt von Gi. de la Noire, Tapissier.

Teile der von Gilb. Sevé ausgeführten Zimmerdecorationen für Louvois.

Landschaften in Bildern Sevés für die Prinzessin Condé.

Desgl. in Bildern le Bruns, die Geschichte Alexander des Grossen darstellend, gestochen von Audran.

Drei Ansichten des Schlosses Marimont bei Brüssel, Vorlagen für Tapeten.

Grosse Zimmerdecoration als Vorlage für Tapeten, für den Grafen Monterey, Spanischen Statthalter in den Niederlanden, unter Beihülfe von Furni, Jan Bapt. Monnoyer, P. Boel, Nicasius Bernaerts und Boité.

°Bildnisse auf Leinwand von acht Mitgliedern der Römischen Bent: Jac. van Staverden, Gomarus Wouters, Gasp. van Wittel, Theod. Visser, Jac. de Heusch, Bern. Baillen, [oder Ballieur] de Bakker und Abreise seinem Jac. Blondel. Diese Bildnisse hinterliess er bei seiner Freunde Gasp. van Wittel.

°Bildnis des Cardinal Rospigliosi.

Gentilesco, Hor. (I 80). °Büssende Magdalena, für den König von England gemalt; bereits von Sandrart erwähnt. — Ueber ein Bild dieses Gegenstandes vergl. Walpole, Ausg. v. 1876, B. II. S. 11.

°Loth und seine Töchter, ebenfalls schon bei Sandrart. — Von Luc. Vorsterman gestochen.

Gentilesca, Artemisia (I 81). °David mit dem Kopfe Goliaths in Lebensgrösse. Vgl. schon Sandrart.

Giordano, Luc. [gen. Fa Presto] (II 29). 9 Bilder, je 5 Fuss hoch und 7 breit, darstellend: Moses, Wasser aus dem Felsen schlagend, die Errichtung der ehernen Schlange, David und Abigail, Pharaos Untergang, Jacob und Rebecca, die Schlacht gegen die Amalekiter, das Urteil Salomonis, die Schlacht Josua's und Ahasver und Esther; früher im Besitze von Jan van Beuningen zu Amsterdam, laut dessen Bericht an Houbraken der Maler jedes Bild in zwei Tagen gemalt habe; der Herr Sibr. van der Schelling kaufte die besten dieser Bilder. Die Auction fand nach Hoet (I 199 ff.) am 13 Mai 1716 statt und die Gemälde, welche unter den Nummern 17—25 vorkommen, wurden für f 240— f 360, zusammen für 2690 Gulden verkauft.

°Bildnisse des Königs und der Königin von Spanien.

Glauber, Johan, genannt Polydor (III 218 f.). Landschaft im Esszimmer der Königin Maria zu Soestdijk, mit Figuren von Ger. Lairesse.

Desgl. im Esszimmer des Königs; ausgeführt unter Beihilfe von Alb. Meijering und staffirt mit Jagdszenen von Dirk Maas.

Landschaft im Saale bei Jac. de Flines mit Figuren von Ger. Lairesse.

Saaldecorationen in der Brauerei „de Hooiberg" auf dem Achterburgwal zu Amsterdam.

Desgl. zu Rotterdam in den Häusern der Herrn Meijers Verburg und Paats.

Godewijck, Marg. (I 317). °Selbstbildnis. Dasselbe liegt gestochen vor in Baalens Beschrijving van Dordrecht.

Graat, Bar. (II 203 ff.). Vier Regenten des Oude-mannenhuis zu Amsterdam. — Verschollen. Ein allegorisches Bild von Graat, welches aus dem Oude-mannen- en vrouwengasthuis stammt, befindet sich jetzt im Rijksmuseum. (Cat. Nr. 410).

Sechs Obmänner der Gerbergilde daselbst.

Wand- und Deckendecorationen in den Häusern des Bürgermeisters Velters, des Schöffens Corn. Kalkoen, der Herren Corn. Broek, Venkel, Meindert Domp und vieler Anderer.

°Allegorie einer guten Hausverwaltung, im Alter von 72 Jahren gemalt, im Hause von D. Schelte, der das Bild besang.

°David und Bathseba, ein Kaminstück, von G. Bidlo besungen.

Graf, Joh. Andriesz. (III 221). Vorlage für Joan Ulrich Kraus' grossen Stich der Peterskirche in 9 Blättern (A° 1696).

Grauw, Hendr. (II 190). Teile der seinem Lehrer Jac. van Campen übertragenen Ausschmückung von vier grossen Kuppelfeldern im Haus im Busch beim Haag. — Jan Zoet, Dichtkunstige Werken, 1675 S. 177 erwähnt Grawert als beteiligt an den dortigen Malereien, ohne nähere Angaben über seinen Anteil zu machen. Vgl. auch Veegens, De stichting der Oranjezaal S. 270 ff.

de Grebber, Ant. (II 341). Die Figuren in den zwei sub Corn. Brisé erwähnten allegorischen Bildern im Oudemannen-huis zu Amsterdam.

de Grebber, Pieter (II 122, 190). °Tubalcaïn [Houbraken: Jubalinus], ein Bild zu Ehren der Musik für den Bürgermeister Guldewagen zu Haarlem. Bereits bei Ampzing und Schrevel erwähnt.

Decoration im grossen Saale des Palastes im Busch beim Haag. — Noch jetzt vorhanden. Vgl. Veegens a. a. O. und ausführlicher Jan van Dijk, Beschrijving 1767.

v. Haeght, sieh Verhaeght.

v. Haarlem, sieh Cornelis Cornelisz. van Haarlem.

Hals, Frans (I 91 f.). Bildnis Ant. van Dijcks. — Heute nicht mehr nachweisbar. Vgl. auch oben unter van Dijck.

°Schützenstück im alten oder Cloveniersdoelen zu Haarlem [Houbraken sagt irrtümlich Delft [1])]. Schon bei Ampzing erwähnt. — Es ist das Bild vom Jahre 1627, die jetzige Nummer 73 des Haarlemer Museums gemeint.

v. d. Heck, M. Heemskerk (II 8). Mehrere Ansichten des Schlosses und der Abtei Egmond. — Von Claes Dirksz. van den Heck, dem gleich zu erwähnenden Vater des Künstlers, befinden sich zwei derartige Ansichten im Rijksmuseum (Cat. Nr. 456 f.).

v. d. Heck, Nicol. (II 7 f.). Die Urteilsprüche Salomons, Cambysis und des Grafen Wilhelm des Guten, dargestellt in drei Bildern des Schöffenzimmers im Alkmaarer Rathause. — Jetzt im städtischen Museum (Cat. Nr. 24—26; datirt 1616, 1618 und 1620).

Bauernkirmess, im Hintergrunde eine Landschaft, bei Hendr. Nolleman zu Alkmaar.

Eine Tabula Cebetis mit dem Bildnis des berühmten Mathematikers Adr. Metius bei Herrn A. le Fevre zu Egmond op den Hoef.

Ein grosses Bild, im Vordergrund eine Anzahl Familienbildnisse, mehr nach hinten eine Predigt Johannis des T. in einem Walde; beim vorsitzenden Schöffen G. van Vladderacken zu Alkmaar.

de Heem, Joh. (I 209 f.). Ein Kranz von Früchten und Blumen, um das, von andrer Hand gemalte, Bildnis des Prinzen Wilhelm III von Oranien. Es war ein grosses Bild, für 2000 Gulden für den Künstler Johan van der Meer zu Utrecht gemalt, der es kurz nach den Wirren des Jahres 1672 dem Prinzen schenkte. — In der Bilderauction aus dem Nachlass des Fürsten, welche am 26 Juli 1713 zu Amsterdam stattfand, kommt dieses Gemälde nicht vor. (Hoet I 149 ff.). Vermutlich ist es identisch mit einem 1795 von den Franzosen verschleppten und

---

1) Näheres über diesen Irrtum im zweiten Teile, bei der Behandlung der Beschreibungen Haarlems.

1815 nicht zurückgegebenen Bilde, welches V. de Stuers, S. VI der Vorrede seines Haager Catalogs als Nr. 18 anführt: „J. D. de Heem. Le portrait de Guillaume III enfant, entouré de fleurs et d'attributs" Es befindet sich seit 1811 als ein Werk David de Heems im Museum zu Lyon. Vgl. Marc. Reymond, Le Musée de Lyon, 1887 S. 143 und 191.

v. d. Heijde, Jan (III 82). Das Amsterdamer Rathaus, in mehreren Ansichten, sowohl von der Vorder-, als von der Rückseite. — Derartige Bilder befinden sich heutzutage im Louvre und bei Mr. van Lennep in Amsterdam. Andere verzeichnet Smith, Cat. Rais. V Nr. 70, 83, 115 und IX Nr. 23.

Die Amsterdamer Börse, ebensowie die beiden folgenden Bilder zwischen 1660 und 70 gemalt.

Die Londoner Börse, nebst dem Monument.

Ansicht des Calvarienbergs zu Köln, nebst dem Kloster und den anliegenden Gebäuden. — Stadtansichten aus Köln verzeichnet Smith unter Nr. 16, 22, 39, 63, 67 usw.

Stillleben mit offener Bibel in der Grösse der Handfläche, mit deutlich lesbarer Schrift. — Derartige Bildchen kommen in mehreren alten Auctionscatalogen vor, und wurden stets teuer bezahlt [1]). Heutzutage befindet sich je eins in den öffentlichen Sammlungen zu Hamburg, Innsbruck, Wien (Academie), Pest und im Haag. Das letzte ist datirt 1664, das Pester Bild ist 1710—12 entstanden [2]), sie umfassen daher die ganze künstlerische Laufbahn van der Heijdens.

---

[1]) Auction vom 15 Apr. 1699 f 315 (Hoet I 45); 11 Mei 1707, f 365 (H. I 99); 23 Apr. 1732, f 400 und f 40,10. (H. I 372); 27 Apr. 1740, f 60 (H. II 3), 10 Apr. 1743, f 47 (H II 84). Das Wiener Bild stammt aus den Sammlungen Braemkamp (1771) und Locquet (1783) und wurde 1784 seinem damaligen Besitzer durch Diebstahl entwendet (Obreens Archief IV, 266).

[2]) Die Altersangabe auf dem Bildchen wird 73 j. und 75 j. gelesen. Vgl. Frimmel, Kleine Galeriestudien S. 190.

v. Heil, Dan. (I 237). °Der Untergang Sodoms und Gomorrhas und die Einäscherung Trojas. Bereits bei de Bie gepriesen.

Helmbreker, Dirk (II 109). Speisung der Armen vor einem Kloster, 1681 gemalt; im Besitze des Herrn Pieter Klok. — Aus dem Auctionscatalog dieser Sammlung [1]), (22 Apr. 1744; Hoet II 128 ff.) lernen wir die Maasse des Bildes kennen; sie betrugen 2′ 4″ × 3′ (= + 70 × 90 c.M.) In der Auction S. Bos-Harlingen, am 21 Febr. 1888 zu Amsterdam, kam ein Bild dieses Gegenstandes vor (Cat. Nr. 65), welches mit dem Klok'schen identificirt wurde. Abgesehen davon, dass die Maasse: 46 × 41 c.M. und die Jahreszahl 1682 (?) nicht stimmten, trug das Bild nach Bredius' Angabe in der Kunstchronik XXIII S. 369 die Bezeichnung des wenig bekannten, Amsterdamer Malers J. Holblok [2]).

v. d. Helst, Barth. (I 269, II 9 f., 83). °Selbstbildnis in der Galerie zu Florenz. — Noch jetzt in den Uffizien.

Das Friedensmahl der Amsterdamer Schützen im J. 1648. — Jetzt im Rijksmuseum, Cat. Nr. 467. Ueber die Schicksale des Bildes ist die jüngst erschienene, interessante Studie von Dr. Johs. Dyserinck nachzulesen (Gids 1891 II S. 381 ff.).

Die vier Obmänner des Sebastiansdoelen in Amsterdam, im grossen Saale am Kamin befindlich. — Jetzt im Rijksmuseum Cat. Nr. 468, zum Teil sehr übermalt.

Dasselbe Bild in kleinerem Maassstab bei Herrn Jan de Graaf, Herrn von Polsbroek. — Jetzt im Louvre, Cat. der nordischen Schulen Nr. 233. (Vgl. D. C. Meijer,

---

[1]) Derselbe erwähnt die Beschreibung Houbrakens.

[2]) Sein Beerdigungsdatum: 3 Nov. 1679 wird Obr. Arch. V 13 mitgeteilt. Ein zweites Bild, ebenfalls eine Speisung der Armen an der Klosterpforte darstellend, sah ich vor kurzem in Dresdener Privatbesitz, bez. I. HBlo.... 1662; Leinw. 63.5 × 80.5 c.M. Ein drittes, eine Landschaft aus der Nachfolge Jan Boths besitzt Herr Senator Laporte zu Linden bei Hannover. Nach einer kürzlich von Bredius aufgefundenen notariellen Acte erklärte der Künstler am 28 Sept. 1659 47 Jahre alt zu sein.

De Amsterdamsche schutterstukken usw. .Oud Holland IV S. 232 ff.).

°Bildnis des Fräuleins Constancy Reijnst. Von Jan Vos besungen. — Herr Moes nennt mir ein Porträt dieser Dame im Museum zu Lille, datirt 1663 und van der Helst zugeschrieben. Ich finde dies in dem mir zur Verfügung stehenden Catalog v. J. 1875 nicht erwähnt. Auch kann es nicht das von Jan Vos besungene sein, weil dessen Gedichtsammlung bereits 1662 erschien.

Desgl. des Malers J. B. Weenix. Von Houbraken für die Tafel C. des zweiten Bandes benützt.

de Heldt-Stocade, Nic. (I 294, 366 f.). °Desgl. des Bildhauers Art. Quellinus. Von Vondel besungen.

°Andromeda nach ihrer Befreiung durch Perseus, von Lud. Smids besungen. — Das Bild befand sich, was Houbraken nicht erwähnt, zu Smids Zeiten in Groninger Privatbesitz.

°Cloelia, bei Herrn Hoogenhuis, wie das folgende von Vondel besungen.

°Joseph, in Egypten Getreide austeilend, in der Thesaurie des Amsterdamer Rathauses. — Noch jetzt an Ort und Stelle im kgl. Palast.

de Heusch, J. (III 364). Ansicht des Berliner Schlosses. Nur angefangen; auf Leinwand.

Hoet, Ger. (III 241 f.). Malereien im Treppenhause des Schlosses zu Voorst, welche von Andern unvollendet gelassen waren.

Deckenmalereien in den Häusern des Griffiers Pester zu Utrecht, und des Herrn Noirot.

Wandmalereien bei Herrn van Mollen zu Utrecht, ausserhalb des Thores, genannt Weere-poort.

Selbstbildnis, c[a] 1715 gemalt. Von Houbraken für seine Tafel K. des dritten Bandes benützt.

Hoffmann, Sam. (I 78). °Grosses Gemälde im Frankfurter Rathaus. Bereits bei Sandrart erwähnt. — Es stellt die Geburt des Erichthonius dar und wird im städtischen

Museum, zu Frankfurt aufbewahrt. Vgl. Woermann B. III S. 875.

Holbein, H. d. Jüngere (I 276). °Bildnisse von Heinrich VIII, Thom. Morus, Des. Erasmus u. A. im Besitze des Grafen Arundel. — Houbraken spricht irrtümlich von Copien, welche Sandrart nach diesen Bildern gemacht hätte. Näheres hierüber im zweiten Teil.

Holsteyn, Corn. (III 324). Triumph des Bacchus mit mehreren nackten Frauen und Kindern, eins des vielen Bilder, welche Houbraken von diesem Meister kannte und nach seinem Urteil bei weitem nicht hoch genug bezahlt [1]). — Vielleicht die Bacchantische Szene, vom Jahre 1647, welche sich in der Galerie Liechtenstein zu Wien befindet. (Cat. 1873 Nr 899). Gegenwärtig nicht mehr ausgestellt.

Lycurg seinen Neffen zum Erben einsetzend, im Waisenzimmer des Amsterdamer Rathauses.

Die Deckengemälde in der Thesaurie-Ordinaris daselbst. — Wie das vorige Bild noch im kgl. Palast an Ort und Stelle vorhanden.

Hondius, Abr. (III 318) Die Einäscherung Trojas; eins seiner vornehmsten Werke.

*Ein Bild mit besonders natürlich gemalter Kerzenbeleuchtung, mit guten Figuren. — Am Ende die „nächtliche Carnavalszene in Rom" im Schweriner Museum, (Cat. Nr. 511) welche nebst einem Christus als Gärtner in Oldenburg (Cat. Nr. 254) und zwei Gesellschaftsbildern in Petersburg zwischen den Tierstücken des Meisters in den öffentlichen Sammlungen vereinzelt dastehen.

---

[1]) Ich notirte aus Hoet:

Auction 9 Apr. 1687 zu Amsterdam, Cat. 63: Een Bachgenaal van Cornelis Holsteijn f 84.0 (I 8).

Auction 10 Mai 1706 zu Amsterdam, Cat. Nr. 12: Een Bachinael van Kindertjes van Cornelis Holsteijn f 38 (I 94).

Auction 11 Juli 1714 zu Amsterdam, Cat. Nr. 4: Bachus en Ariadne van Cornelis Holsteijn f 100.— (I 176).

Auction-Hogendorp, 27 Juli 1751 im Haag, Cat. Nr. 137: Een Bachenaal door Holsteijn f 20.— (II 306).

Honthorst, Ger. (I 150, II 267). °Bildnis der Königin Maria de Medicis. Von Jan Vos besungen. — Noch jetzt im Amsterdamer Rathause. (Cat. 1879 Nr. 45).

°Die Enthauptung Johannis des Täufers, bei Kerzenbeleuchtung. Von W. Schellinks in der Kirche Madonna della Scala in Rom gesehen, — Noch jetzt ebendort. Vgl. Burckhardts Cicerone [1]).

de Hooge, Romeijn (III 257). Das Bürgermeisterzimmer im Rathause zu Enkhuijzen. — Noch heute im alten Zustande [2]).

Die Verschwörung der Bataver, ein grosses Gemälde auf Leinwand in einem Seitenzimmer des Landhauses von Math. van den Broek zu Dubbeldam bei Dordrecht.

Hoogzaat, Jan (III 334). Eine Allegorie auf die Grösse Amsterdams als Deckengemälde im grossen Saale des Rathauses. — Noch heute dort zu sehen.

v. Hoogstraten, Dirk [3]) (II 45). °Bacchanal, worin eine Ziege vorkam. Dieses Bild wurde von der Ziege, welche als Modell benützt worden war, zerstört. In S. v. Hoogstratens Inleijdinge zuerst erwähnt.

v. Hoogstraten, Jan (II 160). Die Verleugnung Petri.

v. Hoogstraten, Sam. (I 293, II 157 f., 167). Copie nach der angeblich von St. Lucas gemalten Madonna zu Wien.

Bildnis eines vornehmen Herrn, eine Dornenkrönung Christi und ein Stillleben, 1651 zu Wien dem Kaiser von Oesterreich gezeigt. — Diese Bilder sind nicht sicher mehr nachweisbar. Man hat angenommen,

---

1) Ueber das Bild Diogenes mit der Laterne, welches Rubens in Honthorsts Atelier sah, vergleiche man dies Verzeichnis unter Sandrart.

2) Vgl. van Arkel en Weissman, Noord Hollandsche Oudheden, S. 108.

3) Sein einziges heutzutage nachweisbares Bild befindet sich seit kurzem im Amsterdamer Rijksmuseum. Cat. 1891 Nr. 689; Anna, Maria und Christkind, bez.: D. van Hoochstraten fecit 1630.

die Dornenkrönung sei das im Museum zu Bamberg aufbewahrte Bild. Dies ist jedoch nicht richtig. Einmal trägt es die zu späte Jahreszahl 1657, sodann ist die Bezeichnung: S. v. Hoochstraaten 1657, wie Herr Prof. Hauser in München die Güte hatte mir mitzuteilen, vollständig modern, und drittens weicht das Bild sosehr von den übrigen Werken des Künstlers ab, dass nach Wegfall der äussern Beglaubigung kein Grund vorhanden ist, es für ein Gemälde seiner Hand zu erklären.

*Collectivbild der Münzmeister zu Dordrecht, gemalt während Houbraken sein Schüler war (1674). Dieses Bild, sowie das frühere vom Jahre 1657 sind jetzt verschollen [1]).

°Selbstbildnis, von Dav. v. Hoogstraten nach Samuels Tode besungen. — Ein 1663 in England gemaltes erwähnt Walpole B. II S. 88. Ein anderes mit dem Bilde seiner Frau als Gegenstück, kam in der Auction Guerin u. A. am 13 Sept. 1740 im Haag vor (Terwesten S. 31 Nr. 94; verkauft für f 16,15—).

Houbraken, Arn. (III 202, 263). Vgl. über die Bilder, welche er in der Groote Schouburgh erwähnt das Verzeichnis seiner Gemälde unter Nr. 41 und 87.

du Jardin, Karel (III 56 ff.). Der Quacksalber inmitten einer Anzahl von Zuschauern, bei Herrn Jan Thomasz de Vogel zu Amsterdam. — Heut im Louvre, Cat. Nr. 243. Eine alte Copie nach Bredius' Mitteilung bei Herrn Wassermann in Paris.

*Mehrere Darstellungen der Kreuzigung Christi, von denen sich eine während langer Zeit im Besitze der Familie Kromhout zu Amsterdam befand. — In der Tat kommt das Bild als Nr. 2 der Auction Jac. Cromhout und Jasper Loskart zu Amsterdam vor (7 Mai 1709, Hoet I S. 131 ff), wo es den kolossalen Preis von 1900 Gulden er-

---

1) Näheres hierüber bei Veth, Oud Holland, VII 146.

zielte [1]). Houbraken drucktferner ein Gedicht von Jan Vos [2]) ab, welches eine Kreuzigung Christi bei Michiel Popta verherrlicht. Diese finden wir wieder im Auctionscatalog-Henrietta Popta, vom 5 Apr. 1697 zu Amsterdam (Cat. Nr. 1, Hoet I S. 40), wo sie ebenfalls mit 1330 Gulden sehr hoch bezahlt wurde [3]). Allem Anscheine nach handelt es sich in beiden Fällen um dasselbe Bild, welches sich heut ebenfalls im Louvre beflndet (Cat. Nr. 242). Ein dornengekrönter Christus in ungefähr lebensgrosser Halbfigur befindet sich im Museum zu Gotha, (Cat. 1890 Nr. 212).

° Bildnis des Dichters Jan Vos. Vom Dargestellten selbst besungen.

Immenraadt. [Houbraken nennt ihn Emelraadt] (I 356). Mehrere seiner vornehmsten Werke in der Kirche der Karmeliter zu Antwerpen, Descalters [Descalzas = déchaussés] genannt.

de Jong, Lud. (II 34). Schützenstück im Stadsdoelen zu Rotterdam. Bereits von van Spaen erwähnt, ob aber Houbraken die Stelle gekannt hat, ist zweifelhaft [4]). — Das Bild ging 1864 mit dem alten Museum Boymans zu Grunde. Eine Zeichnung danach im Rotterdamer Archiv.

Jordaens, Jac. (II 155—158). Zwölf Passionsbilder für Karl Gustav, König von Schweden.

Der Triumph Friedrich Heinrichs, das Hauptbild im Oranjezaal beim Haag. — Noch vorhanden.

Die Geschichte von Pan und Siringa, in Lebensgrösse, innerhalb sechs Tage vollendet.

---

[1]) Holbeins Darmstädter Madonna war bekanntlich ebenfalls in dieser Auction. Sie erzielte den höchsten Preis von sämmtlichen 37 Bildern, aber dennoch nur 100 Gulden mehr als der du Jardin.

[2]) Nicht von Vondel, wie er fälschlich sagt.

[3]) Den nächsthöchsten Preis erreichte eine Himmelfahrt Christi von Ph. Wouwerman: f 320. Vielleicht das Braunschweiger Bild?

[4]) Näheres hierüber im zweiten Teil.

„Zoo de oudenzongen, zoo pijpen dejongen." — Dies Bild kommt in zahlreichen Exemplaren vor. Beispielsweise in den Museen zu München, Dresden, Berlin, Paris und Aremberg—Brüssel.

Das Dreikönigsfest. — Ebenfalls in mehreren Exemplaren vorhanden: in den Museen von Paris, Lille, Wien, München, Cassel und Braunschweig.

Der Satyr beim Bauer, der aus einem Munde warm und kalt bläst. — Wie die vorigen Darstellungen wiederholt vom Künstler behandelt. Heutzutage z. B. in den Museen von Pest, Petersburg, Brüssel, Cassel und München.

Petrus, der dem Diener des Hohenpriesters das Ohr abschlägt. Nachtstück.

Jordaens, Hans (II 28.). Der Untergang Pharao's im Roten Meere; in der Manier Rottenhammers gemalt. Im Besitze der Wittwe Muijs van Holy zu Amsterdam. — Eine solche Darstellung findet sich gegenwärtig u. A. im Mauritshuis im Haag (Cat. Nr. 173); deren zwei bis vor kurzem in der Berliner Galerie (Cat. 1883, Nr. 679 und 697, jetzt zurückgestellt). Die dortige Bemerkung führt weitere Exemplare in der Eremitage zu Petersburg und in Schloss Hamptoncourt an.

Jordaens, Luca sieh Giordano.

Josepin, sieh Cesari, Gius. Caval. d'Arpino.

Isaak Nicolaï (I 37). °Bilder in der Vierschaar und in der grossen °Tuchhalle zu Leiden. Bereits von Orlers erwähnt. — Erstere sind verschollen; letztere, eine Reihe von sechs Szenen aus der Tuchfabrication bildend, wurden 1594 im Auftrage der städtischen Regirung gemalt und befinden sich noch heute in der zum Museum eingerichteten Tuchhalle. (Cat. Nr. 1576—81).

Jurriaen Jacobsz (II 49). *Drei Bilder, im Auftrage des Kaufmann Wolters in Amsterdam gemalt und später im Besitze von Martinus du Pré daselbst. In einem der grössten war der Abschied von Venus und

Adonis dargestellt. — Gegenwärtig sind von diesem Künstler bloss Jagdbilder aus der Nachfolge des Fr. Snyders bekannt [1]). Dagegen ist das einzige in den Auctionscatalogen von Hoet-Terwesten vorkommende Gemälde, wie jenes bei Herrn du Pré, mythologisirenden Gegenstandes: Auction Corn. van Dijck, am 10 Mai 1713 im Haag, Cat. Nr. 147. Ein grosses Bild vom Berg Parnass mit den neun Musen; sehr kräftig nach dem Leben (!?) gemalt von J. Jacobs 1661, 9 Fuss ins Geviert f 57.— (Hoet I 171).

v. Laer, Pieter (I 363). °Räuberüberfall in einer Höhle und der °Kalkofen, Houbraken beide durch die Stiche bekannt. — Es sind dies zwei der Blätter, welche Corn. Visscher nach den zu seiner Zeit in der berühmten Sammlung Reynst befindlichen Gemälden stach. Wussin Nr. 170 und 171.

Lairesse, Ernst (III 133). Ein ganzes Buch mit Tierstudien, vorne sein aquarellirtes Selbstbildnis. Ein Jugendwerk, welches in den Besitz des Kanzlers vom Bischof von Lüttich gelangte.

Lairesse, Ger. (I 270, 285; III 110—131). °Selbstbildnis in der Galerie zu Florenz. — Wie es scheint dort nicht mehr vorhanden. Ein anderes in der Galerie zu Schleissheim, Cat. Nr. 483.

*Desgleichen in 17 jährigem Alter.

Die heilige Familie, im Auftrage des Kunsthändlers Uijlenburg gemalt. — Eine solche war in der 1771 versteigerten Sammlung Braamkamp.

Apoll und die Musen auf dem Parnass, an einem Tage gemalt. Der Gott hatte die Züge eines Barthol. Abba. — Ein Bild vom Parnass in der Dresdener Galerie, Cat. Nr. 1233.

°Die Tötung der Polyxena auf dem Grabe Achills. Von Lud. Smids besungen.

---

[1]) Dresden, Cat. Nr. 1209 und 1197; Copenhagen (datirt 1677); Kunsthalle zu Hamburg (neue Erwerbung); Galerie Weber ebendort, Cat. 1892, Nr. 289, sowie ein bei Immerzeel erwähntes Werk.

°Der Tod Dido's. Ebenfalls von Smids besungen.

°Der Tempelschänder Heliodor, bei Herrn Huntum [oder Hunthom] zu Amsterdam. — Von P. Verhoek besungen in einem 1674 datirten Gedichte. Damals war das Bild bei einem Herrn Renialmo [1]). Die Anmerkung am Fuss der Seite lehrt uns, dass später Pieter Hunthom der Eigentümer war, in dessen Besitz es auch schon in der lateinischen Ausgabe von Sandrart (1685) erwähnt wird.

*Fünf Sinnbilder, grau in grau gemalt im Hause Phil. de Flines' in Amsterdam. — Houbraken widmet ihnen eine offenbar auf eigener Anschauung beruhende, neun Seiten lange Beschreibung. Von ihrer damaligen Berühmtheit legt auch die Erwähnung in Z. C. Uffenbachs Merkwürdigen Reisen, B. III S. 690 Zeugnis ab.

*Ein ausgemalter Saal imselben Hause, zu Houbrakens Zeit von Adr. Rutgers bewohnt.

°Die Vergötterung des Aeneas, eins seiner besten Werke; im Besitze Arn. van Halens und von P. Rixtel besungen [2]).

Lanfranco, Giov. (II 268). °Das Gewölbe in der Karthause zu St. Martin in Neapel. Von Schellinks erwähnt. — Noch jetzt dort. Vgl. Burckhardts Cicerone.

de Largillière [Nicolas] (II 331). °Bildnis des Malers P. van der Meulen, von Beckett in Schabmanier gestochen. — Smith, Mezzotintoportraits Nr. 95.

Lastman, Pieter (I 98 ff.). °Paulus zu Lystra. Von Vondel durch ein langes Gedicht verherrlicht, welches an Jan Six, den Besitzer des Bildes gerichtet war. — Die Geschichte desselben liest man bei Vosmaer S. 478 unter Nr. 40. Hinzuzufügen ist, dass es am 31 März 1770 nochmals in einer Haager Auction vorkommt Der Catalog,

---

[1]) Der bekannte Kunsthändler Johannes de Renialme starb schon 1657 (Bredius im Amsterdamsch Jaarboekje 1891), kann daher nicht gemeint sein; vielleicht aber sein gleichnamiger Sohn.

[2]) Vgl. ferner die Staffagen in den Landschaften J. Glaubers.

der Houbrakens [soll heissen Vondels] Lob erwähnt, nennt es eine sehr reiche Composition, von schöner Zeichnung und Kleidung, frischer Farbe und kräftiger Malweise. Die Maasse werden in Uebereinstimmung mit den anderen Catalogen mit 34" X 47" angegeben. Käufer war Muyscher für 81 Gulden, laut einer handschriftlichen Notiz im Exemplar des Catalogs der kgl. Gemäldegalerie im Haag. Das Bild ist verschollen.

v. d. Leeuw, Gabr. (III 180). *Landschaft mit Kühen, Schafen und Eseln. — Das neueste über diesen Dordrechter Künstler bringt G. H. Veth, Oud Holland, VIII 23ff.

Lelij, Pieter (II 43, III 235). Bildnisse Wilhelm II von Oranien und seiner Braut, Maria Stuart; 1643 [soll heissen 1641] bei der Verlobung gemalt. — Wiederholt gestochen. Vgl. Smith, Mezzotinto portraits passim; van Someren desgl.

°Bildnis König Karl II von England, gleichzeitig und in Concurrenz mit Godfr. Kneller gemalt.

Lesueur, Eust. (II 321). °Das Leben des hl. Bruno, in einer Galerie der Karthause zu Paris. — Jetzt im Louvre.

Lievens, Jan (I 141, 297 ff.; II 251, III 33). °Bildnis des Blumenmalers Dan. Seghers. — Nach dem Stich im Gülden Cabinet de Bie's von Houbraken für seine Tafel G. des ersten Bandes verwendet.

°Copien nach Cornelis Cornelisz. van Haarlem. Von Orlers erwähnt. — Näheres bereits oben S. 111.

°Bildnis seiner Mutter Machteld Jansdr. van Noortlant, gemalt als er erst 14 Jahre alt war. Ebenfalls bereits bei Orlers.

°Student in Lebensgrösse bei einem Torffeuer in einem Buche lesend. Vom Prinzen von Oranien [Friedrich Heinrich] dem englischen Gesandten und von diesem dem König von England geschenkt. — Diese Erwähnung findet sich bei Orlers (1641). In einem von Vanderdort i. J. 1639 verfassten Catalog der Gemälde von König Karl I wird folgendes Bild unter dem Namen Rembrandts angeführt: A young, learned Man in a red cap and grey dress, reading a book by a coalfire 5′ 1″ × 4′ 3″. A present from Lord Ancrum [1]). Bei der grossen Aehnlichkeit der frühen Bilder von Lievens und Rembrandt liegt die Vermutung, dass es sich hier um dasselbe Bild handele, um so näher, weil ein Lievens dieses Gegenstandes in genanntem Verzeichnis nicht vorkommt.

°Bildnisse des Königs und der Königin von England sowie des Prinzen von Wales. Auch diese Bildnisse erwähnt bereits Orlers. — Dasjenige Karls I kam in der Auction Pieter Six, am 2 Sept. 1704 zu Amsterdam vor (Hoet I 74) und erzielte f 5.—

°Die Enthaltsamkeit Scipios; 1640 für die Bürgermeister von Leiden gemalt. Imselben Jahr auch ein Bild für den Prinzen von Oranien. Beide von Orlers angeführt. — Dieses lässt sich nirgends nachweisen, jenes aber schmückt noch heute den Kamin im Ratssaale des Leidener Stadthauses. Es ist bezeichnet: I. L. 1640.

°Suessa befiehlt seinen Vater vom Pferde zu steigen. Kaminstück im Bürgermeisterzimmer des Amsterdamer Rathauses, von Vondel besungen. — Noch heute am alten Platz im jetzigen kgl. Palaste.

°Bildnisse der Kinder des Bürgermeisters Lamb. Reijnst und seiner Frau Alida Bikkers. Von Vondel besungen. — Houbraken hat das Gedicht falsch verstanden und gemeint, das Elternpaar sei dargestellt gewesen. In der Ueberschrift heisst es jedoch: „Op d'afkomste [= Nachkommenschaft!] van Lamb. Reinst en Mevr. Al. Bikkers van Swieten, door Joan Lievensz geschilderd." Und im Gedichte selbst: „Dit vijfgetal van beiderleij gegeslacht, door Lievens schildergeest op eenen doek gebracht." Von den drei Söhnen sass einer zu Pferde, die eine Tochter hiess Elisabeth, die andere war mit Stickerei

1) Waagen, Art treasures II 476.

beschäftigt. Ausserdem als Motto: Eccl. XI: In *filiis suis* agnoscitur vir!

°Ein Löwe, ebenfalls von Vondel besungen.

°Bildnisse der Admirale de Ruyter und Cornelis Tromp. Beide 1666 von Vondel besungen. — De Ruyter wurde von Blootelingh gestochen, v. Someren Nr. 4709. Die Eltern des Letztgenannten befinden sich, von Lievens gemalt im Rijksmuseum (Cat. Nr. 874 f.). Ferner lesen wir bei Hoet (II 113) Nr. 232: 't Pourtrait van den Admiraal Tromp, tot de knien door Jan Lievense, $3' \, 10''$ $\times$ $3' \, 1''$ [= $\pm$ 120 $\times$ 95 c.M.]. f 8.10 [1]). Da das Amsterdamer Bild ein Kniestück ist und die Maasse wenigstens ungefähr übereinstimmen, ist die Identität möglich. Nach Mitteilung von Herrn Moes besitzt Jhr. Mr. v. Kinschot zu Rotterdam ein Bildnis des Corn. Tromp von J. Lievens.

°Die Opferung Isaaks, grau in grau gemalt. Dargestellt ist der Moment, in welchem Abraham seinen Sohn nach der Dazwischenkunft des Engels umarmt und küsst. Bereits 1641 von Phil. Angel rühmend erwähnt. — Ein Opfer Abrahams von Lievens besass Rembrandt bei seiner Insolvenzerklärung. Ein farbiges, lebensgrosses Bild dieser Szene gehört zu den Hauptschätzen der Braunschweiger Galerie. (Riegel II 253). Aus Hoet sind zu erwähnen: Auction Corn. van Dijck, am 10 Mai 1713 im Haag, Cat. Nr. 114: Een stuk von Jan Lievensz, verbeeldende Abrahams Offerande; *zeer sterk van couleur* en wel van zijn beste f 10.— (I 168); und Auction Willem Six, am 12 Mai 1734 zu Amsterdam, Cat. Nr. 217: Abrahams Offerhande door de Oude Jan Lievens f 51,— (I 421). Da das Braunschweiger Bild sich bereits vor 1711 zu Salzdahlum befand, sind mindestens drei Bilder dieses Vorwurfs anzunehmen: die Grisaille von Angel, das Braunschweiger Bild und das farbige Bild der Auction van Dijck. Letzteres könnte

[1]) Auction Seger Tierens, 23 Juli 1743 im Haag: Leider fehlt der Vorname des Seehelden!

identisch sein mit einem Tizian zugeschriebenen Bilde der Galerie Doria-Panfili zu Rom, welches jetzt allgemein dem Lievens zuerteilt wird. Vgl. den Cicerone und Lermolieff, Kunstkritische Studien I; 1890, S. 405.

°Bathseba empfängt den Brief Davids; in der Luft ein Cupido mit brennendem Pfeil. — Ebenfalls bereits von Angel erwähnt. Eine Bathseba, obwohl heutzutage nicht nachweisbar, kommt in den Auctionscatalogen des vorigen Jahrhunderts vor: Auction Jaques Meyers, 9 Sept. 1722 zu Rotterdam, Cat. Nr. 177: Badseba en twee andere Beelden, door Jan Lievensz 6′ 7½″ X 5′ 3½″ [= ± 200 160 c.M.] f 25,— (Hoet I 282) und Auction Ger. Bicker van Zwieten 4 Apr. 1755 im Haag. Cat. Nr. 59: Een naakte vrouw, die gekamt wordt, door Jan Lievens, 3′ 7″ X 3′ 3″ [= ± 110 X 100 c.M.] f 44,— (Terw. 121).

°Bildnis eines Herrn Silvester, von Vondel besungen [1]).

Lingelbach, Joh. (II 147). *Selbstbildnis, von Houbraken für die Tafel G. des zweiten Bandes copirt [2]). — Ein solches befindet sich gegenwärtig im Städelschen Institut zu Frankfurt, Cat. Nr. 342.

v. Linschoten, Adr. (I 146). °Die Verleugnung und die Reue Petri, Gegenstücke, über welche der Maler Pieter van Ruiven an Houbraken berichtete.

Ein Alchymist in seiner Werkstatt, im Besitz des Herrn van der Heul zu Delft. — Das Neueste über den Künstler bringt Bredius in Oud Holland II 135 ff.

Linsen, Jan (III 31). °Gefangennahme des Künstlers durch Maurische Seeräuber, nebst andern Bildern bei Herrn Adr. Beverwijck zu Hoorn, laut brieflicher Nachricht des Malers Johannes Bronkhorst. — Ausser der Erwähnung einer Ruinenlandschaft in einem Auctionscatalog vom 17

---

[1]) Ueber das Bildnis des Jan Vos, vgl. unten den Abschnitt über die Stiche und Zeichnungen.

[2]) Vgl. auch unter W. Schellinks.

Apr. 1715 in Linsens Vaterstadt Hoorn (Hoet I 183) und einer Schafherde am Flusse aus dem Jahre 1635 in der Sammlung Winkler zu Leipzig (1768), ist über ihn nichts bekannt.

Lijs, Jan (I 206). °Der hl. Hieronymus in Lebensgrösse, in der Kirche Agli Tolentini zu Venedig.

°Adam und Eva, den Tod Abels beweinend.

°Der Sturz Phaëtons. Sämmtliche Bilder bereits bei Sandrart.

*Der verlorene Sohn, bei Herrn Gerard van Hoogeveen zu Leiden. — Derartige Szenen befinden sich heutigen Tages in der Academie zu Venedig und in Pommersfelden. Näheres bei Trimmel a. a. O. S. 34 und 151.

*Ein so schönes Bild, als ob Rubens und van Dyck es zusammen gemalt hätten, bei Herrn Sieuw. van der Schelling.

Maas, Dirk (III 219). Staffage in den Landschaften J. Glaubers; sieh dort.

de Man, Corn. (II 100). Anatomiebild zu Delft. — Dies 1681 datirte Bild ist noch jetzt im dortigen Krankenhause zu finden.

van Mander, Kar. III (I 251 ff.). °Bildnis Friedrichs III, König von Dänemark. — Von Vondel und Jan Vos besungen. Houbraken erwähnt blos Vondels Gedicht und hält den Maler dieses Bildnisses fälschlich für den Sohn des alten Karel van Mander. Dieser war hauptsächlich Tapissier und starb bereits 1623 (O. H. III 13), während Friedrich III erst 1648 an die Regirung kam.

°Bildnis Vondels im Alter von 70 Jahren (1657). Ebenfalls vom Dichter selbst besungen.

Meijburg, Barthol. (II 260). Bildnis des schwedischen Feldmarschalls Wrangel, um 1653 in der Umgegend Bremens gemalt.

Meijering, Alb. (III 219). Staffage in den Bildern Glaubers; sieh dort.

Meijssens, Joh. (I 356). °Bildnisse des Grafen Heinrich

von Nassau, und seiner Gattin, der Gräfin von Stirum.

°Desgl. des Grafen von Bentheim. Von de Bie erwähnt.

Menoié, sieh Monnoyer.

Metsu, Gabr. (III 41). *Besuch bei einer Wöchnerin, das grösste Bild, mit den meisten Figuren, welches Houbraken kannte, ehedem bei Herrn Jan de Wolf zu Amsterdam. — Später befand es sich in den Sammlungen D. Ietswaart (1749) und Braamkamp (1771); in unsrem Jahrhundert aber in derjenigen des Herzogs von Morny und seiner Wittwe. Bei letzterer sah Bredius es vor etwa zehn Jahren zu Madrid. Es trägt die Bezeichnung: G. Metsu 1661. Eine Radirung von L. Flameng brachte die Gaz. d. b. Arts XIV S. 293 [1]). In der 1662 erschienenen Gedichtsammlung des Jan Vos kommt auf S. 654 bereits ein Gedicht vor: „Op de schilderij van een kraamvrouw in de zaal van Jan Jacobsz Hinloopen door G. Moetsu geschildert." Vermutlich war dies schon unser Bild. Kramm, in voce Metsu und Dou verwechselt das Bild mit dem Hauptwerke Dou's (S. 115), dessen ehemalige Existenz er sogar in Zweifel zieht während er behauptet dass der Metsu beim Transporte nach Russland auf der Ostsee untergegangen sei.

*Dame, ihre Hände waschend über einem Silberschüssel, die von einer Dienerin gehalten wird, ein eintretender Herr macht seine Verbeugung. Dieses Bild besass Herr Joh. van Schuilenburg im Haag. — Es kommt als Nr. 61 der Auction vom 20 Sept. 1735 vor, und erzielte 460 Gulden. Die Maasse sind angegeben mit 2, 8½" × 2' 2¼". (= ± 82 × 66 c.M.). Später befand es sich in der Sammlung Choiseul und wurde in dem Galeriewerke derselben von Lingée gestochen (1772). Smith erwähnt es sub Nr. 17 seines Catalogs. Seitdem ging es aus der Sammlung der Herzogin von Berry in die Galerien Demidoff und Seilière uber. Wo es sich jetzt befindet, ist mir nicht bekannt.

---

[1]) Ebendort wird eine Copie in der Eremitage erwähnt.

*Ein kleines Bild mit einer Lautenspielerin; bei Herrn Hieron. Tonneman. — Am 21 Oct. 1754 wurde dieses Bild für 1405 Gulden verkauft. (Cat. Nr. 14; Terw. 97). Die dort angegebenen Maasse sind 14" X 11½". (= ± 35 X 30 c.M.). Seitdem in Cassel, Cat. 1888 Nr. 254.

v. d. Meulen, A. F. (II 330). °Die Feldzüge Ludwigs XIV im Schlosse zu Marly und im Treppenhause zu Versailles. Aus le Comte entlehnt. — An beiden Orten sind v. d. Meulens Werke noch vorhanden.

Miereveld, Mich. (I 48 II 56). °Selbstbildnis. In einem anonymen Gedichte besungen. — Waagen, Gall. in Gr. Britain 1857 S. 335 erwähnt ein solches beim Duke of Bedfordzu Woburn Abbey. Ein angebliches Selbstbildnis im Museum zu Karlsruhe (Cat. 1887, Nr. 230) und 1870 bei Herrn Hoekwater zu Delft (Ned. Spect. 1870 S. 458). Der Maler Aert Schouman besass eine Tafel, worauf Mierevelt sich zusammen mit einer zweiten Person abgebildet hatte. Vgl. O. H. VI 43.

°Schützenstück im Neuen Doelen zu Delft, neben dem seines Enkels Jac. Delff. Bei Bleijswijck vorerwähnt. — Dieses Gemälde v. J. 1611, 36 Personen zählend, befindet sich jetzt im Delfter Rathause. Es trägt die Bezeichnung: Michiel à Mierevelt delineavit et perfunctoriè pinxit.

Miereveld, P. (I 49, 163). °Anatomiebild zu Delft. Ebenfalls bereits bei Bleijswijck zu finden. — Noch im Krankenhause daselbst vorhanden. Es trägt die Aufschrift: „Michel à Miereveld delineavit, filius vero ejus Petrus „praescripto patris pinxit Delph Batav 1617".

*Bildnis, bezeichnet P. M. 1620 und wegen der Aehnlichkeit mit dem Stile des Vaters für ein Werk Pieter Miereveld's gehalten. — Näheres hierüber bereits S. 86 unter Wigmana, bei dem Houbraken das Bild sah.

v. Mieris, Fr. der Aeltere (I 269, III 3—11). °Der Cavalier im Verkaufsladen, für 1000 Gulden dem Erzherzog von Oesterreich verkauft. — Jetzt in der Belvedere sammlung zu Wien. (Cat. 1884 Nr. 1017).

°Nachtstück mit Kerzenbeleuchtung: eine betrunkene Frau im Schlaf darstellend, welche von einem Burschen ausgelacht und mit einem Nachttopf gekrönt wird. Radirt von H. Bary.

Die Hausfrau des Herrn Cornelius Paats, zu Houbrakens Zeit noch zu sehen bei ihrem Sohne Willem Paats, Schöffen der Stadt Leiden.

Fräulein in Ohnmacht liegend, bei ihr ein Arzt und eine weinende Alte; um 1500 Gulden für Herrn Corn. Paats gemalt. — Mit diesem Bilde war der Künstler grade beschäftigt, als er 1663 den Besuch des Franzosen de Monconys empfing. Von diesem verlangte er für das fertige Bild 1200 Gulden. Vgl. Bredius im Ned. Kunstbode 1880 S. 413. Eine ähnliche Darstellung befindet sich heutigen Tages in der Münchener Pinacothek. Cat. Nr. 417. Diese stimmt in Bezug auf die Farben des Kleides genau mit den Angaben de Monconys überein, ist aber nach dem Datum 1667 erst vier Jahre später entstanden. Es sei denn dass die letzte Ziffer der Jahreszahl verlesen wäre für 3! Das Münchener Bild befand sich bereits vor 1716 zu Düsseldorf. Vgl. van Gool II 562.

Gesellschaftstück mit 4 Personen im Vordergrund und zwei mehr nach hinten; um 1000 Reichsthaler für den Grossherzog von Toscana gemalt. — Noch jetzt in den Uffizien zu Florenz.

°Selbstbildnis in Lebensgrösse mit einem Gemälde in der Hand, worauf eine Musikstunde dargestellt war, für denselben Grossherzog gemalt. — Noch jetzt ebendort.

*Der Musikunterricht in der Sammlung des Postmeisters Jac. Boreel zu Amsterdam. — Das Bild fehlt im Auctionscatalog der Sammlung. (Hoet II, 184 ff., 21 April 1746).

Heilige Familie; Maria lesend, das Christkind mit einem Kreuze spielend und im Hintergrunde Joseph bei der Hobelbank; sein letztes unvollendet gebliebenes Werk, im Auftrage des Marquis de Béthune für f 1500 gemalt, wegen des unfertigen Zustandes wurde aber die Annahme des Bildes verweigert und gelangte es in die Sammlung Desoubrie zu Leiden. — Dies Bild kam am 6 Juni 1808 in der Auction Ger. v. d. Pot van Groeneveldt zu Rotterdam vor. Im Catalog wird auf Houbraken verwiesen, jedoch mit dem unrichtigen Zusatz; „achevé par W. van Mieris, comme on peut le voir dans Houbraken." Die Maasse waren $13\frac{1}{4}'' \times 16\frac{1}{2}''$, das Material Holz, der erzielte Preis f 1000, wofür es Nordwich erstand, laut Notiz im Exemplar des Catalogs in der kgl. Gemäldegalerie im Haag.

Monnoyer, Jan Bapt. [Houbraken: Menoyé] (III 100). °Blumen in den bereits erwähnten Tapetenentwürfen Genoels.

del Mont, Deod. (I 96 f.). °Anbetung der Könige; Altarbild im Kloster des Facons zu Antwerpen. — Wie die folgenden Bilder bereits bei de Bie erwähnt; vgl. über dieselben v. d. Branden, S. 747.

°Transfiguration Christi, in der Liebfrauenkirche daselbst. — Jetzt im Antwerpener Museum.

°Kreuztragung Christi, ebendort bei den Jesuiten.

de Moor, Karel (I 270; III 25, 345 ff.). °Selbstbildnis v. J. 1702 beim Grossherzog von Florenz. — Noch jetzt in den Uffizien. Vgl. auch van Gool II 428.

Bildnis der Marietje Herculens, der zweiten Frau Jan Steens im Sonntagsanzug; Jan Steen malte in das Bild einen grossen Korb mit Fleischwaaren.

Pyramus und Thisbe, ein besonders hervorragendes Werk. — Jetzt in der Turiner Pinacothek; vgl. Indic. somm. 1874, Nr. 471 (datirt 1710).

Brutus seine Söhne richtend, über dem Kamin des Schöffenzimmers im Leidener Rathause. — Das bezeichnete und 1687 datirte Bild befindet sich noch an Ort und Stelle. Vgl. van Gool II 425.

Reiterbildnisse des Herzogs von Marlborough und des Prinzen Eugen; für den Botschafter Zinsendorf in einem $4\frac{1}{2}$ Fuss breitem Bilde gemalt. — Vgl. van Gool II 423.

°Dieselben Feldherrn in der Schlacht bei Oudenaerde (1708). Von einem anonymen Dichter lateinisch besungen.

°Bildnis des Prinzen Eugen, ebenfalls lateinisch besungen.

Moreelse, Paul (I 49. 57). °Bildnisse des Grafen und der Gräfin von Kuilenborg in Lebensgrösse und ganzer Figur. — Vor 1604 gemalt, da van Mander sie bereits erwähnt. Im Elisabethenwaisenhaus zu Kuilenborg giebt es, wie Herr Moes mir mitteilt, Bildnisse des Grafen Floris I von Pallandt und seiner Gattin, welche dem Moreelse zuzuschreiben sind.

°Die Hausfrau von Sr. Knotter Ebenfalls schon bei van Mander erwähnt.

°Bildnis [des Malers Roel. Savery. Von Geertruy Roghman gestochen. — Van Someren Nr. 4815. Vgl. bereits oben S. 56.

Moucheron, Is. (II 298). Copie nach einem Bilde Poussins, vom Postmeister van Zwol [1]) als Original gekauft. — Durch Hoet (I 51) erfahren wir den Gegenstand dieses Bildes. Es erscheint nämlich als Nr. 86 der am 22 Apr. 1699 abgehaltenen Auction von Herman van Swol: Eine heidnische Opferscene von Moucheron nach Poussin in Italien gemalt, f 112,—. Da der Künstler bis zum Jahre 1697 in Italien war. (Vgl. G. S. III 183), und er das Bild erst nach seiner Rückkehr verkaufte, hat der Käufer es nur sehr kurz in seiner Sammlung gehabt.

v. Musscher, Mich. (I 270, III 212). °Selbstbildnis beim Grossherzog von Florenz. — Das nach Angabe des Catalogs M. H. (?) v. Musscher. Se Ipsum Pinxit Aetat. 46, A. 1692" bezeichnete Porträt befindet sich noch heute in den Uffizien. Die Altersangabe bestätigt das von Houbraken gegebene Geburtsjahr 1645 gegenüber des Künstlers Aus-

---

[1]) Wurzbach glaubt irriger Weise, es sei der Postmeister der Stadt Zwolle gewesen.

sage bei seiner Hochzeit im Jahre 1678, er sei damals bereits 34 Jahre alt gewesen. (O. H. III 233).

Die Geschichte des Jan Klaasze und der Saartje Jans [1]). in mehreren Bildern dargestellt. — Houbraken erwähnt den Ort, wo sich diese Bilder befanden, nicht; wir erfahren denselben erst aus dem Auctionscatalog der Sammlung Jonas Witsens, des Mäcens sowohl van Musschers wie Houbrakens. Die Bilder werden unter Nr. 64 beschrieben: drei vortreffliche, curiose Bildchen von Musscher, das Leben des Jan Klaasz darstellend f 125,— (Hoet I, 208).

Gruppenbild des Malers, seiner Gattin und seines Sohnes, aus dem Nachlass van Musschers von Jonas Witsen erworben; später im Besitze von des Künstlers ältestem Sohne, der darin dargestellt war. — Im Auctionscatalog von Musschers Nachlass (Hoet I 89 f.) kommt das Bild ebensowenig vor, wie in demjenigen der Sammlung Witsen. Ein 1681 datirtes Bild im Mauritshuis, Cat. Nr. 235, welches dort von jeher als ein Familienbild des Künstlers gegolten hat, stimmt in Bezug auf das Alter der dargestellten Personen nicht überein. Namentlich kann das 1678 verheiratete Paar drei Jahre später noch keinen erwachsenen Sohn gehabt haben. Näheres hierüber im Ned. Spectator vom 17 Jan. 1892.

Mijtens, Dan. (I 244). Die Tugend schreibt die Geschichte auf den Rücken der Fama nieder, welche dieselbe ausposaunt. Teil eines Deckengemäldes im Zimmer der Haager Malergenossenschaft. — Näheres über dasselbe bereits unter Doudijns, S. 115.

Mijtens, Joh., sieh Meijssens.

Naiveu, Math. (III 229). *Die sieben Werke der Barmherzigkeit, das hervorragendste Bild des Künstlers,.

[1]) Dieser einem Lustspiele von T. Asselijn entnommene Vorwurf wurde u. A. auch von C. Troost behandelt in drei Pastellzeichnungen, welche sich jetzt im Mauritshuis im Haag befinden. (Cat. 1891 Nr. 370—2).

welches Houbraken kannte. — Der jetzige Aufbewahrungsort dieses Bildes ist mir nicht bekannt. Dagegen fand ich vor kurzem ein Selbstbildnis des Künstlers in der Sammlung des Geh. Rat Michel zu Mainz. Es war. 1887 dort ausgestellt als „Fr. v. Mieris?", trägt aber in verschnörkelten Buchstaben das Monogramm M. N. 1675. Aus einer sehr ins Einzelne gehenden Beschreibung bei Kramm geht hervor, dass es sich i. J. 1773 in der Auction Joh. van der Marck befand.

v. Neck, Joh. (III 75). Simeon mit dem Christkinde; Altarbild in der französischen catholischen Kirche auf dem Blumenmarkt zu Amsterdam. — Nicht mehr vorhanden. Das jetzige Altarbild, eine Auferstehung Christi darstellend, ist 1734 von Jacob de Wit gemalt, von dem auch die zehn hübschen Grisaillen (Köpfe von Evangelisten und Kirchenvätern) in derselben Kirche herrühren. Vgl. Taurel, Oud en Nieuw, 3e Liefrung S. 30 ff.

v. d. Neer, Egl. Hendr. (I 270, III 172 ff.). °Selbstbildnis beim Grossherzog von Florenz. — Noch jetzt in den Uffizien daselbst.

Bad der Calisto, ein grosses, 1657 datirtes Bild, im Besitze von Nic. van Suchtelen, Bürgermeister der Stadt Hoorn. — Im Catalog seiner Auction, vom 17 Apr. 1715 (Hoet I 178 ff.) kommt dies Bild nicht vor.

Eine Lautenschlägerin, in der Art des Jan Lijs, ebenfalls 1657 datirt. — Falls die Jahreszahlen auf diesem und dem vorhergehenden Bilde, oder auf nur einem derselben richtig gelesen sind, läge darin ein Beweis, dass das seit Houbraken anstandslos als richtig angenommene Geburtsjahr 1643 zu spät angesetzt wäre. Hierfür spricht auch der Umstand, dass der Vater, Aert van der Neer, dessen Geburt früher in das Jahr 1619 gesetzt wurde, wie wir jetzt wissen, bereits 1603 [1]) geboren war. Beweiskräftig ist ferner der Umstand, dass Eglon bereits im Februar 1659 mit der auch von Houbraken als seine Gattin erwähnten

[1]) Bredius, Amsterdamer Catalog.

Maria Wagensvelt die Ehe einging [1]). Er kam damals aus Orange zurück, wo er seit seinem zwanzigsten Jahre drei bis vier Jahre gewesen war. Dies berechtigt uns zu Annahme, dass er um die Mitte der dreissiger Jahre geboren sei. was mir nachträglich durch einen von Bredius gemachten Fund in den Amsterdamer Archiven bestätigt wird, denn am 7 Febr. 1662 erklärte Egelon van der Neer, konstschilder, 26 Jahre alt zu sein [2]). Demnach war er 1635/6 geboren.

Bildnis von [Maria Anna], Prinzessin von Neuburg, gemalt für den König von Spanien. — Ihren spätern Gatten, vgl. oben unter Douven. Van Gool, B. II S. 563 erwähnt dies Porträt in der Düsseldorfer Galerie.

*Ceres mit einer Fackel ihre Tochter suchend, im Besitze des Herrn David Amori zu Amsterdam. — Im Auctionscatalog dieser Sammlung (H. I 259 ff., am 23 Juni 1722) kommt das Bild nicht vor, wohl aber ein Adam Elzheimer, Nr. 16: Ceres Proserpina suchend, sehr curios und kunstreich gemalt 12″ $\times$ 9½″ (= ± 30 $\times$ 24 c.M.) f 325,— Da Eglon van der Neer die Malweise Elzheimers zu imitiren liebte, ist es offenbar, dass in diesem Catalog mit dem grössern Namen Unfug getrieben worden ist.

Nicasius, sieh Bernaerts.

Nicolaï, sieh Isaak Nicolaï.

de Nijs, [Isaac?] Schüler von E. — soll heissen von W. — van Aelst (III 88). Ein Bildchen mit einigen toten Vögeln, gelegentlich eines Ausflugs nach Antwerpen dort gemalt.— Dieser Stilllebenmaler dürfte identisch sein mit jenem I Denies, von dem sich im städtischen Museum zu Brüssel ein bezeichnetes Stillleben befindet, und dem auch jüngst ein früher G. de Wise benanntes Obstbild in der Oldenburger Galerie zugeschrieben wird, bez.: J. De Nise; Cat. Nr. 269, alt 234a. Ein drittes bezeichnetes Gemälde,

---

[1]) Rotterdamsche Historiebladen III. 1. 649; O. H. III 234.

[2]) Prot. Not. D. Danckerts

ein Blumenstück befindet sich in der Sammlung Peltzer zu Köln. Ein viertes, ebenfalls bezeichnetes, nach Bredius' Mitteilung bei Dr. Wassermann zu Paris. (Obstbild mit Pfirsichen, bez. I. de Nis) Kramm erwähnt zwei andere Stillleben, wovon eins bezeichnet: J. Denisse 1680. (i. v. Denise of Denisse Joan) Der Historienmaler Joan Denise (Hoet I 28) scheint ein anderer Künstler gewesen zu sein, wenn anders der „konstschilder" Isaak d'Niese, dessen Leichnam am 25 Januar 1690 von Delft nach Amsterdam überführt wurde [1]), mit unserm Stilllebenmaler identificirt werden darf. Für diese Identificirung spricht in hohem Maasse der Umstand, dass ein Maler Isac Denis am 27 Aug. 1669 zu Amsterdam als Zeuge für Willem van Aelst auftritt. Am 3 Jan. 1686 erwirbt sich Sr. Isac Denise, konstschilder ein Haus zu Delft [2]).

Offenbach, sieh Uffenbach.

van Orley, Barend (I 25). °Der Wald von Soignies, für Karl V gemalt. — Wie die folgenden Bilder bereits von van Mander erwähnt. Die zwölf nach diesen Vorlagen gewebten Tapeten befinden sich heutzutage im Louvre. Vgl. Hymans, van Mander I 128.

°Das jüngste Gericht, für die Aalmoezeniers zu Antwerpen. — Jetzt im Elisabethenspital daselbst. Hymans, a. a. O. I 127.

°Lucas, die Madonna malend; sieh bereits unter Jan Gossaert.

Ovens, Jurr. (I 274). °Die Verschwörung der Bataver in der grossen Galerie des Amsterdamer Rathauses. — Im Wegwijzer door Amsterdam vorerwähnt. Noch heute an Ort und Stelle im jetzigen Palaste. Auffallend ist, dass die gleichzeitige Beschreibung Amsterdams von Melch. Fokkens (1662 S. 162) Rembrandt als Urheber dieses Bildes nennt, besonders weil wir aus einem Document

---

[1]) Obreens Archief VI 14.

[2]) Mitteilungen von Dr. A. Bredius.

v. J. 1662 (O. H. II 87 f.) wissen, dass der Grossmeister damals ein Gemälde fürs Rathaus geliefert hatte [1]).

°Bildnis des Baron Godart van Reede von Amerongen. Von Vondel in einem 1660 datirten Gedicht besungen.

Paulusz, sieh Zacharias Paulusz.

Paulijn, Hor. (III 186). Bildchen beim Kunsthändler Uylenburg im Werte von 200 Ducaten. — Beglaubigte Bilder dieses Künstlers sind heutzutage sehr selten. Bode, (Studien S. 159) erwähnt ein vollbezeichnetes in der Sammlung Belgiojoso zu Mailand. Eine Anzahl andere, HP monogrammirte Bilder, welche ihm zeitweilig zugeschrieben worden sind, gehören dem Hendrik Pot (s. u.) an. So meines Erachtens auch das Opfer Abrahams in der Mainzer Galerie [2]).

v. Pee, Jan (III 88). Petrus in halber Figur, auf einem, mit de Nijs (s. o.) unternommenen Antwerpener Ausflug gemalt.

Pierson, Christ. (II 260). Bildnis des schwedischen Feldmarschalls Wrangel; um 1653 in der Nähe von Bremen gemalt.

Pijnas, Jan (I 215). °Jacob empfängt den blutigen Rock Josephs, zu Vondels Zeiten im Besitze des Doctor Rob. van der Hoeven. Von Vondel in der Vorrede seines Trauerspiels Joseph in Dothan erwähnt. — Ein solches Bild kam 1779 in der Auction Im. Pauw im Haag vor

[1]) Mr. de Roever, der die Untersuchung dieser Frage zuerst angeregt hat, bringt darüber in der vierten Lieferung von Oud Holland 1891 einen Aufsatz. Eine nach dem Erscheinen desselben veranstaltete Untersuchung des an jetzt vollständig dunkler Stelle angebrachten Bildes hat jedoch ergeben, dass dasselbe nicht als ein Werk Rembrandts angesehen werden darf. Vielleicht kann eine Verschwörungsszene im Museum zu Stockholm, bisher abwechselnd mit der Geschichte Ziska's, des Judas Maccabäus, und Odins in Verbindung gebracht, nebst dem dazugehörigen Entwurf im kgl. Kupferstichcabinet zu München für das von Rembrandt für das Rathaus bestimmte Bild erklärt werden. Dies wäre dann entweder nie an seinen Platz gebracht oder später davon entfernt.

[2]) Ebenso bereits Bredius und H. v. Rijsewijk in O. H. V. 174.

und erzielte f 31,—. Jetzt enthält die Sammlung Schuwaloff zu St. Petersburg eine derartige Darstellung aus dem Jahre 1618. Vgl. Bode, Studien S. 343; v. Seidlitz im Rep. f. Kw. X S. 424.

v. d. Plaas, Dav. (III 230, 307). °Bildnis des Admiral Cornelis Tromp. Von L. Smids besungen. — Jetzt im Museum zu Rotterdam befindlich. (Cat. 1892 Nr. 225). Gest. von J. van Munnichuijsen. Vgl. Fr. Muller Nr. 5420.

Desgl. der Johanna Koerten—Blok. — Von P. Schenk in Schabmanier gestochen. — Von Houbraken für seine Tafel N. des dritten Bandes frei copirt, da Kopfbedeckung, Haartracht und Costüm mehr oder weniger abweichen.

del Ponte, Jac. genannt Bassano (II 271). °Marter der hll. Cosmas und Damianus, Steinigung des Stephanus, Himmelfahrt Mariae, Christnacht und Marter der hl. Lucia, alle im Benedictinerkloster S. Giorgio zu Venedig. Von W. Schellinks in seinem Tagebuch erwähnt.

de Poorter, Wil. (III 61). *Die Königin von Saba. — Das Bild kommt in der Auction van Suchtelen vor, zu Hoorn am 17 Apr. 1715 abgehalten: Cat. Nr. 60, und erzielte den Preis von f 14,10— (Hoet I 182).

Porcelles, Joh. (I 213) *Seestrand mit Staffage von Fischern.

Post, Fr. (II 343 f). Brasilianische Landschaften, 1688 auf Schloss Rijxdorp bei Wassenaar gemalt. — Da Post urkundlich bereits 1680 starb, ist die Jahreszahl sicher falsch. Das Schloss existirt zwar noch, aber in wiederholt erneuertem Zustande.

Ein grosses Bild im Schlosse Honselaersdijk. — Von zahlreichen Aufträgen an Post von Seiten der Oranier, legen die Ordonnantieboeken Zeugnis ab [1]). Auch das Inventar des Schlosses Honselaersdijk v. J. 1758 beweist das Vorhandensein vieler Bilder seiner Hand.

[1]) Kunstkroniek 1861, Ned. Spectator 1875, S. 246.

Pot, Hendr. (I 122, II 123). °Allegorie zu Ehren des Prinzen von Oranien, im Schöffenzimmer des Delfter Rathauses; datirt 1620. — Von Bleijswijk vorerwähnt; jetzt verschollen.

°Bildnisse König Karl I von England mit seiner Gattin, nebst Bildnissen mehrerer angesehener Engländer. Wie die folgenden Bilder aus Schrevel entlehnt. — Ein Bildnis Karls I wurde 1795 mit dem Cabinet des Statthalters Wilhelm V nach Paris verschleppt und 1815 nicht zurückgegeben. Heutzutage im Louvre Cat. Nr. 398. Vgl. O. H. V. 171; de Stuers, Notice historique 1875 S. VII. Herr Moes macht mich auf ein in Buckinghampalace zu London befindliches Gruppenbild Karls I nebst Gemahlin und Kind aufmerksam, dort dem Dan. Mytens zugeschrieben, aber offenbar ein Werk unsres Künstlers. (Cat. 1885 Nr. 60).

°Triumphwagen des Prinzen Wilhelm von Oranien, im Prinzenhof zu Haarlem. — Noch heute im städtischen Museum, Cat. Nr. 144. Es wurde 1622 für die nicht unansehnliche Summe von 450 Gulden vom Künstler erworben.

°Schützenstück im Doelen zu Haarlem. — Dies Bild, die jetzige Nr. 96 des städtischen Museums, stellt 10 Offizire des Kloveniersdoelen dar, welche 1630 ihren Abschied nahmen. Die Urheberschaft Pots, lange Zeit unerkannt, ist durch eine neuere Erwerbung des Rotterdamer Museums, ein lustiges Trio in lebensgrossen Figuren (Cat. 1892 Nr. 232), bis zur Evidenz sichergestellt. Früher hat man abwechselnd die Namen P. Soutman, J. v. Ravesteijn und Barth. v. d. Helst in Vorschlag gebracht [1]). Die äusserliche Beglaubigung wird durch Schrevels lobende Erwähnung eines Schützenstücks von Pot im Kloveniersdoelen geliefert.

°Judith und Holophernes, von Schrevel als sein

[1]) Bode, Studien, S. 112 f.; Six in O. H. IV S. 103 ff.; Bredius und H. v. Rijsewijk Ibid. V. S. 161 ff.

schönstes Werk gerühmt; damals im Besitz des Herrn Hofmann zu Haarlem.

Potter, Paulus (II 127). Ein ziemlich grosses Bild, für die Prinzessin Amalia van Solms als Kaminstück im sogen. Alten Hof, dem jetzigen kgl. Palast im Haag, gemalt, aber von ihr zurückgewiesen. Darauf befand sich das Bild viele Jahre im Besitze der Familie Muçart, dann beim Kunsthändler van Biesum um endlich für 2000 Gulden in die Sammlung Jacob van Hoeks überzugehen. — Im Auctionscatalog derselben (Hoet II 127) kommt es jedoch nicht vor. Später gelangte es bekanntlich mit dem Cabinet de Reuver in die Casseler Galerie (Hoet II 393), von wo es während der französischen Herrschaft über Malmaison in die Eremitage zu St. Petersburg wanderte. Der Entwurf wird in Teylers Museum zu Haarlem aufbewahrt.

Poussin, Nic. (I 141). °Moses, Wasser aus dem Felsen schlagend, und die °Errichtung der ehernen Schlange, beide von Claudia Stella gestochen.

Pynacker, Ad. (II 97 f.). °Gemalter Saal im Hause des Corn. Backer zu Amsterdam, von P. Verhoek besungen.

Quant, (II 88). Die Decke der sogen. Güldenkammer im Bremer Rathause, 1620 gemalt.

Quellinus, Eräsm. (I 291). °Neutestamentliche Mahlzeiten im Speisezimmer der St. Michielsherren zu Antwerpen. Von de Bie vorerwähnt.

Raffael (III 352). °Selbstbildnis zu Florenz. — Noch jetzt vorhanden.

Rembrandt (I 259 ff. 269, II 247). Grosses Porträtstück mit Mann, Frau und Kindern, hierzu malte der Künstler seinen gestorbenen Affen, worauf die Annahme von dem Besteller verweigert wurde.

*St. Peterschifflein, lange Zeit im Besitz des ehemaligen Schulzen und Bürgermeisters von Amsterdam Jan Jacobsz Hinloopen; ein frühes Bild des Künstlers. — Das 1633 datirte Bild schmückt jetzt die Galerie Hope zu Deepdene bei London. Vgl. Bode, Studien S. 436 und

587. — Der Name ist irrig; es ist Math. VIII 23 bzw. Marc. IV 37, nicht Luc. V 3 oder Math. XV 28 dargestellt.

°Esther, Haman und Ahasver bei Tische, in derselben Sammlung. Von Jan Vos besungen. — Heutzutage nicht sicher mehr nachweisbar. Vgl. Vosmaer S. 570. In der Auction des Kunsthändlers Hoet (25 Aug. 1760 im Haag) kommt als Nr. 45 ein Bild dieses Gegenstandes vor. Es war von schöner Composition und sehr durchgeführt, die Maasse waren 28″ X 37″, der erzielte Preis 185 Gulden. Das Bild stammte aus der Sammlnng Geelvink. Nach Mitteilung des Herrn Restaurator Hauser zu Berlin besitzt der König von Rumänien ein grosses Bild mit einer Darstellung aus dem Buche Esther, eine andere, die Entlassung Hamans, in der Eremitage zu St. Petersburg.

Die Ehebrecherin vor Christo bei Mr. Willem Six in Amsterdam. — Am 12 Mai 1734 wurde das Bild um 2510 Gulden verkauft. Im Catalog (Hoet I 411) heisst es das beste Bild, das man je vom Künstler gesehen habe. Ein Bild dieses Gegenstandes, datirt 1644 gehört zu den Hauptschätzen der Londoner National Gallery. (Cat. Nr. 45). Bereits i. J. 1657 war es beim Kunsthändler Joh. de Renialme zu Amsterdam, und wurde mit 1500 Gulden sehr hoch taxirt [1]). (Bode, Studien S. 474, 583).

*Die Predigt Johannis des T., eine Grisaille beim Postmeister Joh. Six zu Amsterdam. — Jetzt in der Sammlung des Lord Dudley zu London. (Bode, S. 432 Anm., 510, 586). Hoogstraten erwähnt ein Bild desselben Gegenstandes. Vgl. Vosmaer S. 344 ff.

Selbstbildnis im Besitze von Jan van Beuningen.

°Desgl. beim Grossherzog von Florenz. — Noch jetzt in den Uffizien.

*Christus mit Maria und Martha, letztere Kuchen backend in einer sogenannten Lütticher Pfanne, ein Anachronismus, der von Houbraken der mangelhaften Ge-

---

[1]) Bredius im Amsterdamsch Jaarboekje von 1891.

schichts- und Altertumskenntnis des Meisters zugeschrieben wird. — Ein Bild dieses Gegenstandes ist heutigen Tages nicht nachweisbar.

Renatus, König von Sicilien (II 231). °Sinnbild des Todes, im Chor des Klosters der Coelestinen zu Avignon, datirt 1481. Von Schellinks erwähnt.

Reni, Guido (II 268). °Die Geburt Christi, Altarbild in der Karthause zu St. Martin in Neapel. — Wie die folgenden Bilder von Schellinks erwähnt. Noch jetzt ebendort; vgl. Burckhardts Cicerone.

Ribera, Gius. genannt Spagnoletto (II 268; III 264). °Die Propheten, Wandgemälde in den Zwickeln der Karthause zu St. Martin in Neapel.

°Ein sterbender Christus imselben Kloster. — Genauer: eine Kreuzabnahme im Tesoro desselben Klosters; Burckhardt a. a. O.

*Ein nackter Proteus beim Herzog von Grafthon zu London.

*Goliaths Enthauptung.

Roos, Phil. (II 286 f.). Zwei bis drei Schafe und Ziegen und eine menschliche Halbfigur in einer Landschaft; in der Grösse eines menschlichen Hauptes, in einer halben Stunde für den Grafen Martinitz zu Rom auf Leinwand gemalt.

°Bild von mehr als 40 Quadratfuss Grösse gegen 600 Tiere enthaltend, wovon die vordersten in Lebensgrösse, nach Zeugnis des Joh. Christ. le Blon in 16 Tagen gemalt.

*Ein wütender von Hunden angegriffener Stier auf einem grossen Bilde bei Herrn de la Court van der Voort Sen. zu Leiden.

*Stier von Hunden in die Flucht getrieben; Gegenstück zum vorigen Bilde, im Besitz des Sohnes des Vorigen. Beide Bilder waren zu Rom gemalt. — Nur das erste Bild kommt im Auctionscatalog vom 8 Sept. 1766 vor und zwar als Nr. 7, wobei die Maasse als 6′ 3″ ×

9′ 4½″ (= ± 170 × 260 c.M.). und der Preis mit 350 Gulden angegeben wird. (Terw. 543).

Roos, Theod. (II 289). °Die Kolonelle von drei Bürgerregimentern zu Mannheim [1]), zu Sandrarts Zeiten noch im dortigen Rathause zu sehen.

°Bildnis der Kurprinzessin von der Pfalz, der späteren Gemahlin des Herzogs von Orléans, wie das vorige Bild von Sandrart vorerwähnt.

Rotius, J.Azn. [Houbr. nennt ihn Roodtseus] (II 11). °Mehrere Schützenstücke im alten und neuen Doelen zu Hoorn, datirt 1651, 1652 und 1655. — Diese Bilder befinden sich heutigen Tages im Westfriesischen Museum zu Hoorn, nebst einem vierten, 1649 datirten Schützenstück, einem Regentenstück v. J. 1660 und zahlreichen Einzelporträts aus derselben Zeit. (Cat. 1891, Nr. 14—19, 22, 39, 42, 50.)

Rouw, (II 356, Anm. 85) °Copie nach dem Saale von Pietro Berrettini in kleinem Formate.

Rubens, P. P. (I 65, 68, 86 f., 204; II 31, 266 f. III 141, 264) °Mehrere Altarbilder in der Kirche zum hl. Kreuz [St. Croce in Gerusalemme] und in der neuen Kirche der Oratorianer [Houbraken sagt fälschlich neue Peterskirche], beide zu Rom. — Von de Piles schon erwähnt. Gemeint ist die 1605 vollendete Chiesa Nuova oder S. Maria in Vallicella, worin sich noch jetzt drei Rubensbilder auf dem Hochaltar befinden, in der Mitte die Madonna, links die hll. Gregorius, Maurus und Papias und rechts die hll. Nereus und Achilleus. Diese Bilder wurden 1608 gemalt zum Ersatz einer einteiligen kurz vorher vollendeten Darstellung, welche der Künstler zurückgezogen hatte. Letztere befindet sich heutzutage im Museum zu Grenoble. Vgl. Rooses II 273 Nr. 441. Die Bilder der hl. Kreuzkirche waren bereits 1602 vollendet und gelangten im Anfang dieses Jahrhunderts in das

---

[1]) Houbraken fügt hinzu „nebst ihren Hauptleuten"; dies hat jedoch Sandrart nicht.

Hospiz zu Grasse (Süd Frankreich). Näheres bei Rooses II 278 Nr. 444—6)

*Saal im Palaste zu Whitehall. — Vgl. Rooses III 280 ff. In ganz verdorbenem Zustande ist das Deckengemälde noch jetzt vorhanden.

°Galerie des Luxembourg zu Paris. Von de Piles und Schellinks erwähnt; von Edelinck u. A. gestochen. — Heutzutage bekanntlich im Louvre.

*Staffage in Bildern Jan Breughels; sieh dort.

°Tomiris lässt den Kopf des Cyrus in Blut tauchen. — Houbraken kannte wohl nur den Stich von Pontius oder Ragot. Das Bild befindet sich beim Grafen Darnley zu Cobhamhall. Vgl. Rooses, IV 1 Nr. 791.

°Der Leichnam Christi auf den Knieen der Maria, 1639 von Gil. Schagen zu Paris copirt. — Rooses, II. 129 ff. erwähnt mehrere Bilder dieses Vorwurfs (Nr. 317—21), von keinem aber scheint es Indicien zu geben, dass es sich 1639 zu Paris befunden habe.

°Mehrere Altarbilder in der Kirche Madonna della Scala zu Rom. Von Schellinks erwähnt.

°Die Dürre zu König Davids Zeiten (2 Sam. 21). Von Vondel ausführlich beschrieben. — Eine solche Darstellung findet sich nicht bei Rooses.

Judith tötet Holophernes. — Houbraken sagt zwar „ik heb de onthalzing van Holofernes door Judith van Rubbens gezien", er mag aber damit doch wohl nur den bekannten, nach Rubens Vorlage gefertigten Stich von Corn. Galle meinen. Ueber das Bild selbst vergleiche man Rooses I 154 ff. Nr. 125.

v. Rijn, sieh Rembrandt.

Saagmolen, Mart. (III 63). *Das jüngste Gericht in einer grossen Darstellung mit unzähligen Figuren.

Saenredam. Piet. (I 175) °Das alte Amsterdamer Rathaus; von P. Rixtel besungen. — Dies Bild, ein Gegenstück zur Ansicht des neuen Rathauses von van der Ulft, hängt wie jenes noch heute im Bürgermeisterzimmer, für welches es gemalt wurde. (Cat. Nr. 100 und 107).

Zacharias Paulusz (II 56). Die Hauptleute (der sogen. Adel) des Jahres 1620 der alten Schützen zu Alkmaar.

Sieben Bildnisse der Schützenkapitäne der Jahre 1627 und 28, im alten Doelen über dem Kamin des Hauptmannszimmers. — Die beiden Bilder werden jetzt als Nr. 44 und 45 des städtischen Museums zu Alkmaar aufbewahrt.

Sachtleven, Corn. (I 342). *Wachtstuben und Bauerninterieurs in der Art des Adriaen Brouwer und Dav. Teniers.

Sandrart, Joach. (I 66, 277—282). °Diogenes, Menschen suchend, während seiner Lehrzeit bei Honthorst gemalt und von Rubens gelegentlich seines Besuches bei diesem Meister besonders gelobt. Houbraken erzählt in Folge flüchtiger Lesung seiner Quelle, dass Honthorst dies Bild gemalt habe.

°Ein Hieronymus und eine Maria Magdalena, die ersten von ihm zu Rom gemalten Kunstwerke; vom Cardinal Barbarini gekauft und dem König von Spanien geschenkt.

°Die 12 Geheimnisse des Rosenkranzes, Altarbild in der (!) Kirche der hl. Maria zu Rom.

°Skizzen vom Vesuv und dem Eingang der Unterwelt. All diese Bilder werden schon in der Teutschen Academie erwähnt.

Schützenstück, den Empfang der Maria de Medicis zu Amsterdam im J. 1638 symbolisirend; gemalt für den Cloveniersdoelen. — Jetzt im Rijksmuseum, Cat. Nr. 1279.

°Bildnisse der Familien Bicker und Spiering zu Amsterdam. — „De protretten hunner huisgezinnen", so übersetzt Houbraken etwas allzu frei folgende Sandrart-sche Stelle: „das grosse Bild von Herrn Fontaine bei „dem berühmten Liebhaber Herrn von Bicker und noch „viele andere; so hat er auch den in aller Welt be- „rühmten schwedischen Abgesandten Herrn von Spiering „sammt seiner Gemahlin ..... in Lebensgrösse gecontrafätet." Möglich, wenn auch nicht grade sehr wahrscheinlich ist, dass Houbraken sich zu dieser veränderten Wiedergabe der Tatsachen entschloss, weil ihm die Sandrartschen Bildnisse aus der Familie Bicker bekannt waren, die sich jetzt im Rijksmuseum befinden. Es sind die Nr. 1275—78, welche alle den vollen Namen Sandrarts, sowie die Daten 1639—41 aufweisen.

°Die Auffindung des Kreuzes Christi durch die Kaiserin Helena, für die Kirche zu Brunn in Mähren gemalt.

°Der Tod Christi mit Maria, Johannes und Longinus und das Jüngste Gericht, seine letzten Werke [1]).

Santi, sieh Raffael.

del Sarto, Andr. (II 267). °Malereien in der Vorhalle einer Florentiner Kirche. Von Schellinks erwähnt. — Die nicht genannte Kirche ist die Annunziata, wo sich die Fresken del Sartos noch heute befinden. Burckhardt, a. a. O.

Savery, Roel. (I 57 f.) °Tiroler Landschaften in der Galerie zu Prag, von Egid. Sadeler und Is. Major gestochen. — Der Catalog der Belvédère-sammlung zu Wien führt unter Nr. 1216—27 zwölf Bilder des Meisters auf, welche „ohne Zweifel zum grössten Teil aus Prag stammen."

*Orpheus zwischen den Tieren in einem grossen Bilde, sehr kunstreich gemalt. — Solche Darstellungen befinden sich heute im Rijksmuseum Cat. Nr. 1287, Mauritshuis und in mehreren andern Sammlungen.

v. Savoyen, Kar. (II 53). °Adonis wird von Venus entführt, von Jan Vos besungen. Damals im Besitze des Herrn Willem Blaau.

Schagen, Gil. (II 31). Bildnis des Königs von Polen (± 1637 gemalt).

Bildnisse der Kinder des Herrn von Yvry, 1639 gemalt.

---

[1]) Ueber Bilder, welche Houbraken ihm mit Unrecht zuschreibt, sieh unter Holbein und Benj. Blok.

Johannes der Täufer kommt zu Christo; Copie nach Michelangelo, 1639 für Herrn von Yvry gemalt.

Pietà, Copie nach Rubens, imselben Jahre für eine la Toylière gemalt.

Schalcken, Godfr. (I 270, III 176 f.). °Selbstbildnis beim Grossherzog von Florenz. — Noch jetzt in den Uffizien.

*Vrouwtje kom ten Hoof, ein in Dordrecht übliches Spiel; mit Selbstbildnis des Künstlers, entkleidet bis auf Hemd und Hosen zu Füssen einer jungen Dame. Dies Bild befand sich zu Houbrakens Zeit in der Sammlung Schuylenburg. — Im Auctionscatalog vom 20 Sept. 1735 wird es als Nr. 57 aufgeführt: „Ein Cabinetstück, eine fröhliche „Gesellschaft darstellend, welche „ich lade dich zu Hofe" „spielen, reich an Figuren und Beiwerk; das beste und „hervorragendste Bild, welches von G. Schalcken bekannt „ist, so gut wie vom alten Mieris, 2′ 6″ X 1′ 7″, 800 „Gulden". (Hoet I 450 f.). Das Bild befindet sich heutigen Tages unter dem Namen „Twelfth Night. Le Roi détroussé". in Buckinghampalace zu London. Cat. Nr. 74.

Bildnis der Frau Snoek als Feldnymphe unter Bäumen ausruhend, eins seiner besten Bildnisse, noch zu Houbrakens Zeit bei ihrem Sohne, Adr. Snoek zu Dordrecht zu sehen.

*Verleugnung Petri, ein Gemälde mit 5—6 Figuren. — Ein solches befindet sich in der Sammlung Harrach zu Wien, und beim General M. A. Rano te New York, wo es 1874 ausgestellt war.

Schellinks, Wil. (II 273) *Die Abreise König Karls II von Scheveningen in der Sammlung Jonas Witsens zu Amsterdam. — Im Auctionscatalog dieser Sammlung wird das Bild folgendermaassen beschrieben:

N°. 15. Een kapitaal stuk van Lingelbach met veel beelden van zijne beste soort. N°. 16. Een weerga tot hetzelve, zijnde een vertrek van koning Karel van Scheveningen.	1275.—

Letzteres ist, trotzdem im Catalog kein Malername genannt wird, allem Anschein nach das von Houbraken erwähnte Bild. Es wurde mit dem Lingelbach, zu dem es ein Gegenstück bildete, zusammen verkauft und kommt noch einmal mit demselben in der Hoetschen Catalogsammlung vor am 12 April 1731, wo es mit der Sammlung van Zwieten im Haag versteigert wurde (Hoet II 10 ff.):

„Nr. 172: Een stuk, daar de prins van Oranje met „zijne troepen voor Amsterdam komt, zeer vol paarden „en figuren, door Lingelbach; van de beste van hem „bekend, 1′ 9½″ × 3′ 3″ und Nr. 173 Een dito, daar „Koning Karel uit de Nederlanden vertrekt en tot Scheve„ningen scheep gaat, zeer vol gewoel, zijnde een weerga, „en niet minder dan het voorgaande, hoog en breed als „voren."

Der Preis, den die beiden Bilder jetzt erzielten, war 380 Gulden. Wiederum wird beim zweiten Bild kein Malername genannt, aber diesmal sind wir durch die ausführliche Angabe der Darstellung auf dem ersten Bilde, und durch die Maasse mit voller Bestimmtheit im Stande, den Maler nachzuweisen. Dies war nicht, wie Houbraken meinte, W. Schellinks, sondern wie bei dem ersten Bilde J. Lingelbach. Beide Gemälde sind nämlich seit 1763 im Besitze der Oranier nachweisbar [1]) und befinden sich noch jetzt als Gegenstücke in der Haager Galerie. (Cat. Nr. 191 f.). Sie sind beide mit vollem Namen und echt bezeichnet: I. lingelbach und allgemein als treffliche und charakteristische Werke des Meisters bekannt. Da wir ihre Herkunft aus der Sammlung Witsen mit der grössten Wahrscheinlichkeit nachweisen können. müssen wir annehmen, dass Houbraken sich im Irrtum befand, als er Schellinks

---

[1]) Inventar von Schloss Loo vom Jahre 1763, Nr. 22: Vertrek van Koning Carel den tweeden van Schevelingen, und Nr. 23: Intreede van Prins Willem den Tweeden in Amsterdam, beide door Lingelbach, ieder 1′ 10″ × 3′ 2″.

für den Maler der Abreise König Karls hielt. Aber nicht allein Houbraken, sondern wahrscheinlich auch der Besitzer der Sammlung und zwar letzterer aus dem Grunde, weil eine stillschweigende Abweichung von den offficiellen Attributionen der Sammlung seines Mäcens bei Houbraken nicht wohl anzunehmen ist, es sei denn dass hier ein Gedächtnisfehler seinerseits vorläge, und er entweder ein anderes Bild dieser Sammlung oder ein Bild einer andern Sammlung vor Augen gehabt hätte, als er diese Zeilen niederschrieb. Ist dies nicht der Fall, dann bleibt es immerhin merkwürdig, dass so kurz nach dem Tode des Malers (Lingelbach starb bekanntlich 1674) eins seiner hervorragendsten Bilder in einer der bekanntesten Sammlungen seiner Vaterstadt den Namen seines Urhebers für den eines weit weniger bekannten Meisters hat aufgeben müssen[1].

*Bildchen mit Pferden und Figuren in der Art des P. [= Philipp] Wouwerman.

v. Schoten, Jor. (I 131). °Bildnisse im Doelen zu Leiden [Houbraken sagt irrtümlich Delft). — Von Orlers vorerwähnt. Noch heutzutage bewahrt das städtische Museum zu Leiden diese Schützenstücke (Cat. Nr. 962—969), welche die Jahreszahlen 1626, 1628 und 1650 tragen.

v. d. Schuer, Theod. (I 244). Die drei Hauptfarben, dargestellt an der Decke des Haager Gildezimmers. — Näheres hierüber bereits unter Doudijns.

Seghers, Dan. (I 140). *Eine ganze Kapelle bei den

---

[1]) Dem sonst so scharfsinnigen Forscher A. D. de Vries ist in seinem Aufsatz über Schellinks im ersten Jahrgang Oud Hollands S. 150 ff. die Tatsache, dass der Haager Lingelbach Nr. 192 das von Houbraken für Schellinks in Anspruch genommene Bild bei Witsen ist, entgangen, obwohl der treffliche Catalog von 1874 bereits auf diese Provenienz hinweist. Er glaubt die Darstellung jenes, nach ihm verschollenen Bildes Schellinks' wieder zu erkennen in einem bei Dancker Danckers zu Amsterdam erschienenen Stich. Zu bemerken ist jedoch, dass auch dieser (Muller, Historieprenten Nr. 2159) Schellinks Namen nicht trägt, und auch nicht mit dem Haager Bilde identisch ist; letzteres stellt den mit Figuren besäten Strand dar von Nordosten nach Südwesten, ersterer dagegen von Südosten nach Nordwesten.

Patres Jesuiten, voll mit Bildern seiner Hand. — Eins derselben befindet sich heutzutage im Antwerpener Museum. Vgl. Woermann, III 544.

Seyder, Dan. genannt Morgenstern. (III 232). °Die Mannalese und das hl. Abendmahl mit grossen Figuren in der von S. Philippo Neri erbauten Chiesa Nuova zu Rom.

°Bildnis des Herzogs von Savoyen. Houbraken bekam von demselben Kunde durch J. C. le Blon.

Sevé, Gilb. (III 98). °Zimmermalereien beim Marquis de Louvois zu Paris. — Vgl. oben unter Abr. Genoels.

v. Slingelandt, Piet. (III 162). Mädchen mit einer Maus und einer Katze.

Schiffer, in dessen Mütze man das Gewebe deutlich unterscheiden konnte.

Familienbild des Herrn Meerman, schon damals ein bekanntes Bild. — Heutzutage im Louvre in der Sammlung Ludwigs XIV.

Smits, Lod. (III 67). Büssende Magdalena in felsiger Landschaft,

Solario, Ant. gen. lo Zingaro [Houbraken irrtümlich: Belisarius] (II 267), °Fresken in der Kirche S. Severin zu Neapel. Von Schellinks erwähnt. — Noch vorhanden. Näheres, auch über die Richtigkeit der Attribution im Cicerone.

Sorgh, Hendr. Mzn. (II 90). *Italienischer Markt, *Fischmarkt und ein *Bild mit lustigen Bauern; letzteres in etwas grösserem Format und ganz in der Art des Jan Miense Molenaer, während die beiden erstgenannten eine entfernte Aehnlichkeit mit der Manier des Thom. Wijk zeigten. Alle befanden sie sich beim Makler Hendrik Sorgh zu Amsterdam, einem Neffen (bzw. Vetter) des Künstlers. — Die Auction dieser Sammlung fand am 28 März 1720 zu Amsterdam statt. Es kommen darin blos die beiden Marktansichten vor: Cat. Nr. 18, Een Vrouwtje met Vogels, van Hendrik Martensz Sorg, zijn alderbeste zoort, und Nr. 19. Een Vismarkt, van dito, zijnde een weerga niet minder. Sie wurden zusammen für f 175,— verkauft. (Hoet I 243).

Spagnoletto, sieh Ribera.

Spilberg, Joh. (III 43 ff.). Schützenstück des Kapitän Joan van de Poll, im Auftrage der Amsterdamer Bürgermeister gemalt und im Doelen am Singel befindlich. — Jetzt befindet sich das 1650 datirte Bild im Rijksmuseum (Cat. Nr. 1353).

Bildnisse des Herzogs Wolfgang Wilhelm von der Pfalz, seiner Gemahlin Catharina Charlotte von Zweibrücken, des Pfalzgrafen Philipp Wilhelm, und seiner Gemahlin, der Tochter des Königs von Polen.

Bildnis des Fräuleins von Fürstenberg zu Cöln, im Auftrage des Herzogs gemalt.

Andere Bildnisse des Pfalzgrafen Philipp Wilhelm und seiner Frau, sowie ihrer Kinder, namentlich der ältesten Tochter, der spätern Kaiserin.

Bildnis des Kurfürsten von Brandenburg.

Altarbilder bei den Kreuzherrn zu Düsseldorf, und im Schlosse zu Benraet.

Grosses Altarbild in der Kirche zu Roermond.

Das Leben des Hercules in überlebensgrossen Figuren im Schloss zu Düsseldorf.

Das Leben Christi, in einer Reihe von grossen Bildern, im Auftrage des Kurfürsten vom Künstler begonnen, aber in Folge seines Todes nur zum Teil vollendet.

*Darstellung des Gesanges und der Musik mit lebensgrossen Figuren, in der Pinselführung dem Hendr. ter Brugghen verwandt.

Starrenberg, Joh. [oder Sterenberg [1])]. (III 311).

---

[1]) So bezeichnet sich der Künstler auf seinem einzigen mir bekannten Werke, einem Bildnisse von Hendr. Piccardt auf Schloss Fraeijlamaborch zu Slochteren bei Groningen, welches künstlerisch etwa auf der Höhe eines späten de Baen oder eines Vollevens steht.

°Stratonice im Zimmer des Antiochus, von Lud. Smids besungen.

Steen, Jan (II 245, III 15 ff.). Darstellung seiner eigenen Haushaltung. — Als eine solche gilt die Nr. 350 der Haager Galerie, und ausserdem jedes Interieur mit einer lustigen Gesellschaft, deren Teilnehmer die Züge des Künstlers und von dessen Angehörigen tragen.

*Der Heiratscontract, lange im Besitz Houbrakens, später an den Herzog von Wolfenbüttel verkauft. — Jetzt eine der Hauptzierden der Braunschweiger Galerie. Vgl. Riegel, Beiträge II 326 ff.

Der St. Nicolausabend, im Besitze des Herrn G. Francken zu Dordrecht. — In zahlreichen Exemplaren vorhanden. Zu den bekanntesten gehört dasjenige des Rijksmuseum, Cat. Nr. 1366. Andere verzeichnet Westhreene, S. 185.

Das Kartenspiel im Bordell, im Besitze des verstorbenen Lamb. van Hairen zu Dordrecht. — Der Auctionscatalog erwähnt es als Nr. 8 und nennt es: „sehr geistreich componirt und curios gemalt" 1′ 3″ × 1′ 7″ (= ± 38 × 48 c.M.) verkauft für f 160,— (Hoet I 219); Westhreene, S. 120, identificirt es wohl mit Recht mit einem Gemälde der Sammlung Charles Brind.

Die Beerdigung des Quakers. — Vgl. Westhreene S. 165 unter Nr. 417, der geneigt ist ein Bild der Auction Drabbe (Leiden 1743, Hoet II 77) mit dem von Houbraken erwähnten zu identificiren.

Die Geschichte von Mitrhas nach Ovid (?), ein Bild worin der Künstler den von Houbraken getadelten Anachronismus beging, einen Pökelhering anzubringen.

Steenwijck, sieh Baillij.

Stork, Abr. (III 320). Der Empfang des Herzogs von Marlborough auf der Amstel.

v. Streek, Jurr. (II 290, 292). Selbstbildnis.

Bildnis seiner Frau, B. I S. 283 irrtümlich dem Em. de Witte zugeschrieben.

v. Streek, Hendr. Jzn. (II 292). *Mehrere Ansichten von Kirchen, ganz in der Art des Em. de Witte. — Diese kommen in den alten Auctionscatalogen vereinzelt vor und sind auch jetzt Seltenheiten. Das einzige mir bekannte Exemplar befindet sich in der Eremitage zu St. Petersburg. Ein anderes ging 1864 beim Brande des Museum Boymans zu Grunde.

v. Swanenburch, sieh Isaak Nicolaï.

v. Zijl, Ger. Pzn. (II 226). *Der verlorene Sohn, zu Pferde von seinem Vater Abschied nehmend.

°Bildnis von Willem Pauw, von Jan Vos besungen. — Es ist eine höchst auffallende Erscheinung, dass sich von diesem Künstler, der um die Mitte des 17ten Jahrhunderts zu Amsterdam eine grosse Rolle spielte und dessen Bilder in den alten Inventaren und Auctionscatalogen häufig vorkommen, so wenig beglaubigte Werke erhalten haben. Mir sind deren nur vier bekannt: die Copie nach dem Berliner Doppelbildnis des Abr. van den Tempel in der Braunschweiger Galerie [1]), eine Tanzgesellschaft zu Kopenhagen und je ein bezeichnetes Bild in dem Museum zu Mainz und in Schloss Middachten bei Arnheim [2]). Dem gegenüber kommen z. B. in den Auctionscatalogen bei Hoet und Terwesten 61 Mal Bilder von v. Zijl vor, während die ihm stoff- und stil-verwandten Meister P. Codde, Jac. A. Duck, Dirk Hals und Ant. Palamedes nur durch 6, 35, 8 und 16 Bilder vertreten sind. Hierbei fällt nun allerdings ins Gewicht, dass van Zijl, oder wie er auch genannt wurde Gerards, in der ersten Hälfte des vorigen Jahrhunderts offenbar Sammelname war für all jene Künstler, welche Wachtstuben, Conversationsstücke usw. malten, wie es später bis noch vor etwa 20 oder 15 Jahren der meistens fälschlich Jan le

[1]) Der Tracht und Malweise nach nicht früher als 1650 entstanden; nicht etwa 1635 wie bei Riegel, Beiträge II 292 vermutungsweise angegeben wird, da van den Tempel erst 1622/3 geboren wurde.

[2]) Herr Moes machte mir vom Vorhandensein dieses Bildes Mitteilung.

Ducq benannte Jacob Duck war [1]). Dies geht schon daraus hervor, dass im 1752 erschienenen ersten Bande von Hoet das Verhältnis von Gerards zu Duck noch 38: 6 war, während es bei Terwesten (1770) bereits 14: 24 geworden ist. Immerhin ist die auffallende Erscheinung damit nicht erklärt und es bleibt nach Bildern eines Künstlers zu forschen, dessen Werke ihrer Zeit wiederholt von Jan Vos und Vondel besungen wurden, der beim bekannten Lucasfeste vom Jahre 1654 zu den hervorragendsten Teilnehmern gehörte und der die Ehre genoss, neben den Bildnissen anderer Amsterdamer Bürger aus angesehenen Geschlechtern, auch dasjenige des Govert Flinck malen zu dürfen [2]).

Terborch, sieh ter Borch.

Terbrugghen, sieh ter Brugghen.

v. Terlee, (III 61). *Die Entführung der Europa.

Terwesten, Aug. (I 244, III 269 f.). Die Perspective und die Architectur, im Deckengemälde des Haager Gildezimmers. — Vgl. hierüber die Anmerkung zu Doudijns (S. 115).

Darstellungen aus Ovid, im Salon des Herrn Barthout van Slingeland zu Dordrecht.

Malereien im berühmten Porzellansaal zu Oranienburg [bei Berlin], sein erstes Werk zu Berlin.

Terwesten, Math. (I 244). Die Jugend von Merkur zur Kunstschule geführt, Kaminstück im Haager Gildezimmer.—Vgl. hierüber die Anmerkung zu Doudijns (S. 115).

Tiedeman, Phil. (III 368 f.). Die Orgel in der alten Lutherischen Kirche zu Amsterdam, eins seiner vornehmsten Werke. — Jetzt befindet sie sich mit ihren in der Malerei stark an Lairesse anklingenden Flügeln im westlichen Lichthof des Rijksmuseum.

---

[1]) Jan le Ducq war bekanntlich ein Tier- und Hirtenmaler in der Art des Kar. du Jardin.

[2]) Gestochen von A. Blooteling, geschabt von W. Vaillant; Fred. Muller Nr. 1666 f.

Wandmalereien im Hinterzimmer des Herrn Joh. van Droogenhorst zu Amsterdam.

Desgl. im Vorzimmer des Herrn de Vlieger daselbst.

Drei Zimmer beim Bürgermeister Verschuur zu Hoorn, sammt den Kaminstücken mit mythologischen und allegorischen Darstellungen geschmückt, welche von Houbraken der Reihe nach aufgezählt werden.

Wandmalereien im Gartenhause des Herrn Christ. van Hoek ausserhalb Amsterdams an der Vecht liegend; gegen Ende des Jahres 1696 angefangen.

Tilmans, Sim. Petr. genannt Schenk (II 88). Bildnis des Kaiser Ferdinand, zu Wien gemalt.

Tintoretto, Jac. (II 271). °Die Mannalese und das hl. Abendmahl im Chor des Benedictinerklosters S. Giorgio zu Venedig. Von Schellinks erwähnt. — Burckhardts Cicerone spricht von „Sudeleien auf allen Altären von S. Giorgio Magiore, welche dem Tintoretto zu ewiger Schmach gereichen."

Tintoretto, Mariette (I 311 Anm. 3). °Bildnisse des Bischofs Marco; des Oberhofmeisters Kaiser Maximilians; Philipps II von Spanien und des Erzherzog Ferdinand. Von Sandrart vorerwähnt.

Tizian (I 276 f., II 272). °Die zwölf Kaiser und Kaiserinnen in mehr als Lebensgrösse bei Karl I von England. Bereits bei Sandrart, ebensowie:

°Kunstwerke in der Kirche S. Sebastian zu Venedig. — Bei Burckhardt findet sich dort ein hl. Nicolaus in Cathedra von Tizians Hand erwähnt.

°Ermordung des Petrus Martyr in der Kirche S. Salvator zu Venedig. Von Schellinks erwähnt. — Das Bild war jedoch von Anfang an in der Kirche S. Giovanni e Paolo, mit der es bekanntlich i. J. 1867 durch Feuer unterging. Dagegen befinden sich in S. Salvatore noch heutigen Tages eine Verklärung Christi und eine Verkündigung von Tizians Hand. Vgl. Burckhardts Cicerone und Crowe and Cavalcaselle, Life of Titian I 330, II 352 ff.

Toorenvliet, Jac. (III 166). °Bildnisse von Corn. Schrevelius mit Frau und Kindern, von J. Blasius besungen in einem vom 20 Febr. 1661 datirten Gedichte.

Uffenbach, Phil. (I 53 Anm.). °Die Himmelfahrt Christi auf einem grossen Altarbilde in der Predigerkirche zu Frankfurt am Main. Von Sandrart vorerwähnt. — Heutzutage in der städtischen Galerie daselbst. Vgl. Gwinner, Kunst und Künstler in Frankfurt, S. 89; Woermann III S. 99.

Uilenburg, Ger. (II 294). Landschaftsmalereien in einem grossen Saale bei Herrn van Kerkwijk zu Amsterdam.

v. d. Ulft, (II 197). Ansicht des Dam mit dem neuen Rathause zu Amsterdam. — Gegenstück zu dem obenerwähnten Bilde Saenredams (S. 160) und wie dieses noch jetzt an der Stelle im Bürgermeisterzimmer des Rathauses befindlich, für das es gemalt wurde. Cat. 1879 Nr. 107.

del Vaga gen. Buonacorsi, Perino (II 269) °Mehrere Frescosäle im Castell S. Angelo zu Rom. Von Schellinks erwähnt. — Noch vorhanden; vgl. Woermann II 679.

Vaillant, Jac. (II 105). Bildnis des Kaisers [Leopold], im Auftrage des [Grossen] Kurfürsten von Brandenburg gemalt.

Vaillant, Wall. (II 103, 266). Desgl. des Kaiser Leopold, sowie mehrerer Fürsten und Gesandten, welche der Kaiserkrönung zu Frankfurt (1658) beiwohnten. — Eine Folge von zwölf Kreidezeichnungen, welche damals anwesende Personen zur Darstellung bringen, besitzt das kgl. Kupferstichcabinet zu Dresden. Vgl. A. D. de Vries im Gids 1876 IV S. 107.

Bildnisse des Königs von Frankreich, der Reine-mère, des Herzogs von Orléans und aller vornehmen Herrn am französischen Hofe.

°Bildnis des Herrn Jac. Thierry, des Reisegefährten von W. Schellinks, etwa 1661/2 zu Paris gemalt. Nach Mitteilung von Schellinks in seinem Tagebuch.

du Val, Rob., sieh Duval.

de Valk, Piet. (I 120). °Selbstbildnis, Aet. 21 A° 1605, im Besitze der Urenkelin des Künstlers Antje Jeppes zu Sneek, welche Houbraken eine von ihr gezeichnete Copie für die Groote Schouburgh zuschickte.

v. d. Valckert, Warn. (I 215). *Grosses Gemälde mit mehreren Bildnissen in Lebensgrösse, darunter sein eigenes, im Hintergrunde die Predigt Johannis des Täufers; nach der eigenhändigen Bezeichnung am 10 Sept. 1623 vollendet. — Von dem erst in letzter Zeit wieder zu Ehren gekommenen Künstler ist, ausser einer Anzahl Bildnisse, Schützen- und Regentenstücke im Rijksmuseum (Cat. Nr. 1459—69), ein grosses religiöses Bild vom Jahre 1620 im Erzbischöflichen Museum zu Utrecht: Christus die Kinder segnend, allgemein bekannt. Ein weiteres, eine hl. Familie sah ich im März 1891 in Privatbesitz zu Emden; es trägt die Bezeichnung: 1623 werner van valckert.

v. Veen, Oct. (I 39). °Bildnis des Prinzen von Parma, in ganzer lebensgrosser Figur und im Harnisch. Bereits bei de Piles erwähnt, aber ebensowenig in den älteren Quellen nachweisbar wie heutigen Tages bekannt.

°Desgl. des Erzherzog Albert und der Infantin Isabella Clara Eugenia. Diese Bildnisse wurden nach van Mander dem König von England geschenkt. — Letzteres befindet sich jetzt in Schloss Hamptoncourt (Cat. Nr. 343). Näheres bei Hymans, van Mander II 272 Anm. 9.

v. d. Velde, Adr. (III 90 f.). °Ein Milchverkäufer, von ihm als Knabe auf ein Brett seiner Schlafstätte gemalt. Laut Mitteilung seiner Tochter an Houbraken. Vgl. bereits oben S. 78.

Passionsbilder in den Katholischen Kirchen in der Gasse, genannt Spinhuissteeg und gegenüber dem Apfelmarkt [1]) zu Amsterdam; in letzterer eine Kreuzabnahme in halber Lebensgrösse. — Das Bild befand

---

[1]) Die Franciscus Xaverius Kirche, auch genannt „de Krijtberg".

sich nicht unter den Kunstwerken aus dieser Kirche, welche seit dem Frühjahr 1891 zum Verkauf angeboten wurden. Dagegen sind in der Augustinerkirche „de Ster" in der Spinhuissteeg noch heutigen Tages fünf Passionsbilder von unserm Künstler vorhanden. Es sind höchst merkwürdige Breitbilder mit Figuren in halber Lebensgrösse, welche die Geisselung und Verspottung Christi, Christus in Gethsemane, die Kreuztragung und die Beweinung des Leichnams darstellen. An ihrem dunklen Orte war nur auf der Geisselung die echte Bezeichnung: „Adriaen van de Velde" und ein Datum: 1660 oder 1669 zu entdecken. Aut einer bei Desguerrois herausgegebenen, von P. A. Beretta lithographirten Innenansicht der Kirche vor ihrem Umbau, sind diese Bilder an der rechten Wand zu erkennen. Jetzt befinden sie sich in der Wohnung der Geistlichen [1]).

Verboom, A.. sieh Akerboom.

Verhaeght, Tob. (I 46). °Der Turmbau zu Babel, vier oder fünf Mal gemalt. Eins dieser Bilder mit Staffage von Francken befand sich zu de Bie's Zeit in Lier. — Nach Bredius' Mitteilung besitzt das Brüsseler Museum ein solches Bild von Verhaeght.

Verhout, sieh Voorhout.

Verkolje, Joh. (III 285). Venus und Adonis, auch bekannt durch den darnach gefertigten Stich.

Die Kinder der Bürgermeister Berkhout und Vredenburg. — Herr Moes weist mir das von Nicolaus Verkolje gemalte Porträt eines Gerard van Berkhout im Besitze des Herrn Mr. de Vicq zu Hoorn nach.

Desgl. des Herrn van der Heul, alle zu Delft.

Die Bildnisse des Rechtsanwalts de Bries und seiner Frau, des Predigers Ger. Brant und dessen Sohnes Jan Brant und seiner Frau.

---

[1]) Ich fühle mich denselben zu grossem Danke verpflichtet, für die liebenswürdige Weise, worauf sie mir eine so eingehende Besichtigung der interessanten Bilder, wie es im spärlich beleuchteten Raume überhaupt möglich war, gestatteten.

°Das Bildnis des Rechtsanwalts Bogaart v. J. 1685, welches besonders gerühmt wird.

Veronese, Paul (II 268). °Das hl. Abendmahl in der Karthause zu St. Martin in Neapel. Von Schellinks erwähnt. — Heutzutage seinen Erben zugeschrieben. Vgl. Burckhardts Cicerone.

Verschuring, Hendr. (II 195). *Der Räuberüberfall in einem grossen Bilde; im Hintergrund Seestrand mit Schiffen, wohin die Beute geführt wird. Vorn ein um Freilassung bittendes Ehepaar. Dies Gemälde war im Besitze des Herrn Gijsb. van Aalst zu Dordrecht.

Verspronck, Joh. Cornzn. [Houbraken giebt dem Künstler in Nachfolge von Schrevel irrtümlich den Vornamen Gerard] (II 123). °Mehrere Schützenstücke im Haarlemer Doelen. Von Schrevel vorerwähnt. — Heutigen Tages ist nur ein Schützenstück von diesem Meister nachweisbar, und zwar die jetzige Nr. 176 des städtischen Museums zu Haarlem. Will man nicht annehmen, dass andere verschollen sind, dann kann man den Ausdruck mehrere am einfachsten auf die Schützenstücke von Vater und Sohn beziehen; von ersterem, Cornelis Engelsz Verspronck rührt die Mahlzeit der Cloveniersschützen i. J. 1618, welche jetzt die Nr. 169 des Haarlemer Museums bildet her. Weniger naheliegend ist die Annahme, dass der Ausdruck „verscheiden Corporaalschappen der schutterij", ein Irrtum sei für etwa: „verscheiden schutters en regentenstukken" oder dergl., in welchem Fall man den Plural auf das Schützenstück Nr. 176, und das Regentenstück Nr. 175 beziehen könnte. Letzteres stellt die Vorsteherinnen des Hl. Geisthauses im J. 1642 dar.

de Vlieger, Sim. (II 325). °Das Haarlemer Meer mit zahlreichen Schiffen bei unruhigem Wetter, ein Werk, das wegen seiner natürlichen und kunstvollen Behandlung gepriesen wurde.

Voet, Ferd. (I 269). °Selbstbildnis in der Galerie zu Florenz. — Noch jetzt vorhanden.

de Vois, Ary (III 163 f.). Orgelspielende Cäcilia, neben ihr St. Lucas mit seinem Ochsen, einen Storch als Sinnbild der Dankbarkeit malend; vor seiner Heirat für seinen Vater gemalt.

°Dido und Aeneas auf der Jagd. Wie Houbraken erzählt wurde, war dies das einzige von ihm in dreizehn Jahren gemalte Bild.

*Ein Soldat in einem kleinen Bilde im Cabinet des Herrn Jac. Hiskia Machado im Haag, natürlich, kunstreich und ausführlich gemalt.

da Volterra, Dan. (II 269). °Fresken in mehreren Sälen des Castells S. Angelo zu Rom. Von Schellinks erwähnt. — Noch dort vorhanden.

Voorhout, Joh. (III 227). ° Die sterbende Sophonisbe, von Lud. Smids besungen. — Zu bemerken ist, dass dieser den Künstler Verhout nennt. Da es einen Maler Constantijn Verhout gegeben hat (vgl. G. S. III 224), bleibt es ungewiss, ob Houbraken Recht hatte ohne Weiteres Johannes Voorhout für den Urheber der Sophonisbe zu erklären.

Vorsterman, Joh. (III 200).* °Ansicht eines der kgl. Schlösser, als Kaminstück für Karl II von England gemalt; nach einigen Berichten in einem Saale von Whitehall, nach anderen in einem kleinen Zimmer.

de Vos, Paul (I 291). °Jagdszenen in mehreren Sälen beim Herzoge von Aerschot. Nach de Bie um 1661 gemalt. — Der französische Reisende de Monconys (vgl. oben S. 146) erwähnt die Bilder bereits 1663, ohne den Namen des Malers zu nennen (Ned. Kunstbode 1880 S. 403).

Vrancx, Seb., sieh Franck.

de Wael, Corn. (I 154). *Die Erstürmung einer Festung in einem figurenreichen Bilde, welches 1715 zu Amsterdam versteigert wurde. — In den von Hoet herausgegebenen Auctionscatalogen dieses Jahres kommt kein Bild des Meisters vor.

Wabbe, Jacq. [oder Waben [1])] (II 11). Die Geschichte Josephs in vier Bildern, kunstreich und kräftig gemalt und im Proveniershof zu Hoorn befindlich.

Die Geschichte Jephthas, datirt 1602; einst im Besitze des Malers Joh. Bronkhorst zu Hoorn.

Weenix, J. Bapt. (II 81 f. 113). Bildnis eines Orions, Turmwärters und Capiteldieners zu Utrecht, von ihm ohne Pinsel mit den Fingern gemalt.

Der verlorene Sohn, auch bekannt unter dem Namen „Het pissend jongetje"; von Nic. Verkolje geschabt, im Besitze des Herrn David Amori. — Im Auctionscatalog vom 23 Juni 1722 (Hoet I 261) ist es die Nr. 19, sein bestes Werk, sehr schön und angenehm, 2′ 2″ X 2′ 5″ (= ± 65 X 75 c.M.), f 450.— Später befand es sich in der Galerie Orléans, mit der es gestochen wurde. Jetzt gehört es der Sammlung Mniszech zu Paris an. Näheres bei Bode, Studien S. 174.

Ein dritttes Bild, das einzige (??) und ausführlichste, was von ihm in Niederland bekannt sei, erwähnt Houbraken im Besitze der Nachkommen des Herrn Wiltschut zu Amsterdam, ohne es jedoch näher zu beschreiben.

Figuren in einem Bilde Berchems, die Berufung des Matthäus darstellend. Sieh oben S. 97.

v. d. Werf, Adr. (I 270; III 392—404). °Selbstbildnis vom Jahre 1696 in der Galerie zu Florenz. — Noch jetzt in den Uffizien.

Desgl. in 17 jährigem Alter, auf eine Spielkarte gemalt.

Bildnis eines seiner jüngeren Brüder in halber Figur, um dieselbe Zeit innerhalb zehn Tage gemalt, und von seinem Lehrer Egl. van der Neer für neun Ducaten erworben.

Bild mit Kinderfiguren, um 350 Gulden für Adr. Paets zu Rotterdam gemalt. — Im Auctionscatalog (sieh unten) wird es nicht erwähnt.

---

[1]) Vgl. über diese Namensformen und über des Künstlers Werke bereits oben S. 59 f.

Aehnliches Bild für Phil. Steen zu Amsterdam, später vom Kurfürsten von der Pfalz erworben. — Da es sich um ein frühes Bild des Meisters handelt, kommt hier die Nr. 438 der Münchener Pinacothek, welche aus Düsseldorf stammt [1]) und 1687 datirt ist, in Betracht.

Deckengemälde für Nic. Flinck zu Rotterdam, kurz nach dem Jahre 1692 gemalt; in der Mitte eine Fama mit zwei Kindern, ringsum grau in grau gemalte Allegorien.

Das Urteil Salomonis, 1697 im Auftrage des Kurfürsten von der Pfalz gemalt. — Die Grisaille, welche von Pigage in seinem Düsseldorfer Galeriewerke (1778) unter Nr. 241 beschrieben und auf Tafel XVII abgebildet wird, befindet sich heutzutage in Schleissheim, Cat. 1885 Nr. 488; das ausgeführte Bild dagegen in den Uffizien zu Florenz, wohin es vermutlich vom Kurfürsten geschenkt wurde.

Bildnisse des Kurfürsten und der Kurfürstin in ganzer Figur, jedes auf einer Leinwand von 30 Zoll Höhe. — Jetzt in München, Cat. 441|2.

Ecce Homo in einem Bilde von zwei Ellen Höhe; 1698 gemalt und später vom Kurfürsten erworben, der den Maler dafür mit einer goldnen Kette und einem Porträtmedaillon beschenkte. — Jetzt in München, Cat. Nr. 439.

Die Grablegung Christi; 1703 für den Kurfürsten gemalt. — Jetzt in München, Cat. Nr. 445.

Die 15 Geheimnisse der Katholischen Kirche, nebst später dazu gemaltem Titelbild: die sieben freien Künste [2]), welche den Bildnissen des Kurfürstlichen Paares Ehre erweisen. Jedes Bild mass ungefähr $2\frac{1}{2}' \times 21''$ (= ± 80 × 56 c.M.). — Jetzt in München, Cat. Nr. 448—450, 452—463 und 465.

[1]) Van Gool II S. 561 beschreibt das Bild im zweiten Cabinet der Kurfürstlichen Galerie.

[2]) Nach dem Münchener Catalog: die neun Musen; van Gool, B. II S. 547 redet aber auch von den sieben freien Künsten.

Selbstbildnis in Lebensgrösse, in der Hand ein Gemälde, worin seine Frau und Tochter vorkamen. Eins seiner besten Werke, kurz vor 1710 gemalt. — Jetzt im Rijksmuseum, Cat. Nr. 1614. Es stimmt genau mit der Beschreibung Houbrakens überein, trägt aber die Jahreszahl 1699.

Bad der Calisto, mit acht 1½ Fuss grossen, weiblichen Figuren, für seine Frau gemalt, aber später dem Kurfürsten überlassen. — Jetzt in München, Cat. Nr. 446, datirt 1704. Houbraken bezieht die Grössenangabe mit Unrecht auf die Figuren, statt auf das Bild selbst, welches 46 c.M. in der Höhe misst.

Maria Magdalena, im Jahre 1709 dem Herzog Ulrich Anton von Wolfenbüttel überlassen. — Eberlein erwähnt dies Bild als Nr. 90 im zweiten Cabinet der Galerie zu Salzthalen (1776). Er giebt als Maasse an: 1′ X 9″. Nach Riegel wurde es 1792 noch von C. Schroeder gestochen, 1807 aber von den Franzosen entführt und nicht zurückgegeben. (Beiträge II 345). Obwohl es zahlreiche Magdalenen vom Künstler giebt (zu München, Paris, Dresden, Petersburg, London-Sammlung Hope, bei Herrn Dr. Blom Coster im Haag usw.) ist das ehemalige Braunschweiger Exemplar unter ihnen nicht bestimmt nachweisbar.

Sechs Bilder im Nachlasse des Herrn Adr. Paets, zusammen für f 16.000 verkauft. Eins davon, ein Loth mit seinen Töchtern in kleinem Formate erzielte f 4200 und befand sich zu Houbrakens Zeit in der Sammlung des Griffier Fagel. — Der Catalog der Auction Paets bei Hoet (I 154 f.) giebt über diese Bilder nähere Auskunft:

Nr. 6. Ein sehr schönes Werk des Ritters van der Werf, die Verstossung Hagars darstellend 2′ 8″ X 2′ 2″ (= ± 77 X 62 c.M.) . . . . f 3200.—

Nr. 7. Ein Gegenstück dazu, Sara Hagar dem Abraham zufuhrend. . . . . f 3700.—

Nr. 8. Ein curios ausgeführtes Bild, die Grablegung darstellend, 2′ X 1′ 7″ (= ± 57 X 46 c.M.) . . . . f 2650.—

Nr. 9. Ein ausgezeichnet und curios ausgeführtes Cabinetstück, Loth mit seinen Töchtern darstellend, 1′ 7″ × 14″ (= ± 46 × 33 c.M.) . . . . f 4100.—

Nr. 10. Ein dito, einen Hirt und eine Hirtin von hinten gesehen, darstellend, 1′ 7″ × 1′ 3″ (= ± 46 × 36 c.M.). . . . . f 1650.—

Nr. 11. Ein dito einen Hirt und eine Hirtin darstellend 2½′ × 2′ (= ± 71 × 57 c.M.) . . . , . f 900.—

Dies macht zusammen f 15,600. Die von Houbraken angegebenen Summen f 4200 für Nr. 9, und f 16,000 für sämmtliche Bilder sind etwas höher, lassen sich aber durch einen Kostenzuschlag von 2½ % ohne Schwierigkeit erklären.

Von diesen Gemälden sind Nr. 6 und 7 wohl mit den Darstellungen der Münchener Pinacothek, Cat. Nr. 440 und 443 identisch, welche die Jahreszahlen 1690 und 1701 tragen, aus Düsseldorf stammen und von van Gool (II 548) als dort befindlich erwähnt werden. Nr. 8 und Nr. 10 kommen am 14 Apr. 1741 in der Auction Bicker van Zwieten vor (Hoet II, 16 f.); ersteres Bild als Nr. 69 erzielte f 2000, letzteres als Nr. 71 f 1300.— Den Maassen nach kann die Grablegung mit dem fürstlich Liechtensteinschen Bilde zu Wien identisch sein (Cat. 1885 Nr. 615). Die Amsterdamer und Rotterdamer Bilder sind grösser: 100 × 80, bzw. 79 × 54 c.M., das Pester ist nach Frimmel, S. 196 Anm. geringer. Andere giebt es, ausser zu München (sieh oben) in der Eremitage und in der Sammlung Glitza zu Hamburg. Der „Loth mit seinen Töchtern", der sich nach Houbrakens Aussage beim Griffier Fagel befand, kommt im Catalog dieser Sammlung bei Hoet (II 409 ff.) nicht vor, wohl aber „een Herder en Herderinne", ein Bild, das für die Nr. 11 der Auction Paets gehalten werden könnte, wenn nicht jede Maassangabe fehlte. Von den jetzt vorhandenen Szenen mit Loth und seinen Töchtern stimmen den Maassen nach die Bilder in Buckinghampalace zu London (Cat. Nr. 98), in der Sammlung Hope ebendort und im Berliner Vorrate (Cat. Nr. 500) am besten zu demjenigen der Sammlung Paets, da sie $43\frac{3}{4} \times 34\frac{1}{2}$ c.M., bzw. 44×34 c.M. und 43×33 c.M. messen. Das Dresdener Exemplar, Cat. Nr. 1814, welches durch die Bezeichnung: Adr^n. v. Werff fec. 1694 beglaubigt ist, ist etwas kleiner: $39\frac{1}{2} \times 31\frac{1}{2}$ c.M. und scheint, nach der niedrigen Inventarnummer zu schliessen, bereits lange vor der Auflösung der Sammlung Fagel (nach 1752) als Geschenk des Kurfürsten von der Pfalz nach Dresden gekommen zu sein. Ein den Maassen und der Darstellung nach ziemlich mit diesem übereinstimmendes Bild in Gotha, welches dort dem Ritter zugeschrieben wird (Cat. 1890 Nr. 299), schien mir eher eine Arbeit Pieter van der Werfs zu sein [1]), der eine zu Schwerin befindliche Copie durch seine Bezeichnung beglaubigte (Cat. Nr. 1117).

Lebensgrosse Bildnisse seiner Frau und ihrer Verwandten, sowie der Herrn Adr. Paets und [Nic.] Flink, auf ovaler Leinwand gemalt.

Ein Parisurteil, eine heilige Familie und eine Maria Magdalena, 1717 für 5500, 2500 und 2000 Gulden an den Grafen Czernin de Chudenitz verkauft. — Diese Bilder, datirt 1712, 1715 und 1711, wurden vor 1753 aus der Sammlung Czernin für die Dresdener Galerie erworben, wo sie sich noch befinden: Cat. Nr. 1818, 1819 und 1817. Man vergleiche die dortige Bemerkung.

Parisurteil, i. J. 1718 vom Herzog von Orléans für f 5000 erworben. — Im Galeriewerk gestochen. Waagen erwähnt das Bild, Art treasures II 503.

°Selbstbildnis, von Joan de Haas besungen. — Wohl ein anderes, als das zu Florenz befindliche, denn dieses war vor der Erhebung zur Ritterwürde gemalt, während das 1715 datirte Gedicht den Maler ausdrücklich Ritter nennt.

Willemans, Mich. (II 234). °Vulcan Waffen schmiedend, für den Kurfürsten von Brandenburg gemalt.

---

[1]) So auch bereits Schlie im grossen Schweriner Catalog.

°Die Urteilsprüche Salomons und Cambysis, in grossem Formate zu Breslau befindlich. — Wie das vorige Bild bereits von Sandrart erwähnt.

Wissing, Wil. (III 361). Bildnisse von Wilhelm III von Oranien und seiner Frau Maria von England, im Auftrage König Jacobs II gemalt. — Wiederholt gestochen; vgl. Br. Mezzotintoportraits passim, Walpole III 224 und van Somerens Catalogus unter Willem III und Maria.

Withoos, Math. (II 188). *Bilder mit Disteln, Kräutern und Insecten, bei den Erben des Herrn de Moor, des Bürgermeisters von Hoorn.

de Witte, Eman. [1]) (I 283). °Das Innere der Nieuwe Kerk zu Amsterdam mit dem Grabmal des Admiral de Ruyter, um 1683 für seinen Sohn gemalt, aber nach dessen in diesem Jahre erfolgten Tode verweigerten die Verwandten die Annahme zum vereinbarten Preise, worauf der Künstler das Bild vernichtete.

de Wolf, Jac. (III 313 f.). °Alcestis wird ihrem Gatten Admet zurückgegeben, und °Kassandra von Aegisthus und Klytemnestra ermordet. Beide von Lud. Smids besungen. — Erstere Fabel scheint in einer Zeichnung oder einem Stich behandelt gewesen zu sein, da der Dichter, was Houbraken entgangen ist, in der Anmerkung sagt: „Mij valt niet in, dat ik dese Fabel in schilderijen ergens gezien heb."

Wouwerman, Jan (II 76). *Gebirgige Landschaft, im Besitze von Laur. van der Vinne zu Haarlem.

Wijk, Jan [2]) (II 17). °Hirschjagd, von J. Smith gestochen.

v. Wijnen, Dom., gen. Askaan (II 347). °Das Treiben in der Malerbent zu Rom in mehreren Darstellungen. Im Auftrage von Bonav. Overbeek gemalt und von Math. Pool gestochen.

---

[1]) Sieh auch unter Jurr. van Streeck.

[2]) Sieh auch unter Godfr. Kneller.

Anonyme Gemälde. [1])

°Die Grafen und Gräfinnen von Holland in alten Wandmalereien im Karmeliterkloster zu Haarlem, nebst °Copien hiervon auf Holztafeln im Vorsaale des Haarlemer Rathauses (I 32). — Beide vorerwähnt in C. v. Alkemade, Hollandse Jaarboeken 1699, Voorberigt S. 7 ff. Letztere noch jetzt dort vorhanden.

Der Tod der Cleopatra, an der Zimmerwand eine Karte von Amsterdam mit der neuesten Vergrösserung (I 103). Der Maler dieses Bildes lebte noch zu Houbrakens Zeit.

Eine Kreuzigung Christi, mit Hilfe Ger. ter Borchs vom Maler des Grafen Peñeranda zu Münster vollendet (III 34 ff.).

°Die Hochzeit zu Kana; Houbraken lobt es, dass der Maler dieses Bildes Christus das Wasser in roten Wein verwandeln liess. Entlehnt aus W. Goeree, Inleyding tot de Schilderkonst S. 46. (III 159).

Die Unterdrückung der Niederlande durch die Spanier in den Jahren 1567 und 68. (III 159 f.). — Allegorische Darstellungen dieses Vorwurfs befinden sich u. A. im Rathause zu Middelburg und im Prinzenhof zu Delft.

°Bildnisse der Brüder Berckheyde, von Fr. Snellinx besungen. (III 196).

II. Zeichnungen, Aquarelle und Stiche.

v. Aken, J. (III 183). *Sechs Radirungen mit Pferden, in der Grösse der kleinsten Blätter des P. de Laer. Zu Houbrakens Zeit selten.

Antje Jeppes, (I 120). *Zeichnung nach dem Selbst-

[1]) B. II S. 264 ff. erwähnt Houbraken zahlreiche anonyme Kunstwerke, welche W. Schellinks, laut seinem Tagebuch in England, Frankreich und Italien sah. Da sie sämmtlich ausser Zusammenhang mit der holländischen Kunstgeschichte stehen, muss ich mich hier mit dieser kurzen Erwähnung begnügen.

bildnis ihres Urgrossvaters P. de Valk, Aet. 21, 1605; hiernach der Stich bei Houbraken.

Anthonisz, sieh Cornelis Anthonisz.

Audran, B. und J., G. Edelinck, Duchange, Loir, B. Picart und Corn. Vermeulen (I 68). Stiche nach den Gemälden des Rubens in der Luxembourg Galerie. An diesem Werke sind ausser den von Houbraken genannten Künstlern noch J. Bapt. Massé, de Chastillon, A. Trouvain und Char. Simonneau beteiligt gewesen. Das Ganze erschien 1710 zu Paris unter dem Titel: La Gallerie du Palais Luxembourg peinte par P. P. Rubens, dessinée par les Ss. Nattier et gravée par les plus illustres Graveurs du temps.

Audran, Ger. (III 99). Stiche nach der Geschichte Alexanders des Grossen, von le Brun gemalt.

Backhuijzen Lud. (II 243). *De IJstroom en zeegezichten. Eine Folge von Radirungen in 71 jährigem Alter gefertigt.

Bary, H. (III 3). Stich nach einem Gemälde des F. van Mieris, eine betrunkene Frau darstellend. Sieh auch oben S. 145.

Bauduins, sieh Boudewijns.

Baur, Joh, Wilh. (II 332). Stiche nach den Metamorphosen Ovids, dem Pastor Fido und der Passion Christi, letztere in 24 Quarto-blättern von Melchior Küsell von Augsburg gestochen. — Vgl. über diese Folgen W. v. Seidlitz in J. Meyers Künstlerlexicon, wo dieselben sub a) 12, b) 1, und b) 2 angeführt sind. Aus dieser Stelle geht hervor, dass auch die 43 Blätter nach dem Pastor Fido nach Baur's Erfindung von Küsell gestochen sind.

Beckett, I. (II 331). Bildnis des Malers Peter van der Meulen nach N. de Largillière von Beckett geschabt. Vgl. Smith, British Mezzotinto portraits B. I S. 52 Nr. 95.

v. d. Berg, Math. (II 16). Mehrere gezeichnete Bildnisse seines Vaters in verschiedener Stellung und Kleidung.

Eine solche Zeichnung im Dresdener Kupferstichcabinet trägt an der Vorderseite die Bezeichnung: Aetatis 69 An. 1649 W. (?) Berge, und auf der Rückseite: „dit is Joannes vanden bergh schilder gedaen van sijn soon Mattijs vanden bergh schilder".

Bernard, Nic. sieh Bonnart.

v. Bieselingen, Chr. Jzn. (I 122 Anm.) Bildnis des Balthasar Gerards, des Mörders des Prinzen Wilhelm von Oranien, nach dem Leben gezeichnet. Ehemals im Besitze des Pastors Flud van Giffen zu Dordrecht. — Da Houbraken diesen Geistlichen porträtirte (vgl. oben S. 5 und 30) und dadurch persönliche Beziehungen zu ihm nachgewiesen sind, ist es wahrscheinlich, dass er das Werk van Bieselingens aus eigener Anschauung kannte. Seitdem ist es verschollen. Ueber den sehr reichen handschriftlichen Nachlass van Giffens vergleiche man Bibliografische Adversaria I.

°Zeichnung nach dem ermordeten Prinzen Wilhelm, von H. Pot für sein allegorisches Bild im Delfter Rathause benützt. — Sieh oben S. 153.

de Biskop, Jan [Episcopius] (II 234, III 150). Stiche nach den zu Rom gefertigten Zeichnungen nach Antiken von W. Doudijns und Anderen. — Das Werk erschien unter dem Titel: Paradigmata graphices variorum artificum. Hagae Comitis 1671.

*Mehrere Bacchusstatuen, zu Rom nach den echten Marmorbildern gezeichnet.

Blooteling, A. (II 25, III 5). *Bildnis des Malers Gov. Flink mit sechszeiliger Unterschrift von J. van den Vondel. – Dieser Stich ist nach einem Gemälde des Ger. Pzn. van Zijl verfertigt und diente dem Houbrakenschen Bildnisse als Vorlage. Vgl. auch bereits oben S. 170.

*Schabkunstblatt nach dem vom Meister selbst gezeichneten Bildnis des Frans van Mieris d. Aelt. Ebenfalls von Houbraken für sein Werk benutzt. — Vgl. Fred. Muller Nr. 3645, à Bolswert, Schelte. Sieh den der Iconographie van Dijks gewidmeten Abschnitt des zweiten Teiles.

Bonnart, Nic. [Houbraken irrtümlich Bernard] (II 331). °Stiche nach A. F. v. d. Meulens Schlachtenbildern in Gemeinschaft mit J. v. Huchtenburgh, Rom. de Hooghe, N. Cochin, Ch. Simonneau, Fr. Ertinger, u. A. — Ausser Nicolaus war auch Robert Bonnart an dieser Folge beteiligt.

Boudewijns, A. F. [oder Bauduins] (III 99). *Zwei Radirungen nach Abr. Genoels, die eine mit Kürbissen nach einem Gemälde, die andere nach einer zu diesem Zwecke gemachten Zeichnung. Die beiden Blätter waren nach Houbraken die grössten einer ihm bekannten Folge von Abr. Genoels, bestehend aus 12 zu Rom radirten Blättern. Näheres S. 188 bei Genoels.

de Bray, Dirk (I 177). Bildnis seines Vaters Salomon de Bray in Holzschnitt. — Vgl. Vis Blockhuyzen, Nr. 122; Fred. Muller, Nr. 687.

Bronkhorst, Joh. (III 243). °Buch mit Tiermalereien in Wasserfarben, von Joh. Vollenhove besungen.

le Brun, Ch. (II 174). *Die Verzweiflung, zur Folge der Affectionen des Gemütes gehörig. — Es ist dies die Nr. 20 der Folge, bekannt unter dem Titel: Expressions des passions de l'âme, représentées en plusieurs testes gravées d'après les desseins de feu Monsieur le Brun, premier peintre du Roy [1]).

Callot, Jacq. (II 356, Anm. 79). *Stich, worauf das Spiel mit den aus Eselshäuten genähten, mit Luft gefüllten Bällen dargestellt ist. — Es ist dies vermutlich der bei Meaume, Recherches sur la vie et les ouvrages de Jacq. Callot unter Nr. 622 erwähnte Stich mit der Aufschrift: „Parterre du palais de Nanci...... 1625", worauf Herzog Karl VI von Lothringen mit seiner Frau dargestellt sind, wie sie den Ballspielern zusehen.

v. Caukercken, C. (I 63). *Bildnis des Malers Tobias Ver-

[1]) Es ist dies die spätere 1732 zu Augsburg erschienene Ausgabe. Die erste ist mir leider nicht zu Gesicht gekommen.

haecht. Aus Meyssens-de Bie entlehnt. Von Houbraken ohne Stechernamen angeführt.

Kilian, Phil. (II 288). *Bildnis des Malers Joh. Heinr. Roos, von diesem seinem einstigen Lehrer Bar. Graat zugeschickt und von Houbraken für sein Werk nachgestochen. Houbraken erwähnt den Vornamen des Stechers nicht.

Knupfer, Nic. (I 234). °Odysseus bei Nausikaa; Kreidezeichnung aus seiner Jugend auf den Wänden seines elterlichen Hauses.

Cochin, N. sieh Bonnart.

v. d. Koogen, Leend. (I 350). *Gezeichnetes Bildnis des Cornelis Bega in jugendlichem Alter, von Houbraken für sein Werk benützt.

Cornelis Anthonisz (I 23). Plan der Stadt Amsterdam, aus 12 Blättern in Holzschnitt bestehend.

Kraus, Joh. Ulr. (III 221). *Abbildung der Peterskirche zu Rom nach Vorlagen von Joh. Andr. Graf, 1696 erschienen auf neun grossen Blättern.

Kysell, Melch. (II 332). Eine Passionsfolge von 24 Blatt, sowie Darstellungen aus dem Pastor Fido, beide nach Joan Wilh. Baur. — Sieh dort.

David Jorisz. (I 22). Vier Zeichnungen im Besitz des kunstliebenden Jacob Moelaert zu Dordrecht: die Findung Mosis, die Darstellung des gelobten Landes, die Verleihung der Himmelsschlüssel an St. Peter und die Bekehrung des Centurionen Cornelius ausgeführt in Federumrissen mit getuschten Schatten in der Art des Lucas van Leiden.

v. d. Does, Ant. (I 164). *Bildnis des Malers Leon. Bramer. In der Sammlung von Meyssens und im Gülden Cabinet; von Houbraken entlehnt.

Doudijns, Wil. (II 234). Zeichnungen nach Römischen Antiken, welche dem Radirer Jan de Biskop als Vorlage dienten. — Sieh oben unter Biskop.

Duchange, sieh Audran.

v. Dijk, Ant. *Mehrere Bildnisse der Iconographie.

— Sieh über dieselben den betreffenden Abschnitt des zweiten Teiles.

Edelinck, G. sieh Audran.

Ertinger, Fr. sieh Bonnart.

la Fage, Raim. (I 168). °Der Untergang Pharao's, in einer Federzeichnung zu Paris in zwei Stunden vollendet, in Gegenwart von Joan van der Brugge und andern vlämischen Malern.

le Febre (III 317). Stiche nach den vornehmsten Werken von Paul Veronese und Andern.

Feddes, sieh Pieter Feddes.

Galle, Phil. sieh Tybaut.

Galle, Corn. (I 180). Bildnis des Artus Wolfart. Ohne Nennung des Stechernamens aus van Dijks Iconographie.

v. Geilkerken, Nic. (I 133). *Bildnis des Malers Pieter Feddes, mit der Umschrift „Petrus Feddes Pictor 1615", in der Umrahmung Malerattribute. — Ohne Stechernamen. Van der Kellen, Peintre-Graveur, S. 141 und van Someren, Beschrijvende catalogus van gegraveerde portretten van Nederlanders B. II Nr. 1778* machen uns mit diesem höchst seltenen und schönen Bildnis bekannt. Es ist nach letzterem ein Brustbild nach rechts, Aet. 29, 1615; die Stecherbezeichnung lautet N. G., das Format ist folio Nach diesen Angaben wäre der Künstler 1585/6 geboren, Houbraken erwähnt ihn zwischen Meistern des Jahres 1588.

Genoels, Abr. (III 99). 26 grössere und kleinere Landschaften, von denen Houbraken 12 Stück, welche zu Rom radirt waren, kannte; zwei der grössten derselben hatte jedoch Bauduin [Boudewijn] radirt. — Letztere sind die in Jul. Meyers Allgem. Künstlerlexicon B. III S. 140 sub Nr. 30 und 31 verzeichneten Blätter, während nach Bartsch IV S. 323 ff. die Nr. 12—14 17, 18, 20, 22, 24, 25, 53 und 55, also elf Stück die Ortsangabe: „Romae" tragen. Die Gesammtzahl 26 der Genoels'schen Radirungen bezieht sich offenbar blos auf seine erste Periode, da bei Bartsch bereits 73 und im Weigelschen Supplement weitere 21 Blätter verzeichnet stehen.

Gerards, sieh Marcus Gerards.

Goud, Hendr. (I 54). *Stich nach Elzheimers Bild: Ceres verwandelt den Knaben, der sie verspottet, in eine Eidechse.

Graat, Bar. (II 206 ff.). Skizze zu einer unausgeführt gebliebenen Allegorie der Jurisprudenz für das Amsterdamer Rathaus.

Grauw, Hendr. (II 190). °Mehrere im Auftrag des Johannes Bronkhorst zu Hoorn gefertigte Zeichnungen in Kreide auf getöntem Papier: die Erziehung des Bacchus, der Triumphzug des Julius Caesar u. A. auf 7—8 grossen Bogen.

v. d. Hagen, sieh Verhagen.

Hagens, Christ. (II 88) *Bildnis des S. P. Tilman, genannt Schenck A° 1668 Aet. 67. Von Houbraken für sein Bildnis auf Tafel C. des zweiten Bandes benützt. — Van Someren, Nr. 5557. Ein angebliches Selbstbildnis Tilmans gehört zu den neuen Erwerbungen der Landesgalerie zu Budapest. Frimmel, kleine Galeriestudien S. 253 f. vermutet darin das Original des Stiches von Hagens. Hiergegen ist einstweilen zu bemerken, dass die Aufschrift „Natus 1603" nicht stimmt zu dem Aet. 67 A°. 1668 des Stiches.

v. Halen, Arn. (III 131). Bildnis von Ger. Lairesse in Schabkunst nach dessen Tode ausgeführt und der Totenklage über den Künstler beigefügt. — Vgl. Fred. Muller, Nr. 3071.

Hollar, Wenz. (I 218). *Bildnis des Malers Jacob van Es. Aus der Sammlung Meyssens-de Bie.

de Hooge, Rom. (II 310). Stich nach der von Joh. de Baen gemalten Allegorie zu Ehren Cornelis de Witts und zur Verherrlichung des Zugs nach Chattam. — Vgl. Fred. Muller, Historieprenten Nr. 2276. Sieh auch Bonnart.

v. Hoogstraten, Dirk (I 159). Ecce Homo, von ihm nach eigener Erfindung in seiner Jugend gestochen.

v. Hoogstraten, Sam. (I 161). °Gezeichnetes Bildnis seines Vaters Dirk v. Hoogstraten.

Houbraken, Arn. (I 204, II 129, 208, 162, III 121 f.). Der Selbstmord des Cyrus nach dem Trauerspiel Quinaults; als Illustration der von W. den Elger besorgten Uebersetzung. — Sieh auch oben S. 44. Der Stich M. Pools nach Houbrakens Erfindung befindet sich sowohl in der 1716 bei P. v. d. Veer als in der 1717 bei Arn. Willis, beiden zu Rotterdam, erschienenen Ausgabe. In beiden Fällen trägt er aber die Adresse des letzteren.

Die Hilfeleistung von Simon von Cyrene bei der Kreuztragung Christi; gehört zur Folge der von van der Mark herausgegebenen biblischen Darstellungen; damals im Erscheinen begriffen.

Tooneel der Zinnebeelden. — Vgl. oben S. 14 [1]).

Radirung auf S. 269 von Hoogstratens Inleyding tot de Hooge Schole der Schilderkunst.

Emblemata, damals im Erscheinen begriffen. Eine Darstellung des Neides hieraus wird bereits B. II S. 129 erwähnt. — Das Buch erschien unter dem Titel: „Stichtelijke Zinnebeelden ..... in LVII Tafereelen" erst nach Houbrakens Tode. Das Vorwort ist von 1722, das Titelblatt der frühesten mir bekannten Ausgabe von 1729 datirt. Es existiren weitere Auflagen von 1757 und 1782. Die von J. Folkema radirte Darstellung des Neides findet sich auf S. 225.

v. Huchtenburgh, Joh. sieh Bonnart.

Jeppes, sieh Antje Jeppes.

Jordaens, Jac. (I 155). °Aquarellentwürfe zu Teppichen, welche vom König von Spanien bestellt waren.

Jorisz, sieh David Jorisz.

Lairesse, Ger. (II 255, III 106*, 111). Eine Darstellung

---

[1]) An dieser Stelle habe ich mir einen Irrtum zu Schulden kommen lassen, indem ich die gleich zu erwähnenden Stichtelijke Zinnebeelden für einen späteren Druck des Tooneel der Zinnebeelden erklärte. Es sind im Gegenteil ganz verschiedene Werke, die nur den ähnlich lautenden Titel gemeinsam haben. Dieser und der nicht sehr deutliche Artikel bei Kramm haben meinen lapsus memoriae veranlasst.

der Schlange im Paradies mit weiblichem Kopf. — Aus dem Zusammenhang geht nicht hervor, ob es sich hier um ein Gemälde, eine Zeichnung oder einen Stich handelt.

*Einige Amazonen zu Pferde, welchen ein toter Löwe gezeigt wird, eine Radirung nach Bart. Flaman.

Gesammtoeuvre seiner Stiche, von N. Visscher zu einem Werke vereint.

Lievens, Jan (I 300). °Bildnis des Jan Vos, von diesem besungen. — Die Ueberschrift des Epigramms lautet: „Mijne afbeelding door Jan Lievens geteekent", und dies gezeichnete Bildnis wird jetzt im Städelschen Institut zu Frankfurt a. M. aufbewahrt. Im Epigramm selbst werden aber die Ausdrücke: maalt, penceel und verf verwendet, alsob es sich um ein gemaltes Porträt handle. So hat auch Houbraken die Sache aufgefasst.

Loir, sieh Audran.

Luiken, Jan (III 253). Stiche zu dem Werke „Joodsche en Mozaize Oudheden" von Goeree. — Genauer: zu den beiden Werken Joodse Oudheden, I, II 1690 fo., und Mosaize historie I—IV, 1700 fo., beide zu Amsterdam.

Major, Is. (I 57). Stiche nach den von Roel. Savery zu Prag gemalten Tyroler Landschaften. — Vgl. S. 162.

Marcanton (II 112). °Der Kindermord mit der Fichte nach Raffael. Bartsch Nr. 18. — Vgl. bereits oben S. 78.

Marcus Gerards (I 42). °125 Kupferstiche zu den Aesopischen Fabeln; später als Buch herausgegeben unter dem Titel „Vorstelijke Warande der Dieren" und von Vondel in Versen erklärt. Bei van Mander und W. Goeree vorerwähnt. — Houbraken schöpfte seine Kanntnisse aus Goeree's Kerklijke en weereldlijke historien, Amsterdam 1705, 4°. Ueber Vondels Beischriften vergleiche man Unger, Bibliographie van Vondels Werken Nr. 85 ff. und seine Neu-ausgabe der Vorstelijcke Warande.

Matham, Theod. (I 336). *Bildnis des Malers Jacob Backer, von Thom. de Keyser gemalt und von Houbraken auf

Tafel M. des ersten Bandes copirt. v. Someren, Nr. 207*.

Meijssens, Corn. [Houbraken weniger richtig: Mytens] (I 356). *Bildnis seines Vaters Joh. Meyssens, des bekannten Antwerpener Kunstverlegers, in de Bie's Gülden Cabinet.

v. Mieris, Frans d. Aelt. (III 5). Selbstbildnis mit Kohle und Kreide gezeichnet, von A. Blooteling geschabt.

Moelaert, Jac. (III 352). Der Untergangs Pharaos, und Moses, wie er Wasser aus dem Felsen schlägt. — Houbraken giebt nicht an, in welcher Technik diese Begebenheiten dargestellt waren.

Munnikhuijsen, Jan (II 316). Bildnis von Anna Maria van Schurman. — Fred. Muller, Nr. 4877.

Mytens, Corn. sieh Meyssens.

Persijn, Rein. (I 29). *Bildnisse der Glasmaler Wouter und und Dirk Crabeth. — Laut der Unterschrift: fec. ex ipsorum Prototypo nach Selbstbildnissen der beiden Brüder gestochen. Die Stiche kommen vor in der Beschreibung von Gouda durch J. Walvis und sind von Houbraken diesem Werke entlehnt. v. Someren, Nr. 1230.

Picart, B. sieh Audran.

Pierson, Chr. (II 261). Zeichnungen in verkleinertem Maassstab nach den Crabethschen Glasgemälden in der Grossen Kirche zu Gouda, bei den Bürgermeistern der Stadt befindlich. — Diese Notiz ist vermutlich der Beschreibung Gouda's durch Walvis entnommen (B. IIS. 90), wo als Zeit der Entstehung die Jahre 1673—76 und als Aufbewahrungsort das Zimmer der Kirchenvorsteher angegeben wird. Hier befinden sich die Zeichnungen noch jetzt. Näheres bei Kramm, i v. Crabeth, S. 292.

Pieter Feddes (I 133). *Mehrere radirte Blätter, bezeichnet Pieter Harlingensis. — Vgl. über dieselben v. d. Kellen, Peintre-Graveur. S. 143 ff.

de Poilly [Sr.], F. (II 154). *Minerva, Neptun, die Musen und Künste, nach Erfindung von C. le Brun den Schmuck einer These bildend und aus dem Besitze Lavecq's in den Houbrakens übergegangen. Lavecq hatte das Blatt zu Paris heimlich von der Stelle, wo es angeschlagen war, abnehmen lassen. — Vgl. Nagler, Künstlerlexicon XI, 450 Nr. 104.

Pontius, Paul (I 291). *Bildnis des Malers Abraham Diepenbeek. Gehört zur Sammlung Meyssens-de Bie. — Sieh auch oben unter Rubens (S. 160).

Pool, Math. (II 347). *Mehrere Stiche nach den im Auftrag des Bonav. Overbeek gemalten Darstellungen des Römischen Bentlebens von Dominicus van Wijnen.

Rembrandt, (I 258 f., 270 f, II 28, 138, 255; III 65). Christus in Emmaus, zwei Stiche und mehrere Skizzen, welche diese Begebenheit darstellen.

Die Jünger zu Emmaus, nach dem Christus entschwunden war, in mehreren Skizzen; eine derselben wurde von Houbraken radirt und seinem Werke einverleibt. — Die hier erwähnten Stiche sind Bartsch, Nr. 87 und 88, letztere 1634, erstere 1654 datirt. Beide stellen Christus mit den beiden Jüngern dar. Dies ist ebenso der Fall mit den beiden, diesen Gegenstand behandelnden Gemälden vom Jahre 1648, von denen sich das eine im Louvre, das andere in Kopenhagen befindet (Bode, Studien, S. 477 ff., 594, 607).

Die in der Literatur erwähnten Zeichnungen stellen alle die Jünger dar im höchsten Erstaunen über das Verschwinden Christi. Es sind:

1. das von Houbraken radirte Blatt.
2. eine Zeichnung bei Dutuit in Rouen, aus der Auction Vreeswijk stammend (1882) und im dritten Bande des grossen Rembrandtwerkes abgebildet. Es ist dies aber sicher kein Original Rembrandts, sondern eine z. T. modificirte Copie nach dem Houbrakenschen Stich.
3. eine Zeichnung im kgl. Kupferstichcabinet zu Dresden, welche noch eine dritte Person aufweist. Diese hat ebenfalls nichts mit Rembrandt zu tun und ist wohl auch von Houbraken abhängig.

4. eine 1821 von Josi facsimilirte Zeichnung, welche mit Ausnahme der fehlenden dritten Person dem Dresdener Blatt gleich ist und deren Original, insofern es sich eben nach solch einer mangelhaften Reproduction beurteilen lässt, Rembrandt eben so fern steht.
5. eine Zeichnung mit landschaftlichem Hintergrund im Louvre. Diese ist mir bis jetzt nur aus der Erwähnung bei Vosmaer S. 593 bekannt

Das Hundertguldenblatt.

Bildnis des Goldschmiedes Jan Lutma, als Skizze, mit Hintergrund und ausführlich radirt. — Houbraken hat sich hier entweder geirrt, oder er hat einen Plattenzustand gekannt, der jetzt verschollen ist. Die heutige Rembrandtforschung kennt blos zwei Zustände: ohne und mit Fenster im Hintergrund. Allerdings kommen vom ersten Zustand Abdrücke vor, welche sehr blass ausgefallen sind, und in der Sammlung von Beckerath zu Berlin wird ein solcher Abdruck aufbewahrt, der vermutlich von Rembrandt selbst mit Kreide, Rötel und Weiss überarbeitet ist. Es mag sein, dass ein solcher auch Houbraken vorgekommen ist. Vgl. über diese Fragen: Rovinski, l'oeuvre gravé de Rembrandt S. 138.

*Zeichnung des hl. Abendmahls, eins der hervorragendsten Blätter, nur als Federskizze ausgeführt. Houbraken sah sie in der Sammlung van der Schelling, später war sie im Besitze des Herrn Willem Six, und wurde zu 20 Ducaten taxirt. — Vermutlich ist hiermit die zuletzt aus der Sammlung de Vos ins Berliner Kupferstichcabinet übergegangene Zeichnung gemeint, welche mit dem Namen und der Jahreszahl 1635 versehen und von Lippmann als Nr. 24 seiner Publication der Rembrandtzeichnungen veröffentlicht ist. Eine alte, etwas modificirte Copie besitzt dieselbe Sammlung, während Vosmaer (S. 509) eine zweite Wiederholung — seiner Ansicht nach ebensowie das zweite Berliner Blatt ein Original — als ebenfalls in der Sammlung de Vos befindlich citirt [1]). Die Rötelzeichnung dieses Gegenstandes, welche die Sammlung Friedrich August II zu Dresden aufbewahrt (Lippmann Nr. 99) kann des Materials wegen nicht das von Houbraken erwähnte Blatt sein. Sämmtlich sind diese Zeichnungen mehr oder weniger getreue Copien nach Stichen von Leon. da Vinci's Abendmahl.

Bildnis des Silvius, erst roh geätzt, später mit „de teedere tintelschaduwe en kragt daar ingebracht" und zwar so zart behandelt wi es sonst nur durch Schabkunst möglich ist. — Auch hier ist kaum zu erraten, was die Worte Houbrakens bedeuten, denn von jedem der beiden Bildnisse des Silvius (Bartsch 266 und 280) giebt es nur durch geübte Kenneraugen zu unterscheidende Etats. Ich vermute, dass ihm, als er dies niederschrieb, eine nur unklare Erinnerung an die beiden Bildnisse vorschwebte und er sie dadurch für Abdrücke von derselben Platte hielt. In diesem Falle wäre es recht gut denkbar, dass er das frühere als das rohere, das spätere als das zartere, den Schabkunstblättern ähnliche vor Augen hatte [2]).

Das Blatt mit Juno mit und ohne Krone. — Gemeint ist die Hochzeit von Jason und Creusa (Bartsch 112), auf deren erstem und zweitem Etat Juno eine Mütze trägt, während sie vom dritten Etat an mit einer Krone schmückt ist.

Das Blatt mit Joseph [Träume erzählend] „mit

---

[1]) Der Auctionscatalog erwähnt das Blatt unter Nr. 368 als eine gleichzeitige Copie. Da es aus dem Cabinet Ploos van Amstels stammt, ist auch späterer Ursprung nicht ausgeschlossen.

[2]) Beiläufig will ich hier bemerken, dass das berühmte gemalte Bildnis vom Jahre 1645 bei Herrn von Carstanjen zu Berlin ebensowenig den Silvius darstellt wie den Justus Lipsius, wie man früher annahm. Es ist ja an sich schon unwahrscheinlich, dass Rembrandt dies Bild sieben Jahre nach dem Tode des Dargestellten malte. Jedermann kann sich ausserdem durch einen Vergleich der Radirung Flamengs mit derjenigen Rembrandts vom Jahre 1633 von der Unähnlichkeit der Gesichtszüge überzeugen. Nur die Tracht und die Haltung sind dieselben. Die Skizze zum Carstanjenschen Bilde wird in der Sammlung Fried. Aug. II zu Dresden aufbewahrt.

und ohne das beschattete Antlitz" — Letzteres kommt vom dritten Etat an vor. Vgl. Rovinski a. a. O. S. 24 (Bartsch 37).

Die Frau beim Ofen, eins der geringsten Blätter, als Werk seines Sohnes Titus in den Handel gebracht und zwar mit und ohne Mütze, mit und ohne Ofenschlüssel. — Es ist dies Bartsch Nr. 197; die Zustände I—V sind mit, VI ist ohne Mütze, von IV an ist der Ofenschlüssel vorhanden. Vgl. Rovinski, S. 108.

*Bildnis von sich selbst und seiner Gattin, ersteres von Houbraken auf Tafel M. des ersten Bandes reproducirt. Bartsch 19.

La Tombe's Blatt, benannt nach dem Bruder des Malers la Tombe. — Bartsch Nr. 67, jetzt unter dem irrigen Namen „la petite Tombe" bekannt.

Darstellung der Schlange im Paradies, in der Art des Drachens in den Metamorphosen Ovids. — Dies bezieht sich auf das Blatt Adam nnd Eva, Bartsch 28, worauf die Schlange in der Tat drachenartig abgebildet ist.

*Bildnis des Malers Jan Asselijn. — Bartsch 277; von Houbraken für seine Tafel C. des dritten Bandes benützt.

Roghman, Geertruy (I 57). *Stich nach dem von P. Moreelse gemalten Bildnis des Malers Roel. Savery. Vgl. bereits oben S. 56 und 148.

Roghman, Roel. (I 173). *Ein ganzes Buch mit Zeichnungen nach den meisten holländischen Schlössern, von denen viele gestochen sind.

Roos, Joh. Heinr. (II 204, 288). Drei Bücher mit von ihm radirten Schafen, Böcken und Ziegen; von ihm als Beweis der Dankbarkeit seinem Lehrer Bar. Graat von Frankfurt aus übersandt.

Roos, Phil. (II 280). °Zeichnung nach einem Teil des Colosseums innerhalb einer halben Stunde gefertigt. Diese Mitteilung beruht auf einer Angabe le Blons. Vgl. S. 58.

Sadeler, Gil. (I 57, 276). Die von Roel. Savery zu Prag

ausgeführten Landschaften; von ihm und Is. Major gestochen. Vgl. S. 162.

Stiche nach den von Titian in mehr als Lebensgrösse gemalten Bildnissen der zwölf Kaiser und Kaiserinnen.

Saftleven, Herm. (I 341). °Buch mit seinen vornehmsten Zeichnungen, von Vondel besungen.

Sandrart, Joach. (I 278). °An, Ort nnd Stelle gemachte Zeichnungen der Vulcanischen Inseln, des Aetna, der Scylla und Charybdis. In der Teutschen Academie vorerwähnt.

Scheyts, Math. (III 187). Alt- und neu-testamentliche Darstellungen, welche unter seinem Namen gedruckt sind. — Gemeint ist die 1672 erschienene Bibel von M. Scheitz, von dessen Hand die Zeichnungen sind zu den Stichen von J. de Visscher, A. Blooteling u. A.

Schellinks, Wil. (II 270). Mehrere auf der Insel Malta gefertigte Zeichnungen nach der Natur, von denen Houbraken zwei kannte, welche die Felsenhöhle darstellten, worin der Apostel Paulus geschlafen, sowie den Platz, von wo er gepredigt und die Stelle, wo er die Schlange abgeschüttelt haben sollte.

Schenk, Pieter (III 305). *Bildnis der Joh. Koerten-Blok mit zweizeiliger Unterschrift von Cath. Lescaille. — Nach Dav. v. d. Plaas. Von Houbraken ohne Nennung des Stechernamens erwähnt. Näheres bereits oben S. 154.

v. Schurman, Anna Maria (I 314). *Selbstbildnis, Aet. XXXIII Anno CIↃ.IↃ CXL, geätzt und mit der kalten Nadel vollendet. Von Houbraken auf Tafel M. des ersten Bandes reproducirt. — Fred. Muller, Nr. 4868. Ein Bildnis in Beverwijcks Wtnementheyt des vrouwelicken geslachts, welches lange Zeit ebenfalls als Selbstbildnis gegolten hat, trägt in Spiegelschrift den Stechernamen „Paulus Lesire 1639." Näheres bei Bredius und Veth in Oud Holland V S. 48.

Simonneau, sieh Bonnart.

Smith, John. (II 17 f. 32, 6 III 319, 357, 361). Hirschjagd nach einem Gemälde von Jan Wijk. — Wessely, Nr. 450.

Bildnis des Herzogs Friedr. von Schömberg in Schabkunst, von Godfr. Kneller gemalt. Vgl. S. 107 und Smith, Brit. M. T. Portr. Nr. 227.

Bildnis des Marinemalers W. van de Velde des jüngeren; 1680 von Godfr. Kneller gemalt, aber erst 1707 nach dem Tode des Künstlers gestochen. Die lateinische Unterschrift lehrt uns, dass van de Velde wegen seiner ausserordentlichen Kenntnisse der Schiffs- und Marinemalerei von den englischen Königen Karl II und Jacob II ein jährliches Gehalt bezog uud am 6 April 1707 im Alter von 74 Jahren starb. — Vgl. Smith, a. a. O. Nr. 258.

*Bildnis des Malers Abrah. Hondius in Schabmanier. Von Houbraken copirt auf Tafel H. des dritten Bandes. — Smith. Nr. 132; v. Someren, Nr. 2533.

Bildnis des Mr. Gibbons mit seiner Frau nach dem Gemälde Kloostermans. Vgl. S. 107.

*Brustbild des Malers Wil. Wissing, nach dessen im Jahre 1687 erfolgten Tode. — Smith, Nr. 278; v. Someren Nr. 6173.

Snyers, H. (I 38). *Bildnis des Malers Ad. van Oort. Aus der Sammlung Meyssens-de Bie entlehnt und auf Tafel C. des ersten Bandes copirt.

Stella, Cl. (I 141, 312). Moses Wasser aus dem Felsen schlagend.

Die Errichtung der ehernen Schlange, beide nach Bildern des N. Poussin.

Suijderhoef, Jon. (III 40). Stich nach Ger. ter Borchs Friedenscongress zu Münster. — Houbraken erwähnt das Blatt ohne den Stecher zu nennen.

Testa, P. (II 138). *Das Blatt auf höllandiseh 't darmwindertje genannt, welches das Martyrium des hl. Erasmus darstellt, von Houbraken mit zwei Ducaten bezahlt.

Tybout. Wil. (I 32). °Zeichnungen nach den alten Grafenbildnissen im Carmeliterkloster zu Haarlem, wonach er seine Glasmalereien im Doelen zu Leiden fertigte. — Diese Zeichnungen befinden sich jetzt in der Sammlung des Herrn Stadtarchivar Dozy zu Leiden; sie dienten auch als Vorlage der Stiche von Phil. Galle in dem von Houbraken citirten Werke des Mich. Vosmerus, Principes Hollandiae. Näheres bei van Someren, Catalogus van portretten I 91 und bei Pleyte, Iconographie der graven van Holland en Zeeland in Bijdragen voor vaderl. gesch. en oudh. kunde III, II 234 ff.

Tilmans, Tochter des Malers S. P. Tilmans, vermutlich Gattin eines Bokelman (II 88). *Landschaften, Figuren und insbesondere Blumen, ausführlich nach dem Leben in Aquarell gemalt.

v. Thulden, Theod. (I 290). Der Ulysses des Primaticcio von Bologna, zu Paris radirt. — Es ist dies eine Folge von 58 Blatt nach den von genanntem Maler und seinen Schülern zu Fontainebleau gemalten Bildern. Die erste Ausgabe ist 1633 datirt, eine spätere mit deutschen Unterschriften erschien 1675 bei Barth. Kilian zu Augsburg.

v. Veen, Oct. (I 39). °Emblemata zu Horaz, zum Leben des hl. Thomas von Aquino und zur weltlichen und göttlichen Liebe. Von de Piles vorerwähnt. — Vgl. über diese Werke Hijmans, van Mander II S. 278 f.

v. d. Venne, Adr. (I 136). Illustrationen zu Jacob Cats, sowie eine grosse Anzahl von Emblemen. — Vgl. hierüber D. Francken, A. v. d. Venne. (1878), S. 103 ff. und passim.

Verhagen, Jor. (III 203). Landschaften aus der Umgegend von Cleve und anderswo, sehr geistreich mit Kreide und Tusche auf weissem und blauem Papier gezeichnet; die meisten datirt mit den Jahreszahlen 1650, 1660 und 1662. Im Jahre 1715 wurde eine grosse Anzahl zu guten Preisen in Amsterdam verkauft. Houbraken sah mehrere beim kunstliebenden Herrn Ed. Feitama.

Verkolje, Joh. (I 236, III 283, 285). Bildnis des Malers Pieter Jzn. v. Asch. Von Houbraken für die Tafel L des ersten Bandes benützt. — Wessely in Naumanns Archiv XIV Nr. 2; v. Someren, Nr. 177.

*Federzeichnung mit Tusche schattirt, nach dem Bacchus von Mantegna, im Besitze seines Sohnes Nicolaus.

Schabkunstblatt nach dem Venus und Adonis eigener Erfindung. — Houbraken teilt nicht mit, dass der Maler ebenfalls der Stecher des Blattes war. — Wessely a. a. O, Nr. 31.

Verkolje, Nic. (II 82). Der verlorene Sohn oder „'t pissend jongetje" in Schabmanier nach Giov. Batt. Weenix. — Vgl. über das Bild oben S. 177. Wessely hat das Blatt in Naumanns Archiv XIV unter Nr. 32 beschrieben.

Vermeulen, Corn. sieh Audran.

Voet, Ferd. (III 341). °Zeichnungen der Römischen Bentvögel, mit Kreide an der Wand ihrer Schenke ausgeführt.

Mehrere mit Figuren staffirte Landschaftsradirungen.

Vorsterman, Luc. (I 157). Das Dreikönigsfest und der Satyr beim Bauer in Stichen nach Jac. Jordaens. Vgl. über die Bilder oben S. 136.

Anonyme Stiche.

Bildnisse der höllandischen Grafen nach den im Haarlemer Rathause befindlichen Originalen gestochen für van Alkemade's Ausgabe von Melis Stoke's Reimchronik (I 32). — Dieses Werk erschien 1699 zu Leiden. Nach einer im Anhang zu Kramm enthaltenen Mitteilung soll der Stecher P. Sluijter die Vorlagen in Rötel für die Stiche geliefert haben. Näheres darüber bringt van Someren, a. a. O. I 102, Pleyte S. 240 ff.

Bildnis des älteren Karel van Mander mit 14 zeiliger, von J. van den Vondel im Jahre 1657 gedichteter Unterschrift (I 251). — Nicht erwähnt in den Porträtcatalogen von Fred. Muller und van Someren.

Die Versuchung Christi, ein alter Stich, auf welchem der Teufel eine Mönchskappe trägt (II 246). — Vermutlich das Blatt Lucas van Leydens, Bartsch Nr. 41 oder eine Copie danach.

*Biblische Darstellungen für den Buchhändler Pieter Mortier (III 231). Der Maler Dav. v. d. Plaets beschäftigte sich mehrere Jahre hindurch mit der Ueberwachung und Correctur der Platten. — Dieselben sind verwendet in einer illustrirten Bibel, welche unter dem Titel: Historie des Ouden en Nieuwen Testaments, verrijkt met meer dan 400 printverbeeldingen in koper gesneden, im Jahre 1700 beim genannten Verleger erschien. Insofern die Blätter bezeichnet sind, finden sich die folgenden Stechernamen auf ihnen: J. Baptist, A. de Blois, H. Elandt, Gouwen, Haelweg, C. Huyberts, J. de Laeter, J. Luycken, J. Mulder, M. Pool, Andr. Reinhart, Scherm, Sluyter, G. Valck und Vianne. Die Vorrede des ersten Bandes erwähnt die Tätigkeit des „berühmten Malers Sr. David van der Plaets." Vermutlich ist dies die Quelle Houbrakens.

Stich nach dem Selbstbildnis Godfr. Knellers zu Florenz. Die Unterschrift nennt den Namen und die Titel des Dargestellten, von denen der letzte: „Hofmaler des Königs Georg von England" beweist, dass das Blatt nach der Thronsbesteigung dieses Fürsten (1715) entstanden ist. (III 238). — Vermutlich das Schabkunstblatt des P. Schenk. v. Someren, Nr. 2985.

*Bildnis des Malers Jan Luiken im Auftrag van der Sys's nach seinem Tode gezeichnet und gestochen. Mit sechszeiliger Beischrift von A. Houbraken (III 256). — Ein Porträt Luikens wurde nach A. Boonens Zeichnung in Randwerk von Houbrakens Erfindung und mit sechszeiliger Unterschrift von Adr. Spinniker von P. Sluiter gestochen und erschien bei C. van der Sijs.

III. Glasmalereien, sowie Kunstwerke ausgeführt mit der Nadel oder Scheere.

Bouchorst, Joh. (II 124 f.). °Die Eroberung Damiatens, Glasgemälde im grossen Saale des Haarlemer Rathauses, von S. Ampsing im Anhang zu Schrevels Harlemias besungen. — Nicht mehr vorhanden.

v. Bronkhorst, Joh. (I 232). °Allegorie auf den Frieden des Jahres 1648 in drei gemalten Fenstern der neuen Kirche zu Amsterdam neben dem Chor. Vorerwähnt im Wegwijzer door Amsterdam.—Noch vorhanden.

Koerten Blok, Joh. (III 295 ff.). Von ihr werden die folgenden, mit der Scheere geschnittenen, Bildnisse erwähnt:

Kaiser Leopold, mit Unterschrift des Professor Francius.
D. van Hoogstraten, M. D.
Die Brüder Jan und Cornelis de Witt.
Wilhelm III von Oranien.
Czar Peter von Russland.
Balth. Bekker, Prediger zu Amsterdam.
Galenus Abrahamsz, Mennonitenprediger und Arzt.
Cosmus III, Grossherzog von Florenz.
Die 12 Römischen Kaiser.
Friedrich III, Kurfürst von Brandenburg.

Ausserdem wird noch ein Kunstwerk von geflochtener Seide, aus Blumen, Wappen, Adlern, und Kronen bestehend, erwähnt, welches die Künstlerin für die Gemahlin des Kaisers Leopold gemacht und wofür sie mehr als 4000 Gulden bekommen hatte.

v. Koot, Laur. [Houbraken irrtümlich van Kool] (I 31) °Glasgemälde in der Kapelle der Hoogheemraden van Delfland in der Alten Kirche zu Delft. — Von Bleijswijk vorerwähnt. Dieses Kunstwerk, welches in Folge der Pulverexplosion vom Jahre 1654 zu Grunde ging, ist auf einigen alten Ansichten der Kirche zu erkennen. So z. B. auf einem Gemälde des H. v. Vliet (datirt 1654) in der Thiemeschen Stiftung des Leipziger Museums. (Cat. 1891 Nr. 591) und auf einem Houckgeest der kürzlich versteigerten Sammlung van Lennep zu Amsterdam. Letzterer wird demnächst im Rijksmuseum seinen Platz erhalten.

Crabeth, W. und D. (I 28, 149). °Die berühmten Glasgemälde in der Johanniskirche zu Gouda. — Von Walvis vorerwähnt Noch heute vorhanden.

Cupers, Maria, Mutter A. van Dijks, (I 182). Susanna mit den beiden Alten auf einem gestickten Kaminschirm; verfertigt um die Zeit, als sie mit A. v. Dijk schwanger ging (1599). — Houbraken erwähnt den Mädchennamen der Künstlerin nicht.

Jelle Reiniers, (I 149). Die Flucht nach Egypten, in einem von der Zimmermansgilde in die Kirche zu Sneek gestifteten Glasgemälde, noch zu Houbrakens Zeit dort zu sehen. Man meinte, dass dies Fenster sogar die berühmten Werke der Brüder Crabeth zu Gouda übertraf. — Seit 1818 nicht mehr yorhanden. Vgl. v. d. Aa, Aardrijkskundig Woordenboek, i. v. Sneek.

Rozee, (II 263). Eine Landschaft, mit dem Stamm eines alten Baumes und einer Spinne in ihrem Netze; von Seidenfäden auf Holz gefertigt in Nachahmung von Oelmalerei. Dieses Kunststück wurde für 500 Gulden verkauft.

°Ein Bildnis in derselben Technik, von M. Carrée besonders gerühmt.

Eins ihrer besten Werke beim Grossherzog von Florenz.

Stuart, Maria (II 265 Anm.). °Der Lenz in einem gestickten Teppich hinter dem Sitz des Königs im englischen Oberhause; während ihrer Gefangenschaft zu Fotheringhay verfertigt. In Schellinks Tagebuch erwähnt.

Tybout, Wil. (I 31 f.). °Philipp II von Spanien und seine dritte Gattin Elisabeth von Valois, sowie die Anbetung der Könige, in Glasgemälden im nördlichen Querschiff der Neuen Kirche zu Delft. Im Jahre 1654 zu Grunde gegangen. Von Bleijswijck vorerwähnt.

°Bildnisse der holländischen Grafen, Glasgemälde im Doelen zu Leiden. Von Orlers vorerwähnt. — Die noch vorhandenen werden jetzt im städtischen Museum daselbst aufbewahrt. Cat. Nr. 797—808. — Näheres oben S. 198 und 200, sowie bei Pleyte S. 234.

IV. Bau- und Bildhauerwerke.

v. Aelst, sieh Coeck.

v. Campen, Jac. (II 94, 186, III 381). Entwurf der Orgel in der Alkmaarschen Kirche.

Das Amsterdamer Rathaus.

Das sogenannte Mauritshuis im Haag.

Das Haus des Herrn van Zuilichem und Speelhuis zu Voorburg.

Degl. des Herrn Dedel zu Lisse.

°Desgl. des Herrn Guldewagen zu Haarlem. Im Giebelfeld war eine Hirschjagd dargestellt. Vorerwähnt in einem anonymen Gedichte.

Das Theater zu Amsterdam.

Die Grabmäler M. Hzn. Tromps [1]), van Galens und anderer Seehelden.

de Keijzer, Hendr. (I 20). Metallenes Standbild des Desiderius Erasmus zu Rotterdam. Houbraken erwähnt es, ohne den Namen des Künstlers zu nennen.

Kerricx [2]), [Wil.] (I 248). Büste des Herzogs von Bayern, 1693 zu Antwerpen verfertigt.

Coberger, Wenc. (I 117). °Die Liebfrauenkirche zu Montaigu und die der Augustiner zu Brüssel, erstere nach dem Modell der Peterskirche zu Rom. Wie das Folgende aus le Comte entlehnt.

°Fontänen und anderer bildnerischer Schmuck auf dem Landgut Tervure bei Brüssel. [Houbraken irrtümlich Fornure oder Veurné bei Nieupoort].

Coeck, P. (I 227). °Triumphbogen beim Einzug Philipps II in Antwerpen, i. J. 1550. Vgl. hierüber den Abschnitt über die Nachträge zur deutschen Ausgabe von Sandrarts T, Academie.

---

[1]) Dies Grabmal wurde blos von ihm entworfen, dagegen von Romb. Verhulst ausgeführt. Vgl. Obreens Archief V. 62 ff; Galland, Gesch. der holländischen Baukunst S. 333.

[2]) Die Daten über diesen Künstler enthalten de Liggere.

Danks, Franç. (III 319). Die Zeit als steinernes Bild mit der Unterschrift: „Mijn glas loopt ras", auf der Heeregracht zu Amsterdam, 1676 aufgestellt.

Francart, Jacq. (I 162). °Die Jesuitenkirche zu Brüssel. Bereits von de Bie erwähnt.

Grupello, (III 353). Bildnis des Kurfürsten Johann Wilhelm von der Pfalz, auf dem Markte zu Düsseldorf in mehr als Lebensgrösse zu Pferde. Noch jetzt an Ort und Stelle.

Hup oder Huppe [1]), Aemilius und Samuel (III 181). *Der bildnerische Schmuck des Thores genannt: Grootehoofdspoort zu Dordrecht.

Moreelse, P. (I 49). Das Catharinenthor zu Utrecht

Peuteman, (III 322). Bemalte Statue eines Wachehaltenden Schweizers in seinem Vorhause.

Rijcks, P. (II 57). °Grabmal des Malers Jacob Delff, gest. 1661. Bei Bleijswijck vorerwähnt.

Schagen, Gil. (II 32). Selbstbildnis, im Besitz seiner Nachkommen.

v. Schurman, Anna Maria (I 315). Bildnisse ihrer Mutter, ihres Bruders und ihrer selbst, mit einem Messer aus Palmenholz geschnitzt; dasjenige ihres Bruders wurde vom Maler Honthorst auf 1000 Gulden taxirt.

Selbstbildnis in Wachs.

v. d. Werf, Adr. (III 402). Giebelentwürfe für die Häuser der Herrn Jac. Noorthei und Jos. Schephert in der Strasse gen. Haringvliet, sowie für das grosse Haus des Herrn van Ellemeet, alle zu Rotterdam.

Anonym.

°Eine Allegorie der Vergänglichkeit, auf dem Grabmal des Malers Jan van Hoogstraten in der Galerie der Kreuzkirche zu Wien, von einem Freunde Sam. v. Hoogstratens gefertigt und in der Inleijdingh vorerwähnt. (II 168).

[1]) Galland a. a. O. S. 341 nennt sie Hulp, was vermutlich nur auf der falschen Lesart Naglers beruht, welche auf diese Stelle bei Houbraken zurückgeht.

8. CHARAKTERISTIK DER GESCHICHTSCHREIBUNG HOUBRAKENS.

Wir haben bereits oben S. 37 gesehen, dass das Ziel, welches Houbraken sich mit seinem Werke gesteckt hatte, die Fortsetzung des van Manderschen Schilderboek's war. Nicht nur sagt er dies mit ausdrücklichen Worten auf dem Titelblatt, er beweist es auch dadurch, dass er mit seinen Lebensbeschreibungen dort anfängt, wo van Mander aufgehört hatte. Als Holländer berücksichtigt er dabei nicht, dass vor ihm bereits zwei Ausländer, de Bie und Sandrart dasselbe getan hatten, er nimmt vielmehr deren Resultate ohne Weiteres in sein Werk auf.

Was den Endpunkt von Houbrakens Werk betrifft, so haben wir ebenfalls bereits oben S. 43 bemerkt, dass derselbe nicht der vom Verfasser beabsichtigte war, insofern er vor Vollendung des vierten und letzten Bandes starb und nicht einmal selbst mehr den dritten Band veröffentlichen konnte.

Abgesehen von diesem letzten Umstande, wollen wir uns hier die Frage vorlegen: in welchem Maasse hat Houbraken das von ihm gesteckte Ziel erreicht und welchen Wert dürfen wir seinem Werke beimessen.

Nach dem heutigen Stande der Wissenschaft würde es nicht schwer fallen, fast jedem der von Houbraken behandelten Künstler einen ebenso bedeutenden von ihm übergangenen Meister zur Seite zu stellen, nahezu jede Tatsache aus einer Biographie durch eine unerwähnte zu ergänzen und statt jeden Kunstwerks zehn mindestens ebenso wichtigen aufzuzählen. Dennoch wollen wir dem Verfasser nicht wegen Unvollständigkeit zürnen. Unsere Zeit arbeitet mit ganz andern Hilfsmitteln, vor Allem arbeitet sie methodisch, während das anfangende achtzehnte Jahrhundert, dessen Kind Houbraken war, hauptsächlich auf den Zufall angewiesen war. Soll unsere Beurteilung Houbrakens gerecht sein, so muss sie diesen Umstand im Auge behalten und den Schriftsteller im Rahmen seiner Zeit zu beleuchten suchen.

Erstreben wir dies, dann ist in Bezug auf Umfang des Quellenmaterials in erster Linie ein grosser Fortschritt zu constatiren, ein Fortschritt, von dem wir oben (S. 49) bereits die Einzelheiten berührt haben. Hierbei kommen vorwiegend die literarischen Quellen in Betracht, während die Verwertung der persönlichen Beziehungen zu Künstlern und der Autopsie von Kunstwerken vielleicht von van Mander in nicht geringerem Grade ausgeübt worden ist.

Was das künstlerische Urteil betrifft, so liegt es allerdings nicht auf unserm Wege, hier eine ausführliche Parallele zwischen den beiden Künstlerbiographen zu ziehen, es scheint aber der Mühe wert, darauf hinzuweisen, dass beide Academiker im schlechten Sinne des Wortes waren, welche Schönheit des darzustellenden Objektes, Correctheit der Zeichnung und Symmetrie der Composition über künstlerische Empfindung, poetische Stimmung und coloristische Kraft stellten. Letztere Eigenschaften bildeten aber grade die Hauptvorzüge der Zeit und der Schule, deren Bild Houbraken zu liefern übernommen hatte. Von seinem Standpunkte aus musste er daher einen Adriaen van der Werff, einen Ger. de Lairesse, einen Frans van Mieris zu den ersten Meistern ihrer Zeit rechnen. Um so höher ist es deshalb bei ihm anzuschlagen, wenn er zu wiederholten Malen Werke von Meistern preist, die als zur nationalen Richtung gehörig, nichts weniger als academisch inspirirt waren.

Vor allen Dingen kommt da Rembrandt in Betracht. Neben vielem Tadel über diesen Meister sagt er z. B. von einem Selbstbildnis bei Jan van Beuningen, dasselbe sei so kunstvoll und kräftig gemalt, dass das kräftigste Bild eines van Dijk oder Rubens dagegen nicht aufkommen könne; ja der Kopf scheine aus dem Bilde herauszutreten und die Beschauer anzureden (I 269). Aehnliches Lob spendet er andern Bildern Rembrandts (S. 260 f.) und — um nur noch einige wenige andere Künstler anzuführen — Werken von Jan Steen (III 16) Gabriel Metzu (III 41) und Jan Wouwerman (II 76).

Nächst dem künstlerischen sei hier das kunstkritische Urteil Houbrakens an einigen Beispielen beleuchtet. B. I S. 260 macht er die sehr richtige Bemerkung, dass die frühen Rembrandts mit mehr Geduld und Ausführlichkeit gemalt sind als die spätern. Als Beispiel führt er das Petrusschifflein der Sammlung Hinloopen an. Dies Bild existirt noch heute und befindet sich in der Sammlung Hope zu Deepdene bei London [1]). Da das Bild die Jahreszahl 1633 trägt, und also aus dem 27sten Lebensjahr des Künstlers stammt, ist es ein treffender Beleg für die Richtigkeit von Houbrakens Empfindung, weil es in der Tat mit der damals Rembrandt eigenen Sorgfalt ausgeführt ist. Nicht weniger richtig ist Houbrakens Beobachtung, dass Cornelis Saftleven in seinen Wachtstuben und sonstigen Interieurs von Adriaen Brouwer und Dav. Teniers beeinflusst wurde (I 342 f.); dass die Märkte des Hendrik Sorgh entfernte Aehnlichkeit mit denen des Thom. Wijck, seine Interieurs dagegen viel Verwantschaft mit den Gemälden des Jan Miense Molenaer aufweisen (II 90); dass Jan Wouwerman in seinen Landschaften den frühen Werken seines Bruders Philipp nahe kommt, und dass diese einfarbiger sind als seine späten Bilder (II 76). Ja, an einer Stelle (II 273) ist sein kritisches Urteil ein so richtiges, dass er auf einem Bilde, welches Willem Schellinks zugeschrieben wurde, Aehnlichkeit mit Joh. Lingelbach entdeckt, der — das Bild selbst gemalt hatte [2]).

Auch für den Stil der älteren holländischen Maler scheint er ein geübtes Auge gehabt zu haben. Das beweist seine Aeusserung über die Zeichnungen des Glasmalers und Ketzers David Jorisz, welche er bei Jacob Moelaert zu Dordrecht sah (I 22). Dieselben sollen Aehnlichkeit gehabt haben mit den Werken des

---

[1]) Gegenwärtig leihweise im South Kensington Museum ausgestellt. Sieh auch bereits oben S. 156.

[2]) Näheres bereits oben S. 163 ff.

Lucas van Leijden, eine Anschauung, deren Richtigkeit sich zwar heutzutage nicht mehr erweisen lässt, welche aber mit Rücksicht auf die ungefähre Gleichaltrigkeit der beiden Künstler, und auf die Nähe ihres Wohnortes (Delft—Leiden, c[a] 4—5 Stunden Entfernung) sehr viel für sich hat.

Als weitere Stellen, wo Houbraken ein mit dem heutigen übereinstimmendes Urteil über Kunst ausspricht, erwähne ich hier noch: B. I S. 340: die verschiedenen Perioden in der Malweise des Herman Saftleven. B. S. I S. 213: die bis zum Verwechslen ähnlich aussehenden Werke des Jan und Julius Porcellis; B. I S. 121: die Superiorität der Kirchen des Hendr. van Vliet über seine Bildnisse [1]) und B. I S. 214 die Aehnlichkeit der braunen Malweise, dh. des Helldunkels bei Jan Pijnas und Rembrandt [2]).

An anderen Stellen ist dagegen seine Meinungsäusserung so theoretisch und academisch wie möglich. Sie zeigt da so recht, wie schlimm es um die Kunst selbst zu Houbrakens Zeiten in Holland stand. So heisst es B. II S. 21 über Govert Flinck, dass er in einem Jahre die coloristische Behandlung und Malweise Rembrandts so nachzuahmen gelernt habe, dass seine Bilder für echte Gemälde Rembrandts verkauft wurden, aber später habe er sich diese Malweise mit viel Mühe und Arbeit wieder abgewöhnt, da der Welt bereits vor dem Tode Rembrandts durch die Einführung italienischer Kunstwerke durch

---

[1]) Letztere nicht zu verwechseln mit denen seines in diesem Fache begabteren Onkels Willem van Vliet.

[2]) Houbraken schliesst hieraus, dass Rembrandt ein Schüler des Pijnas gewesen sei und ihn nach Vieler Meinung „nachgeäfft" habe. Dies ist unrichtig. Was den beiden Künstlern gemeinsam war, ist zum Teil der ganzen Gruppe der von Elzheimer abhängigen holländischen Künstler eigen (Bode, Studien S. 521 ff.), z. T. geht es auf die Rückwirkung zurück, welche Rembrandts mächtiges Genie auf seine älteren Zeitgenossen: Lievens, Sal. Koninck, Nic. Moeyaert, Leon. Bramer, ja sogar auf seinen Lehrer Lastman ausübte (man vergleiche dessen Gemälde in Haarlem, Cat. Nr. 196). Diesem Einfluss unterlag auch Pijnas im letzten Jahrzehnt seines Lebens, wie mir aus einer Verkündigung an die Hirten in der Franz Xaveriuskirche zu Amsterdam (jetzt verkäuflich) besonders deutlich hervorzugehen scheint.

wahre Kunstkenner die Augen geöffnet worden, wodurch die helle Malweise wieder üblich wurde!

Ganz ähnlich denkt sich Houbraken den Entwicklungsgang des Jan de Baan (B. II S. 305). Als dieser nach seiner Lehrzeit bei Jacob Backer selbständig die Kunst zu üben anfing, musste er sich nach Houbraken eine Malweise vor Augen stellen, die lobenswert genug war, um sich daran zu halten. Da stand er lange am Scheideweg, ohne zu wissen, ob er die Richtung van Dijks oder Rembrandts einschlagen sollte, wählte aber schliesslich die Malweise des ersten, weil sie ihm dauernder erschien.

Nach diesen Worten könnte es fast so scheinen, als ob Houbraken ein Laie ohne jegliches Verständnis für den künstlerischen Entwicklungsgang eines Malers gewesen sei. Einmal ignorirt er vollständig, dass der Schüler nach dem Verlassen der Werkstatt seines Lehrers unbedingt eine kürzere oder längere Zeit in dessen Stil weiter gemalt haben muss. Sodann giebt er eine Darstellung, welche den Eindruck hervorruft, alsob unser jugendlicher Künstler an jenem Scheidewege nach langem Zögern seine bereits erworbenen, individuellen Eigenschaften sammtden von seinem Lehrer überkommenen über Bord geworfen habe, um jetzt als treuer Nachahmer van Dijks in dessen Fussstapfen zu treten. In der Zeit Houbrakens mag ein so plötzlicher Wechsel des Stiles, ein so sclavischer Uebergang von der einen Schule zur andern bei einem Künstler möglich gewesen sein, in der Zeit, wo sich bei de Baan jener Wechsel vollzogen haben soll (± 1651), stand die holländische Kunst noch in zu hoher Blüte und waren ihre Jünger noch zu ausgesprochene, zu naive Individualitäten, um dies glaublich erscheinen zu lassen!

Neben den im Vorhergehenden citirten Stellen, aus denen einerseits ein richtiges, natürliches, andererseits aber ein conventionelles, academisches Empfinden Houbrakens hervorgeht, dürfen hier einige Aussprüche, welche entschieden falsch sind, nicht mit Stillschweigen übergangen werden. Wenn er B. I S. 221 meint, der Caravaggist Theod. van Babueren und der Kirchenmaler Pieter Neeffs hätten in den Erzeugnissen ihrer

Kunst Aehnlichkeit mit einander, so beruht dies allerdings nur auf einen falschen Schluss, den er aus den Worten seiner Quelle (dem Gülden Cabinet de Bie's) macht [1]). Dagegen bezieht er sich B. I S. 125 ausdrücklich auf seine Autopsie, wenn er erklärt, vom Maler Camphuysen Stallinterieurs, Landschaften mit Figuren, Kühen und Pferden, und auch Mondscheinlandschaften zu kennen. Abgesehen davon, dass er diesem Künstler irrtümlich die Vornamen des älteren Dirk Rafelsz Camphuysen giebt, ist hier zu bemerken, dass er zwei [2]) ganz verschiedene Maler zusammenwirft: Govert Camphuysen der in Nachahmung Potters Landschaften mit Vieh, ferner Ställe, Bauernstücke und Bildnisse malte — sein Hauptwerk in Cassel; ausserdem Bilder zu Amsterdam, Aachen, Brüssel, Rotterdam, Dulwich, Kiel, Kopenhagen und Petersburg, sowie zahlreiche in Privatbesitz [3]) — und Raphael Camphuijsen, von dem Mondscheinlandschaften in der Art des Ant. v. Borssem und Aert v. d. Neer [4]) bekannt sind, u. A. je zwei in der Dresdener Galerie (Cat. Nr. 1545 f.) und beim Generalconsul Thieme zu Leipzig, ein fünftes zu Schleissheim, Cat. Nr. 505 usw. [5]). Hier hörte also Houbrakens kunstkritische Kenntnis auf: die Bilder des 1598—1657 lebenden Raphael, sowie des 1624—1672 lebenden Govert sind für ihn Werke des 1586 geborenen Dirk Raphaelsz

[1]) Näheres im zweiten Teile unter de Bie.

[2]) Ein dritter, Joachim Camphuijsen muss hier ausser Frage bleiben, weil sichere Bilder von ihm nicht bekannt sind. Auf Grund der grossen Stilverwantschaft vermutet man in ihm den Maler von zahlreichen JO. C. bezeichneten Landschaften. Dagegen steht J. Kamphuijs, der im Museum zu Hannover durch ein bezeichnetes Bild vertreten ist, wahrscheinlich in keinem verwantschaftlichen Verhältnis zu den Malern namens Camphuijsen.

[3]) Vgl. über ihn den Casseler Catalog und O. Granberg, les collections privées de la Suède S. 3, 103, 293.

[4]) Beide Meister sind jedoch nicht unbeträchtlich jünger als er.

[5]) Es kommen auch Landschaften bei Tagesbeleuchtung von ihm vor; so z. B. ein Sonnenuntergang zu Aschaffenburg (Cat. Nr. 209); frühe Werke zu Utrecht (Cat. Nr. 31) und Braunschweig (Beiträge II 354); andere sah ich bei Prof. Lenbach-München, Herrn Houck-Deventer und anderswo.

und, da dieser seit seinem 18ten Jahre nicht mehr malte, vor 1604 entstanden! Dass dies angesichts der Entwicklung der holländischen Malerei unannehmbar sei, ist ihm nicht eingefallen.

Ebensowenig können wir mit Houbrakens auf S. 100 des zweiten Bandes ausgesprochener Ansicht einverstanden sein: Gerbr. van den Eeckhout sei bis zu seinem Lebensende bei der Malweise geblieben, die er von seinem Lehrer Rembrandt gelernt habe. Datirte und bezeichnete Bilder, wie z. B. diejenigen im Museum zu Braunschweig (Salomons Opfer von 1654; Sophonisbe von 1664) überzeugen uns, dass auch Eeckhout bereits ziemlich früh die von der Mode verursachte Stilwandlung mitmachte, welcher sich auch seine Mitschüler Bol und Flinck nicht zu entziehen vermochten.

Bereits oben (S. 49) habe ich angedeutet, dass die Frage, welche von zwei oder mehreren Quellenschriften, die dasselbe berichten, den meisten Anspruch auf Glaubwürdigkeit erheben könne, Houbraken sehr wenig Kopfzerbrechens gemacht hat. Als beste Quelle gilt ihm die letzte; wenn er nicht bemerkt, dass die späteren einfach aus den früheren abgeschrieben haben — wie Schrevelius aus Ampsing, van Leeuwen aus Orlers, Sandrart aus de Bie und le Comte und de Piles aus Sandrart —, so hält er Abweichungen der späteren Schriftsteller, welche auf Versehen oder Schreibfehlern beruhen, für Entdeckungen, die auf's gewissenhafteste wiederzugeben sind.

Statt vieler nur ein Beispiel. In der Biographie von Anton van Dijk (I 181) folgt er Morery, dem Verfasser des Grand Dictionnaire historique „weil dieser viele Sachen aus van „Dijks Leben viel genauer und mit mehr Aufmerksamkeit er„zähle, als die Mehrzahl der übrigen Biographen, wie z. B. „wer van Dijks erster Lehrer gewesen sei, dass er eine eheliche „Frau gehabt habe, aus welchem Geschlecht diese gewesen sei, „was über seinen Nachlass bekannt sei und dergl. mehr". — Es ist natürlich überflüssig, hier zu constatiren, dass Houbraken vollständig im Irrtum war, wenn er glaubte, dem Morery hätten neue, seinen Vorgängern unbekannte Quellen zu Gebote gestanden; wenn er etwas berichtet, das Houbraken bei den alten Schriftstellern nicht fand, so ist es entweder falsch, oder Houbraken hat eben nicht gut gesucht.

Nach dieser Erfahrung werden wir jetzt nicht mehr glauben, dass Houbraken den Wert dieser oder jener Quellenschrift für irgend ein Specialgebiet zu erkennen fähig gewesen sei; dass er z. B. die Bedeutung Sandrarts für die Biographien derjenigen Maler zu würdigen gewusst habe, mit denen derselbe während seines holländischen Aufenthalts Umgang hatte, oder dass ihm der kunsthistorische Wert der Meyssensschen Bildnissammlung aufgefallen sei. Dennoch ist auf einen Fall hinzuweisen, in dem er die Bedeutung der ihm vorliegenden Schrift richtig erkannt hat, wobei wir es dahingestellt sein lassen, ob hier Zufall oder Absicht vorliegt. Es ist die Biographie des Rubens, die er zum grösstenteil dem Franzosen Roger de Piles entnimmt. Dass dieser für den grossen vlämischen Künstler auf besondere Beachtung Anspruch erheben darf, ist von Riegel Beiträge I 235 ff. klargelegt [1]).

Mehr als einmal passirt es Houbraken, dass er Maler, welche bereits bei van Mander vorkommen, deren Lebensbeschreibungen daher ausserhalb seines Zieles liegen, dennoch behandelt, weil er ihr Identität mit den Künstlern des Schilderboek nicht erkennt: B. I S. 24 findet man Bernard van Orley fast genau mit denselben Worten beschrieben — aber durch den französischen Trichter le Comte's — wie bei van Mander; dieser nannte ihn aber Bernard van Brussel! Joan Dac (I 34) ist, wie schon erwähnt, identisch mit dem Hans van Aachen van Manders, und desgl. Christoffel Schovarts (I 153) mit Christ. Schwartz. In gleicher Weise behandelt Houbraken öfters dieselben Künstler

[1]) Aus derselben Schrift de Piles' hat Houbraken neben mehreren Biographien, welche absolut wertlos sind, auch diejenigen des Hendrik Verschuring und Caspar Netscher entlehnt, die sich durch Selbständigkeit im vollsten Umfang auszeichnen. Weil dieselben aber bei keinem andern Schriftsteller angetroffen werden, kann man Houbraken hier nicht das Lob erteilen, dass er die richtige Wahl getroffen habe.

doppelt, wenn er sie in zwei verschiedenen Quellenschriften erwähnt fand. Einige Male liegt dabei Absicht vor, und in dem Falle ist des Verfassers Verfahren nur anzuerkennen. So trägt er B. II S. 117 über mehrere bereits früher behandelte Meister dasjenige nach, was er in der Beschreibung Haarlems von Corn. Schrevelius über sie gefunden. Andererseits wird Houbrakens kritisches Urteil wiederum in ein bedenkliches Licht gestellt, wenn er B. I 276—282 ausführlich das Leben Joachim von Sandrarts der in der Teutschen Academie aufgenommenen Autobiographie nacherzählt, und dann — kaum zehn Seiten weiter — einen Jacob Sandrart erwähnt, der mit Joachim vollkommen identisch ist und seinen falschen Vornamen nur einem Versehen de Bie's, in diesem Fall Houbrakens Quelle, verdankt.

Ein fast unerschöpfliches Material zur Besprechung würden uns die Fehler und Verstösse liefern, welche Houbraken bei der Benützung seiner Quellen begeht. Wir müssen uns daher auf eine kleine Blütenlese beschränken. Alle lassen sie sich in zwei Rubriken einreihen, und zwar reine Flüchtigkeitsfehler und Versehen, welche auf Misverständnis eines dichterischen Ausdrucks oder einer fremden Sprache beruhen.

Die Flüchtigkeitsfehler erstrecken sich auf alle möglichen Gebiete: weder Jahreszahlen, noch Ortsangaben, weder Eigennamen noch sonstige Tatsachen bleiben davon verschont. Von Erasmus heisst es, dass er 1466 geboren wurde und 1546 70 Jahre alt starb (I 17 f.); dem 1664 gestorbenen Jacob de Bray wird ein 1697 datirtes Gemälde zugeschrieben (I 176); Aert de Gelder, geboren 1645 kam imselben Jahre zu Rembrandt (III 206 f.). und Deodatus del Mont, dessen Geburtsjahr Houbraken nach de Bie mit 1581 angiebt, lässt er 1634 sterben, obgleich letzterer versichert, del Mont sei 63 Jahre alt geworden (I 96 f.). In Bezug auf die Ortsangaben finde ich im zweiten Teil Gelegenheit zu zeigen, wie Houbraken bei nicht weniger als fünf Malern: Willem Isaaksz (I 36), Frans Hals (I 92), Jac. Vosmeer (I 117), Joris van Schooten (I 131) und

Jan Steen (III 13) die Städte Leiden und Haarlem mit Delft verwechselt; daneben mache ich hier noch auf die Verwechslung Lübecks mit Leubus in der Biographie Mich. Willemans, derjenigen Brüssels mit Brasilien bei Abr. Willaerts aufmerksam (II 233 ff. und I 368).

Auf Substituirungen, wie diejenigen des Hans van Aachen durch Joan Dac, von Christ. Schwartz durch Schovarts habe ich eben hingewiesen. Würdig reihen sich ihnen der aus den beiden Malern [Justus] Egmont und Cornelis Stooter entstandene Egmont Cornelisz Stooter (I 171), der Kupferstecher Bernard statt Bonnard (II 331), der Jacob statt Joachim Sandrart (I 291), der Pieter Fransz statt Pieter Isaaksz als Lehrer von Adriaen van Nieulandt (I 42), der Bellisarius statt Solario als Neapolitaner Maler (II 267) an. B. II S. 326 endlich wird ein Gedicht Vondels auf den Tod eines 1651 gestorbenen Mr. Jacob Vlieger auf den Marinemaler Simon de Vlieger gedeutet. Auch die Schweizer als Zerstörer des Schlosses Wolfegg anstatt der Schweden (I 216) und „der gewisse Benedictus", in dessen Dienst Adriaen Bloemaert zu Salzburg trat, anstatt der „patribus Benedictinis," von denen bei Sandrart die Rede ist, dürfen hier nicht übergangen werden (I 45).

Neben diesen in aller Kürze aufgezählten Flüchtigkeitsfehlern, denen sich noch zahlreiche andere, hier nicht weiter zu erörternde anschliessen [1]), lassen sich eine grosse Anzahl Versehen auf missverstandene poetische Ausdrücke oder auf mangelhafte Kenntnis der fremden Sprachen zurückführen. Bei ersteren handelt es sich hauptsächlich um Citate aus de Bie und den holländischen Dichtern des 17ten Jahrhunderts, bei letzterer um die französischen Werke de Piles' und le Comtes und den deutschen und lateinischen Text Sandrarts. Wo in den Versen de Bies zu Ehren des Ad. Willaerts (S. 112) die Rede ist von „brandt" = Meeresbrandung, schliesst Houbraken auf des Künstlers Geschicklichkeit im Malen von Feuersbrünsten (I 60), wo Jan Vos ein Gemälde des Jan Lievens besingt, in welchem die Nachkommenschaft, holländisch „d'afkomste" eines Ehepaars dar-

[1]) Ich mache nur auf die Artikel über Jan Bijlert, Jan van Balen, M. Rijkaard und Adr. van Utrecht im zweiten Teile aufmerksam.

gestellt war, meint Houbraken, es seien Bildnisse der Eltern selbst gewesen (I 299; näheres bereits oben S. 140); wo de Piles erzählt, dass Rubens für die „église neuve des Pères de l'oratoire" gemalt habe, fasst Houbraken dies auf, alsob die neue Peterskirche gemeint sei (I 65); wo Sandrart von der Kunst de Helt Stocades aussagt, dass der Künstler mit „selbiger" dem König von Frankreich gedient habe, meint Houbraken dass er es zusammen mit Sandrart getan habe (I 364); wo endlich die lateinische Ausgabe Sandrarts vom Vater des Mich. Willemanns zu berichten weiss, er sei ein „pictor haud ex infimis" gewesen, macht Houbraken aus demselben grade „een gemeen schilder".

Diese Beispiele müssen genügen, um zu zeigen, wie Houbraken sich bei der Benützung seiner Quellen in jeder Richtung Irrtümer und Fehler hat zu Schulden kommen lassen. Komisch wirken infolge dessen diejenigen Stellen, an denen er im hohen Tone seine Vorgänger schulmeistert. So z. B. B. II S. 288 Sandrart, weil dieser Cornelis de Bie als Lehrer von Theodor Roos nennt. Falsch! sagt Houbraken, denn dieser war nicht Maler, sondern Geheimschreiber zu Lier. Dagegen war sein Vater Adriaan ein tüchtiger Maler, und dessen Name ist also an die Stelle desjenigen des Sohnes zu schreiben. Houbraken hat die Genugtuung, dass man ihm in dieser Sache sozusagen bis zum heutigen Tage gefolgt ist. Seitdem Bredius aber vor Kurzem entdeckt hat, dass es in Amsterdam einen vom Verfasser des Gülden Cabinet verschiedenen Tiermaler namens Cornelis de Bie gegeben hat [1]), seitdem noch dazu ein Bild dieses Künstlers im Amsterdamer Rijksmuseum seinen Platz gefunden hat (Cat. Nr. 116a), seitdem ist man berechtigt, Houbraken den Rücken zu wenden und zur Angabe Sandrarts zurückzukehren.

Die Frage, ob wir durch ein genaues Studium der Weise, wie Houbraken die Schriften seiner Vorgänger benützt, Auf-

---

[1]) Die bisher bekannt gewordenen Lebensdaten finden sich im Amsterdamer Catalog. Ausser Th. Roos war auch Hendr. ten Oever de Bie's Schüler.

schluss gewinnen können über seine Zuverlässigkeit in den Fällen, wo uns seine Vorlagen nicht mehr zu Gebote stehen, muss leider verneint werden. Wie wir eben sahen, sind seine Fehler und Versehen so viele und vielerlei, dass sich auch nicht der geringste Wahrscheinlichkeitsschluss ziehen lässt. Wo uns daher irgend eine Angabe blos durch Houbraken überliefert ist, müssen wir die Frage, ob sie wahres enthält, in jedem einzelnen Fall aufs neue prüfen und nach mehr oder weniger subjectivem Ermessen entscheiden. Nur eine Eigenschaft Houbrakens dürfen und müssen wir dabei immer berücksichtigen. Es ist dies seine Klatschsucht, seine Anecdotenkrämerei.

Houbraken verwahrt sich zu wiederholten Malen gegen den Vorwurf, dass er die Maler, deren Leben er beschreibt, verlästere und verläumde. Am bekanntesten ist die Stelle gleich hinter der Biographie des Jan Steen (III 27), wo er sagt: „Jetzt „wird es nötig sein (ausser dem was ich im Anfang meines „Werkes gesagt habe) dem Leser ein für allemal zu sagen, „dass ich nicht die Absicht habe, jemanden mit meiner Feder „zu verletzen, sondern ich habe die Handlungen meiner Kunst„genossen so niedergeschrieben, wie sie mir von unparteiischen „Leuten erzählt wurden, ohne aus Neid oder Hass etwas hinzu„zufügen oder zu verschweigen." Es klingt dies ganz schön, es ist aber Schade, dass es nur Worte sind und Houbrakens Taten wiederholt damit im Widerspruch stehen. Einige Beispiele werden auch hier genügen, um zu zeigen, dass er sogar an Stellen, wo seine Vorgänger nichts derartiges enthalten, schlechtes zu erzählen weiss und dass er manchmal mit einigem Nachdenken sich von der Grundlosigkeit seiner Vorwürfe hätte überzeugen können.

Ueber Ant. van Dijck heisst es B. I S. 184, dass Rubens ihm nach seiner italienischen Reise „unter genügend deutlichen Umständen die Hand seiner Tochter anbot". Glücklicherweise setzt Houbraken hinzu „wenn die Erzählung wenigstens wahr ist", er hätte aber noch einen Schritt weiter gehen sollen, und sich überzeugen, dass die Erzählung nicht wahr sein konnte, da Rubens aus erster Ehe gar keine Tochter hatte.

Kaum weniger gehässig sind die Bemerkungen, welche Houbraken an die Adresse der Königin Elisabeth von England (II 104) und Christina von Schweden (II 83) richtet.

Von Philipp de Champaigne wird B. I S. 224 mitgeteilt, er habe schon früh Neigung zur Malerei gehabt; seine Eltern gestatteten ihm derselben zu folgen, trafen aber in Bezug auf seinen Lehrer keine gute Wahl, wodurch er öfters wechselte. Alles dies ist wörtlich aus le Comte's Cabinet des singularitéz entlehnt, mit Ausnahme des Zwischensatzes „seine Eltern trafen keine gute Wahl". Dies hat Houbraken einfach aus der Tatsache, dass Champaigne mehrere Lehrer hatte, gefolgert. Wie willkürlich dies Verfahrem ist, braucht kaum hervorgehoben zu werden; ich verweise blos auf van Goyen, der sechs Lehrer hatte, welche Houbraken fünfzig Seiten vorher in Anschluss an Orlers ohne jegliche Bemerkung namentlich aufführt, ferner auf Nicolaas Berchem, der ebenfalls mit sechs Lehrern vertreten ist (II 111), endlich auf Mich. van Musscher, der laut seiner eigenen Notizen bei vier verschiedenen Künstlern in der Lehre war (III 211).

Ein ähnlicher, durch nichts motivirter Zusatz findet sich in der Biographie des Joris van Schooten (I 130). Diese ist sonst wörtlich aus Orlers' Beschreibung der Stadt Leiden abgeschrieben, nur im Anfang fügt Houbraken hinzu, dass seine Lehrer und seine Eltern ihn tadelten, weil er seine Schulhefte mit Illustrationen anstatt mit kalligraphischen Buchstaben versah. Dieser Zusatz ist gewiss an sich unschuldigster Natur, karakterisirt aber die Weise, wonach Houbraken verfuhr, um sein Buch den Zeitgenossen schmackhaft zu machen.

Weitere Beispiele zeigen, dass Houbraken falls er ein vorsichtiger und für die Ehre anderer besorgter Schriftsteller gewesen wäre, sicherlich anders hätte schreiben müssen. B. II S. 75 berichtet er auf Grund einer Mitteilung, die er von Mich. Carrée und dieser von Pieter Roestraten erhalten hatte, dass Phil. Wouwerman sich für seine Bilder der Vorarbeiten Pieter van Laers bedient habe, welche er nach dessen Tode in unehrlicher Weise erworben hätte. Bode hat bereits auf die Grundlosigkeit dieser Anschuldigung hingewiesen (Die Schweriner Galerie, in den Graphischen Künsten 1888 S. 108. Vgl. auch oben S. 62) und betont, dass Houbraken nur die Mannigfaltigkeit der Wouwermanschen Motive mit dem in Verhältnis dazu beschränkten Compositionstalent des Pieter van Laer zu vergleichen gehabt hätte, um dies selbst einzusehen. Aber auch sonst hätte er dies tun müssen, denn nach seiner eigenen Angabe (I 364) starb van Laer erst im Jahre 1673 [1]), während B. II S. 70 richtig mitgeteilt wird, dass Wouwerman bereits 1668 starb; wie hätte letzterer sich also des künstlerischen Nachlasses van Laers bedienen können!

Von den zahlreichen Fällen, in denen die archivalischen Forschungen der Neuzeit die Unrichtigkeit der Houbrakenschen Anecdoten ans Licht gebracht haben, sei hier nur derjenige des allzu intimen Umgangs Jan Steens mit der Tochter van Goyens vor ihrer Hochzeit erwähnt. Houbraken erzählt diese Geschichte mit lebhaften Farben und sichtlichem Wohlgefallen (III 13). Bredius hat aber auf Grund des Ehecontracts, der Taufakten usw. gezeigt, dass sie offenbar ganz auf Erfindung beruht (Nederl. Spectator 1882 S. 183), dagegen zutrifft bei einem andern Schwiegersohn van Goyens, dem Stilllebenmaler Jacques de Claeuw, dessen Hochzeit mit Maria van Goijen am 11 April 1649 stattfand, während am 16 Juli desselben Jahres bereits eine Tochter von ihnen getauft wurde. (Obreens Archief V. 214 Anm.).

Diese Beispiele lehren uns, dass Houbraken nicht selten von seinen Künstlern Schlechtigkeiten erzählt, deren Wahrheit er nicht nur nicht beweisen kann, deren Unwahrheit bzw. Unwahrscheinlichkeit ihm bei einigem Nachdenken hätte offenbar werden müssen. Von der Beschuldigung der Klatschsucht ist er daher nicht frei zu sprechen. An dieser Tatsache ändert der Umstand, der vielfach als ein beschönigender für ihn angeführt wird, dass seine Erzählungen z. B. in Betreff des Frans Hals durch urkundliche Funde bestätigt oder gar noch übertroffen

[1]) Dies dürfte allerdings zu spät gegriffen sein; das genaue Todesjahr des Künstlers ist unbekannt, aber 1655 ist das letzte sichere Datum auf seinen Werken.

seien, gar nichts, ebensowenig wie ein Dieb, der wegen zehn Diebstäle angeklagt in neun Fällen freigesprochen, in einem aber überführt wird, dadurch zum ehrlichen Manne wird.

Die Frage aber, ob in Anschluss an das Ebengesagte sämmtliche Anecdoten Houbrakens ohne weiteres zu verwerfen und, wie es Wurzbach tat, aus der Groote Schouburgh auszuscheiden seien, muss verneinend beantwortet werden. Die Anecdote über Jan Steen z. B. hat grade bewiesen, dass an solchen Geschichtchen oft etwas wahres ist und Houbraken, wie man mit einem holländischen Sprichwort sagt, zwar die Glocke hatte läuten hören, aber nicht wusste wo. Bereits oben, S. 63 habe ich gezeigt, wie eine nicht grade saubere Anecdote über Adr. Brouwer uns in Anschluss an die sonst bekannten Tatsachen einen Fingerzeig dafür giebt, wann dieser Künstler im Atelier des Frans Hals lernte. Deshalb erwächst dem Forscher auf dem Gebiete der holländischen Kunstgeschichte die Pflicht, auch die unscheinbarsten Anecdoten zu prüfen und ihre Quellen zu erschliessen.

Nahe dem uns in diesem Capitel gesteckten Ziele wollen wir zum Schlusse noch in grossen Zügen eine Uebersicht der Würdigung der Groote Schouburgh im Laufe der Zeiten zu geben versuchen. Wir fangen dabei mit Weijerman an. Seitdem dieser das Werk Houbrakens, kaum zehn Jahre nach dem Erscheinen, in nahezu vollem Umfang abschrieb, bis Immerzeel vor etwa fünfzig Jahren dasselbe noch einmal tat, bildeten seine Aussagen die Grundlage der holländischen Kunst- und Künstlergeschichte. Leider aber gewöhnlich nicht in der authentischen Form. Das Plagiat Weijermans, durch viele Zutaten verschlechtert, die ausländischen Bearbeitungen eines Decamps, d'Argensville, Pilkington, Balkema, Fiorillo u. A. trübten dieselbe mehr und mehr. In der Regel blieb sie in viel reinerer Gestalt in solchen Werken bewahrt, welche blos die Biographien einzelner Künstler aus ihm entnahmen, wie z. B. Boitets Beschreibung Delfts, diejenigen der Delftschen Maler; de la Rue's Geletterd Zeeland, diejenigen einiger Maler aus dieser Provinz. Als um die Mitte dieses Jahrhunderts der holländischen Kunstgeschichte durch Männer wie Bürger, Waagen, Scheltema, Elzevier neues Leben zugeführt wurde, sah man natürlich zuerst die Schaden, die Houbrakens Angaben in ihrer verschlechterten Gestalt angerichtet hatten, und indem man sie bekämpfte, schüttete man das Kind mit dem Bade aus. Namentlich Bürger glaubte in seiner Verdammung nicht weit genug gehen zu können und Houbraken gradezu von der Berücksichtigung ausschliessen zu müssen. So sagt er in seinem sonst vortrefflichen Buche über die Museen Hollands, B. I S. 277, Anm.: Il faut écarter aussi de l'étude sérieuse de l'école hollandaise Houbraken, source première de toutes les erreurs, de tous les contes, de toutes les calomnies. Je mehr man aber seitdem erkannt hat, dass Houbraken nicht verantwortlich gemacht werden durfte für das, was seine Nachschreiber verschuldet; je mehr man bemerkte, dass sein Bestreben im Allgemeinen ein reelles, dass seine Mitteilungen der Mehrzahl nach auf gute Informationen zurückgehen; je wiederholter man vor allen Dingen zur Entdeckung kam, dass seine Angaben durch die im letzten Jahrzehnt mit besonderm Erfolg getriebenen archivalischen Untersuchungen bestätigt wurden, — um so höher hat man ihn aufs neue schätzen gelernt und um so öfter hat man wieder seine Angaben zur Basis weiterer Untersuchungen gemacht [1]). Das Urteil, welches Woermann in seiner Geschichte der Malerei (III 857) über die Groote Schouburgh giebt, dürfte wohl den heutzutage allgemein vertretenen Standpunkt kennzeichnen, und wie ich es mir zum Motto ausgewählt habe, so schliesse ich damit meinen Versuch der Charakterisirung von Houbrakens Geschichtsforschung:

„De Groote Schouburgh ist grundlegend gewesen,
„und mit Vorsicht benützt, noch heute
„unentbehrlich."

[1]) So z. B. Veth in seinen mustergültigen Studien über Dordrechter Künstler in fast jedem Jahrgang Oud Hollands.

ZWEITER TEIL.

EINZELNACHWEIS DER LITERARISCHEN QUELLEN.

A. Die Malerbiographien

1. VAN MANDER'S SCHILDERBOECK.

Die Absicht Houbrakens in seinem Werke eine Fortsetzung des Schilderboeck van Manders zu liefern, bestimmten ihn den Inhalt dieses Buches nicht in der Weise in seine Schouburgh aufzunehmen, wie er es mit dem Gulden Cabinet de Bies und der Teutschen Academie Sandrarts tat. Er citirt es vielmehr nur da, wo er anknüpft, um die von van Mander unvollendet gelassenen Biographien weiter zu führen. Es geschieht dies an folgenden Stellen:

B. I S. 24 **Bernard van Orley**.

Hier beklagt sich Houbraken mit Unrecht darüber, dass van Mander dieses Meisters nur mit wenigen Worten gedenke, denn alles, was er aus le Comte, Cabinet des singularitez etc. (B. II S. 203) abschreibt, hat dieser dem Schilderboeck entlehnt. Ausgenommen davon ist nur die italienische Reise Orley's, über die van Mander wohl mit Recht schweigt. Scheint sie doch bei den späteren Schriftstellern nur daraus abgeleitet zu sein, dass der Meister die Verfertigung der Rafaelischen Tapeten überwachte und man angenommen, er müsse dies in Italien getan haben.

Ausser durch den Trichter le Comtes hat Houbraken das Schilderboeck auch direct benützt. Wie die ursprünglichen Mitteilungen im Laufe der Zeit umgeändert wurden, möge aus folgendem Beispiel hervorgehen:

van Mander [2] fol. 133 b.: „Daer zijn oock cortlinghe in Hollandt „in den Haghe ghebracht, bij zijn Excellentie Graef Maurus sesthien „stucken gheschilderde tapijtpatroonen, die van Bernardt seer wel en „constigh zijn ghehandelt: op elk deser comt een man oft vrouw te

„peerde, groot als 't leven, wesende het gheslacht en afcomst van „het huys van Nassouwe nae 't leven. Dese liet zyn Excellentie Graef „Maurus van oly-verwe conterfeijten door Hans Jordaen van Ant- „werpen; constigh schilder, woonende te Delf."

le Comte a. a. O.: „Il nous a encore laissé seize beaux cartons „qui ont été recouvert par le Prince d'Orange et qui representent „chacun un prince et princesse de cette maison que Jean Jordaens „peintre en réputation à Anvers copia à huile."

Houbraken: „Zes Cartons zijn er na den dood van Bernard „Orley onvoltooid gebleven, welche door J. Jordaens naderhand zijn „opgemaakt. En dit is 't al wat ik ervan weet te schrijven."

B. I S. 26 **Adriaen Pietersz. Crabeth.**

Aus van Mander [2] fol. 148b, aber vermutlich nicht direct, sondern durch Vermittlung von Walvis, Beschrijving van Gouda entlehnt.

B. I S. 34 **Joan Dac** [**Hans van Aken**].

Naïv ist die Versicherung Houbrakens, dass van Mander diesen Künstler nicht erwähne. Er übersieht, dass le Comte, aus dem er abschreibt, den Hans van Aken, bzw. Achen, Jean D'Ach oder Jean Dach nennt. Es ist daher nur zu verwundern, dass er nicht auch noch den Jean Abhac, den le Comte vier Seiten weiter anführt, in die Schouburgh aufnimmt!

B. III S. 183, wo Houbraken den Pferdemaler Jan van Aken bespricht, ist ihm jedoch deutlich geworden, dass jener älterer Meister doch von van Mander erwähnt wurde.

B. I S. 35 **Hans Snellinck.**

Aus van Mander [2] fol. 208b.

B. I S. 36 **Isaak Nicolaï.**

Unrichtig ist Houbrakens Behauptung, dass van Mander mit keinem Worte seiner gedenke. Kommt er doch im Appendix der Ausgabe des Jahres 1618, welche Houbraken nachweislich benützte [1]), vor als erster Lehrer des Octavio van Veen bis zu dessen vierzehntem Lebensjahr (± 1563) [2]).

---

[1]) Dies geht aus den Citaten der Seitenzahlen hervor, wie z. B. bei Adriaen Pietersz Crabeth, Frans Francken van Herenthals und Abr. Bloemaert zu sehen ist.

[2]) Diese Tatsache erwähnt H. zwei Seiten weiter ebenfalls, und zwar als Entlehnung aus R. de Piles, Abrégé etc.

B. I S. 37 **Adam van Oort.**

Aus van Mander [2] fol. 209a.

B. I S. 38 Anm. **Lambert van Oort.**

Aus von Mander [2] fol. 128b.

B. I S. 41 **Marcus Geerarts.**

Aus van Mander [2] fol. 175b durch Vermittlung von W. Goeree, Kerklijke en Wereltlijke historie. Vgl. oben S. 191.

B. I S. 42 **Frans Francken van Herenthals.**

Aus v. Mander [2] fol. 161b.

B. I S. 42 **Pieter Isaacsz.**

v. M. [2] fol. 204b: „.... Pieter „Isaacsz, welcke is gheboren te „Helsevor oft de Sondt Anno 1569. „Sijn vader was van Haarlem. „Eerst heeft hij gheleert t' Am-„sterdam bij Ketel, en woont noch „tegenwoordich t' Amsterdam."	H.: „Pieter Fransz, die te Hel-„zevor in de Sond in het jaar „1569 geboren is, dog een Haar-„lemmer van afkomst was en tot „Amsterdam woonde."

B. I S. 43 **François Badens.**

Aus v. Mander [2] fol. 211b, bis zum Satz: „Hij was een goed schilder" usw., der sich auf Adr. van Nieulandt bezieht.

B. I S. 43 **Abr. Bloemaert.**

Aus v. Mander [2] fol. 210. — Dieses Blatt ist falsch paginirt 209, und diese Zahl kommt auch bei Houbraken vor.

B. I S. 46 **Tobias Verhaeght.**

Der Satz: „In 't leven van Octavio van Veen vind ik zijnen „naam onder de aankomelingen geboekt" bezieht sich auf v. Mander [2] fol. 209a.

B. I S. 46 **Michiel Jansz. Miereveld.**

Aus v. Mander [2] fol. 195b f. Houbraken hat übersehen, dass im Appendix eine Anzahl dieser Angaben berichtigt wird.

B. I S. 49 **Paulus Moreelse**

Aus v. Mander [2] fol. 212b.

B. I S. 51 **Sebastiaan Franks.**

Aus v. Mander [2] fol. 209a.

B. I S. 60 **Aert Jansz. Druijvesteijn.**

Aus v. Mander [2] fol. 213a.

B. I S. 81 **Hendrik van Balen.**

Aus v. Mander [2] fol. 209a.

B. I S. 85 **Pieter Breughel.**

Aus v. Mander [2] fol. 154a.

B. I S. 97 **Pieter Lastman.**

Aus v. Mander [2] fol. 207b, wo er jedoch nicht als Schüler des Cornelis van Haarlem sondern des Gerrit Pietersz angeführt wird.

B. I S. 288 **Joos de Momper.**

Aus v. Mander [2] fol. 209a.

B. I S. 227 **Pieter Koeck van Aelst.**

Aus v. Mander [2] fol. 140b.

B. I S. 240 **Karel van Mander.**

Houbraken erwähnt blos den Todestag, weil die übrige Lebensbeschreibung sich schon im Anhang der Ausgabe von 1618 finde. Nur sei hier durch ein Versehen das Jahr und der Monat seines Todes vergessen. Sie werden daher von Houbraken aus Ampsing (S. 365) nachgeholt.

B. II S. 7 **Nicolaas van der Hek.**

Aus v. Mander [2] fol. 213a.

B. II S. 15 **Frans Menton.**

Aus v. Mander [2] fol. 161b.

B. II S. 35 **Hendrik Goltzius.**

Aus v. Mander [2] fol. 201a.

B. II S. 81 und III S. 78 **Cornelis Ketel.**

Aus v. Mander [2] fol. 195a. An der zweiten Stelle macht Houbraken den Meister fälschlich zu einem Bürger Haarlems. Er war bekanntlich aus Gouda.

B. II S. 122 **Frans Pzn Grebber** und **Cornelis Engelsse.**

Aus v. Mander [2] fol. 213a und 207b. Letzterer wird ausserdem in der Biographie van Manders als dessen Schüler erwähnt.

B. III S. 89 **Cornelis Cornelisz van Haarlem.**

Aus v. Mander [2] fol. 206a ff.

Ein Citat aus van Manders Biographie Raphaels (B. II S. 179) kann hier, als nicht zur niederländischen Kunstgeschichte gehörig, ausser Betracht bleiben.

---

2. DE BIE'S GULDEN CABINET.

Het Gulden Cabinet van de edele vrij Schilderconst door Cornelis de Bie, Notaris binnen Lyer, 't Antwerpen gedruckt bij Jan Meyssens 1661, ist von Houbraken in der ausgedehntesten Weise benützt worden. Es ist ihm aber entgangen, dass das Buch streng genommen aus zwei verschiedenen Teilen besteht, welche wir, da sie verschiedenwertig sind, bei unsrer Betrachtung werden trennen müssen. Er sind dies:

I. Die dem Buche einverleibte Sammlung von Bildnissen mit ihren Unterschriften, welche bereits 1649 von J. Meyssens herausgegeben sind.

II. Die übrigen Bildnisse und der Text, welche 1661/2 erschienen.

Wenden wir uns zuerst zu der unter dem Namen

Image de divers Hommes d'esprit sublime

bekannten Bildnissammlung von Meyssens.

Diese erschien, wie das Titelblatt besagt, im Jahre 1649 zu Antwerpen im Verlag des Malers und Kunsthändlers Jan Meyssens. Sie umfasst eine Anzahl Künstlerbildnisse, deren Zahl genau festzustellen bei der Seltenheit der auch nur annähernd vollständigen Exemplare bisjetzt noch nicht gelungen ist, welche jedoch insofern sie für uns Intresse haben, sämmtlich im Gülden Cabinet wiederkehren. Die Beschreibung der zur Zeit bekannten Exemplare findet sich bei van Someren B. I S. 199 203, während ich für meine Untersuchung ausserdem ein noch nicht beschriebenes Exemplar in der kgl. Bibliothek zu Dresden habe benutzen können, auf welches Herr Directorialassistent Dr. J. L. Sponsel daselbst mich aufmerksam zu machen die Güte hatte.

Das Verzeichnis der in den Images vertretenen Künstler bei van Someren, I 200 ff. wird von ihm selbst im alfabetischen Teil seines Werkes mit folgenden Namen vermehrt: Jacques d'Arthois, Henr. Berckmans, Piet. Danckerts de Rij, Pierre Franchoys, Herm. Saftleven, Tob. Verhaeght und Jacq. Vrancquart.

Abgesehen von ihrer hohen iconographischen Bedeutung besitzen die Images hauptsächlich Wert wegen der biographischen Notizen ihrer Unterschriften. Diese sind nicht immer genügend verwertet worden, weshalb ich hier auf folgenden Umstand aufmerksam mache: eine grosse Anzahl der Bildnisse sind entweder Selbstporträts, oder sie sind von einer den Künstlern sehr nahe stehenden Person verfertigt. Dies gilt namentlich von den 1649 noch lebenden und besonders von den holländischen Malern, von denen Abr. Bloemaert, Ad. Willaerts, Nic. Knupfer, Jan v. Bijlert, Jac. Backer, Dav. Beck, Ger. Honthorst, A. v. d. Venne [1]) Leon. Bramer, Corn. Poelenburg, Dav. Bailly, Herm. Saftleven, Joh. v. Bronchorst, Piet. Danckersse de Rij, Corn. Janssens van Ceulen, Nic. de Helt-Stocade und Henr. Berckmans durch Selbstbildnisse vertreten sind, und Roel. Savery von seinem wie er, ehemals aus Flandern ausgewichenen, Stadtgenossen Ad. Willaerts abgebildet wurde. Nur zwischen Adr. van Nieulandt und Jan Both einerseits und ihren Porträttisten Janssens van Ceulen und Jan Lievens andererseits sind mir keine besonders nahen Beziehungen bekannt.

Wenn der Herausgeber sich also offenbar grosse Mühe getröstet, um authentische Bildnisse zu bekommen, ja sich in den meisten Fällen an die Maler selbst gewandt hat, dann dürfen wir wohl annehmen, dass er sie auch um Daten aus ihrer Lebensgeschichte angegangen und diese in seinen Unterschriften zu verwerten gesucht hat.

---

[1]) Ich nehme wenigstens an, dass der A. van Veen der Unterschrift mit dem dargestellten Adr. van Venne identisch ist. Desgleichen bereits Francken, Adr. v. d. Venne, 1878 S, 12 und van Someren, Nr. M5598.

Ausser den Künstlern selbst kommt auch noch der bekannte Kupferstecher Michiel le Blon, der damals in Amsterdam wohnte, als Quelle Meyssens' in Betracht. Dies geht hervor aus den Eingangsworten der Dedication, welche an le Blon gerichtet ist:

„Ce seroit vous faire tort, si je ne confessois ouvertement „à tout le monde que vous estez le source de ce mien petit „oeuvre lui ayant pleu par sa bienvueillance me suggerer de „temps en temps les matières dont i'y ay sceu faire mon fon„dement." Näheres über die Mitarbeiterschaft le Blon's festzustellen, ist jedoch einstweilen unmöglich.

Houbraken hatte freilich von dieser Bewandnis keine Kenntnis, denn er beachtet nirgends den Unterschied zwischen den Meyssenschen Unterschriften und dem Texte de Bies. Dies verrät er besonders häufig in den Fällen, wo der betreffende Maler 1649 als noch lebend erwähnt wird, während er 1661 bei der Herausgabe des Gülden Cabinet bereits tot war [1]).

Ebenfalls sind ihm die Abweichungen unbekannt geblieben, welche in den Unterschriften einzelner Bildnisse vorkommen, je nachdem man ein Exemplar der ursprünglichen Sammlung oder aus dem Gülden Cabinet betrachtet. Van Someren a. a. O. S. 200 hat die Zahl vermutungsweise auf 19 (?) festgesetzt, kommt aber im alfabetischen Teil, wenn ich richtig gezählt habe auf 31 [2]). Hinzukommt als Nr. 32 die von ihm übersehene Unterschrift bei David Beck (s. u.). Ich selbst habe das obenerwähnte Exemplar der Dresdener Bibliothek mit dem Gülden Cabinet und mit van Someren verglichen und bin dabei auf folgende, sachliche Unterschiede gestossen:

1. Abr. Bloemaert, Meyssens: Abr. Blomaert del.
de Bie, S. 45. Her. [soll heissen Hendrik] Blomaert del.

---

[1]) Näheres über diesen Punkt bei den einzelnen Meistern.

[2]) Um Anderen die Mühe des Nachschlagens zu ersparen, gebe ich hier die Namen in alfabetischer Folge: Backer, Balen, Baur, Beck, Bloemaert, Both, Bramer, Cort, Crayer, P. Danckerts, Elsheimer, Gerbier, Hondius, Jode Sr. u. Jr., Keyser, Matham, A. und G. Nieulant, Oort, Padoanino, B. Peeters, Pontius, Poulenburgh, Reni, Rubens, Savery, D. Segers, Utrecht, Venne, Willaerts und Wouters.

2. Ad. Elsheimer, M: faisoit son aprentisage à Venise chez Johannes Rotterhammer."
   Unterschrift: W. Hollar fecit.
   de B. S. 49 à Francfort chez Philippe Oudenbach.
   Unterschrift: W. Hollar fecit, I. Meysens pinxit et excudit.
3. P. P. Rubens, M: Anfangsworte: De noble origine.
   d. B. S. 57: Tres renommée.
4. Roel. Savery, d. B. S. 125 fügt hinzu: il a esté peintre du l'Empereur Rudolphe second.
5. Jac. Backer, M: il est natif de la ville de Haerlinge.
   d. B. S. 129 fügt hinzu: en l'an 1608 [1]).
6. Jan Both, M: J. Livens pinxit.
   d. B. S. 157: Abr. Willers pinxit [1]).
7. David Beck, M: Davit Beck, peintre et deseigneur de Sa Majesté la Reine de Suede, natif de Rotterdam.
   d. B. S. 161: Davit Beck, Peintre, et Valet de Chambre de la Serenissime Reijne de Sweede, enuoié de Sa Ma: pour peindre les personnes Illustres de la Chrestienté, natif de Delft en Hollande.
8. Frans Wouters, M: est né à Anvers.
   d. B. S. 175: est né à Lyere.
9. Dan. Segers, M: le Prince d'Oraigne.... lui a faict deux présents.... une chaine usw.
   d. B. S. 213: une dixiesme.
10. Piet. Danckerts de Ry. Nach v. Someren trägt das Blatt im Gülden Cabinet den Stechernamen P. de Jode. In den von mir verglichenen Exemplaren fehlt derselbe.
11. Jac. Matham, M: Mit sechszeiliger Unterschrift ohne Malername.
   d. B. S. 475: Mit dreizeiliger Unterschrift und: P. Soutman pinxit (v. Someren, Nr. M3493).

---

[1]) Diese beiden Unterschiede habe ich in den Exemplaren der Images zu Dresden und im Haag nicht gefunden. Ich erwähne sie daher auf die Autorität van Somerens hin.

12. Henr. Hondius, M.: Jeronimus Wiercx als Lehrer.
d. B. S. 487: Joannes Wiercx.

Von diesen Verschiedenheiten sind Nr. 1, 6, 10—12 hier nicht weiter zu erörtern; Nr. 2 ist bereits von Bode, Studien S. 240 eingehend besprochen worden. Von den übrigen ist Nr. 9 nur von untergeordnetem kunstgeschichtlichem Belang, beruht Nr. 7 wohl auf genauere Erkundigungen bei Gelegenheit der Anwesenheit Becks in den Niederlanden um die Mitte der fünfziger Jahre, sowie Nr. 8 auf localen Kenntnissen des Cornelis de Bie. Nr. 3 scheint uns darauf hinzuweisen, dass man schon damals über die Verhältnisse in Rubens' Elternhause nicht ganz im klaren war und Nr. 4 und 5 gehen wahrscheinlich auf die Angaben unter den von Geertr. Roghman und Th. Matham gestochenen Bildnissen (v. S. 4815 und 207*) zurück.

In wie weit Houbraken die Unterschriften der Images verwertet hat, wird aus folgender Uebersicht hervorgehen.

B. I S. 37 **Adam van Oort** (S. 37) [1].

Die Stelle „Onder zijn afbeeldsel" bis „gestorven 1641" ist entlehnt. Desgleichen das Bildnis selbst auf Tafel C.

B. I S. 38 **Octavio van Veen**. (S. 39).

Die Angaben über Ort und Zeit der Geburt und des Todes sind entlehnt. Die Unterschrift lobt besonders ein Altarbild in der Sacramentskapelle der Liebfrauenkirche zu Antwerpen, worauf das H. Abendmahl dargestellt war.

B. I S. 42 **Adriaen Nieulant** (S. 147).

Den Anfang dieser Notiz hat Houbraken von der Unterschrift des Meyssens'schen Bildnisses abgeschrieben: geboren te Antwerpen, leerling van Pieter Fransz (soll heissen Isaaksz) te Amsterdam en van François Badens. Was er dann über diese beiden Meister hinzufügt, stammt aus van Mander (vgl. oben S. 227), während der letzte Satz: „hij was een goed schilder van kleine beeldjes en landschappen" wieder aus den Images

[1]) Die eingeklammerte Seitenzahl bezieht sich auf de Bie, da in den Exemplaren der ursprünglichen Ausgabe eine feste Reihenfolge nicht vorhanden ist.

hergeleitet ist. Wo Houbraken die Angaben über die angebliche Geburt im Jahre 1558 und den Todestag, 5 Mai 1601, her hat, ist unersichtlich. Das Porträt sagt „âgé de 59 ans" (dh. i. J. 1649). Ausserdem liest man dort, dass Nieulant 1607 zu Badens kam, und dass er viele Ereignisse aus dem alten Testament gemalt habe.

B. I S. 43 **Abraham Bloemaert** (S. 45).

Benützung nicht nachweisbar, ausser dem Bildnis auf Tafel C, was der Meyssens'schen Sammlung entstammt.

B. I S. 46 **Tobias Verhaegt** (S. 47).

M: « Peintre en peisages fort re- « nommé par ses rare tableau ast « este primiez maistre du fameux P. « Paul Rubbens, est ne à Anvers l'an « 1566 et mourut 1631. »	H: « Hij kon roemen.... dat « hij een groot meester, P. P. Rubens « opgekweekt heeft. Hij is geboren « te Antwerpen in den jare 1566 « en aldaar ook gestorven in 't « jaar 1631, »

B. I S 52 f. **Adam Elsheimer** (S. 49).

Ueber die Abweichung der späteren Ausgaben von der ersten sieh oben.

Der Anfang bis S. 53 Z. 12 gevonden werd, der letzte Satz auf dieser Seite (Hij heeft bis in de kunst was) und S. 54 Z. 11—13 sind der Unterschrift des Meyssens'schen Porträts entlehnt. Houbrakens Mitteilung „sein Vater war ein Töpfer, andre sagen ein Schneider" ist in ihrem ersten Teil wohl kaum richtig. In keiner der von Houbraken nachweislich benützten Schriften, noch in den sonstigen Biographien ist sie zu finden. Es handelt sich daher vermutlich um die falsche Uebersetzung eines fremdsprachlichen Ausdrucks. Das Bildnis auf Tafel C. ist der Meyssens'schen Sammlung entlehnt.

B. I S. 83 **Johannes van Balen** (S. 119).

Direkte Benützung ist nicht nachweisbar. Vgl. bei de Bie.

B. I S. 84 **François Snijders** (S. 61).

Entlehnt ist der Anfang bis zu den Worten: „Hij leende „dikwerf de hand aan Rubens."

B. I S. 56 **Roeland Savery** (S. 125).

Benützung nicht nachweisbar.

B. I S. 60 **Adam Willaerts** (S. 111).

Der Anfang von Dit jaar 1577 bis Inzonderheid ist der Unterschrift des Meyssens'schen Selbstbildnisses entnommen. Die Fortsetzung dagegen: „Inzonderheid ('t geen ik bijna overgeslagen had) muntte hij uit in 't verbeelden van brand" verdankt ihre Entstehung den misverstandenen Versen de Bie's (S. 112):

« In water, brandt, figuer, zeehaven en rivieren,
« Daermed' wist hij seer net sijn handelingh te cieren. »

Der Zusammenhang lässt keinen Zweifel darüber, dass brandt hier gleich branding, Meeresbrandung zu verstehen ist, ganz abgesehen davon, dass weder in der alten Litteratur noch in unserm jetzigen Bilderbestande von Feuersbrünsten Willaerts etwas bekannt ist.

B. I S. 62 **P. P. Rubens** (S. 57).

Benützung nicht nachweisbar, ausser der des Porträts auf Tafel D.

B. I S. 115 **Hendrik van der Borcht** Sr. (S. 127).

Vollständig entlehnt. Nicht unerwähnt darf hier bleiben, dass dieses Bildnis die Jahreszahl 1650 trägt. Dennoch ist es von van Someren anstandslos aufgenommen und kommt es auch im Dresdener Exemplar vor.

B. I S. 118 **David Bally** (S. 271).

Benützung nicht nachweisbar.

B. I S. 121 **Guiliam Nieulandt** (S. 63).

Vollständig entlehnt mit folgenden Abweichungen:

M: « ayant apris son art chez « Jacq. Saveri à Amstelredam l'an « 1599, il est allé » etc.	H: « Hij was een leerling van Roe-« lant Savrij t' Amsterdam, bij welken « hij in t' jaar 1594 kwam, om de « konst te leeren, »
M: « retournant de Rome, l'an « 1607 il entré dedans la confrerie « de paintres en Anvers et ayant de-« meuré longtemp en la dicte ville, « il retournoit à Amstelredam. »	H: « Hij keerde in den jare 1607 « weder naar zijne geboortestadt « Antwerpen en van daar met'er « woon t' Amsterdam. »

B. I. S. 123 **Gaspar de Kraijer** (S. 245) und B. I S. 128 **Corn. Poelenburg** (S. 257).

Benützung nicht nachweisbar.

B. I S. 136 **Adriaen van de Venne** (S. 235).

Die meisten Angaben unter dem Selbstbildnis finden sich bei Houbraken wieder, aber vermittelt durch de Bie und Bleijswijk (vgl. den Abschnitt über Letzteren).

B. I S. 140 **Daniel Seghers** (S. 213).

Entlehnt ist S. 141 von Zegers was een leerling bis ziet men in prent. Auch das Bildnis auf Tafel G. entstammt der Sammlung des Meyssens.

Abweichung:

M: «l'Empereur d'Alemaigne et «l'Archiducq LeopoldeGuillelme ont «beaucoup de ses pieces. S. Ae «le Prince d'Oraigne Henri Frede- «ricq lui a faict deux presents pour «deux pieces de sa main, une «dixiesme et une crois d'or masif, «toutes deux de grande valeur; il «teint maintenant sa residence en «Anvers dans la maison de proffesse «des Peres Jesuites.»

H: «De stukken van Seghers.... «werden graag ontfangen, zoo bij «gemeenen als groten inzonder- «heit den Aardshertog Leopoldus «en den prins van Oranje Hendrik «Frederik, die hem voor twee «van zijn stukken een groote ver- «eering gaf.»

B. I S. 149 **Gerard Honthorst.** (S. 165).

Entlehnt mit geringfügigen Abweichungen ist der Anfang bis is aangezocht geweest.

B. I S. 154 **Jac. Jordaens.** (S. 239)

Directe Benützung ist nicht nachweisbar. Vgl. bei Sandrart, dessen Mitteilungen zum Teil auf de Bie und Meyssens zurückgehen.

B. I S. 158 **Hendrik Berkman.** (S. 415).

v. Someren, Nr. M349 nimmt fragweise an, dass dies Porträt zur Serie-Meyssens gehöre. Aus dieser Unbestimmtheit scheint hervorzugehen, dass er es nie darin angetroffen hat. Ich glaube aus zwei Gründen nicht an die Zugehörigkeit. Erstens weil Berckman i. J. 1649 erst zwanzig Jahre zählte, also zu jung war, um zu den berühmtesten Malern seiner Zeit gerechnet zu werden, und zweitens weil die Angabe: il tient sa residence a Middelbourg en Zélande nicht stimmt zur urkundlichen Tatsache, dass er erst i. J. 1655 dort sein Eintrittsgeld der Gilde bezahlte (Archief VI 108) und dass er Anfang des vorigen Jahres noch zu Leiden Mitglied der Gilde war. (Archief V. 216).

Directe Benützung der Unterschrift nicht nachweisbar. Näheres bei de Bie.

B. I S. 162 **Jacques Francart.** (S. 479).

Benützung nicht nachweisbar.

B. I S. 164 **Leonard Bramer.** (S. 253).

Meyssens ist Quelle für das Geburtsjahr 1596 und für die Angabe „thans pronkt het prinselijke huis te Rijswijk nog met een voornaam staal van zijn loffelijken geest.„

Vollständig lautet die Unterschrift des Selbstbildnisses:

« Leonard Bramer Natif de Delft, en l'an 1596 il a demeuré long « temps en Italie dedans la Court du Prince Mario Ferneso, ou il « a faict beaucoup des ses oeuvres en grand, et en petit. il a faict aussi « quelques pieces pour le Cardinal Schalie. d'Italie il est revenu a Delft « et il a faict quelques pieces à Rysewyc pour son Altese le Prince « d'Orange Fredric Henri et pour son Exc[ce] Conte Maurice de Nasou « et autres Princes. »

Auch das Bildnis auf Tafel I. ist entlehnt.

B. I S. 177 **Adriaan van Utrecht.** (S. 107).

Directe Benützung nicht nachweisbar.

B. I S. 179 **Anthoni van Dijk.** (S. 75).

Benützung ist nur für die Angaben der Geburts- und Todesdaten nachweisbar.

B. I S. 217 **Jacob van Es.** (S. 227).

Die vier ersten Zeilen dieses Artikels stammen aus der Unterschrift bei Meyssens. Diese besagt ausserdem, dass van Es zu Antwerpen ansässig war.

B. I S. 231 **Jan van Bronkhorst.** (S. 279).

Die Mitteilungen M e y s s e n s' unter dem Selbstportrat sind angesichts der weit ausführlicheren und, wie es scheint, auch zuverlässigen Nachrichten bei de Bie nur von geringem Wert. Ihre directe Benützung durch Houbraken lässt sich nicht nachweisen. Dagegen ist das Bildnis auf Tafel L. jener Sammlung entnommen.

B. I S. 233 **Nicolaes Knupfer.** (S. 115).

Das eben Gesagte gilt auch hier. Nur ist zu bemerken, dass Meyssens behauptet „il fit son apprentissaige à Lipsic, chez Emmanuel Nysen, l'an 1603", während de Bie sagt „N. K. is geboren van Lipsic Anno 1603". Letzterer Angabe sind, wie Sandrart und Houbraken, so auch die neueren Biographen gefolgt [1]). Eine Durchsicht der Leipziger Tauf bücher hat mich jedoch gelehrt, dass Knupfer darin um diese Zeit (± 1596—1610) nicht vorkommt und daher vermutlich in Leipzig n i c h t getauft worden ist.

B. I S. 235 **Johannes Cossiers.** (S. 267) und **Joan Bijlert** (S. 117).

Benützung nicht nachweisbar. Wenn Houbraken jedoch bedauert, über letzteren Künstler fast nichts erzählen zu können, hätte er die Mitteilungen unter dessen Selbstbildnis nicht zurückhalten sollen, dass Bijlert Sohn eines Glasers war und dass seine Figuren von mittlerer Grösse und ausserordentlich weich („extrêment douces") waren.

B. I S. 236 **Daniel van Heil.** (S. 293).

Direkte Benützung nicht nachweisbar.

B. I S. 250 **Pieter Danckers de Rij.** (S. 289).

M: Natifs à Amsterdam, l'an 1605, «Peintre en pourtraict de Sa Maj^te. «Vladislaus, IV du nom Roy de Po-«logne et Swede etc.»	H: Hij is geboren t' Amsterdam «in 't jaar 1605. Hij was een goed «schilder van pourtretten.»

B. I S. 253 **Peeter Francois.** (S. 153).

Directe Benützung nicht nachweisbar. Vgl. weiter unten bei de Bie.

B. I S. 289 **Abraham van Diepenbeek.** (S. 285).

Aus der Unterschrift bei Meyssens stammen die Angaben

---

[1]) Vgl. z. B. Geyser, Geschichte der Malerei in Leipzig, Lpzg. R. Weigel 1858 S. 48.

über des Künstlers Geburtsort, seinen Ruhm in der Glasmalerei, und sein Schulverhältnis zu Rubens. Dass er zu Antwerpen wohnte, hat Houbraken weggelassen.

B. I S. 291 **Erasmus Quellinus.** (S. 261).

Die Mitteilungen über Geburtsort und -zeit, über seine Erziehung zur Philosophie, sowie seine Lehrzeit bei Rubens sind der Unterschrift des Selbstbildnisses nacherzählt, welche mit den Worten endet:

« il est ausi dans la Peinture devenu un maistre excellent, si bien « en grand que en petit et il se entend fort bien a la perspective et il est « un grand desseignateur et Architecte. »

Auch das Bildnis auf Tafel N. ist entlehnt.

B. I S. 336 **Jacob Bakker.** (S. 129).

In der Biographie dieses Malers fängt bereits bei de Bie ein Irrtum an, der sich durch die ganze ältere Kunstgeschichtschreibung fortpflanzt. Es wird die Tatsache, dass unser Meister 1608 geboren wurde, wie dies unter den späteren Etats des Meyssens'schen Selbstbildnisses richtig mitgeteilt wird, mit dem an sich eben so richtigen Factum, dass ein andrer Meister Jacques de Bakker nur dreissig Jahre alt wurde (± 1560—90 vgl. v. Mander [2] S. 152a; oben S. 95), verbunden und so für den unsrigen das Todesjahr 1638 berechnet, während er in Wirklichkeit erst 1651 starb. Houbraken bemerkte nicht, auf welche Weise de Bie zu diesem irrigen Datum gelangt war und berechnete selbst wieder aus den beiden Angaben „obiit 1638" und „[hij] was dertig jaren oud als hij lei 't leven af" das Geburtsjahr 1608. Dies beweist, dass er die Meyssens'schen Mitteilungen nicht benützte, worin über ihn als einen noch lebenden gesprochen wird:

« Il est un excellent paintre en grand, fort inventif et bon coulo« reur qui s'entend tres bien pour faire un bon nud: et il est fort « adroict pour faire un portraict, il est natif de la ville de Haerlinge « en l'an 1608 et il se tient à Amstelredam. »

B. I S. 340 **Herman Saftleven**. (S. 275).

Geburtsort und -zeit, nebst Wohnort sind wohl der Unterschrift des Selbstbildnisses entnommen. Daselbst liest man ausserdem noch Folgendes:

«au commencement il faisoit paijsans, paijsanes et granges: mais à present il a sa seule delectation en paijsages.»

Das Bildnis auf Tafel P. ist ebenfalls entlehnt.

B. I S. 344 **J. Bapt. van Heil.** (S. 343).

M: «Bon peinctre, inventif en «ordonances de devotion, poësie «et d'autres; faict bien un pourtraict, «ce qu'on peult veoir à Brusselles.»	H: «Hij was een braaf schilder in de- «vote ordonantiën en pourtretten.»
M: «touts trois encor en vie»	H: «Zij waren alle drie 1661 «noch in leven.»

Diese Stelle ist wieder ein deutlicher Beweis dafür, dass Houbraken die erste Ausgabe der Images nicht gekannt hat, da er sonst hätte schreiben müssen „sie lebten alle drei noch i. J. 1649." 1661 ist allerdings auch noch richtig, aber bei seiner gedankenlosen Art abzuschreiben hat Houbraken sich davon gewiss nicht durch nachschlagen der beiden andern Biographien bei de Bie überzeugt. Geburtsort und -zeit hat er richtig herübergenommen.

B. I S. 345 **David Teniers** Jr. (S. 335).

Nur die Angaben über Geburtsort und -jahr und über die Lehrzeit bei seinem Vater sind entlehnt; was Meyssens sonst noch bringt, nicht:

« Un tres excellent peintre en petites figures et paysages, il a faict « des remarquables pieces tant pour le Roy d'Espaigne que pour autres « Roys; de mesme pour l'Archiduc Leopolde Guillaume, l'Evesque de « Gand et le prince d'Orange Guillame et plusieurs autres Princes, « Seigneurs et Amateurs de l'art ont beaucoup de ses oeuvres.»

Auch das Bildnis auf Tafel P. ist entlehnt.

B. I S. 357 **Thomas Willeborts Bossaert.** (S. 167).

Ausser dem Satz „Hij heeft in zijn tijd — zijn kunst doen zien" ist dieser Artikel ganz entlehnt. Beim Schlusssatz „hij woonde in 1660 te Antwerpen" usw. hat Houbraken wieder übersehen, dass dies 1649 heissen muss. Die Ueberlegung, dass de Bie in seinem ersten Teil (bis S. 181) nur verstorbene Meister erwähnt, hätte ihn hier vor diesem Fehler behüten können. Bossaert starb nach v. d. Branden (S. 922) am 23 Januar 1654.

B. I S. 364 **Nicolaes de Helt Stocade.** (S. 313).

Die Unterschrift des Selbstbildnisses ist die älteste Quelle für folgende Tatsachen:

« prit sa naisance a Nieumegen en l'an 1614 (H: 1613) il a « demeure quelque temps a Rome et a Venise et de la il est venu « prendre sa residence en France ou il a faict des si belles oeuvres qu'il « at esté estime digne d'estre receu Peintre de Sa Maieste Trés-christiene. »

B. I S. 368 **Jacques d'Arthois.** (S. 301).

Benützung nur für die Angabe vom Geburtsort und -jahr nachweisbar.

Houbrakens Citat aus de Bie könnte man ausserdem ergänzen durch die Worte:

« à Bruxelles ou il tien sà residence, ses pasages en grande et petite « forme sont tenuz entre les plus plaisans de Flandres. »

B. II S. 12 **Bonaventura Peeters.** (S. 171).

Direkte Benützung nicht nachweisbar, denn die Geburtsangaben werden von de Bie wiederholt. Nicht erwähnt ist Folgendes:

« cognoît l'orisont, ses esloignements sont douces, faict bien les « Villes et Chateaux, on voit par tout Beaucoup de ses oeures dans les « Maisons des amateurs. »

B. II S. 13 **Franciscus Wouters.** (S. 175).

Ueber den Unterschied zwischen dem Texte der ersten und der späteren Auflagen sieh oben S. 231 f.

M: « est né à Lyere lan 1614, « faict extremement bien les petites « figures principalement nuës et « aussi des paisages, il a esté dis- « ciple de PPaul Rubens etpar son « addres est faict peinctre de l'Empe- « reur d'Allemaigne Ferdinand le 2me « s'estant allé avec son Ambassadeur « en Angleterre, ou estant arrivé re- « ceut la novelle que Sa Majte Imperile « estoit morte l'an 1637 en apres « fut peinctre et homme de Chambre « du Prince de Galles, ayant de- « meure quelque temps a Londres, « s'est retourné à Anvers, s'y faisant « valoir par son art. »

H: geboren in 1614... « de gronden « van zijn werken zijn meest lant- « schappen (was jetzt folgt ist aus « de Bie entlehnt). Welk alles hij « met zoo wonderlijke bevalligheit « en konst heeft weten te schilderen, « dat hij daardoor bij den keijzer « Ferdinand den tweeden in groote « agtinge was. Hij is in den jare 1637 « met des keijzers ambassadeur in « Engelant geweest, ... Vandaar « komende, heeft hij zich te Lier « zijne geboorteplaats nedergezet. « Doch een wijl daarna is hij naar « Antwerpen vertrokken . . . . Hij « had de konst geleert bij den be- « ruchten Pet. Paul Rubbens. »

B. II S. 14 **David Rijckaerd.** (S. 309).

Aus Meyssens stammen die Angaben über den Geburtsort, die Lehrzeit bei seinem Vater und über die Schätzung seiner Bilder durch den Erzherzog Leopold. Die Gegenstände seiner Gemälde giebt die Unterschrift des Selbstbildnisses mit folgenden Worten an:

« est grand maistre en petites figures, principalement en escuries et « semblable edifices, certes illustre auy ordonnances rustiques... mais « il est sur touts autres excellent en peinture de la lumiere de chandelle. »

B. II S. 40 **Gonzalo Coques.** (S. 317).

M: « Né en Anuers lan 1618, « at apriz son art Cez le vieur « Dauid Rijckaert son beau Pere, « ou il a tellement auancé son estude « que le Roy d'Angleterre, l'at em- « ployé pour auoir de ses pieces. « le duc de Brandenborg sen delec- « toit fort et le prince Dorange en « faisoit grand Cas; ses ordonances « sont excellentes, et ses pourtraicts « en petit, admirables. »

H: « Geboren te Antwerpen in 't « jaar 1618... Doch ik wil des mants « roem niet betwisten, dien hij door « 't schilderen bij den Aardshertog « Leopoldus, bij den keurvorst van « Brandenburg, aan 't Engelsche « hof en aan 't Huis van Oranje « behaalt heeft..... Hij heeft de « konst geleert bij David Rijckaardt « wiens dochter hij naderhand « troude. »

B. II S. 83 **David Beck** [1]) (S. 161).

B. II S. 114 **Jan Both.** (S. 157).

B. II S. 224 **Corn. Janssens v. Ceulen.** (S. 299).

B. II S. 332 **Jean Guillaume Bauur.** (S. 113).

Benützung nicht nachweisbar.

B. III S. 317 **Gerard Segers.** (S. 97).

Nur die Mitteilung „Hij schilderde levensgroot" ist aus den Worten „Tres expert peintre en grand" der Unterschrift entnommen dagegen das Uebrige unberücksichtigt gelassen:

« il a fait beaucoup de belles pieces principalement en devotion, a « long temps demeure en Italie comme aussi en Espaigne, dont le Roy « lui a honnore du tiltre de serviteur de la maison roijale, tient sa de- « meure a present en Anvers ville de sa naissance faisant illec de « belles oeuvres. »

---

[1]) Ueber den Unterschied zwischen dem Texte der ersten und der späteren Auflagen sieh oben S. 232. Das Bildnis auf Tafel C. entstammt der Meyssens'schen Sammlung.

II. Das Gulden Cabinet im eigentlichen Sinne.

Bei dem Gebrauch dieses Werkes hat Houbraken den für seine Zeit verzeihlichen Fehler begangen, mehrfach das Herausgabedatum falsch zu bestimmen. Verzeihlich deshalb, weil das Werk selbst wiederholt die beiden Jahreszahlen 1661 und 1662 nennt [1]). Dass wir uns jedoch an ersterer zu halten haben, lehren uns folgende Stellen:

1. Die Titelgravüre, welche die Jahreszahl 1661 trägt.
2. Seite 425, wo sich am Anfang des dritten Teiles fünf Chronosticha befinden, welche diese Jahreszahl ergeben.
3. Die Grabschrift der drei Künstler Daniel Seghers, Joannes Fyt und Dav. Rijckaert, welche während des Druckes gestorben sind [2]).

Dagegen:

1) Trägt die Dedication an Anthonio van Leyen (S. 11) das Datum 10 Februar 1662.

2) Ist die geistliche Approbation auf S. 585 verso datirt vom 18 Februar 1662. (Dit boek...... zal mogen gedrukt en in 't licht gebracht worden").

3) Steht auf der letzten, nicht paginirten Seite „Ghedruckt tot Antwerpen Anno 1662" und

4) Befinden sich auf S. 576 vier Chronosticha mit dem Ergebnis 1662.

Nicht in Betracht kommen hier die Bildnisse des Artus Quellinus (S. 505) und des G. de Witte (S. 395), welche beide ebenfalls die Jahreszahl 1662 tragen, da sie in vielen Exemplaren fehlen, in andere erst nachträglich eingefügt wurden [3]).

Aus diesen Angaben geht deutlich hervor, dass das Werk spätestens gegen Ende des Jahres 1661 druckfertig vorlag und

---

[1]) Die Jahreszahl 1660, die Houbraken ausserdem an einigen Stellen bringt, darf aber gar nicht in Frage kommen. (Vgl. z. B. bei Lucas de Wael u. ö.)

[2]) Die Todesdaten sind 2 Nov., 11 Sept. und 11 Nov. 1661. (v. d. Branden, S. 1130, 1092 und 608.

[3]) So fehlt z. B. im Dresdener Exemplar G. de Witte und ist Quellinus zwischen S. 504 und 505 nachträglich eingeschaltet.

bei der Geistlichkeit so zeitig eingereicht wurde, dass dieselbe ehe sieben Wochen des neuen Jahres verflossen waren, ihr Imprimatur geben konnte.

Die Richtigkeit dieser Tatsache wird noch dadurch unterstützt, dass de Bie bei den Altersangaben seiner Künstler wirklich vom Jahre 1661 ausgegangen ist, wofür wir folgende Belegstellen haben:

S 221 unter dem Bildnis des P. Snayers steht „naquit en 1593."
S. 210 im Texte „oud 68 jaren."
S. 278 i. T. „Jan v. Bronkhorst van 1603, oud omtrent de 58 jaren."
S. 343 u. d. B. des J. Bapt. v. Heil „ne l'an 1609."
S. 342 i. T. „oud 52 jaren, 1661."
S. 345 u. d. B. des J. Ph. van Thielen „né l'an 1618."
S. 344 i. T. „oud 43 jaren."
S. 355 u. d. B. des Joan Peeters „né l'an 1624"
S. 354 i. T. „oud 36 jaren, Anno 1661."
S. 362 i. T. „Peeter Boel, oud 36 jaren Anno 1661."
S. 403 u. d. B. des Georgius van Son „né en l'an 1622."
S. 402 i. T. „oud 39 jaren."
S. 411 u. d. B. des Joan van Kessel „né en l'an 1626."
S. 409 i. T. „oud 35 jaren."

Gegen solche zahlreiche Zeugnisse können die beiden folgenden Abweichungen nur geringes Gewicht erlangen:

S. 231 u. d. B. des Adrianus de Bie „né en l'an 1594."
S. 230 i. T. „oud 68 jaren" und
S. 381 u. d. B. des Petrus van Bredael „né en l'an 1630."
S. 380 i. T. „oud 32 jaren."

und zwar umsoweniger, da für die erstere wohl schwerlich de Bie, sondern vielmehr H. de Pooter, der Verfasser dieser Biographie, verantwortlich zu machen ist, und bei letzterer die Angabe unter dem Bildnis falsch, die im Texte dagegen richtig ist, denn v. d. Branden (S. 1030) teilt uns mit, dass P. van Bredael bereits am 19 Juli 1629 getauft wurde. Er zählte also wirklich im Jahre 1661, 32 Jahre.

Benützung des Gulden Cabinet durch Houbraken.

B. I S. 37. **Adam van Oort.**

Ein Citat von vier Versen aus de Bie (S. 38).

B. I S. 38—40. **Octavio van Veen.**

„Octavio komt mij voor" bis „om welke reden" (S. 40) ist inhaltlich dasselbe, was de Bie S. 41 sagt. Die Verse sind aus dem Lateinischen in's Holländische übersetzt.

B. I S. 42. **Jan de Wael.**

Aus de Bie S. 108.

B. I S. 43 f. **Abraham Bloemaert.**

Zu dieser Biographie citirt Houbraken van Mander und de Bie, ohne jedoch zu bemerken, dass dieser ganz von jenem abhängig ist. Beweis hierfür ist, dass er S. 44 sagt, van Mander weiche darin von de Bie ab, dass er mehrere Lehrer Bloemaerts namentlich erwähne, während de Bie (S. 46) singe:

« Meest heeft hij uyt den geest des' Const alleen becomen
« En sonder onderwijs — »

Die Worte fussen jedoch offenbar auf folgender Stelle van Manders 2 fol. 209 b:

« Summa Bloemaert heeft hem soo beneerstight in de Const,
« dat hij een overtreffende meester (doch soo men seggen
« mocht) sonder meester gheworden is.»

B. I S. 45 f. **Tobias Verhaegt**

Entlehnt ist der Anfang bis zum Absatz: In 't leven van Oct. van Veen usw. (d. B. S. 48).

B. I S. 49. **Paulus Moreelse.**

Aus d. B. S. 131 stammen die Angaben: „Hij is geboren 1571" und „Hij is gestorven Raad en Schepen der stad Utrecht in 't jaar 1638."

B. I S. 51. **Die Familie Franks.**

Aus d. B. S. 100 f.

B. I S. 60. **Adam Willaerts.**

Die kurze, irrtümliche Entlehnung ist bereits bei Meyssens erwähnt.

B. I S. 76. **Pieter Soutman.**

Aus d. B. S. 154 ist das nach dem Citate aus Ampsing Gesagte entlehnt von Zeile 21 an.

B. I S. 77. **Cornelis Schut.**

Dieser Artikel ist eine nur geringfügig veränderte Fassung von de Bie's Versen auf S. 103.

B. I S. 78. **Jan van Hoeck.**

Aus d. B. S 143 ff. Dieselbe Biographie kehrt B. II S. 344 wieder.

B. I S. 78. **Marten Pepijn.**

Aus d. B. S. 413. Wie Houbraken aus der mitgeteilten Anecdote hat ableiten können, dass Pepijn bei Rubens' Lebzeiten starb, ist unersichtlich

B. I S. 83. **Johannes van Balen.**

Die Mitteilungen über die Lehrzeit beim Vater und über die italienische Reise gehen zurück auf de Bie S. 120, der sie jedoch bereits der Unterschrift des Meyssens'schen Selbstbildnisses entnommen hat. Auch will Houbraken bei de Bie die Angabe gefunden haben, dass van Balen 1662 noch lebte. Das Gegenteil geht aber sowohl daraus vorher, dass de Bie in seinem ersten Teil nur verstorbene Meister behandelt, als auch aus den folgenden Versen:

Van Balen . . . .
. . . .
Is door de bleecke doodt ghetrocken naer het graf
. . . .
De handt is doodt en vrot, die wel gheschildert heeft.

Bekanntlich starb van Balen bereits am 14 März 1654. Die Unterschrift bei Meyssens konnte noch sagen „il se tient maintenant à Anvers." Daher Houbrakens Irrtum.

B. I. S. 85 ff. **Joan Breughel** (Fluweelen).

Alles, was nicht laut ausdrücklicher Aussage auf Autopsie beruht. stammt aus d. B. S. 89 ff.

B. I S. 87. **Adriaen Stalbemt.**

Aus d. B. S. 228.

B. I S. 96. **Deod. del Mont.**

Aus d. B. S. 133 ff. In der Angabe des Todesjahres nimmt er den zweimaligen Druckfehler 1634 statt 1643 mit herüber [1]).

B. I S. 114. **David Teniers Sr.**

Aus d. B. S. 140 f.

B. I S. 123. **Gaspar de Kraijer.**

Aus d. B. S. 244. Zum Teil dieselben Angaben und einige andere befinden sich bereits unter dem Meyssens'schen Porträt.

B. I S. 129. **Frans Verwilt.**

Dieser Artikel fusst bis zu den Worten „doch zijne naakte beeldjes." auf d. B. S 405.

B. I S. 133. **Hendrik Terbruggen.**

Der erste Satz stammt aus d. B. S. 132, wo sich aber nicht ausdrücklich findet, dass der Meister zu Utrecht geboren war, sondern nur, dass er dort lebte und 1629, 42 Jahre alt starb. Ferner sagt de Bie: Er war einer der berühmtesten Maler seiner Zeit, sehr schön in Gegenständen aus der Geschichte und nach dem Leben; er hat viel gereist und war auch sehr erfahren im Porträtiren. In Utrecht ist sehr viel von ihm zu sehen.

B. I S. 136. **Adriaen van de Venne.**

Die wertvollen Mitteilungen de Bie's (S. 234) hat Houbraken nur in der verkürzten Form, die Bleijswijk bietet, benützt (sieh dort).

B. I S. 140. **Daniel Seghers.**

Aus d. B. S. 212 stammt blos das Geburtsjahr 1590. Das Uebrige findet sich bereits bei Meyssens. Houbraken hat übersehen, dass de Bie S. 566 Seghers Tod nachträgt.

B. I S. 140. **Joan van der Borcht.**

Aus d. B. S. 532.

---

[1]) Auch letzteres Datum ist nicht richtig, aber es muss hier gemeint sein, denn es befindet sich unter dem Bildnis und ergiebt sich aus folgender Rechnung: del Mont wurde nach de Bie 1581 geboren, er starb in dem angeblich von ihm selbst vorhergesagten annus climatericus, d. h. in seinem 63sten Lebensjahre: 1581 + 62 = 1643. v. d. Branden, S. 747 ff. giebt als Datum der Geburt 24 Sept. 1582 und des Todes 24 Nov. 1644.

B. I S. 146. **Lucas de Wael.**

Aus d. B. S. 229. Das Geburtsjahr 1591 wird dort nicht angeführt, und ist wohl durch Subtraction (1660—69 = 1591) gefunden. Breugel ist der einzige Lehrer, den d. B. anführt.

B. I S. 149. **Gerard Honthorst.**

Die Worte „hij was in den jare 1662 nog in leven" usw. verdanken wieder der Verwechslung der Herausgabedaten des Gülden Cabinet und der Meyssens'schen Images ihre Entstehung. An letzterer Stelle (S. 165) heisst es „il se tient a present a la Haye au service de Son Altesse le Prince d'Orange." Honthorst starb am 27 April 1656 zu Utrecht [1])

B. I S. 150. **Peter Snayers.**

Aus d. B. S. 221. Das anonyme Gedicht stammt vermutlich aus der Feder Houbrakens. „Hij was 1662 nog in leven" soll heissen „er war bei der Herausgabe des Gülden Cabinet noch am Leben."

B. I S. 152 **Adriaan de Bie.**

Der Houbrakens Berichten zu Grunde liegende Artikel des Gülden Cabinet (S. 230 ff.) ist von H. de Pooter verfasst.

B. I S. 153. **Cornelis de Wael.**

Das Geburtsjahr 1594 ist auch hier durch die Subtraction des Alters, 68 Jahre, vom [falschen] Datum der Herausgabe de Bie's 1662 berechnet. Dass sein Vater sein Lehrer war, meldet das Gülden Cabinet (S. 229) nicht.

B. I S. 158. **Hendrik Berkmans.**

Ueber die Mitteilungen, welche erst durch Sandrarts Vermittlung in die Groote Schouburgh gelangt sind, sieh daselbst.

Sonst berichtet d. B. (S. 414) noch Folgendes: Nachdem Berkmans bei Wouwerman in der Lehre gewesen war, kam er erst zu Thomas Willeborts und dann zu Jacq. Jordaens in Antwerpen. Seine Bilder sind sehr geschätzt, besonders seine Porträts. Er wohnte zu Middelburg in Zeeland, seitdem Graf Heinrich van Nassau, der Commandant von Hulst, dessen

---

[1]) Vgl. Bredius und Muller im Catalog-Kunstliefde zu Utrecht.

Hofmaler er war, gestorben war [1]). Von seinen Werken befinden sich mehrere zu Vlissingen im Handboogsdoelen; desgleichen zu Middelburg im Handboogs- und Bus-doelen „veel seldsaeme Conterfeytsels." Ferner hat er viele Mitglieder der Staaten von Holland, auch die Admiräle de Ruyter und Jan Evertsen und endlich viele andere Personen von Stand und Ansehen abgebildet.

B. I. S. 158. **Lucas van Uden.**

Aus d. B. S. 240 f.

B. I S. 162. **Jacques Francart.**

Vgl. bei le Comte. Aus diesem ist das meiste entlehnt. Nur für den Titel Francarts „ordinaris inseigneur van de stad Brussel" (H: Bouw- en Vestingboumeester), der dort nicht vorkommt, lässt sich die Benützung de Bie's (S. 478 f.) nachweisen.

B. I S. 164. **Leonard Bramer.**

Aus d. B. S. 252 ist der Abschnitt entnommen von „Deze door reislust aangespoord" bis „Thans pronkt."

Abweichung:

d. B. « Soodat Venetien, Florens « en Mantua ‖ Seina, Bolognien « Napels en Padua, ‖ en noch veel « plaetsen meer vermaert in 't Duyts- « lant, ‖ en oock het Hollantsch hoff « wel kennen sijn verstant. »	H: « hij vertoonde zijn talent « aan de konstliefdige hoven te « Romen, Venetien, Florence, Man- « tua, Napels, Padua enz. »

d. B. sagt ausserdem ausdrücklich, dass die beiden Bilder „Auferweckung des Lazarus" und „Verleugnung Petri", deren H. auch Erwähnung tut, in Italien entstanden sind [2]).

B. I S. 174. **Theodoor Rombouts.**

Aus d. B. S. 163.

B. I S. 174. **Pieter Saenredam.**

Aus d. B. S. 246.

Abweichung:

---

[1]) Im Jahre 1652.

[2]) Vgl. über dieselben oben S. 102.

de B: « Hij is in 't jaer 1623 « op den 24sten dach van de maendt « April als vrij Meester in 't Gulde- « boeck [te Haarlem] opgheschreven « ende begaf hem eyndelijck omtrent « den jaere 1628 gheheel tot schilde- « ren van perspectiven » usw.

H: « Hij kwam tot Haarlem als « meester in 't Sint Lukas Convent « den 24 van grasmaand 1628. « Toen zette hij zig tot het schil- « deren van perspectiven » usw.

Ausgelassen hat Houbraken Folgendes:

Das Todesdatum des Vaters, des Kupferstechers Jan Saenredam [1]) (6 April 1607).

Dass Saenredam am 10 Mai 1612 zu F. Pzn. de Grebber in die Lehre kam, und

Dass er in Utrecht zwanzig Wochen lang architectonische Entwürfe zeichnete und malte.

B. I S. 177. **Adriaan van Utrecht.**

Houbraken schöpft nur aus dem de Bie'schen Texte, ohne zu beachten, dass diese Mitteilungen auf die zum Teil ausführlicheren Angaben unter dem Meyssens'schen Bildnis zurückgehn.

B. I S. 179—188. **Anthony van Dijck.**

Benützung de Bie's (S. 74 ff.) ist nur für das Geburts- und Todesjahr nachweisbar.

B. I S. 189. **Cornelis de Vos.**

Die Angabe, dass er aus Hulst stammte, ist dem Gülden Cabinet S. 104 entlehnt.

B. I S. 189. **Daniel Mijtens.**

Aus d. B. S. 412, wo er mit Hanneman verglichen wird.

B. I S. 189. **Artus Wolfaert.**

Ob aus d. B. S. 413 ist fraglich und nur wegen des Zusammenhangs mit dem vorigen und folgenden Artikel einigermaassen wahrscheinlich. Nimmt man Entlehnung an, so muss man voraussetzen, dass Houbraken im Folgenden statt poetery potsery las:

---

[1]) Von diesem Meister bringt de Bie ebenfalls eine ausführliche Biographie (S. 498 f.)

de B: « Ook Aertus Wolffaert « Schilder van Antwerpen is soo seer « te prijsen, in de handelingh van « devotie als Poeterye fraey in « ordonnantien en cloecke ghestelte- « nis tot welstandt van de Const.»	H: « Artus Wolfart, Antwerpe- « naar: Die niet alleen berucht is « door 't schilderen van zedebeel- « den, maar ook Fabelen en pot- « zerijen.»

B. II S. 145 kehrt dieselbe Biographie wieder:

« A. W. van Antwerpen, die zoowel Zeedestukken als Boerterijen schilder- « de. En wort hij geprezen om zijn fraje schikking en kloek penceel.»

Diese Worte schliessen sich noch enger an de Bie an.

B. I S. 189. **Theodorus van Loon.**

Aus de Bie. S. 412 f.

B. I S. 209—12. **Johannes** und **Cornelis de Heem.**

Aus de Bie S. 217 ff. sind die ersten Verse auf S. 211 entlehnt, die letzten („Wanneer de Heem" bis „klinkklaar goud herschept") frei übersetzt.

Die Angabe am Fuss der S. 210, dass Joannes und dessen Vater David Davidse bei der Herausgabe des Gülden Cabinet noch lebten, ist falsch verstanden aus Versen, welche sich auf Joannes und Cornelis beziehen, denn, nachdem fortwährend ausschlieslich von jenem die Rede gewesen ist, folgt S. 217:

« Die heeft aen sijnen Soon veel wetenschap ghegheven,
« Van d'edel Schilderconst » usw.

worauf dann unmittelbar der von Houbraken als Stütze seiner Behauptung citirte Vers: „Hier leven twee door Const, den Sone en den Vader" folgt. S. 218 nennt de Bie ausserdem die beiden Namen Joannes und Cornelis [1]).

B. I S. 216. **Remigius van Rheni.**

Aus d. B. S. 149.

Abweichung:

d. B: « hij is in Duytslant ghestor- « ven na dat het Casteel van den « voorsz. Grave van Wolfegh met « alle de Const door de Swetsche « [= Schweden] gans verbrandt ende « gheruineert was.»	H: Hij heeft gewoond op 't slot, « 't welk naderhant door de « woede der Zwitzers [= Schweizer] « met al de konst is verbrant.»

[1]) Vgl. über diesen Punkt Toman im Rep. f. Kw. XI 127.

B. I S. 216.	**Pieter van Loon.**	Aus d. B. S. 149
Ibid.	**Louis de Vadder.**	desgl S. 98
B. I S. 217.	**Lucas Achtschellinks.**	desgl. S. 399
Ibid.	**Marten Rijkaard.**	desgl. S. 413

Die Genealogie Rijkaards bei Houbraken ist falsch. de Bie sagt der Wahrheit gemäss „David de oude, David zijn zoon en Maerten zijn oom, des voorschr. Davids broeder" [1]).

B. I S. 217.	**Andr. v. Artvelt.**	Aus d. B. S. 105.
Ibid.	**Jac. v. Es.**	desgl. S. 226 f.
B. I S. 218.	**Gil. u. Guil. Backereel.**	desgl. S. 108
Ibid.	**Joh. Wildens.**	desgl. S. 126
B. I S. 219.	**Pieter van de Plas.**	desgl. S. 139
B. I S. 221.	**Peter Neeffs.**	desgl. S. 155

Ibid. **Theodoor Babueren.**

Aus d. B. S. 155. Dass er ähnliche Gegenstände gemalt habe, wie P. Neeffs, was Houbraken „uit zekere omschrijving" schloss, hat er vermutlich nur aus dem Umstande abgeleitet, dass de Bie ihn unmittelbar nach Neeffs erwähnt.

B. I S. 221. **Christ. Jacob van der Lanen.**

Aus d. B. S. 159. Houbraken macht aus diesem Maler fälschlich zwei verschiedene: Christoffel und Jacob v. d. Lanen.

B. I S. 221.	**Hendrik de Klerk.**	Aus d. B. S. 163
Ibid.	**Anthoni Salart.**	desgl. Ibid.
Ibid.	**Guilliam Mahue.**	desgl. S. 168
B. I S. 222.	**Augustijn Brun.**	desgl. S. 145.
Ibid.	**Hans Holsman.**	desgl. S. 145.
Ibid.	**Frederik Brentel.**	desgl. S. 145.
Ibid.	**Jac. van der Heyden.**	desgl. S. 145.

Ibid. **Daniel** [soll heissen **Denys**] **v. Alsloot.** desgl. S. 168

Auch hier lautet der Vorname fälschlich Daniel.

B. I S. 222.	**Abr. Mattijs.**	Aus d. B. S. 110
Ibid.	**Egid. v. Tilburch.**	desgl. S. 399
Ibid.	**Dav. de Haen.**	desgl. S. 142

[1]) Vgl. v. d. Branden S. 601 ff.

B. I S. 223. **Justus van Egmont.**

Aus d. B. S. 251, wo alles zu finden ist, was Houbraken berichtet. Nur wird dort genauer angegeben, dass Egmont bereits unter Ludwig XIII Hofmaler in Paris wurde. Noch einmal, und zwar vermutlich aus andrer Quelle, erwähnt Houbraken diesen Meister (B. II S. 145). Er nennt ihn dort aber gebürtig aus Antwerpen und Schüler van Dijcks. Ueber die kurze Erwähnung bei Orlers sieh dort und oben S. 39 und 215.

B. I S. 231 ff. **Jan van Bronchorst.**

Das Ganze bis S. 232: „De Nieuwe Kerk" usw. ist wörtlich ohne erhebliche Abweichungen aus d. B. S. 278 entnommen.

B. I S. 233 f. **Nicolaes Knupfer.**

Auch diese Biographie ist eine fast wortgetreue Nachschrift de Bie's (S. 115 f.). Dieser erwähnt ausserdem noch, dass sich viele hervorragende Gemälde Knupfers in Amsterdam, Utrecht und an andern Orten befanden. Ueber eine Abweichung von der Unterschrift des Meyssens'schen Selbstporträt sieh oben S. 238.

B. I S. 235. **Joh. Cossiers.**

Aus d. B. S. 266, dessen Notizen z. T. auf die Unterschrift des Meyssens'schen Selbstbildnisses zurückgehen.

B. I. S. 235. **Simon de Vos.**

Aus d. B. S. 237.

B. I S. 235. **Joan Bijlert.**

Aus d. B. S. 118. Der Verdacht Houbrakens „dat hij, naar „het ons heeft toegeschenen, eerst van een los en ongebonden „leven is geweest en naderhant een afkeer daarvan gekregen „hebbende zig tot de oeffeninge der schilderkonst heeft begeven" beruht auf den falschverstandenen, allgemein moralisirenden Betrachtungen de Bie's in Zeile 9, 10 und 14. Etwas später sagt dieser sogar ausdrücklich, dass diese Wandlung grade bei Bijlert nicht stattgefunden habe, sondern (Zeile 19 ff.):

« Dat hij van joncks af is tot Consten aengheport,
« Midts sijn seldsame Const voor goedt ghehouden wort.

« Dat sijnen jeverlust den tijdt heeft waerghenomen
« En is door neersticheydt in grooten naem ghecomen» [1]).

Auch Sandrart (II S. 307) rühmt Bijlert's tugendhaften Lebenswandel. Wo Houbraken das aus seinem Zusammenhang zu berechnende Geburtsjahr 1603 hergenommen, ist nicht ersichtlich.

B. I S. 236. **Daniel van Heil.**

Aus d. B. S. 292, ausser dem poetischen Erguss auf S. 237.

B. I S. 250. **Pieter Danckersse de Rij.**

Aus d. B. S. 288 sind nur die Verse entlehnt.

B. I S. 253. **Peeter François Lzn.**

Aus d. B. S. 152. Die Angaben über den Geburtsort und das Todesdatum finden sich bereits unter dem Bildnis der Sammlung-Meyssens.

B. I S. 253. **Louis Primo.**

Aus d. B. S. 320 bis zu den Worten: „Sandrart, die hem mede gedenkt" usw.

B. I S. 287. **Peeter v. d. Willigen.** Aus d. B. S. 529.

B. I S. 288. **Leon. van Orly** und **Dammori.** desgl. S. 528.

B. I S. 289. **Abraham v. Diepenbeeck.**

Aus d. B. S. 284 stammen nur die drei citirten Verse, sowie die Angabe, dass Diepenbeek bei der Herausgabe des Gülden Cabinet noch lebte.

B. I S. 290. **Jan Thomas.**

Aus d. B. S. 247. Die Nachricht von seiner italienischen Reise stammt blos aus den misverstandenen Worten:

« sijn wercken wijsen soo in Italien, Spanien, Duytslandt als Neder-
« landt ghenoch aen, wat costelijcke wetenschap daerin verborghen leyt.»

B. I S. 290. **Theodoor van Thulden.** Aus d. B. S. 241.

Ibid. **Justus Sustermans.** desgl. S. 242.

B. I S. 291. **Jacob [= Joachim] Sandrart.**

Obwohl Houbraken für die Lebensbeschreibung Sandrarts an andrer Stelle aus der Urquelle schöpft, entgeht es hier seiner

[1]) Ueber einen zweiten Fall, in dem Houbraken durch Anwendung der allgemeinen Betrachtungen de Bie's auf eine bestimmte Person in einen Irrtum verfallen ist, sieh unten bei Dav. Rijckaerd.

Aufmerksamkeit, dass der Vorname Jacob bei de Bei einfach Irrtum für Joachim ist. Dies geht daraus hervor, dass letzterer sonst im Gülden Cabinet gar nicht erwähnt wird, während Jacob „een van de geruchtbaarste schilders dezer eeuw" und „tegenwoordig schilder van den hertog van Beijeren usw." genannt wird. Dass der Brudersohn Joachims, der Nürnberger Kupferstecher Jacob van Sandrart weder bei de Bie noch bei Houbraken gemeint sein kann, braucht wohl kaum ausdrücklich hervorgehoben zu werden [1].

B. I S. 291. **Paulus de Vos.** Aus d. B. S. 236.

Ibid. **Erasmus Quellinus.** desgl. S. 260 ff.

B. I S. 294. **Joannes Erasmus Quellinus.**

Aus d. B. S. 262 in margine. Statt 1660 ist bei Houbraken zu lesen: bei der Herausgabe des Gülden Cabinet.

B. I S. 294. **Artus Quellinus.**

Aus d. B. S. 504. Wenn Houbraken sagt, dass Erasmus einen Neffen namens Artus hatte, ist er im Rechte; wenn er aber auf diesen die Verse Vondels zu Ehren des Bildhauers am Amsterdamer Rathause bezieht, so verwechselt er ihn mit Erasmus' Bruder. de Bie bringt des ältern Artus Bildnis auf S. 505, des jüngeren auf S. 555.

B. I S. 296. **Karel Erpard.**

Aus d. B. S. 520.

B. I S. 313 ff. **Anna Maria Schuurmans.**

Die Verse de Bie's (S. 557 f.) bieten nur geringes kunsthistorisches Interesse und sind, insofern nachweislich, von Houbraken nicht benützt.

B. I S. 318 ff. **Adriaen Brouwer.**

Aus d. B. S. 91 ff. stammen folgende Angaben:

S. 326. Ueber den von Brouwer selbst gemalten Anzug.

S. 327. Wie er sich vermittelst Zeichnungen loskaufte, wenn er in der Kneipe die Zeche nicht bezahlen konnte.

---

[1]) Auch in das von Bredius publizirte Malerbuch des Joan Sysmus (Oud Holland VIII S. 1 ff.), welches etwa 1660—1670 entstanden sein wird, ist mit vielen andern Entlehnungen ebenfalls dieser Jacob Sandrart aus de Bie eingeschlüpft.

S. 328. Ueber die Gegenständc seiner Bilder.
S. 332. Ueber seinen ärmlichen Nachlass und
S. 333. Ueber seine doppelte Beerdigung. | Wörtliche Citate.

B. I S. 333. **Joost van Craesbecck.**

Aus d. B. S. 109.

B. I S. 336. **Jacob Backer.**

Ueber diesen Meister vgl. bereits oben S. 239.

B. I S. 344. **Salomon Koning.**

Vollständig und sozusagen wörtlich entlehnt aus de Bie, S. 250 mit folgenden Abweichungen, bzw. Auslassungen:

de B: « Sijn lust was meest treck- « kende tot het historiael, beneffens « het conterfeyten naer het leven.»	H: « Hij was een goet pourtret- « schilder, doch van natuur meer « genegen tot het schilderen van « historien, zoo in 't kleen, als le- « vensgroot.»

Der Satz Houbrakens: „Er schuf bis zum Jahre 1660 mehrere hervorragende Werke" bezieht sich selbstverständlich auf das Datum der Herausgabe des Gülden Cabinet. Dieses erwähnt noch folgende Kunstwerke, die Houbraken mit Stillschweigen übergeht:

in Antwerpen, bei Herrn Taxis „een oud vrouwenbeeldje en een student met boeken, zeer aardig geschilderd."

bei Sr. Majestät von Dänemark „twee groote doeken vol werks, de „inhoud zijnde oude zeeusche (wohl = seeländische, dänische) geschiedenissen."

in Breda, beim verstorbenen Commandanten Theod. Huyghens „meer als 30 conterfeitsels van verscheiden ritmeesters en kapiteinen".

in Amsterdam bei Lod. v. Ludick ausser dem David und Bathseba mehrere Bilder.

daselbst bei Mart. Cretser „een Ceres bij nacht Proserpina zoekend" [1]).

daselbst bei Jan Tingnaghel: „een Jeronymus in heremitagie, zoo groot als 't leven." [Wohl der schöne Dresdener Einsiedler v. J. 1643, Cat. Nr. 1589.]

[1]) Dies Bild wird nicht erwähnt im Gedicht des Lamb. v. d. Bos, Konst Kabinet van Marten Kretzer. Vgl. O. H. II 114 ff.

daselbst bei Sr. Anth. de Brul „een Danaë" und „een Bersabe, lesende een brief."

Anno 1646 malte er für Joan de Reijnealmo [= den Amsterdamer Kunsthändler Joh. de Renialme] „een stuk met kleine „beeldjes, tamelijk vol werk, daar Christus Mattheus van den „Tol roept" und „een Marienbeeld met een Joseph en St. Anna, „levensgrootte." [Ersteres heutigen Tages im Berliner Museum, Cat. Nr. 822, zur Zeit zurückgestellt.] Für die „Princers" von Dänemark im Haag: „een stuk afbeeldende een ouden man."

Das Bild „Salomon den Götzen opfernd" bei Ger. Luycke definirt de Bie als „een stuk van redelijke grootte"

B. I S. 344. **Jan Bapt. van Heil.**

Aus d. B. S. 342. Einige Angaben (wie z. B. über Geburtsort und -zeit) gehen auf Meyssens zurück. Dass er, wie Houbraken will, höher geschätzt wurde als seine Brüder, findet sich in keiner von beiden Quellen; de Bie sieht sogar mit ausdrücklichen Worten von einem Vergleich ab.

B. I S. 345. **Robert van Hoeck.**

Dieser Lebensabriss kehrt B. II S. 50 wieder und ist auch hier dem Gülden Cabinet (S. 340 f.) entlehnt.

B. I S. 345. **David Teniers Jr.**

Aus d. B. S. 334 ff.

B. I S. 356. **Johannes Mijtens** [= **Meyssens**].

Aus d. B. S. 386.

B. I S. 357. **Thomas Willeborts Bossaert.**

Aus d. B. S. 166 ist nur der Satz „Hij heeft in zijn tijd bis zijn kunst doen zien" abgeleitet.

Im Uebrigen vgl. bei Meyssens.

B. I S. 364. **Nicolaas de Helt, Stocade.**

Aus de Bie S. 312 hat Houbraken die Charakteristik seiner Malweise entnommen und wohl gleichfalls die (misverstandene?) Tatsache, dass er für die Königin Christina von Schweden gearbeitet habe, und dass sich dort Werke von ihm befänden:

d. B: .... al de wercken [zijn] ... « seer lieflijck in 't pinceel, heel « aenghenaem en crachtich, in sijn « figuren vast seer mals en pou- « selachtig || .... || Het moet « wel edel sijn, hetgen' men siet « beminnen || Van 't nieusgirgh « vrouwenvolck, besonder C o n i n- « g i n n e n || als naementlijck in 't « Hof van Vranckerijck wel schijnt || « daer sijne wetenschap gheacht « wort sonder eynt.»

H: « Zijne beelden waren vast « geteekent en zacht, poezelig en « bevallig geschildert, waarom die « ook 't oog van Koningin Chris- « tina en 't keurig hof van Vrank- « rijk behaagt hebben.»

Auch hier soll die Zeitbestimmung im Satz „hij was 1662 nog in leven" aufgefasst werden als „bei der Herausgabe des Gülden Cabinet."

B. I S. 368 **Abraham Willaerts.**

Aus d. B. S. 247 mit folgendem ergötzlichem Misverständnis:

d. B.: Hij is van Graef Maurus « in Bresel [= Brasilien] ontbo- « den .... de graeff sondt hem met « de vloot naer Africa ., ... en St. « Paule in Angoola.»

H; « Hij werd bij Graaf Maurits « tot B r u s s e l (!) ontboden ..... « wat de reden was, dat hij .... « naar St. Paulo in Angola trok is « wat twijffelagtig.»

Dass ein Zug van Brüssel nach Angola unserm Houbraken fremd vorkam, ist ihm nicht übel zu nehmen; keineswegs unerklärlich ist aber unter den damaligen Verhältnissen ein Kriegszug von Brasilien nach den Colonien des verfeindeten Portugal in Africa. „Hij was 1660 nog in leven" soll auch hier heissen: bei der Herausgabe des Gülden Cabinet.

B. I S. 368. **Jacques d'Arthois.**

Aus d. B. S. 300 sind die Verse auf S. 369 entlehnt. Die Geburtsangaben finden sich schon unter dem Porträt bei Meyssens.

B. II S. 9. **Bartholomeus van der Helst.**

Geburtsort und -jahr stammen aus d. B. S. 283. Letzteres ist bei Houbraken nicht ausgedrückt, geht aber aus dem Zusammenhang hervor.

B. II S. 12. **Bonaventura Peeters.**

Aus d. B. S. 170, insofern nicht Meyssens als gemeinschaftliche Vorlage gedient hat.

B. II S. 13. **Franciscus Wouters.**

Aus d. B. S. 174.

B. II S. 14. **David Rijckaert.**

Aus d. B. S. 308 ff. stammt alles was oben (S. 242) nicht als geistiges Eigentum der Meyssens'schen Unterschrift nachgewiesen ist. Abweichend ist die Darstellung Houbrakens, alsob Rijckaerd mit seinem fünfzigsten Jahre seine Malweise geändert habe. Der Künstler erreichte jedoch blos ein Alter von achtundvierzig Jahren. Der Irrtum ist wohl durch die folgenden Verse de Bie's veranlasst:

« Want schoon men vijftigh jaer des' Const gheploghen had,
« Soo vint men daeghelijckx daerin een nieuwen schat. »

B. II S. 14. **Lucas Francois Jun.**

Aus d. B. S. 374 ff.

B. II S. 40. **Gonzalo Coques.**

Aus d. B. S. 316 ff., insofern nicht die Unterschrift bei Meyssens als gemeinschaftliche Vorlage gedient hat.

B. II S. 50. **Robert van Hoeck**, sieh oben B. I S. 345.

Ibid. **Peeter Meert.**

Aus de B. S. 350.

B. II S. 52. **J. Ph. van Thielen** und **Töchter.**

Aus d. B. S. 344 ff. Die Töchter werden B. III S. 105 nochmals aus derselben Quelle citirt.

B. II S. 53. **Carel van Savoyen.**

Aus d. B. S. 378, der ausserdem noch sagt, dass seine Figürchen meist nackt waren, und dass er in Holland lebte.

B. II S. 57. **Jan Bapt. van Deijnum** Aus de B. S. 406.
[H. nennt ihn **v. Duinen**].

B. II S. 101. **Joris van Son** desgl. S. 402 ff.

B. II S. 139. **Joan. van Kessel** desgl. S. 409 ff.

B. II S. 140.	**Joh. Peeters**	desgl. S. 354 ff.
B. II S. 141.	**Pet. Boel**	desgl. S. 362 ff.
Ibid.	**Joan. v. Heck**	desgl. S. 365 ff.
B. II S. 142.	**Gasp. van Eijck**	desgl. S. 367 f.
Ibid.	**Jan Sibrechts**	desgl. S. 373.
Ibid.	**Nic. van Eijck**	desgl. S. 388.
Ibid.	**Phil. Fruijtiers**	desgl. S. 389.
Ibid.	**Ant. Gaubou**	desgl. S. 390 ff.
Ibid.	**Fr. de Neve**	desgl. S. 349.
Ibid.	**Joan. Fijt**	desgl. S. 339.
B. II S. 143.	**Pet. Tijsens**	desgl. S. 328 ff.
B. II S. 144.	**Alex. Adriaensen**	desgl. S. 273.
Ibid.	**Franc. Eijkens**	desgl. S. 255.
Ibid.	**Jan Eijkens**	desgl. Ibid.
Ibid.	**Carolus Screta** [1])	desgl. S. 251.
Ibid.	**P. v. d, Borcht**	desgl. S. 255.
Ibid.	**Jan Meel**	desgl. S. 368.
Ibid.	**P. de Wit**	desgl. S. 393.
Ibid.	**Ger. van Hoochstadt**	desgl. S. 413.
Ibid.	**Gijsbr. Thijs**	desgl. S. 412.
B. II S. 145.	**Nic. Loyer**	desgl. S. 491.
Ibid.	**Guil. Gabron**	desgl. S. 517.
B. II S. 223.	**Petr. van Bredael**	desgl. S. 380 f.
B. II S. 292.	**Karel Em. Biset**	desgl. S. 518.

B. II S. 332. **Joan Guil. Baur.**

Aus d. B. S. 114 stammt nur die Namensform Brassiano für den Protector Baur's und die folgende, von H. modificirte Angabe:

d. B: « Bij de edelste princen « usw...... zijn sijn wercken in « groot aensien, ghelijck Ant. van « Leyen Mecenas van dit boeck oock « doet ghetuyghen door twee edele	H: « Er wort van hem getuigt, « dat hij op een stukje parkement « van een kleenen omtrek had ge- « schildert het krijgsleger van ko- « ning David en de plaats daar

[1]) de Bie und Houbraken nennen ihn beide Creten.

« en suyvere ordonnantien in water-
« verf verlicht, afbeldende den legher
« van David, daer Absalon aen
« den boom hanghende wordt van
« Joab doorloopen ende noch een
« ander van dezelve grootte.»
« Absolon aan een boom hangen-
« den van Joab met een speer
« word doorstooten.»

B. III S. 1 ff. **Frans van Mieris.**

Benützung nicht nachweisbar. Das berühmte Bild „Der Cavalier im Verkaufsladen (Jetzt im Belvédère zu Wien, Cat. 1884 Nr. 1017), welches Sandrart und aus ihm Houbraken erwähnt, wird bereits von de Bie (S. 404 f.), allerdings ohne Angabe des dargestellten Gegenstandes, gepriesen und zwar in den folgenden Versen:

« Die weynigh is met sorg becommert oft verleghen
« Om twee figueren, die van hem gheschildert sijn.
« Geen heel handtspanne groot noch meerder te doen weghen
« Als duysend gulden geldts [1]), midts 't leven in den schijn
« Van 't leven sich soo hoogh door kunst weet op te draghen
« Dat iemandt, wie het siet, voor 't werck van Dau beooght
« Omdat haer krachten aen de kenders seer behaghen
« Die weert sijn, om haer deugt met meerder lof verhoogt.»

B. III S. 70. **Gijsbert Hondecoeter.**

Der Vollständigkeit halber erwähne ich hier, dass d. B. S. 384 einen „Gijsbrecht de Hondecoten, womit er nur unsern Meister gemeint haben kann, als einen noch lebenden Künstler zusammen mit Peeter Tentenier und Casteleijn in ganz allgemein gehaltenen Versen rühmt, eine Stelle, welche Houbraken nicht benützt hat.

B. III S. 309. **Dirk van Delen.**

Als Quelle wird d. B. citirt, wo er S. 281 vorkommt. Die Worte „er war Schüler des Frans Hals" beziehen sich dort jedoch nicht, wie Houbraken will, auf van Delen, sondern auf Phil. Wouwerman, der erst nachdem ersterer behandelt ist und de Bie eine Zwischenrede von mehr als zwanzig Zeilen eingeschaltet hat, auf diesen folgt. Es heisst dann von ihm: [ik wil prijzen]

[1]) Diese Preisangabe könnte Houbraken entlehnt haben, da Sandrart von 2000 Gulden spricht. Wahrscheinlicher ist's jedoch hier einen Fehler Houbrakens beim Abschreiben anzunehmen.

« de edel Const, die Philippus Wouwerman Schilder van Haerlem « daeghelijckx voor den dach brenght ende tot groot vermaeck van alle « Constkenders is uytwerckende in peerdekens refresseringhe ofte peyste- « ringhe van Soldaten, batalien en sulckdanighe wercken, soo aenghe- « naem net en naer het leven, datter in den Natuer gheen meerder « volmaecktheyt in 't leven en can bethoont oft bewesen worden, oft « 't is daer in door d'eelheijt van sijn pinceel al te sien. Hij heeft ghe- « leert bij Franchois Hals, ook noch in 't leven ende tot Haerlem « woonachtich usw.»

Aus diesen einfachen und deutlichen Worten ist nur ein Schulverhältnis von Wouwerman zu Frans Hals zu lesen, und ein Mangel an Logik, der vermutet worden ist [1]), nicht voraussetzen. Auf die anderen Gründe, welche zu Gunsten der Schülerschaft van Delens bei Frans Hals beigebracht werden, kann ich hier nicht eingehen. Ich will nur bemerken, dass das bekannte Haarlemer Bild von H. Berckheijde, welches das Atelier des Frans Hals um 1650—56 darstellen und worauf van Delen vorkommen soll, keine Beweiskraft hat, denn einmal wissen wir nichts über das Alter und die Authenticität des jetztverschwundenen Zettels auf der Rückseite, welcher die Malernamen enthielt, und zweitens bewiese die Tatsache, dass van Delen um die Mitte der fünfziger Jahre bei Hals gezeichnet hätte, immer noch nicht, dass er um 1620 sein Schüler gewesen wäre [2]).

B. III S. 317. **Gerard Seghers.**

Entlehnt ist aus S. 96 der Anfang bis zu den Worten „Sandrart die hem gekend. Vgl. bereits bei Meijssens.

B. III S. 380. **Jacob van Campen.**

Benützung nicht nachweisbar. d. B. S. 525 preist ihn als Schöpfer des Amsterdamer Rathauses und als Erfinder des Tromp'schen Grabmals zu Delft.

---

[1]) Bode, Studien S. 215. Vgl. dazu Eisenmann im Repertorium VII (1884) S. 216.

[2]) Seitdem dies geschrieben ist, glaube ich im Nederl. Spectator Nr. 3, 1892 den Nachweis geliefert zu haben, dass die angeblich auf dieser Atelieransicht dargestellten Personen, inclusive Frans Hals selbst aus Altersgründen nicht diejenigen sein können, wofür der rückseitige Zettel sie ausgiebt. Der neue Haarlemer Catalog ist mir in diesem Punkte gefolgt.

3. SANDRARTS TEUTSCHE ACADEMIE.

Die Teutsche Academie wird von Houbraken in seiner Einleitung auf S. 5 mit folgenden Worten erwähnt.

„Mehr Dienste [als de Bie, Felibien, und de Piles] „hat mir jenes köstliche Werk „Die Teutsche Academie vom „hoch Fürstl. Pfalz-Neuburgischen Rat Joach. von Sandrart „auf Stockau erwiesen. Dies Werk behandelt die Kunst und „Künstler von ihrem ersten Beginn an und zeigt überdies „auf 180 Kupfertafeln von den vornehmsten Kupferstechern „die berühmtesten Griechischen, Römischen, Französischen, „Hoch- und Niederdeutschen Maler. Wahrlich, ein Werk, wel- „ches dem Verfasser zu unvergänglichem Ruhme gereicht, und „besonders gepriesen werden muss, weil es ohne Einseitigkeit „die Niederländischen wie die Deutschen Maler nach ihren „Verdiensten schätzt. Und obwohl er, ebensowie Andere es „getan haben, van Mander folgt und ihn abschreibt, und das „ganze Werk ähnlich angeordnet ist, so zählt er in seiner Liste „mehr Künstler auf, da er sie bis zum Jahre 1675 fortführt."

Aus dieser Stelle geht hervor, dass Houbraken den Wert Sandrarts für die spätere ebenso richtig erkannt hat, wie seine Wertlosigkeit für die frühere Zeit. Im Ganzen hat er dementsprechend bei der Benützung des Werkes die richtigen Grenzen innezuhalten gewusst und ihn nur dort citirt, wo er wirklich quellenmässigen Wert hatte. In einzelnen Fällen ist ihm aber Sandrarts Abhängigkeit von Andern, namentlich von de Bie, entgangen. Auch die Schwierigkeit der Sprache hat ihn wie es scheint manchmal, und öfters noch seine eigne Flüchtigkeit zu Abweichungen veranlasst, die nur Verschlechterungen genannt werden können. Die Belege hierfür gebe ich in folgender Uebersicht [1]).

Die Deutsche Ausgabe vom Jahre 1675.

B. I S. 44. **Hendrik Bloemaert.**

Aus S. II S. 298.

S: « Heinrich ware ein guter Zeich-
« ner konte aber seine Klückskugel
« nicht vernünftig genug fortschie-
« ben, dahero diese Blum unter
« den Hecken der Zaghaftigkeit
« ersticket.»

H: « Hendrik had de schilder-
« konst bij zijn vader geleert,
« doch weinig van zijn geest en
« aart overgeerft, ook geene be-
« kwaamheit om met de waerelt te
« konnen omgaan, waarom San-
« drart geestig van hem zeit « Hij
« « heeft zijn gelukskogel niet ver-
« « nuftig genoeg weten voort te
« « schieten en dus is het afzetzel
« « van die schoone bloem verstikt.»»

B. I S. 45. **Adriaan Bloemaert.**

Aus S. II S. 298 mit folgender Abweichung:

S: «.... er zog nach Salzburg
« und färtigte denen Patribus Bene-
« dictinis daselbst vielfältige herr-
« liche Werke » usw.

H: « Daarna raakte hij in dienst
« te Salsburg bij eenen Benedictus,
« groot beminnaar van konst en
« maakte daar vele fraje stukken. »
usw.

B. I S. 45. **Cornelis Bloemaert.**

Obwobl Houbraken in einigen Punkten abweicht, liegt doch seinem Artikel derjenige Sandrarts (II S. 362) zu Grunde:

Folgende Differenzen sind zu constatiren:

S: « Weil schon drey seiner Brü-
« der der Mahlereikunst zugethan
« gewesen, erwählte er das Kupfer-
« stechen vor sich. »

H: « Hij verwisselde 't penceel
« voor 't graafijzer, naardien zijn
« natuur daartoe meer geneigt was. »

---

[1]) Das Verhältnis Sandrarts zu seinen Quellen ist trefflich dargestellt von Dr. J. L. Sponsel, Sandrarts Teutsche Academie, eine kritische Sichtung I Teil, Dresden Wilh. Hoffmann, 1889.

Aus seiner Lehrzeit erwähnt Sandrart folgende Stiche: „Marien-„bilder und geistliche Historien nebst etlichen Büchlein voller „Eremiten nach Zeichnnngen seines Vaters, und Sinnbilder „und halbe Figuren nach dem berühmten Honthorst." Seine Kenntnis der Malerei sei ihm beim Stechen zu Statten gekommen.

Theodor Matham war sein Reisegefährter nach Paris, wo sie zusammen die 58 Tafeln des Buches der „Tableaux du Temple des Muses, du Cabinet de Mons. Faverau" verfertigten. Die Franzosen rühmten sie sehr und in Bloemaert priesen sie namentlich:

« die Ausbildung der nackenden, wahren Fleischlichkeit, auch der « Gewänder Unterschied und Harnisch, neben der Thieren Haar und « Wolle, Landschaften, Bäume, Wasserfelsen, Vöglen und andrer Sachen « natürliche Beschaffenheit. »

Bloemaerts Römische Reise erwähnt Houbraken auch, ohne jedoch zu melden, dass Sandrart ihn im Jahre 1633 dorthin berufen hatte, damit er ihm bei seinen (Sandrarts) Arbeiten für den Prinzen Giustiniani behülflich sei. Auch hier wurde er vor allen gepriesen.

Als Werke der Römischen Zeit führt S. namentlich an:

« Marienbilder nach Caraccio, ein grosses Crucifix und eine heilige « Margaretha nach Rafael, den Fruchtgarten nach Poussin, einen Seneca « nach Sandrart, andre Werke nach Pietro de Cortona, Andrea Sacchi « und Andern.

S: « Er hatte immer viel zu tun « unangesehen er in seinem Vatter-« land sehr verlanget worden, und « sein Vater eine ganze Kisten voller « Zeichnungen zusammen verfärtiget « damit er solche in Kupfer brin-« gen möchte, als darvon er ihn selber « berichtet, und solches eben die « Ursach gewesen, darum er nicht « nacher Haus begehrt, deswegen « ihn die Romanische Bände den « Winter getauft, er auch zu Rom « verblieben, viel baares Geld ge-

H: « Zijn vader, die groote ge-« neigtheit had, om hem voor « zijn dood noch eens te zien, ont-« bood hem, maar het overkomen « werd van hem zoo lang van den « eenen tot den anderen tijd ver-« schoven totdat zijn vader stierf « en hij toen voornemens wierd, daar « te blijven. En stierf er in groo-« ten ouderdom. »

« samlet und von männiglich wegen
« seiner sehr stillen und guten Sitten
« geliebet worden. Endlich aber hat
« er auch daselbst die Schuld der
« Natur bezahlt. »

B. I S. 47. **Michiel Jzn. Miereveld.**

Aus S. II S. 302 sind die folgenden Angaben entlehnt:

« Er war in Contrafäten so berühmt, dass ihm Erzherzog Albertus « die Freyheit der Menonisten Religion selbst zugelassen » [1]).

Aus folgender Stelle die gesperrten Worte:

« Er hat selbst zum öftern gedacht, dass er wol zehntausend « [H: 5000] Contrafäte verfärtiget, worunter viele Königliche, « Fürstliche, Gräfliche und andere Standspersonen gewesen, für dern « etliche er 150 Gulden, für andere mehr oder weniger bekommen, « wie dann derselben viel durch Beförderung seines « Tochtermanns Wilhelm Jacob Delphini [H: Willem « Delff] in Kupfer ausgegangen. »

Ausserdem sagt Sandrart noch, dass der Prinz von Oranien ihn zu des Nassauischen Hauses Kammermaler angenommen hatte, dass seit der Zeit alle, die er abbilden sollte, — auch wohl hohe Potentaten — zu ihm nach Delft kamen, weil er daselbst ein sehr bequemes und mit gutem Licht versehenes Malzimmer hatte bereiten lassen und dass jederman gern um ihn war, weil er ein wohlberedter, freundlicher Mann war.

B. I S. 49. **Paulus Moreelse.**

Aus S. II S. 307 ist Folgendes entlehnt:

S: « Als er wiederum [aus Rom] « nach Haus gekehrtet, erwisse ihme « jederman grosse Ehr, weil er « ein berühmter Contrafäter ge- « worden, der sehr verwunderlich « natürlich und gleichend gebildet, « daneben auch in Historien seinen « Verstand gezeigt, dern er etliche

H: Hij had zig te Romen zijnde « geoeffent in 't schilderen van his- « torien, maar vond daartoe geen « tijd om eenige historistukken te « maken, omdat hij door de menig- « vuldigheit der portretten, die « hem van alle kanten toevloeiden « belemmert of belet werd. »

[1]) Diese Tatsache findet sich bereits bei van Mander ([2] S. 195b.) wo jedoch nicht ausdrücklich gesagt wird, dass Miereveld Mennonit war.

« in Drucke ausgehen lassen, wegen
« Ueberhäuffung der Contrafäten
« aber, in denen er sonderbar glück-
« selig ware, wurde ihme die Zeit zu
« andern Sachen zu kurz.»

B. I S. 52 ff. **Adam Elzheimer.**

Aus dem Folgenden (S. II S. 295) hat Houbraken die gesperrt gedruckten Teile benützt:

« Endlich machte ihn diese schwäre Weiss [zu malen] auch müd « und melancholisch, darzu er ohnė das geneigt gewesen und sei- « ner Hauswihrtschaft schlecht vorgestanden, unangesehen er eine « Römerin geheuratet und mit ihr viel Kinder be- « kommen, dahero er auch dürftig gewesen, ob ihme schon seine « Sachen theuer bezahlet worden. [H: « hij heeft in zijn leven voor zijn « kunstwerk niet zooveel gekregen, als er thans voor betaald wordt. »] « Also wurde er überdrüssig steckte sich selbsten in Schulden « und muste obgemeldeter Gauda, wegen vorgeschossenen Gelds auf « seine unausgemachte Arbeit etliche Jahr lang zu Rom mit schwären « Unkosten warten, sogar, dass Elzheimer darüber Schulden « halber in die Gefängnus geleget worden...... Des- « sen Wittib.... lebte zu Rom mit etlichen nachgelas- « senen Söhnen noch Anno 1632.»

Während Houbraken von dem Bildchen ('t stukje), worauf Ceres dargestellt war, redet, spricht Sandrart vom „grossen Werke der trinkenden Ceres" usw.

B. I S. 53 Anm. **Philipp Offenbach.**

Was Houbraken erzählt, beruht vollständig auf S. II S. 293; nur sagt dieser: „er starb ungefähr Anno 1640" und H. „hij stierf in 't jaar 1640."

B· I S. 56 ff. **Roeland Savery.**

Sandrart (II S. 305) meldet weder Geburtsort und -zeit noch Todesjahr, und nennt den Vater statt „einen guten" „einen mittelmässigen" Maler. Im Uebrigen hat Houbraken aus ihm geschöpft, und zwar mit folgenden Abweichungen:

S: « Kaiser Rudolfus hat ihn « Tyrol verschickt. »	H: « K. R. gaf hem gelegenheid « met een heer na Tyrol te reizen.

« Also zeichnete er alle schönste « und verwunderlichste Gebürge und « Thäler dieses Landes aufs fleissigste « mit der Feder, die grosse Bäume « mit Kohle, die weit-aussehende « Werke aber mit Wasserfarben in « zweyen Jahren in ein grosses Buch.	H : « Teekenende alles wat hem « schilderachtig voorkwam in een « boek, 't voorste werk met de pen, « de verschieten met potloot en « voorts met kleurige sapjes of met « flaauwe waterwerf overwassen. »
« Nach dem Tode Rudolfs begab « er sich nach Utrecht. »	H : . . . . . « begaf hij zich naar « Holland. »
« Er brachte sein Leben unver- « heurahtet in zulässiger Ergötzlich- « keit, meistens mit seinem Vetter « Hans Savery, einem gleichmässigen « feinen Landschaft-Mahler hin, er- « reichte ein ziemliches Alter und « starb in Utrecht. »	H : . . . . . « hij bleef ongetrouwd « usw. . . . . . hij leefde wel vernoegt « en woonde te Utrecht, daar hij « ook gestorven is in 't jaar 1639. »

B. I S. 62 ff. **Peter Paul Rubens.**

Aus S. II S. 291 ff. stammen:

die S. 65 f. von Houbraken erzählte Anecdote über die Eifersucht des Abraham Janssens.

der S. 66 mitgeteilte Besuch bei Honthorst, und den andern Utrechter Malern, wobei Folgendes falsch dargestellt ist:

S : « Also kame er auch nach « Utrecht zu dem von Hundhorst, « welcher ihn wol empfangen und « alles unterhanden habende gezeigt « unter andern auch ein Diogenes . . . « Dem Rubens beliebte zwar die « Invention wol, sahe aber doch also- « bald, dass selbiges nur ein junger « Mahler deren in dem Zimmer viel « beysammen stunden, gemacht; « daher er zu wissen begehrte, wer « diesen Diogenes angefangen. Hund- « horst antwortet: Dieser junge « Teutsche, und zeigte auf mich, « worauf er mit Gutheissung dieses « Anfangs mir zu fernerm fleissigem « nachsinnen und arbeiten Anlass « gegeben. »	H : « Dat hij [Rubens] t'Uitrecht « gekomen, 't eerst bij G. Honthorst « kwam, deszelfs konstwerk zag en « ook meteen een stuk van hem, « dat noch maar begonnen was, ver- « beeldende Diogenes . . . . en den « aanleg van dit stuk bijzonder « prees. »

S: « Als er ferner den Abraham « Blomaert, Cornelius Pullenburg « und andere besuchen wolte ..... « begehrte er mich mit ihme zu « schicken, wie ich ihme dann auch « alles zu seinem grossen Contento « gewiesen..... Unter andern lobte « er ..... Pullenburgs vernünftige « kleine Figuren, die auf Raphaels « Weise mit zierlichen Landschaften, « Ruinen, Thieren und dergleichen « vergesellschaftet waren, weswegen « Rubens etliche für sich zu ver- « färtigen ihme bestellet hat. »

H: « dat gemelde Sandrart zijn « dienst aan Rubbens aanbood, om « ... hem vorders te geleiden, eerst « bij A. Bloemaert, daarna bij Kor- « nelis Poelenburg, voor wiens konst « hij veel agting betoonde en ver- « scheide stukjes aanbesteedde.

« Er reiste fürters nach Amster- « dam, und in andere Oerter Hol- « lands, allwo er inner 14 Tagen « alles was löblich darinnen durch- « sehen, worbey ich ihme .... willig « aufgewartet und bis in die Bra- « bandische Gränzen begleitet. »

« Vandaar vertrok hij naar Am- « sterdam. daar Sandrart hem ver- « zelde, alwaar hij veertien dagen « doorbragt, om alles te bezien. »

Seite 67 giebt Houbraken eine doppelte Version von den angeblichen Motiven für Rubens' Reise an den englischen Hof; erst die Erzählung de Piles' und dann einen Teil derjenigen Sandrarts:

S: « Rubens wurde in Staatsge- « schäften nach England verschickt, « weil der König aber ungefähr « merkte, worauf es angesehen, « und sein Intent auf ein ganz anders « zielte, wandte er die Sach also- « bald um, unter dem Praetext, « dass sie in Gebrauch hätten zu « Gesandten keine andere als Für- « sten und Herzogen anzunehmen, « obschon die Person Rubens' ausser « diesen Handlungen ihme sehr lieb « und angenehm seye, empfienge der-

H: « dog anderen gelooven, « dat dit wel ten meerendeele ge- « schiedde om Rubbens daardoor « gelegenheit te geven, van den « Koning te spreeken, met wien hij « belangen had van wegen het be- « schilderen van de zaal te Wit- « hal, 't geen wel bedongen was, « maar niet betaalt, welke stukken « hem, wijl hij tot Londen was van « Antwerpen, daar hij dezelve ge- « schilderd had, werden toegezon- « den. Karel Stuart, die men ge-

« entwegen selbigen als eine Privat- « person sehr gnädig und machte « ihme diese Gelegenheit sehr zu « Nutzen, weil der Kauf um die « fürnehme Werke in das Banket- « haus kurz vorher geschlossen, die « bald hernach von Antorf zu gros- « sem Contento des Königs über- « sandt worden. »

« looft, dat dien toeleg begreep, « bewees hem, ongemeene beleeft- « heit en vrintschap. »

Ueber das Anteil der Schüler an Rubens' Werken spricht Houbraken S. 96 f. Er mag diese Stelle wohl ebenfalls aus S. (II S. 291) entlehnt haben, nur wird dort nicht gesagt, dass Rubens seine Schüler auch fürs Anlegen des Nackten verwendete.

Der Bau und Verkauf der Rotonda, und die Zusammenkunft Rubens' mit dem Alchymisten Brendel werden von Houbraken ebenfalls Sandrart nacherzählt, jedoch mit folgenden Abweichungen:

Dieser nennt die Summe von 60.000 Gulden als Verkaufspreis der Kunstschätze, jener als Kostenpreis des Hausbaues.

S: « Der Herzog von Buckin- « gam hatte die Kunstkammer ver- « langt und den Kauf durch den « kunstreichen Michael le Blon von « Amsterdam..... per 60.000 Ni- « derländische Gulden schliessen « lassen. »

H: « De hertog van Bukkingham « gaf order aan Michiel le Blon.... « om voor 60,000 gulden aan konst « daaruit voor hem te koopen, « 't welk ook geschiedde. »

Auch über die letzten Lebensjahre, den Tod und die Beerdigung Rubens' ist Sandrart zu Rate gezogen worden:

S: « Es wäre kein Ende zu « machen, wann alle Werke solten « beschrieben werden..... bis ihm « endlich das Chiragra die Hände « beunruhiget, also dass er von den « grossen Werken ablassen und an « mittelmässigen kleinen, sowol « Geist- als weltlichen Stucken und

H: « Een jaar of twee, drie voor « zijn dood kreeg hij een beving, « op de wijze van een beroertheit « in zijn handen, waarom hij het « groot werk moest aflaten. Doch « hij schilderde egter kleine stukjes, « meest landschappen op den ezel, « daar hij de maalstok meer tot zijn

« Landschaften sich begnügen mus- « te..... Er wurde darauf aufs « allerstattlichste in die Erde ver- « setzet; vor ihm her wurde auf « einem schwarzsammetin Küssen « eine guldine Crone getragen und « der Leichnam von den höchstbe- « trübten Kunstliebenden zu seinem « Ruhbett begleitet. Er starbe den « 30 Mai im 63sten Jahr seines Al- « ters, a° 1640. »

« gebruik kond nemen. Hij is « overleden te Antwerpen op den « 30sten van Bloeimaand 1640 en be- « graven met een aanzienlijke en « pragtige lijkstatie want voor 't « lijk ging er één, dragende een « zwart fluwele kussen en daarop « een vergulde kroon en agter het « lijk volgde een grooten sleep van « de aanzienelijkste, zoo geestelijke « als waereldlijke heeren en konste- « naren. »

B. I S. 77. **Cornelis Schut.**

Im ganzen aus de Bie, nur der folgende Satz scheint sich dem Wortlaute Sandrarts (II S. 302), der übrigens auch aus dem Gülden Cabinet schöpfte, näher anzuschliessen:

S: « Cornelius Schudt von Antorf « ware mit einem edlen Gemüt und « grossen Geist in Historien und « Poetischen Gedichten begabet, die « er in zwar nicht gar grossen Bil- « dern, doch voller Invention und « lebhaft an Tag gegeben. »

H: « C. Schut was te Ant- « werpen geboren. De zangberg had « zijn geest begunstigt met poetische « vindingen, hetgeen in zijn or- « donnantien doorstak en zijne konst « te meer bemind dede zijn. Hij « zette zig tot kloeke en woelige « voorwerpen te vertoonen. »

B. I S 79. **Abraham Janszen.**

Stammt fast wörtlich aus S. II S. 300. Derselbe sagt aber blos, dass die Liebe, nicht dass die Concurrenz des Rubens die Ursache seines Rückganges gewesen sei.

B. I S. 80. **Horatius Gentilesco.**

Aus S. II S. 298 mit folgenden Abweichungen:

S: « Aus Italien reiste er in Frank- « reich, bliebe aber nicht lang da- « selbst und weil es ihme darinnen « nicht gefallen wollen, hat er sich « nach London in Engelland be- « geben. »

H: .... « hij heeft den meesten « tijd van zijn leven in Spanje, « Engeland, Brabant en Holland « gesleten. »

S: « Damalen als ich zu London « war, mahlte er eine büssende Mag- « dalena...... Dieses Stuck gehörte « für den König und war an Für- « treflichkeit der Kunst unverbäs- « serlich. Also machte er auch eine « auf der Erden sitzende Maria an « deren Brust das Christkindlein « trinket..... alles an der Zeich- « nung, mahlen, ordiniren und natür- « licher Ausbildung aufs allergenti- « leste vorgestellt. Nicht geringer « war ein in seiner Tochter Schoss « schlaffender Loth.... verwunder- « lich und unfähig einiger Bässerung « ausgebildet. »

H: « Sandrart verhaalt, dat hij « twee stukken tot Amsterdam van « hem heeft gezien, die hij voor « Koning Karel I geschilderd had. « 't Eene verbeeldde een om hare « zonden treurende Maria, 't ander « Lot met zijne twee dochters, die « puik goed en zoo ten opzigt « van teekening als koleur wel ge- « handelt waren. »

Dass er „naderhand van den Koning naar Engeland geroepen" wurde, findet sich nicht bei S., ebensowenig wie die Angabe, dass die Brabanter ihn Gentiel genannt haben sollten. Hier liegt vermutlich eine Verwechslung mit Louis Primo, genannt Gentiel vor. Ueber diesen berichtet die G. S. B. I S. 253.

B. I S. 81. **Artemisia Gentilesca.**

Wörtlich aus S. II S. 204.

B. I S. 129. **François Verwilt.**

Die fünf Zeilen, welche Houbraken diesem Meister widmet, sind eins der stärksten Beispiele seiner Flüchtigkeit, denn nachdem er Verwilt aus de Bie als Nachahmer Poelenburgs angeführt hat, citirt er aus Sandrart II S. 318, der ganz auf de Bie zurückgeht, die Worte: seine Landschaften und Ruinen machte er in der Weise des Kornelio van Bojo Leubourys" [S: Bojo Lenbourgs]. Es ist längst erkannt, dass mit diesem fantastischen Namen kein andrer als eben unser Poelenburg gemeint ist.

B. I S. 132. **Jacob Ernestus Thoman.**

Vgl. auch de Piles zu B. I S. 55.

Auch dieser Artikel zeugt nicht zu Gunsten Houbrakens. Zwar hat er diesmal Sandrart II S. 296 im Ganzen richtig benützt —

Landau statt Lindau; zu Hagelstein geboren, während S. nur sagt J. E. T. von Hagelstein, ein Lindauischer Patricius, geboren A° 1588; Auslassung des Mailänder Aufenthalts vor dem zu Neapel, Rom und Genua — aber die Folgerungen, die er aus dem Zusammentreffen Thomans mit Lastman zieht, sind so verwirrt, dass sie kaum zu übertreffen sind:

S. 97 hat Houbraken aus der Angabe van Manders, dass Lastman 1604 in Italien war, den Schluss gezogen, er müsse damals mindestens 23 Jahre alt gewesen sein, denn jünger würde er die Römische Reise wohl nicht unternommen haben.

S. 132 teilt er dagegen mit, dass Thoman, der 1588 geboren war, ums Jahr 1605 nach Italien gegangen war, also 17 Jahre alt!

Dann folgert er aus der Tatsache, dass jener Lastman dort traf, das schon aus van Mander bekannte Factum, dass der holländische Künstler vermutlich in jenem Jahre dort gewesen sei, „und in seinem 24sten Jahre schon zu Rom war."

Bald darauf meint er wieder: „es ist auch möglich, dass „schon einige von den 15 Jahren, die Thoman in Italien blieb, „verflossen waren, ehe Lastman dorthin kam, oder er dessen „Bekanntschaft machte, doch wie dies sei, wahrscheinlich ist „er um das Jahr 1581 geboren!

Endlich behauptet er S. 214 schon ganz bestimmt „P. Last- „man, geboren 1581."

Die geschichtlich überlieferten Tatsachen sind, dass Lastman, über dessen Geburtsjahr wir erst durch die neueste Urkundenforschung etwas annähernd Bestimmtes erfahren haben [1]), sich 1604, als van Mander schrieb, in Italien befand, und dass Thoman, nach dem er 1605 aus seiner Heimat abgereist war und sich erst eine Zeit lang in Mailand aufgehalten hatte, ihn sowie Elsheimer und Jan Pynas in Rom antraf.

B. I S. 133. **Hendrik Terbruggen.**

Houbrakens Hauptquelle scheint eine Schrift „Notificatie of waarschouwing aan alle liefhebbers der schilderkunst," welche

---

[1]) 25 Nov. 1619 erklärt er ungefähr 36 Jahre alt zu sein; er ist also um das Jahr 1583 geboren. Vgl. Bredius und de Roever in O. H. IV S. 6.

den Sohn Terbruggen's zum Verfasser hatte, gewesen zu sein [1]). Dieselbe war gegen Sandrart gerichtet, der (B. II S. 308) den Meister nicht nach Verdienst gewürdigt haben sollte. Houbraken findet aber zwischen den beiden Schriftstellern mehr Widersprüche, als in Wirklichkeit existirt haben mögen. So wird die Richtigkeit der Sandrartschen [aus de Bie entlehnten] Aussage „er war von Utrecht" dadurch nicht geschmälert, dass die Notificatie ihn für einen „Transisalanus" erklärt, denn Terbruggens Vater soll sieben Jahre vor der Geburt des Sohnes (1581) aus Overijssel nach Utrecht gezogen sein. Und in der Tat lesen wir bei Revius, Daventria illustrata, Lugd. Bat. 1641 auf S. 493: Anno 1581: 20 die Februarii in Festo S. Petri ad Cathedram Daventriae a protestantibus e collegio Tribb. pleb. eiecti fuerunt, quod Hispanis et sacrificulis magis quam reformatis faverent.... folgen 14 Namen und darunter Henricus ter Bruggen [2]).

Dass Terbruggen bei Bloemaert lernte, meldet auch schon Sandrart; nicht die zehnjährige Dauer des italienischen Aufenthalts [3]). Endlich lautet der Schlusssatz bei Sandrart nicht so tadelnd, wie man dies aus Houbrakens Uebersetzung vermuten sollte.

B. I S. 137. **Johannes Torrentius**

Diese Biographie wird B. II S. 118 von Houbraken zurückgenommen und durch eine aus Schrevelius entlehnte ersetzt. Weshalb er an dieser Stelle die lateinische Ausgabe Sandrarts citirt, ist nicht ersichtlich, da sie nur die genaue Uebersetzung der deutschen bringt (B. II S. 306).

Zur Biographie bietet S. Folgendes, was ich in den andern Quellen nicht erwähnt finde.

«Torrentius machte niemals eine Studienreise; er legte sich meistens «auf kleine Arbeit, bestehend aus übereinanderliegenden offnen und

[1]) Es ist mir nicht gelungen, ein Exemplar dieses Pamphlets aufzufinden. Man vergleiche darüber Kramm im Anhang s. v.

[2]) Dies wird der Grossvater gewesen sein; der Name des Vaters war laut einer von Kramm mitgeteilten Acte Jan ter Brugghen.

[3]) Vgl. über seine Reise Kramm i. v. Knibberch.

« geschlossenen Büchern, Sanduhren, Federn, Dinten, auf Tischen ste-« hendem Geschirr mit Blumen, Teppichen, Vorhängen und anderm « Gezeug, dermassen fleissig, sauber, glatt und stark gemalt, dass fast « die Natur selbst hierin seiner Kunst zu weichen Ursache gehabt. « Sie wurden mit hohen Preisen bezahlt, und befanden sich in geringer « Anzahl in Amsterdam, Leiden und 's Gravenhage. »

B. I S. 149 ff. **Gerard Honthorst.**

Den Wert der Sandrart'schen Mitteilungen hat Houbraken verkannt und seine Angaben aus le Comte entlehnt. Nur Honthorsts Tätigkeit für den König von Dänemark scheint er der Teutschen Academie entnommen zu haben, denn darüber findet sich in den andern Quellen nichts. Sandrart (II S. 303) teilt über seinen Lehrer Folgendes selbständig mit:

In Rom malte er für den Marchese Giustinian u. A. ein grosses Nachtstück, wie Christus gebunden, mit einem weissen Hemd bekleidet vor Pilatus steht, in welchem Bilde der Kerzen und Lichter Schein alles in wahrer Natürlichkeit dem Leben dermassen ähnlich beleuchtet, dass niemals die Kunst höher gestiegen [1]). Allda ist auch eine [soll heissen: in der] madonna della Scala, der Altar von Johannis des Täufers Enthauptung in der Gefängnis bei einem Windlicht, ein vortreffliches Nachtstück [2]); zu S. Maria de Victoria ein grosses Blatt, da der heilige Paulus im dritten Himmel verzuckt wird.

Nach Hause zurückgekehrt, traf er eine gute Heirat, ward bald berühmt, bekam viele Schüler, und hatte deren zu Sandrarts Zeiten 24—25, die je hundert Gulden jährlich bezahlten.

Für Karl I von England malte Honthorst in Bankethouse ein grosses Bild: Apollo und Diana (Bildnisse des Königspaares) hoch auf Wolken sitzend und zusehend wie Mercurius (der Herzog von Buckingham) die sieben freien Künste mit sich führt und dem Könige vorstellt. Neid und Hass nebst vielen andern Untugenden werden durch die tugendhafte Liebe niedergestürzt. Ausserdem malte er noch viele Bildnisse der königlichen Familie. Dies alles vollendete er innerhalb sechs Monate und bekam ausser 3000 Gulden zur Belohnung ein silbernes Tischgerät für zwölf Personen, nebst einem kostbaren Pferde.

---

[1]) Das Original bekanntlich heutigen Tages beim Herzog von Sutherland in Staffordhouse zu London. Wiederholungen in der Ermitage und im Belvedere.

[2]) Vgl. oben S. 133.

Für den König von Dänemark malte er die Taten von dessen Vorfahren.

Für den Prinzen von Oranien löblich gebildete Stücke, zierliche Poesien zu den Lusthäusern im Haag, Rijswijk und Honselaarsdijk und eine Rotonde in Rijswijk: «das runde Gewölbe malte er wie einen «fröhlichen Himmel voller Engel und fliegender Liebesgötter, die Para-«diesvögeln, Fasanen und anderm Geflügel nachjagen; herunterwärts «eine herumgehende Galerie mit vielerlei Nationen, freudige Conversa-«tionen etlicher musizirender Personen auf unterschiedlichen Instrumenten «als auch ein zierliches Gebäu, Tapetzerei und auf den Mauern India-«nische Vögel, Raben, Papegey, spielende Affen und Katzen.»

Trotzdem er dies sehr schnell vollendet hatte, bekam er 8000 Gulden dafür.

Er soll zwei Söhne, die des Vaters Tugend nachzufolgen sich rühmlich bemühten, hinterlassen haben.

B. I S. 153. **Christoffel Schovarts. (Schwarts)**

Houbraken citirt hier Sandrart, benützt aber de Piles, wo man sehe.

B. I S. 154. **Jacob Jordaens.**

Hauptquelle ist Sandrart (B. II S. 336.) Das Geburtsdatum findet sich hier jedoch nicht, sondern, aus de Bie (S. 238) entlehnt, erst im Nachtrag der deutschen Ausgabe (II III S. 71, worüber unten).

Abweichungen:

S: Er befleissigte sich «wo etwas «von den bästen Meistern, Titian, «Verones, Caravaggio, Bassan, und «andern anzutreffen, dass er sich «dessen zu seinem Studio bediene.»

«Er hat auch eine grosse Gal-«leria für den König in Denne-«mark, auch einen weiten Saal «für den König von Schweden «gemacht.»

H: «Hij maakte al vroeg zijn «werk, van Konststukken, zoo van «Carats, Titiaan en Paulo Veronees «als van J. Bassan met oplettentheit «na te schilderen.

«Hij heeft verscheide groote «die zoo hier als elders geplaatst «zijn, geschildert, als onder an-«dere 12 stukken van Christus «lijden voor Karel Gustaaf, koning «van Zweden.»

Was Houbraken über die Malereien im Huis ten Bosch berichtet, hat Sandrart nieht.

Die Rivalität Jordaens' und Rubens' wird von Houbraken

Sandrart nacherzählt, jedoch in bedeutend gehässigerer und in sehr ungenauer Weise, wie aus dem Vergleiche der beiden Texte hervorgeht:

S: « diese und andere fürtreff- « liche Werke verursachten dem « hoch florirenden Ruben eifer- « sichtige Gedanken, dass ihm die- « ser Künstler so nahe in die Eisen « kommen, auch in etlichen Theilen « der Natürlichkeit und Warheit « vorgeschlagen, wie dann beyder « Arbeit von den Liebhabern oft « gegeneinder gehalten und be- « trachtet und dabey des Rubens « Werken mehr Geist und rei- « chere Invention, des Jordans « aber mehr Ausführlichkeit und « Warheit zugesprochen worden. « Worüber sie beyde doch « als hochvernünftige Män- « ner in gutem Verstand ver- « blieben und jeder sich be- « flissen, höhere Wissen- « schaft zu überkommen. Es « will jedoch gesagt werden, « dass Rubens um den Jordans von « solcher natürlichen guten Manier « der Oelfarben ... abzuwenden, die- « ses Mittel erdacht habe, dass da ihm « vom König in Spanien grosse Tep- « piche zu denen königlichen Zim- « mern zu Madrit angedinget wor- « den, er derselben grosse Cartonen « oder Modelle dem Jordans von « Wasserfarben auf Papier zu zeich- « nen gegeben, wornach die Tep- « pichwirker arbeiten solten, er aber « habe selbst die Invention mit Oel- « farben Modellenweiss klein ge-

H: « Sandrart merkt aan, dat « Jordaens Rubbens, toen hij in zijn « lustigsten tijd was, in den weg « liep, waarom deze hem ongevergt « een groot werk opschommelde en « te weeg brogt, dat hij te Madrid « ontboden wierd, om ten dienst « van 't Hof patroonen in waterverf « voor de tapijtwerkers te maken, « omdat hij veellicht zijne « handeling daardoor zou « verzetten, ten minsten « zoo lang van honk en hem « uit den weg zijn. Gemelde « Sandrart geeft ook te kennen, « dat hij naderhant zoo kragtig « mals en uitgevoert niet meer « schilderde, doordien hem die « kleurige en harde wijze van schil- « deren bleef aankleven.

« 't Schijnt mij toe, dat Sandrart « in zijne levenbeschrijving der « konstschilders meer zucht tot den « eenen, als den anderen gehadt « heeft. Dat geval omtrent Rubbens « en Jordans .... doet geen flaauwe « schemering daarvan zien....... « Waarom ik ook rede zou vinden « om... op den schrijver toe te pas- « sen de reden van Gratiaan, die zeit: « daar zijn menschen, die van alles « misdaden maken, niet door zucht, « maar door hunnen aart. » usw.

« mahlt. Da dann Jordans zwar diese
« Cartonen verwunderlich wol mit
« Wasserfarben vollzogen aber bey-
« nebens durch deren langen Ge-
« brauch die hochgelobte wahre Na-
« türlichkeit in Oelfarben, worinnen
« er vorher floriret, merklich ge-
« schwächet » usw.

Die Aufzählung einiger Werke Jordaens' auf S. 157 geht ebenfalls auf Sandrart zurück. Dieser erwähnt aber den Stich nach dem Bilde des Dreikönigsfestes nicht, dagegen wohl ein lebensgrosses Bild mit Gratien, Satyrn und Cornucopien, sowie eins, in eines Saales Länge, mit dem grossen Ueberfahrtschiff in Antwerpen.

B. I S. 158. **Hendrik Berckman.**

Dieser kurze Bericht stimmt überein mit dem, was S. (II S. 318) mitteilt, der jedoch ganz von de Bie abhängt (sieh oben S. 248). Dass Berckman ursprünglich kleine Schlachtenbilder gemalt habe, ist an sich möglich; wie Sandrart und nach ihm Houbraken es berichten, geht diese Behauptung aber nur auf die Unterschrift des Selbstbildnisses im Gülden Cabinet zurück, wonach er Schüler war von „Philippe Wouerman, peintre extraordinaire en Batailles."

B. I S. 177. **Adriaan van Utrecht.**

Der erste Teil dieser Biographie ist dem Gülden Cabinet entlehnt, sodann citirt Houbraken Sandrart für die Behauptung „zijn „eerste doen was het opzetten van alle zoort van pluimgedierte" usw. Nun sagt dieser (II S. 299) allerdings: „er war vorhin „niemalen dieser Profession, sondern er m a c h t e allerley Feder- „wildbrät, ausgezogene Hüner, ganze Pfauen, sonderlich aber „Indianische Hanen und deren gewohnliche Actiones dermassen „natürlich in Lebensgrösse, dass jederman glaubte, sie wären lebhaftig zugegen" und in der lateinischen Ausgabe (S. 291): „nec antehac huic arti addictus sed f i n g e n d i s varie avibus.... „occupatus fuerat," aber es sprechen gegen die von Houbraken angenommene Deutung doch folgende Gründe: Aus den Urkunden ist nachgewiesen, dass Adriaan van Utrecht bereits als fünfzehnjähriger Knabe als Malergehülfe in die Antwerpener Gilde aufgenommen wurde [1]). Zweitens ist es wohl kaum möglich grade bei den von Sandrart an die Spitze der aufgezählten Darstellungsobjecte gestellten Gegenständen: „Federwildbrät und ausgezogene Hühner", an einen anderen Modus der Wiedergabe zu denken, wie durch den Pinsel, da ausstopfen von gerupften Hühnern dem Adr. van Utrecht wohl schwerlich gelungen sein wird. Drittens endlich erklärt Houbraken die Worte „er war vorhin niemalen dieser Profession" ganz willkürlich, indem er's vorkommen lässt, alsob der de Bie'sche Bericht, den er bringt, ebenfalls bei Sandrart stünde. Da dies nicht der Fall ist, muss man vorhin (Lateinisch: ante hac) beziehen auf die Zeit, worin Sandrart sein Werk verfasste, und diese Profession auf die Historienmalerei, der der im vorhergehenden Paragraphen behandelte Horatius Gentilesco oblag.

B. I S. 205 ff. **Jan Lijs.**

Aus S. II S. 314 f. mit folgenden Abweichungen:

S: « Er zeichnete viel auf unserer Academie zu Venedig nach den nackenden Modellen, denen er im Mahlen eine besondere Gratia und gleichsam mehr als natürliches Leben wuste zu geben, der Antichen aber und ihrer seriosen Schulen achtete er nicht viel, mit Vermelden, er aestimire zwar selbige sehr hoch, wann er aber dieser seiner Manier ganz widrigen Art wolte nachfolgen, müste er wiederum von vornen anfangen lernen. Dannenhero beliebte ihm mehr Titians, Tintorets, Paul Verones, del Fetti und anderer Venetianer Manier, sonderlich des letzten »

H: « Hij betuigde groote agting te hebben voor de antike wijze maar hij begreep meteen, zoo hij daar geheel op wilde toeleggen, dat hij dan van voren af aan zoude moeten beginnen. Waarom hij niet lang te Romen bleef, maar weder naar Venetien vertrok, 't geen toenmaals de bloem der konst van Paul, Veronees, Tintoret, Titiaan, inzonderheit del Fetti bezat, om zig daar met vlijt en oplettentheit naar te oefenen..... Hij bleef niet vele jaren in Nederland....... omdat hij er de hulp der academie miste, dus trok hij weder naar Venetien, daar hij bleef. »

[1]) Vgl. v. d. Branden S. 1082 ff., Liggere I 506.

Ueber seine Werke berichtet Sandrart folgendes:

In der Kirche alli Tolentini zu Venedig malte er einen nackten lebensgrossen Hieronymus....... alles sehr lebendig, berührlich, mit angenehmen Farben und wolgefällig; doch übertreffen seine kleine Bilder von zwei oder drei Spannen hoch selbiges Werk weit, in dergleichen [d. h. lebensgrossen] Grösse einen rückwärts in Verkürzung liegenden und von seinen Eltern beklagten toten Abel. In gleich herrlicher Manier malte er den Fall Phaëtons usw.

Die letzten Worte hat Houbraken misverstanden und gemeint, dass «in der gleichen Grösse" sich auf ein Format von zwei bis drei Spannen Grösse bezöge; dann hat er noch flüchtig gelesen und behauptet in Folge dessen: „In diesem Bilde [dh. dem Phaeton] sind d i e F i g u r e n ungefähr drei Spannen gross. Will man die Worte „in gleich herrlicher Manier" aufs Format beziehen, dann kann selbstverständlich nur von Lebensgrösse die Rede sein.

Sandrart enthält Mehreres über Lijs' Werke, das Houbraken unerwähnt gelassen hat:

« Er machte etlicher Verliebten Conversation und Gespräche auf « moderne Weiss und das amorose Venetianische Frauenzimmer mit « Music, Chartenspiel, spatzierend und sonst allerley Begebenheiten, die « sich in Liebesübung ereignen..... Ferner malte er eine Dorfhochzeit, wo « nach gehaltner Mahlzeit der Tanz angehet, und der Pastor mit der « Braut bey der Hand ganz frölich den Anfang machet, denen der « Bräutigam mit der Wirthin und andere Bauren mehr nachfolgen und « sich nach Dorfs Gebrauch lustig herunschwingen bey dem Spiel der « Sackpfeiffen und Schalmeyen, die aus dem Schatten eines lieblichen « Lindenbaumes herfürkommt....... Das ander dazu gehörige Stück « stellt der bezechten Bauren Uneinigkeit vor, die erbärmlich unter « einander mit Mistgabeln und Hacken zuschlagen, darzwischen ihre « Weiber rennen und hinterrücks die zornige ganz erbleichte Männer « aufhalten; der Zechtisch stürzet einen alten trunknen Bauren zur « Erden, samt andern vielen seltsamen unhöflichen Baurenbräuchen. « Hiernach verfertigte er eine Versuchung des H. Antonius, wo der « alte glatzköpfige Eremit von wunderseltsamen, erdichteten Gespenstern, « Lichtern und Weibsbildern angefochten wird. Ferner schöne Conver- « sationen geharnischter Soldaten mit Venetianischen Courtisanen, da « unter lieblichen Saiten- nnd Kartenspiel bei einem ergötzlichen Trunk « jeder nach seinem Gefallen conversirt und im Luder lebt. »

Von seinen Bildern befanden sich zwar viele zu Venedig, mehr aber zu Amsterdam, wo sie in grosser Ehre gehalten wurden.

Dass Lijs nie verheiratet gewesen, wie Houbraken behauptet, teilt Sandrart nicht mit.

B. I S. 209. **Johan de Heem.**

S. II S. 313 erzählt über ihn blos, dass er sich aus seiner Geburtstadt Utrecht nach Antwerpen begab, weil er dort die seltsamen Früchte in besserer Perfection und Zeitigung haben konnte als in Utrecht. Er war in seinem Fach der erste unter den niederländischen Malern. — Houbraken hat diese Notiz übergangen.

B. I S. 212. **Cornelis de Heem.**

Folgende Mitteilung hat Houbraken in veränderter Form aus S. (II S. 318) entnommen:

S: « Als ich eine Tafel mit « Stillleben, in die zwei Ellen lang « bei Thoma Kretzer [1]) zu « Amsterdam angetroffen, hat sie mir « so beliebet, dass ich ihm alsbald « 450 baare Gulden darfür geschla- « gen, er hat sie aber, unerachtet « er sonst mein guter Freund ist, « nicht darfür lassen wollen. »

H: « J. Sandrart verhaalt, dat « Tomas Keijzer te Amster- « dam hem voor twee kleine « stukjes schilderij aanbood de « somme van 450 gulden, maar dat « hij dezelve, schoon hij een vrint « van hem was, niet geven wilde. »

Als des Künstlers Malgrund nennt Sandrart Metall oder Glas.

B. I S. 214. **Jan und Jacob Pinas.**

Was an dieser Stelle über den italienischen Aufenthalt von Jan Pinas und P. Lastman erzählt wird, stammt aus S. II S. 296.

B. I S. 218. **Guilliam** und **Gillis Backereel.**

Der letzte Teil dieses Artikels (nach den Versen de Bie's) ist entlehnt aus S. II S. 299.

B. I S. 222. **David de Haen.**

Houbraken citirt blos die Verse de Bie's und beklagt sich,

[1]) Soll vermutlich Marten Kretzer heissen müssen, der sowohl Bilder von Sandrart als von einem der beiden de Heem besass, O. H. II 117 f.

dass er weiter nichts über diesen Künstler habe erfahren können. Bei S. II S. 313 hätte er die Nachricht gefunden, „dass der „berühmte David de Haen von Rotterdam al seine Arbeit zu „Rom verrichtet hat und alda auch gestorben ist, sowie dass „Theodorus Babure von Utrecht sein Mitgesell gewesen ist." Sandrart fügt hinzu, dass er sie bei den italienischen Künstlern gelassen habe, was aus dem Register zu ersehen sei. Es lässt uns dies jedoch im Stich und auch sonst habe ich unter den italienischen Biographien vergebens nach den ihrigen gesucht.

B. I S. 227. **Pieter Koeck van Aelst.**

Vgl. unten beim Nachtrag, zur deutschen Ausgabe.

B. I S. 235. **Joan Bijlert.**

Obwohl Houbraken klagt dass er über diesen Künstler nur wenig mitzuteilen habe, hat er S. II S. 307 nicht benützt, wo zu lesen ist, dass Bijlert Schüler Abraham Bloemaerts war, dass er durch Frankreich nach Rom reiste, wo er viele Jahre blieb, dass er sich nach seiner Rückkehr zu Utrecht verheiratete und sehr tugendsam und glücklich in Reichtum und Fröhlichkeit lebte.

B. I S. 251. **Karel van Mander II.** (soll heissen: III).

Aus S. II S. 320. Was beide vom Sohn erzählen, gilt in Wirchlichkeit vom Enkel des alten Kar. v. Mander. Vgl. oben S. 143.

B. I S. 253. **Louis Primo, Gentiel.**

S: « In seinem Leben und Wandel hat er sich so wol aufgeführet, « dass ihm der Name Gentil zu Rom « von der Bent gegeben worden, « so geschehen Anno 1626. »

H: « Sandrard.... wil, dat hem « de bijnaam Jentiel, als hij hem « in 1626 te Rome in de Bend be- « gaf, is gegeven, omdat hij zig « wel wist voor te doen, zig bij « groote luiden vervoegde en als « een geboren edelman gedroeg. »

S. II S. 320 giebt die Dauer seines Römischen Aufenthalts mit sechzehn Jahren an.

B. I S. 254 ff. **Rembrand van Rijn.**

S. 271 f. bringt Houbraken ein Citat aus Sandrart II S. 326 das er in seiner gewöhnlichen nachlässigen Art wiedergiebt:

S	H
S: « Er hat seine Behausung in « Amsterdam mit fast unzahlbaren, « fürnehmen Kindern zur Instruc- « tion und Lehre erfüllet, deren jeder « ihme jährlich in die hundert Gul- « den bezahlt, ohne den Nutzen, wel- « chen er aus dieser seiner Lehr- « linge Mahlwerken und Kupfer- « stucken erhalten, der sich auch « in die 2 bis 2500 Gulden baares « Gelds belauffen, samt dem, was « er durch seine eigne Handarbeit « erworben. »	H (S. 271): «Daar benevens had hij « zoo groot een menigte van leerlin- «gen, die hem ieder jaarlijks honderd « gulden opbragten, dat Sandrart, « die omgang met hem gehad heeft, « getuigt, dat hij konde berekenen, « dat Rembrandt jaarlijks van zijne « leerlingen meer dan 2500 gulden « inkomen had. »

B. I S. 276 ff. **Joachim von Sandrart.**

Für diese Biographie hat Houbraken zum Teil den Auszug Roger de Piles' (wo man sehe), zum Teil die Lebensbeschreibung von Sandrarts „Vettern und Discipeln", welche der Teutschen Academie angehängt ist, benützt. Es trifft ihn kein Vorwurf, dass er nicht sämmtliche Tatsachen, welche auf diesen acht und vierzig Foliospalten berichtet werden, wiedererzählt und wir können unsrerseits auch nicht alles, was er ausgelassen hat, hier nachtragen, sondern müssen uns auf die Kritik dessen, was er citirt, beschränken. Hierbei sind die folgenden Abweichungen zu constatiren:

S. 276. Während die Biographie nur unter zahlreichen anderen Kunstwerken aus dem Besitz des Grafen Arundel, die Sandrart zu studiren Gelegenheit gehabt habe, die Holbeinschen Porträts des Erasmus, Thom. Morus, des Grosskanzlers Heinrichs VIII und eben dieses Königs unvergleichliger Liebster, einer Prinzessin van Lothringen erwähnt, sagt Houbraken: „en wat hem [Sandrart] aan 't Hof meer bemind „maakte, was, dat hij voor den graaf van Arondel de beelte- „nissen van Koning Hendrik VIII, Tom Morus, Des. Erasmus „en andere meer naar de schilderijen van H. Holbeen, zoo „kunstig wist na te bootsen."

S.: « Er ging in England unter « Segel, schiffete in Holland, und « reisete von dar nach Frankfurt.... « wandte über Augsburg und durch « Tirol sein Gesicht nach Italien « und begrüsste erstlich Venedig. »

H: « Hij scheepte in den jaar « 1627 uit Engeland naar Venetien. »

Vielleicht war hier de Piles Ursache der incorrecten Ausdrucksweise, denn dieser sagt unmittelbar nach Erwähnung des englischen Aufenthalts: „il fut à Vénise."

S: « Die Begierde usw. machte « ihn von Venedig nach Rom ab- « reisen, dahin er in Gesellschaft « seines Vettern, und des kunstrei- « chen Kupferstechers le Blon sich « auf den Weg machete. Die Reise « gieng durch Ferrara und Bolognia. »

H: « Vandaar [Venetie] vertrok « hij naar Bolonje, daar hij min- « nelijk ontfangen wert van Mich. « le Blon, vermaard plaatsnijder, « zijn vollen neef van vaders kant; « dewelke hem verzelde. »

Was Houbraken auf S. 278 von Sandrarts Aufenthalt auf Malta erzählt, bezieht sich in der Biographie auf den zweiten Römischen Aufenthalt nach der Rückkehr von der genannten Insel.

S: Man hat « ihm seinen Scho- « larn, den jungen Math. Merian, « als er denselben gegen abends « zu seinem Schwager in einer Ver- « richtung gesendet mit Anwurf eines « Stricks um den Hals erwürgen « und zur Schlachtbank liefern wol- « len, dessen sich etliche hungerige « Bauren unterstanden. »

H: « Zijn zwager was reets door « een deel hongerige boeren in zijn « huis overvallen, die hem meenden « te verworgen en dan voorts alles « weg te stroopen. »

S: « Er stiftete auch alda manch « schönes Gedächtnis seiner Kunst, « sonderlich auf des Clevenirs « Duelle das grosse Werk von einer « Compagnie Burger, welche Mariam « de Medices in Amsterdam einge- « holt, wie nicht weniger vom Herrn « Fontaine bei dem berühmten « Liebhaber Herrn von Bicker und

H: « Gelijk hij dan behalven meer « andere konststukken in 't gasthuis « op den Kolveniersburgwal de in- « haling van Maria de Medicis ge- « schildert heeft en voor den heer « Bicker en Spieringer gezant van » Zweden de pourtretten hunner « huisgezinnen. »

« noch viele andere. So hat er auch « den in aller Welt berühmten « Swedischen Abgesandten Herrn « von Spiring samt seiner Ge- « mahlin . . , ... in Lebensgrösse « gecontrafätet. »

Der Erlös der Auction seiner Kunstsachen wird bei Sandrart angegeben mit 14.566, bei Houbraken mit 40.566 Gulden.

S: Als A° 1672 seine Frau starb, « hat er im folgenden Jahr « mit ... Esther Barbara Blommart « sich in das zweyte Gelübde ein- « gelassen und solches den 5 Nov. « daselbst hochzeitlich vollzogen, « . . . . und A° 1674 von Augsburg « nach Nürnberg mit seinem Haus- « wesen sich verwandlet. »

H: « In den jare 1672, zijne « vrouw overleden zijnde, verliet « hij Augsburg en ging wonen tot « Neurenberg en troude in datzelve « jaar den 5^{den} van Slachtmaand met « Hester Barbara Bloemaert. »

B. I S. 313 ff. **Anna Maria Schuurmans.**

Die Angaben Houbrakens auf S. 314 Z. 9 bis auf die Mitte der folgenden Seite: . . . . . „waardoor zij veel roems behaalde" stammen mit Ausnahme dessen, was er auf Grund eigener Anschauung mitteilt, aus S. II S. 375.

B. I S. 336. **Jacob Backer.**

Aus S. (II S. 307) sind entlehnt: die beiden ersten Sätze dieses Artikels und die Stelle: 't Is bijna niet te geloven bis naar Haarlem vertrok. Das darin enthaltene erzählt Sandrart aus eigner Anschauung. Ferner sagt er noch, dass Backer in Amsterdam „eine grosse Menge Contrafäte, auch etliche grosse Stuck ganzer in Gewehr aufziehender Compagnien Burger" gemalt habe.

B. I S. 343. **Willem van Bemmel.**

Aus S. II S. 337.

B. I S. 359 ff. **Pieter van Laer.**

An dieser Stelle ist Sandrart (II S. 311) für die Biographie de Laers Houbrakens Hauptquelle, wie B. II S. 124 Schrevelius. Nur statt des Geburtsortes Laren bei Naarden findet sich sowohl bei Sandrart als in den übrigen Quellen Haarlem.

Abweichungen:

S: « Er hatte eine sehr seltsame « Gestalt, desswegen ihn die Ro- « maner nur Il Bambotio benahmet, « womit ein fisirliches Ding gemeinet « wird, dann sein unterer Leib war « um ein Drittheil grösser « als der obere. »

H: « De Romeinen gaven hem « den bijnaam Bambootzio, een « naam, daar zij zulke luiden, die « zig op 't maken der Italiaansche « grappen, vremden aart van bui- « gingen of vervringingen der licha- « men en geestige figuurmakerijen « verstaan, mee benoemen...... « zijn onderlijf was driemaal « grooter als zijn bovenlijf. »

Sandrart sagt, dass v. Laer auf sein unterschiedliches, freundliches Zuschreiben nach Amsterdam gekommen sei, während Houbraken als Motiv „Briefe von Eltern, Freunden und Kunstfreunden" angiebt.

S: « Immittelst [dh. nach einem « fünfjährigen Aufenthalt in Hol- « land] lieffen seine Jahre dem sech- « zigsten zu und weil er ohnedas « von schwacher und subtiler Com- « plexion auch zur Melancholey ge- « neigt war, nahmen mit dem Auf- « nehmen der Jahre die Kräften « und Gedächtnus ab und wurde « dieser fromme, hochverwunder- « liche Mann zu Harlem mit gros- « sem Bedauren der Kunstliebenden « aus dieser zeitlichen Unruh zur « ewigen Ruh versetzt. »

H: « Tot zijn zestigste jaar ge- « komen zijnde, wierd hij geplaagt « met een benaude borst, 't geen « hem den moet uitbluste. De « droefgeestigheit, daar hij zig aan « overgaf, verzwaarde zijne kwaal, « zoodat hij wars van langer te « leven, zig zelven in een waterput « verdronken heeft. »

Es muss hier ausdrücklich constatirt werden, dass Sandrart nur von de Laer's Melancholie, nicht von seinem Selbstmord spricht. Im Abschnitt über Schrevelius werde ich nachzuweisen suchen, dass auch dessen Worte unmöglich auf des Meisters Lebensende bezogen werden können. Sam. van Hoogstraten erzählt den Selbstmord mit der Reserve „zoo men zegt" und erst bei de Piles wird er als eine sichere Tatsache erwähnt und als Strafe des Himmels hingestellt. le Comte (II S. 276) dagegen sagt, dass de Laer, nachdem er zu viel getrunken hatte, in einen Graben fiel und ertrank.

Von seinen Werken erwähnt Sandrart namentlich ein Bild, das de Laer für ihn gemacht hatte, nachdem er wieder nach Holland gekommen war: es war drei Spannen gross und stellte dar, wie bei aufgehender Sonne etliche Jäger, sammt einer Dame zu Pferd sitzend mit ihren Buben und allerlei Art Hunden ganz erkanntlich auf die Jagd reiten in einer Landschaft, worin eine grosse Brücke, worunter die Morgensonne in's Wasser scheint und sich gegen die Brücke reflectirt."

B. I S. 364. **Nicolaas de Helt, Stocade.**

Ausser de Bie hat Houbraken zu einer, noch dazu ganz misverstandenen, Mitteilung den von jenem vollständig abhängigen Sandrart (II S. 317) benützt.

S: « Er legte sich auf die Kunst « der Oelfarben und hat mit selbiger dem König in Frankreich « lange Jahre gedient. »

H:..... « Frankrijk, daar hij « met Sandrart verscheide « groote werken voor den koning « gemaakt heeft. »

B. II S. 1 ff. **Gerard Dou.**

Houbraken bringt S. 3 f. ein Citat aus Sandrart (II S. 321), wobei er im Folgenden abweicht.

S: .... « Er malte Herrn von Spiring, neben ihm sitzend seine « Frau .... samt dern ältistem Fräulein, die der Frau Mutter ein Büch- « lein zureichtet. »

H: ...... « daarnevens aan zijn « vrouw en zijner vrouwen moeder, « die haar een boek overreykte. »

Dass Spiring alles, was Dou malte, gegen Silber aufwog, steht so nicht bei Sandrart. Dieser nennt als Preise für Bilder 600, 800 oder 1000 Gulden, je nach der Stundenzahl, die Dou darauf verwendet hatte, berechnet: ein Pfund Vlämisch für die Stunde.

Sandrart teilt noch Folgendes über Dou's Werke mit:

« Das fürnehmste seiner Arbeit habe ich beim hochberühmten Herrn « Residenten von Spiring im Haag und anderwärts gesehen, als: in « einem verschlossenem Zimmer ein Niderländisches Junges sitzendes « und Spitzen wirkendes Mägdlein, einer halben Spannen hoch : ein altes

« Weib in einem Belz bekleidt sitzend und durch die Brille auf der « Nasen in einem Buch lesend, einen alten Mann in einem langen « Bart, der bey dem Feuer sitzt und seine Hände wärmet. Ein Lauten« schlager an einem Tisch sitzend, der vor ihme Bücher liegen hat, « ungefähr einer Spannen gross. In welchen allen, neben den Bildern « auch die Mauren des Zimmers und beigefügte Menge mechanischer « Sachen von Hausraht und andern in bäster Ordnung beygefügt. »

B. II S. 9. **Bartholomeus van der Helst.**

Nur für eine Stelle lässt sich die Benützung Sandrarts nachweisen (II S. 317):

S: « Er war in Contrafäten nicht « allin gut und perfect, sondern « auch fix und hurtig und gewanne « damit viel Geld; er nahme eine « schöne Jungfrau zum Weib und « war gern bey guter Gesellschaft « lustig, liess ihn fremde Länder zu « besuchen .... gar nicht anfechten, « sondern verbliebe mit seiner Freud « in seiner Geburtstadt vergnügt. »	H: « Hij won veel gelt, was « graag bij gezelschap, had geen « geneigtheit tot Italie, was verge« noegt met zijn kunst, en Stadt, « en had tot jaren gekomen, een « jonge vrou getrout. »

B. II S. 18 ff. **Govert Flinck.**

Sandrart (II S. 319) teilt mit, dass Flinck sich lange beim Kunsthändler Uilenburg authielt und dass er im Cloveniersdoelen die Amsterdamer Bürgermeister in halber Figur sehr natürlich und wahrhaft abbildete. Von Bildnissen werden erwähnt die des Kurfürsten von Brandenburg, seiner Gemahlin und des Johan Moritz von Nassau. Dieser Kunstzweig war nach Sandrart seine Hauptstärke. Houbraken hat diese Notizen nicht benützt [1]).

B. II S. 49. **Jurriaan Jacobsz.**

Der nachmalige kgl. schwedische Maler David Klöckner ging 1648 zu diesem Künstler in die Lehre. Er war, sagt Sandrart (II S. 334) ausserdem, „sonderlich gut in Tieren und Jagden, hatte auch einen guten Pensel und eine gute Käntnus von der Mahlerey."

Benützung durch Houbraken ist nicht nachweisbar.

B. II S. 87. **Joan Couper** und **Olivier.**

Entlehnt aus S. II S. 316, wo erstgenannter C e u p e r heisst.

[1]) Vgl. jedoch oben S. 121 f.

Der Aufenthalt Coupers in Amsterdam war nach dieser Stelle blos ein vorübergehender auf der Durchreise. Die Eingangsworte Houbrakens: „Nach dem Tode David Beck's" usw. sind eigene Erfindung desselben und ausserdem unrichtig, denn Couper kam vor Sandrarts Abreise aus Amsterdam dahin (vor der Mitte der 40er Jahre), während Beck erst einige zehn Jahre später starb.

B. II S. 88. **Geldorp** (Gelsdorf).

Aus S. II S. 316.

B. II S. 102 ff. **Wallerant Vaillant.**

Ein Vergleich der folgenden Stelle bei S. (II S. 374) und H. lässt die Möglichkeit offen, dass hier ein Abhängigkeitsverhältnis vorliegt; positiveres zu sagen, ist unzulässig.

S: « Bei dem letzten Wahltag « zu Frankfurt hat er soviel Contrafäten gemacht, dass er endlich « genötiget wurde zu deren Beschleunigung, solche mit Schwarz und « Weiss auf blau Papier in Lebensgrösse zu zeichnen. Auf solche « Weise hat er fast alle anwesende « hohe Potentaten mit verwunderlicher Geschwindigkeit, auch grosser Zier und Erweisung preiswürdiger Kunstwissenschaft gecontrafätet. Er sammlete ihm daselbst « ein gutes Stuck Geld. »

H: « Als Leopoldus tot Frankfort « tot keizer gekroont werd, trok « Vaillant daarna toe en vont « gelegentheit om de beeltenis des « keizers, nevens verscheiden ambassadeurs en prinsen van 't « Duitsche Rijk, welke bij de krooning tegenwoordig waren, te schilderen, daar hij veel roem en gelt « door won. »

S. lässt ihn sich hierauf einige Zeit am kurpfälzischen Hof aufhalten, während er nach H. mit dem Marschall Grammont nach Paris zog.

B. II S. 114. **Jan** und **Andries Both.**

Aus S. II S. 312. Merkwürdigerweise nennt S., trotzdem er behauptet die Brüder schon während seiner Lehrzeit bei Honthorst in Utrecht gekannt zu haben, kein einziges Mal den Namen Andries. Stets redet er von „Jan und seinem Brüder", oder von „dem einen Bruder, der die Bilder in die Landschaft gemacht" usw.

Abweichungen:

S: « Sie haben in den Land-« schaften die Manier des berühmten « Claudi Lorennes, in den kleinen « Bildern aber die Weiss des Bam-« botio angenommen. »	H: « Jan zette zig tot 't schil-« deren van lantschappen en bootste « daarin den aart van Claude Lor-« reine na..... zijn broeder was « een braaf beelt- en beestenschilder « en had zig de handelinge van « Bamboots aangewent. »
S: « Weil der berühmte Claudius « Lorenes mehr in Landschaften « als in Bildern erfahren, diese aber « in beyden wol geübt waren, trie-« ben sie ihn zu fleissiger Arbeit « durch einen nutzlichen Vorzugs-« streit eifrig an. »	H: « Jans agting groeyde aan « en die van Claude nam af, door-« dien hij wel fraje lantschappen « maakte, maar slegte beeldjes en « beesten, daar ondertusschen Jan « zig van zijn broeder bediende. »

Was Houbraken über die Fähigkeit Both's, die Tageszeiten trefflich wiederzugeben, sagt, stammt ebenfalls aus Sandrart. Desgleichen die Erzählung von Andries' Tod. Auch Jan's Bildnis (Taf. N. N.) ist, allerdings unter dem Namen von Corn. Poelenburg in die Groote Schouburgh übergegangen.

B. II S. 170. **Ossenbeck.**

Vielleicht standen Houbraken über diesen Meister Mitteilungen seines Lehrers Sam. v. Hoogstraten, der gleichzeitig mit Ossenbeck in Wien war, zur Verfügung; vermutlich hat er aber auch Sandrart (II S. 323) benützt:

S: « van Hoje brachte mit sich « [nach Wien] von Rom einen, « genannt Ossenbeck aus Roterdam, « der die fast unvergleichliche Ma-« nier Bambots in Ausbildung al-« lerley bäurischer täglichen Bege-« benheiten, Landschaften und al-« lerley Arten von Thieren an sich « hatte, die er verwunderlich, na-« türlich und wol verstanden, der-« enthalben er bald sehr berühmt « und allenthalben beliebt worden	H: « In dezen tijd [als Jan und « S. v. Hoogstraten in Wien waren] « leefde een konstschilder van Rot-« terdam, Ossenbek genaamt. Van « zijne stukken zijn schaars eenige « in Hollant te zien, aangezien hij « zijn meesten levenstijd in Italien « heeft doorgebracht. Hij schilderde « op de wijze van Bamboots ver-« scheide geslachten van beesten en « beeltjes en schikte de bijwer-« ken zoo vremt met grotten,

« und auch itzt annoch in Regens-
« purg wohnhaft sein soll. »

« vervalle Roomsche gebouwen,
« watervallen en dergelijke zoodanig
« naar den Italiaanschen aart, dat
« men van hem zeide: Hij heeft
« Rome met zich meegebracht. »

B. II S. 170. **Luix.**

Houbraken erklärt nichts von ihm zu wissen, ausser dem Inhalt einer kurzen brieflichen Mitteilung Sam. v. Hoogstratens aus Wien (vom 9 Aug. 1651). Bei Sandrart (II S. 322) hätte er über ihn gefunden, dass Franciscus Leux, aus Antwerpen gebürtig, in Rubens' Manier arbeitete, einige Jahre in Italien studirte, vor und nach dieser Reise Hofmaler zu Wien war und dort bis zu seinem Lebensende blieb. Sandrart rühmt ihn besonders im Porträtiren.

B. II S. 224. **Cornelis Janson van Ceulen.**

Aus S. (II S. 319) stammt nur der Satz: „Wanneer Karel Stuart" bis „kwam te overlijden binnen Amsterdam." Auch sagt S., dass er zu London aus Eltern, welche aus den Spanischen Niederlanden geflohen waren, geboren wurde [H: „hij was te London uit Hollandsche ouders geboren"].

B. II S. 332. **Joan Guilliam Baur.**

Der Eingangssatz „Im selben Jahre (d. h. 1634) lebte am Hofe des Herzogs Brassano" usw. beweist, dass Houbraken aus Sandrart (B. II S. 306) geschöpft hat, denn dieser erwähnt als Zeitpunkt des zweiten Römischen Aufenthalts Baur's dies Jahr. Auch findet die Namensform Brassano sich in der Teutschen Academie, während de Bie Brassiano, das Meyssens'sche Selbstbildnis Brassignano hat.

Abweichungen:

S: « Er hat allda [in Neapel] ein
« grosses Geld durch Mänge der
« Arbeit verdienet, wäre auch länger
« dort verblieben, wofern er nicht
« eine gewisse Person zu vergessen,
« sich wieder nach Rom (An. 1634)

H: « Te Napels, . . . waar hij wel
« langer zou gebleven hebben, maar
« om zekere reden (men zegt de
« liefde van zijn matres zig ge-
« noodzaakt vont, weder naar Rome
« te keeren in 1634. »

S	H
« und als das zu Neapel geflogne « Uebel ihn bis nach Rom gefolgt, « von dar ferner nach Venedig und « fürters auf Wien begeben hätte.»	
« Er starb zu Wien, allwo er sich « auch verheuratet im Jahre 1640.»	H: « Hij stierf [te Weenen] van « een onverwagte ziekte overvallen « in 't jaar 1640.»

B. II S. 344. **Jan van Hoeck.**

Aus S. II S. 309, der vielleicht aus de Bie (S. 143) geschöpft, den Maler aber auch persönlich gekannt hat, da dieser ihn 1637 (soll heissen 1647; oder 1646?) im Gefolge des Erzherzogs Leopold Wilhelm auf Stockau besuchte (Vgl. II S. 309 und die Biographie Sandrarts S. 17).

Abweichung:

S	H
S: « Als er auf dem Ruckweg « in sein Vatterland begriffen war, « ist er unterwegs vom Erzherzog « Leopold Wilhelm aufgehalten und « viele Jahre bey ihm im Kriege « verblieben.»	H: « Hij trok vandaar [Italie] « met voornemen om naar zijn « vaderlant te keeren, maar werd « aan 't hof te Weenen aangehou- « den en van den aardshertog Leo- « pold wel ontfangen.»

B. II S. 352. **Herman Swanevelt.**

Houbraken erwähnt ihn nur als No. 47 seiner Liste der Bentvögel, und zwar mit dem Zusatz: „Landschaftsmaler aus Woerden". de Bie (S. 259) sagt blos über ihn, dass er zu Paris wohnte und erklärt den Beinamen Heremyt durch seine bevorzugte Darstellungsobjecte. Sandrart (II S. 316) nennt uns seinen Heimatsort und erklärt den Bentnamen durch die persönlichen Eigenschaften des Meisters. „Er irrte aber zu Rom nicht blos in den Ruinen umher, sondern besuchte auch regelmässig die Academie und schätzte die Antike sehr. Daher war die figürliche Staffage seiner Bilder recht gut"

B. III S. 1 ff. **Frans van Mieris.**

Sandrart (II S 321) erwähnt nur seine Schülerschaft Dou's, das Bild, welches noch jetzt unter dem Namen „der Cavalier im Verkaufsladen" bekannt ist [1]) und seinen frühzeitigen Tod.

[1]) Vgl. über dasselbe bereits oben S. 147 und 261.

Hat Houbraken die Beschreibung Sandrarts benützt, so weicht er im Folgenden ab:

S: « Von seiner Kunst gibt völlige Zeugnus derjenige Kramladen, « so ungefähr $1\frac{1}{2}$ Spannen hoch, « darinnen er allerhand Kaufmanns- « wahren ausgebildet, welche eine « Niderländerin feil hat, mit deren « eine Mannsperson um Seidenzeng « handlet, Die Bilder, samt allen « Wahren von Seide, Woll, Bän- « dern und anderm sind eigentlich, « kräftig und natürlich erhoben, « auch die Haltung der Farben « durchgehend jedes an seinem Ort « wol verstanden, dass die 2000 « Gulden, so Erzherzog Leopold « Wilhelm dafür hat zahlen lassen, « viel zu wenig gegen solcher « schönen Arbeit zu schätzen sind. »

H: « Hij kreeg door de gunst « van zijnen Mecenas gelegentheit « om een Konststukje voor den « aartshertog te schilderen, waarin « hij verbeeldde een schoon vroutje, « staande in een zijdestoffewinkel en « nevens dezelve een ruiter, kwan- « suis om eenige stoffen te koopen, « dog die meer op die schoonheit « als op de winkelwaren scheen te « gluren, hetwelk den Aartshartoog « zoo wel beviel, dat hij hem dui- « zent gulden [1]) daarvoor deed « betalen. »

B. III S. 64. **Jan Asselijn.**

Houbraken hat offenbar den „Hasselein, genannt Krabbetier" Sandrarts (II S. 310) nicht wieder erkannt. Dieser teilt mit, dass er, gebürtig von Amsterdam, Schüler des Esaias van de Velde war sich nach vollendeter Lehrzeit über Frankreich nach Italien begab, und dort unter den Einfluss des Pieter de Laer geriet. Bilder von ihm befanden sich zu Rom, Venedig und Lyon. Sandrart selbst besass von ihm ein Reitergefecht zwischen Cürassieren zu Pferd und Croaten an dem Ponte Salaro bei Rom.

B. III S. 82. **Jacob Marrel.**

Houbraken erzählt blos, dass er seinen Schüler Abr. Mignon in dessen vierundzwanzigsten Lebensjahr mit nach Holland nahm (1660/1), wohin er ging, um den Kunsthandel zu treiben. Auch erwähnt er ihn (III 221) als Stiefvater der Maria Sybilla Merian. Dagegen meldet Sandrart (II S. 339), dass er Schüler

[1]) Ueber diesen Betrag vgl. bei de Bie oben S. 261.

G. Flegels in Frankfurt gewesen und in Utrecht seine Manier, Blumen, Früchte usw. zu malen sehr verbessert habe. Joh. Andr. Graf, der spätere Gemahl der M. Syb. Merian, war sein Schüler. In der lateinischen Ausgabe fügt er hinzu (S. 337), dass Marrel, 55 Jahre alt, hoc anno, also 1683 gestorben sei, während er ihn im dritten Teil des zweiten Hauptteils S. 85 beiläufig als aus Frankenthal gebürtig erwähnt.

B. III S. 220. **Maria Sybille Merian.**

Für das wesentliche dieser Biographie hat Houbraken andere Quellen benützt, untergeordnetes mag er aus Sandrart (II S. 339) entlehnt haben. Auch der Anhang zur deutschen Ausgabe (II, III S. 85) bietet einiges, was bei Houbraken in modificirter bzw. erweiterter Form vorkommt.

B. III S. 317. **Gerard Segers.**

Ueber die Entlehnungen aus de Bie sieh S. 262. Zeile 28 v. o. citirt Houbraken Sandrart und giebt im Folgenden dessen Gedankengang in verkürzter aber richtiger Form wieder (II S. 301). Dieser sagt noch, dass Segers sich in Italien besonders an die Malweise Manfredi's anschloss und auch im Gegenständlichen ihm folgte. In Antwerpen baute er sich von seinem Gewinn und Heiratsgut ein dermassen prächtiges Haus, dass er in die 60.000 Gulden darauf verwendete.

Hier endet Houbrakens Benützung der Sandrartschen Künstlerbiographien, welche den zweiten Teil der Teutschen Academie bilden. Ausser Acht gelassen hat er dabei Mitteilungen über vier niederländische Maler, nemlich Willem van Honthorst, Alexander van Welinkshofen, Gerhard van Krick en Matheus Mayvogel. Sandrart sagt über sie:

T. II S. 311. Willem van Honthorst, Bruder Gerhards war ein guter Maler in grossen Historien, besonders aber in wolgleichenden Bildnissen. Er wurde aus seiner Geburtstadt Utrecht nach Berlin berufen, wo er am Hofe des Kurfürsten durch treffliche Porträts berühmt wurde.

Ibid. S. 313. Alexander van Welinkshofen aus Gorkum [1]) und Gerhard von Krick waren mit Pieter de Laer und Andern Schüler von Johann del Campo in Rom. Sie waren alle fleissig und wurden nach seiner Unterweisung treffliche und hochberühmte Leute.

Ibid. S. 313. Matheus Mayvogel aus Zeeland bekam diesen Bentnamen, weil er am ersten Mai 1628 nach Rom kam. Er verlies seinen vortrefflichen Anfang in der Malkunst aus Liebesgründen und wurde in Folge dessen in frühem Alter blind.

Der Nachtrag im zweiten Hauptheil der Deutschen Ausgabe. (Erschienen 1679).

Dieser befindet sich im dritten Teil des zweiten Hauptteils auf S. 68—86 unter dem Titel: „Ehrengedächtnis: das ist „Leben- und Kunstbeschreibung der übrigen Virtuosen." Eine Benützung von Seiten Houbrakens ist in den folgenden Fällen nachweisbar oder wahrscheinlich:

B. I S. 77. **Samuel Hofmann.**

Dieser Abschnitt ist eine in mehreren Punkten falsche Verkürzung von dem was S. II III S. 72 erzählt. Ich gebe im Folgenden nur die Unrichtigkeiten, nicht auch die Weglassungen Houbrakens an:

S: « Er hat ihme mit vielen Stu- « cken, die er zu Amsterdam gemahlt « einen grossen Namen gemacht, und « sich dort auch verehelicht; .... er « kam 1628 mit seiner Liebsten gen « Zürich und erlangte gross Lob « mit schönen Contrafäten- »	H: « Hij zette zich naderhand « te Amsterdam neer, daar hij « veele brave konststukken, ook « portretten gemaakt heeft en trou- « de in den jare 1628 en trok « daarna met zijn vrouw naar Zü- « rich, daar hij door zijn konst « grooten roem behaalde. »

[1]) Ein Alexander a Wevlinchoven, Gorcomiensis wurde, 20 Jahre alt, am 20 Sept. 1647 als stud. phil. ins Leidener Album Studiosorum eingetragen. Ein Maler Corn. van Wenclinchoven wird 1665 zu Rom erwähnt, Bertolotti S. 150.

Dass er für den Herzog von M i l a n e n [= Mailand] einige Kunstwerke machte, wie Houbraken will, kann nur beruhen auf Verwechslung und zwar entweder damit, dass er den General Maxm i l i a n von Pappenheim porträtirte, oder dass er viele Contrafäten malte für den Herzog von R o a n [= Rohan].

S: Er starb zu Frankfurt Anno 1649, «darauf seine Frau und « Kinder sich wiederum nach Am- « sterdam begeben, wo zwo seiner « Töchter auch schöne Fruchtstück « gemahlt haben.»	H; « Eindelijk stierf hij....... « in den jare 1640. Zijn vrouw en « kinderen, onder deze een dochter, « die een schilderesse was, trokken « na zijn overlijden weder naar Am- « sterdam.»

B. I S. 88. **Daniel Blok.**
Aus S. II III S. 73 f.
Abweichungen:

S: « Er ward bei Jacob S c h e- « r e n in Dantzig gebracht [In « der lat. Ausgabe: Jacobo S c h e- « r i o traditus est].	H: « Hij werdt te Dantzik be- « steldt bij Jacob S c h e r e r.»
S: « Er hat für den König in « Dennemark, Christian IV, des- « gleichen für.... Gustav Adolph « in Schweden viel Contrafäten ge- « mahlt, wie auch die gantze Gene- « alogia (Stamm und Geschlechtslini) « der Hertzogen von Mechelburg « in Lebensgrösse verfertigt mit an- « tichen Habit.»	H: « Hij zette zig inzonderheit « tot het schilderen van pourtretten, « dat hem wel gelukte, want hij « heeft voor Gustavus Adolf van « Zweden de genealogie, stam en « slagtlinie der hartogen van Meke- « lenburg geschildert.»

Obwol die Worte Sandrarts die Deutung, welche Houbraken ihnen giebt, zur Not zulassen, spricht die Wahrscheinlichkeit mehr dafür, dass die mecklenbürgische Genealogie für die Herzöge dieses Landes gemalt wurde, und nicht für Gustav Adolf, umsomehr da in dem, was unmittelbar folgt, von Bloks Verhältnis zu den beiden mecklenbürgischen Höfen die Rede ist.

S: Er starb in seinem 81sten (H: 80sten Lebensjahre.

B. I S. 154 ff. **Jacob Jordaens.**

S: (II, III S. 71) « Er ist zu Antorff « Anno 1594 den 19 Maji gebohren « und lebte, wiewol mit ziemlichem « Abgang der lebendigen Kräfften « und Geister vor weniger Zeit « annoch ruhiglich im 84 seines « Alters, mit letzter Post aber ver- « nehme, dass er wol und Christ- « lich verschieden sey. »

H: « Hij was 1678 (1594+84) « noch in leven, en had veel roem « en gelt verkregen, ging 's avons « in gezelschap en was vrolijk bij « den wijn [1]), maar stierf kort « daar aan. »

B. I S. 227. **P. Coeck van Aelst** oder vielmehr **Hubert Goltzius.**

Keine Seite der Groote Schouburgh legt ein stärkeres Zeugnis ab für Houbrakens Flüchtigkeit als diese, wo er P. Coeck van Aelst Verfasser eines Buchs nennt, auf dessen von ihm selbst abgeschriebenen Titel die Worte stehen: „per Hubertum Goltzium etc." Der ganze Artikel bis zu den Worten „Deze van Aelst" bezieht sich demnach auf Goltzius und ist aus Sandrart II, III S. 69 f. entlehnt.

B. I S. 273. **Pauditz.**

Abgekürzt nach S. II, III S. 78, der mitteilt, dass es zu Freijsing noch viele köstliche Stücke von ihm gäbe, und dann den Wettkampf mit dem Nürnberger Maler Rösler erzählt, nach dessen, officiell zwar günstigem, aber in vieler Augen ungünstigem Ausgang er vor Aerger nach kurzer Zeit gestorben sei.

B. I S. 273 f. **Jurriaen Ovens.**

Auf Sandrart II, III S. 77 geht zurück der Schlusssatz: „Hij was 1675 nog in leven en schilderde voor den hertog van „Holsteijn in Frederikstadt", wobei jedoch zu bemerken ist, dass der erste Band der Teutschen Academie zwar 1675, der zweite aber, aus dem dies entnommen ist, erst 1679 erschien. Da Sandrart sagt: „er ist beim Herzog von Holsteijn usw."

---

[1]) Sandrart II S. 336: « Mit seinen Studien setzte unser Künstler « zwar immer fleissig fort, doch gab er sich selbst auch Recreations- « zeit, des Abends in guter Gesellschaft unter zierlichen Discoursen bei « einem Gläschen Wein, ohne Versäumnis seines täglichen Berufs sich « fröhlich zu machen. »

müsste es bei Houbraken folgerichtig heissen: „er lebte 1679 noch." Heutzutage weiss man, dass er am 7 Dec. 1678 starb [1]). Auch Houbrakens Eingangssatz stammt aus derselben Quelle.

B. II S. 102 ff. **Wallerant Vaillant.**

S. II, III S. 79 wird sein zu Amsterdam erfolgter Tod nachgetragen, eine Mitteilung, welche Houbraken übergangen hat, da ihm offenbar ausführlichere Quellen über diesen Künstler zu Gebote standen.

B. II S. 155 ff. **Samuel van Hoogstraten.**

Das zuletzt gesagte gilt auch von diesem Künstler. Von Sandrarts Mitteilungen (II, III S. 78) hat demzufolge nur die einigen Wert. dass in der Galerie zu Wien schöne Muster und Beweistümer seiner Kunst zu sehen sind „qualia procul dubio „adhuc uberiori copia Dordracensium urbs possidet, quae patria eius est", fügt die lateinische Ausgabe (S. 385) hinzu.

B. II S. 258. f. **Benjamin Blok** und seine Brüder.

Stark abgekürzt aus S. II, III S. 74. Ich gebe im Folgenden nur die Abweichungen, nicht auch die Weglassungen an:

Houbrakens Vermutung, dass der Herzog Adolf Friedrich sich der Erziehung des Künstlers angenommen habe, weil die Eltern durch den Brand von 1651 all ihre Habe verloren hätten, ist unrichtig, da Benj. Blok schon 1647, also vier Jahre vor diesem Brand, des Herzogs Bildnis mit der Feder in der Art eines Kupferstiches gemacht hatte, „wodurch er, — sagt San- „drart — grosse Gnade und Ehre bei vorgedachtem Herzog „erhalten habe und von demselben aller Orten damals bestens „recommendirt worden sei usw."

Der Graf Franciscus in Ungarn den Houbraken S. 259 erwähnt, heisst bei Sandrart Franz von Nadasti.

S: «Es ist allerseits bekanndt, « dass seine Contrafeiten sehr wol « gleichend, anmutig und gefällig « seyn, die er überdas mit be- « sonderer Geschwindigkeit weiss zu « verfertigen, gestalltsam ich dessen	H: «Sandrart getuigt: dat hij « 't geluk gehad heeft, dat zij (A^a « $Cath^a$ Fischer) tweemaal van hem « geschildert is geweest en dat zij, « wanneer hij zijn boek van de schil- « ders schreef, noch in leven was. »

[1]) Vgl. z. B. Bredius, Catalog des Rijksmuseum 1891.

« Lob und Würde an zweyen be-
« sondern meiner eigen Contrafäiten
« klärlich bescheinigen kan. »

B. III S. 182. **Steenwinkel.**

Ganz entlehnt aus S. II, III S. 77. Vermutlich hat nur der holländisch klingende Name Houbraken Anlass gegeben, diesen dänischen Künstler in sein Werk aufzunehmen. Mit dem Hendrik Steenwinkel, der B. III S. 286 als Schüler Joh. Verkolje's erwähnt wird, kann er seiner etwa 40—50 Jahre früheren Lebenszeit wegen nicht identisch sein.

B. III S. 233 ff. **Godfr.** und **Joh. Zach. Kneller.**

Neben andern Quellen ist hier die Benützung Sandrarts (II III S. 78 f.) nachweisbar, und zwar an folgenden Stellen:

S: Als er nun dahin durch Nürn-
« berg reisete, liesse er [1]) unterschiet-
« liche gute Gedächtnüsse von et-
« lichen gemahlten Contrafäten da-
» selbst, welche durch zierliche Be-
« kleidung, auch Darstellung der
« übrigen Theile der Kunst seine
« ruhmwürdige Wissenschafft wol
« ausgebildet. »

H: « Norenburg doorreisde hij [1])
om in zijn vaderlant pourtretschil-
« ders te zien. »

Der Hamburger Kunstfreund, den Godfried mit seiner Familie malte, hiess Jac. del Boë, nicht wie bei Houbraken: del Roe. Er war ein Bruder des Professor Sylvius zu Leiden und erbte dessen Kunstschätze.

S: « Der eine Bruder Zacharias
« hat in der Architectur und seinen
« Studien mercklich zugenommen,
« wie er dann in Landschafften, Ge-
« folgen und dergleichen Artligkeit,
« in Ruinen, Anticaglien, stillste-
« henden Sachen auf Tafeln, aller-
« hand Kriegsrüstung, Bücher und
« Blumen, auch andern dergleichen

H: « Joh. Zacharias schilderde
« gebouwen en lantschappen, ook
« bij wijlen klijne pourtretten in
« olijverf. »

[1]) D. h: Godfried Kneller.

« Dingen mit natürlicher Vorstel-
« lung nach dem Leben sehr hoch
« kommen und noch täglich sich
« verbessern thut, auch in Con-
« trafäten sich geübt machet. »

Das Porträt Knellers ist von Houbraken aus der lateinischen Ausgabe Taf. 8 No. 4 entlehnt.

Hier endet Houbrakens Benützung dieses Nachtrags. Sie war ebensowenig wie bei den meisten andern Quellen eine erschöpfende, sodass die Mitteilungen Sandrarts über die folgenden holländischen Maler unberücksichtigt geblieben sind:

II, III S. 77. Willinger (= Nic. Willing) ein guter historienmaler, hat seinen Aufenthalt am Hofe zu Berlin, wo viele herrliche Bilder von ihm zu sehen sind. Er soll ein Nachfolger van Dijks sein und eine gute Art zu malen haben.

Ibid. Cornelis Stop (Stoop?) Sandrart nennt ihn einen Engländer, der gar eigentlich die Speluncken und Höhlen mit sonderbaren Weiten oder Perspectiven gemalt habe. Von der heutigen Kunstforschung wird er als möglicher Vater [1]) Dirk Stoop's und als der Utrechter Malerschule angehörig hingestellt[2]). Ob mit Recht oder Unrecht wage ich nicht zu entscheiden.

Ibid. S. 78. Müetens. Ohne Zweifel ist hier Daniel Mijtens gemeint. Sandrart sagt von ihm: „Ein Holländer in 's Gravenhage, er ist ein annehmlicher Contrafäter von guten Stellungen und Gleichheit der für den Kurfürsten von Brandenburg und die Fürstin von Anhalt zu Dessau viele schöne Bildnisse verfertigte." Letztere Fürstin, Henrietta Catharina war bekanntlich eine Tochter Friedrich Heinrich's von Oranien. Noch jetzt sieht man viele Mytens'sche Bildnisse in den Sammlungen von Dessau und Umgebung.

Ibid. De Vetti. (= Jacob de Wett van Haarlem). Ein Niederländer und vortrefflich guter Maler in kleinen Historien, reich von Ordonanzen, kräftig und natürlich im Coloriren und ausbündig gut in der Zeichnung, ist mehr zu bewundern als zu tadeln.

---

[1]) Vgl. über diesen, der Glasmaler und erster Lehrer Diepraam's war, Houbraken III S. 244.

[2]) Vgl. z. B. Woermann im grossen Dresdener Catalog.

Die Lateinische Ausgabe der Teutschen Academie.

Diese erschien im Jahre 1683 unter dem Titel „Academia nobilissimae artis pictoriae usw." und enthält in Bezug auf Künstlernachrichten in erster Linie eine Uebersetzung der Biographien, welche ich im Obenstehenden auf S. 264—294, sowie der Nachträge, welche ich auf S. 295—300 behandelt habe. Letztere sind im 28sten Capitel des dritten Buches des zweiten Teiles zusammengefasst mit mehreren Biographien, die sich in der deutschen Ausgabe noch nicht finden. Ich habe gelegentlich der Lebensbeschreibung des Torrentius schon erwähnt, dass Houbraken auch diese Ausgabe benützt hat; in dem betreffenden Fall sogar dort, wo sie nichts als die einfache Uebersetzung der deutschen bot. Dass ihm auch die Zusätze dieses 28 Capitels nicht entgangen sind, werde ich jetzt zeigen. Leider ist zu bemerken, dass seine mangelhafte Kenntnis der lateinischen Sprache ihn hier noch öfter als sonst auf Irrwege geführt hat.

B. I S. 276 ff. **Joachim von Sandrart.**

Am Schlusse seines Berichtes (S. 281) citirt Houbraken ausdrücklich die lateinische Ausgabe und erwähnt aus ihr einige der letzten Werke des Meisters. Seine Behauptung, dass dieser kurz nach Vollendung des jüngsten Gerichtes gestorben sei, kann ihren Grund nur darin haben, dass dies Gemälde „ultimum operum eius" genannt wird. Dieser Ausdruck, der mit Bezug auf das Erscheinen der lateinischen Ausgabe aufzufassen ist, ist von Houbraken auf das Lebensende des Künstlers bezogen, dessen Tod schon aus dem Grunde dort nicht erwähnt werden konnte, da Sandrart noch fünf Jahre nach der Ausgabe lebte, bevor er am 12 Mai 1688 verschied.

B. II S. 233. **Michiel Willemans.**

Aus dem lat. Sandrart S. 393 mit folgenden Abweichungen:

S: « Mich. Willmannus, pictor « Libusiensis... natus.... in « electorali Prussiae metropoli Re- « gio montana, patre Petro, pictore « haud ex infimis. »	H: « Zijn vader was een gemeen « schilder en te Lübek geboren. »

S: «Cum in diagraphice iam «esset versatissimus hinc propo- «sitis sibi Jacobi Backeri «ut et Rembrandi aliorum- «que methodis, privato labore, «continuatisque noctu et interdiu «exercitiis severioribus, victum sibi «parare cogebatur, ut Italiam pe- «tere hac ratione minime «posset.»

H: «Hij voegde zig, in gezel- «schap zijnde wel meest bij J. «Backer en Rembrant, in wier «konst, bijzijn en redenvoeringen «hij zooveel genoegen nam, dat «hij zijn voornemen van naar Italien «te reizen, schortte,»

S: «Libusii tandem, qui lo- «cus est Silesiae amoenissimus fir- «mum ponebat pedem.»

H: «hij kwam... te Lubek.»

Sandrart führt mehrere Werke von ihm in den Kirchen und Klöstern Breslaus namentlich auf, sowie Werke für den Grafen Nostitz und das Stift Leubus. Auch rühmt er seine Fähigkeit Marmor durch Malerei zu imitiren. Den Stiefsohn (privignum), den er in der Malerei unterrichtete, nennt Sandrart Johannes Christophorus Licca (Houbraken Christoffel Luca). Die vielen schönen Stücke der Tochter, die man nach Houbraken in Deutschland sehe, erwähnt seine Quelle nicht. Diese sagt einstweilen nur „in tenera adhuc aetate sua [Willmannus eam] ad „penicillum assuefecit, ut mira iam edat specimina, adeoque „magna iam illis in locis [1]) efflorescat futurorum progressuum „spes."

B. II S. 288. ff. **Theodoor Roos.** [2])

Mit folgenden Abweichungen aus dem lateinischen Sandrart (S. 390) entlehnt.

Der Cornelis de Bie, bei dem er lernte, ist ebensowenig

---

[1]) D. h. zu Leubus.

[2]) Die lateinische Ausgabe bietet auf S. 390 auch eine Biographie von Johann Heinrich Roos, welche aber von Houbraken unberücksichtigt gelassen ist. Insofern sie auf Holland Bezug hat, lernen wir hieraus, dass seine Eltern 1640 nach Amsterdam zogen, dass er 1647 Schüler ward von Julianus du Gardeijn «pictoris historiarum satis clari.» Nach Beendigung seiner Lehrzeit ging er zu Cornelis de Bie, von dem er die Landschafts- und Tiermalerei lernte. Zur Zeit Sandrarts wohnte er zu Francfurt am Main.

identisch mit dem Verfasser des Gülden Cabinet, als aus einer Verwechslung mit dessen Vater Adriaan de Bie entstanden. Es ist vielmehr der Amsterdamer Tiermaler dieses Namens, der 1621/22 daselbst geboren, 1650 durch Heirat mit einer Bürgerstochter Bürger wurde und bis 1664 nachweisbar ist [1]). Ein Bild von ihm befindet sich seit einigen Jahren im Rijksmuseum zu Amsterdam, ein zweites v. J. 1645, war im Herbst 1891 zu Kopenhagen ausgestellt.

S: «..., qui eundem, quod de« lineandi exercitia iam satis trac« tasset, tertio statim mense « ad colores admisit.»	H: «Nadat hij drie maand «geteekent had.... stelde « hem zijn onderwijzer aan 't schil« deren.»
S:.... «Rheinfelsia» (= Schloss Rheinfels oberhalb St. Goars).	H: «Rijntvelt.»
S:... «in iconicis potissimum ad « fastigium properabat, Argentora« tum igitur concedens, ubi adhuc « habitat, Academiam instituit dia« graphicam, cuius beneficio do« cendo semper factus perfectior per « vicinas statim innotuit aulas Vel« dentiana scilicet, Birckenfeldiana, « Badensi, Hanoviana, Leiningensi « Nassovica etc..... quo successu « etiam principissae electoralis Pa« latinae elaboravit effigiem, cum « duci nuberet Aurelianensi mune« ratusque fuit effigie electorali aurea.»	H: « Wanneer de keurvorstin van « de Palts troude met den hartog « van Orleans, schilderde hij derzel« ver beeltenissen, hetgeen hunne « hoogheden zoowel beviel, dat hij « een goude keten met een penning, « waarop des vorsten beeltenis ge« stempelt was, te geschenk kreeg. « Straatsborg, 't hof van Velde, « van Birkenfelt, Bade en Hanou « pronkt met zijne konst.»

Zum Schlusse tut Sandrart rühmend seiner natürlichen und standhaften Farben, seiner aussergewöhnlichen Grazie und der dem Leben nahekommenden Aehnlichkeit seiner Bildnisse Erwähnung. Houbraken hat das Bildnis auf Tafel 7, Nr. 3 dem lat. Sandrart entlehnt.

B. III S. 106—132 **Gerard de Lairesse.**

Die Benützung des lateinischen Sandrarts (S. 388 f.) scheint

[1]) Scheltema, Discours sur Rembrandt, Bredius, Catal. des Rijksmuseum.

sich auf den Eingangssatz zu beschränken, der vermutlich auf die folgende Mitteilung Sandrarts zurückgeht:

« Patriam habet Leodium, qua ex urbe.... exorti sunt....... Bar-
« tolettus et tandem Regnerus Lairessius, pictor haud infimi ordinis,
« Gerhardi nostri pater, qui filium hunc suum ad studia primum et
« inprimis ad poesin atque musicam, deinde ad diagraphicen et pic-
« toriam applicuit. »

Da Houbraken persönlich mit Lairesse bekannt war, dürfen wir annehmen, dass ihm Quellen zu Gebote standen, welche er den Sandrartschen Mitteilungen vorziehen durfte. Für uns bilden diese jedoch die ältesten gedruckten Quellen über den Meister und behalten deshalb ihren Wert. Was Sandrart schreibt, ist in Hauptsache Folgendes:

Durch den Unterricht des Vaters und den Anblick vieler berühmter Altarwerke machte Lairesse solche Fortschritte, dass er, 14 oder 15 Jahre alt, Bartholet schon nachahmte. Auch studirte er fleissig die besten Bücher. Dadurch malte er bald recht gute Bildnisse, deren Sandrart eine Anzahl aufzählt. In zwanzigjährigem Alter malte er sodann auf der Durchreise nach Cöln zu Aachen ein lebensgrosses Martyrium der h. Ursula, welches den Neid sämmtlicher dortiger Künstler erregte. Nach seiner Rückkehr gewann er in seiner Vaterstadt durch seinen Pinsel viel Geld, was er jedoch durch seine üppige Lebensweise verschleuderte. Um aus den Stricken einer schönen, aber wenig ehrbaren Geliebten zu geraten, ging er heimlich auf längere Zeit auf Reisen, aber nach seiner Rückkehr wurde er von dieser und ihrer Schwester meuchlings überfallen und er wäre ermordet, wenn er nicht im Laden eines Drogenhändlers eine Zuflucht gefunden hätte. Darauf heiratete er endlich eine Verwandte und zog seiner Sicherheit wegen heimlich nach Amsterdam. Ausser einer Anzahl von Bildnissen hatte er in Lüttich zwei Bilder, die Busse und die Taufe des h. Augustinus, beide in Lebensgrösse für die Ursulakirche gemalt.

Auf der Durchreise kam er in Folge des Krieges mit England und einer Pestseuche, die ihn auch selbst antastete, in Utrecht in grosse Verlegenheit, da er hier durch die Niederkunft seiner

Frau aufgehalten wurde und er der holländischen Sprache nicht mächtig war. Als aber ein von ihm gemaltes und auf dem Markt ausgestelltes Bild in Herrn Hooft aus Amsterdam einen Käufer gefunden hatte, wurde er bald darauf von diesem dorthin gerufen, wo sein Werk in kurzer Zeit bei den Kurfürsten von Brandenburg und Köln, beim Prinzen von Oranien und allen Gemäldeliebhabern des Landes in hohe Ehre kam.

Von seinen Bildern erwähnt Sandrart sodann:

Die Tempelschändung Heliodors bei Herrn Petrus Honton in Amsterdam [1]).

Zwei Bilder aus der Geschichte von Antonius und Cleopatra, welche nach England geschickt wurden.

Ulysses bei Calypso bei Herrn Kerkring.

Die Geschichte von Stratonice.

Ein Bild von vierzig Fuss Länge, den Triumph des Aemilius Paullus darstellend, beim Bürgermeister Pancratius. — Nach Hoet I 186 waren es acht Bilder; sie wurden am 7 April 1716 um 2300 Gulden verkauft.

Nachahmungen von Marmorreliefs in Lebensgrösse, welche sehr bewundert wurden, nebst vielen andern Werken bei Herrn F. de Flines [1]).

Ein ganzes Gewölbe mit allen möglichen Ornamenten im Lustschlosse Soestdijk für den Prinzen von Oranien.

Ein Tod des Germanicus beim Postmeister Christ. van Swol.

Das neue Amsterdamer Theater endlich schmückte er mit Andern durch Gemälde.

Im Umgang ist er freundlich, jede Woche widmet er einen Tag der Musik, und die Winterabende benützt er zu Erfindungen für die Radirnadel. Alle seine Werke zeigen Vollkommenheit und eine vollständige Handhabung der Theorie sowie der Praxis; besonders gilt dies von seiner Kenntnis der Antike, seinem Studium der Architectur, der Eleganz seiner Land-

[1]) Vgl. darüber bereits oben S. 138.

schaften, der Symmetrie seiner Compositionen und der Fülle seiner Ornamentation.

Zum Schlusse zählt Sandrart eine lange Reihe seiner Stiche und Radirungen auf.

B. III S. 229. **Jacob Denys.**

Aus dem lateinischen Sandrart S. 393.

Abweichungen:

S: Natus an. 1645.

H. nennt ihn einen Jahrgenossen von Voorhout und Naiveu, die 1647 geboren wurden. Keins von beiden ist richtig, da Denys nach v. d. Branden, S. 963 bereits am 29 Juli 1644 geboren wurde.

S. spricht von einem in Rom verlebten „integrum triennium".

H. sagt, dass er drei Jahre in Rom und Venedig zubrachte.

S: « admittebatur ad ministeria... « archiducissae Mantuanae. »	H. spricht von dem Herzog statt der Herzogin.

Im folgenden Satz las H. praeterea statt propterea: „mune- „ratus propterea numismate ducali et torque aureo cum effigie."

In andern Punkten ist Sandrart ausführlicher als Houbraken.

4. DE PILES, ABRÉGÉ DE LA VIE DES PEINTRES.

Der Franzose Roger de Piles (geb. 1635, gest. 1709) welcher selbst Maler war, machte teils als Diplomat, teils zu kunsthistorischen Zwecken Reisen durch den grössten Teil Mittel-Europa's und schrieb seinen

Abrégé de la vie des peintres,

während er 1692—97 im Haag und im Schlosse Loevestein der Spionage verdächtig gefangen sass [1]). In der Vorrede erklärt er ausdrücklich, dass er nicht die Absicht gehabt habe, über die bereits von seinen Vorgängern — er nennt u. A. van Mander, de Bie, Félibien und Sandrart — behandelten Maler etwas neues mitzuteilen, sondern dass er nur der Bequemlichkeit der Maler und sonstigen Interessenten halber, das von jenen Gesagte zusammengefasst habe. Etwas später aber fährt er fort: „il y en a aussi [d. h. des peintres] où je me suis „étendu davantage, à cause que personne n'en a encore écrit, „ou que j'en rapporte des particularités dont j'ai eu de nou- „veaux mémoires."

In der Tat ist seine Autorität auf einzelnen Gebieten (wie z. B. bei der Biographie Rubens') längst anerkannt, in den meisten Fällen aber bringt er nur Secundäres. Wo er daher von seinen Quellen, beziehungsweise Vorgängern, abweicht, wird a priori die Wahrscheinlichkeit eines Irrtums seinerseits anzunehmen sein, und es ist in Bezug auf die holländischen Maler

[1]) Wagenaar, Vaderlandsche Historie XVI S. 238.

nicht viel Grund zur Annahme vorhanden, dass er während seines gezwungenen fünfjährigen Aufenthalts in den Vereinigten Provinzen Gelegenheit gehabt, selbständige Erkundigungen einzuziehen [1]).

Es ist nicht möglich in jedem einzelnen Falle sicher nachzuweisen, ob Houbraken das Werk de Piles' oder die gemeinschaftliche Quelle benützt hat. Es gelingt dies nur dort, wo er ihn ausdrücklich citirt. Ist dies nicht der Fall, so müssen wir uns mit einem mehr oder weniger zwingenden Wahrscheinlichkeitsbeweis begnügen. Ich glaube in folgenden Fällen eine Benützung constatiren zu können:

B. I S. 38—40. **Octavio van Veen.**

Vgl. bereits Meyssens und de Bie. Was dort nicht erwähnt wird, ist aus de Piles II S. 379 geschöpft. Nur der frühe Verlust der Eltern ist diesem, sowie den übrigen Quellen unbekannt; van Mander sagt sogar ausdrücklich ([2] App. zu S. 208b.) dass sein Vater ihn zu Lampsonius nach Lüttich schickte, und die Angabe de Piles', dass die Bürgerkriege ihn und die seinen aus Leiden vertrieben hätten, ist durch einen Urkundenfund van den Brandens (S. 402) bestätigt.

Nicht erwähnt hat Houbraken die von de Piles mit sieben Jahren angegebene Dauer des Römischen Aufenthalts, und die Mitteilung, dass Venius der erste gewesen sei seit Polydor Caravaggio, der das Helldunkel zum Prinzip erhoben habe.

B. I S. 55. **Jacob Ernst Thoman von Hagelstein.**

Ein gemeinschaftlicher Irrtum (Landau für Lindau) verrät uns, dass Folgendes aus de Piles (II S. 397) geschöpft ist:

d. P: « Elseimer a eu un disciple nommé Jacques Erneste Thomas de Landau, qui a fait des tableaux fort approchants de ceux d'Adam et qu'on prendroit même pour être de ce maître. »	H: « inzonderheit word zijn leerling Jacob Ernst Thoman van Landau, geroemt, die zijn handeling zoo net wist na te bootzen, dat er weinig onderscheid in te vinden was. »

[1]) Ueber die beiden Fälle, wo derartige persönliche Informationen nicht ausgeschlossen, ja sogar wahrscheinlich sind, sieh unten sub Hendrik Verschuring und Caspar Netscher.

B. I S. 55. **Hendrik Goudt.**

Aus de Piles S. 412 f., der aber ganz abhängig von Sandrart (II S. 308) ist. Dass Houbraken aber ihn und nicht seine Quelle benützt hat, geht aus folgenden Tatsachen hervor.

1) Beide haben die Namensform Gaud (Sandrart: Gaudt).

2) Beide haben das Datum 1624, an welchem Goudt irrsinnig wurde (Fehlt bei Sandrart).

3) de Piles sagt im Schlusssatz „de la peinture il raisonna toujours d'un très bon sens jusqu'à la mort. Dasselbe hat Houbraken, während Sandrart dies nur behauptet von den Jahren 1625 und 1626, wo er ihn öfters gesprochen habe.

Dass Goudt, wie Houbraken mitteilt, mit Elsheimer „kennis „gemaakt had, wanneer hij [d. h. Elsheimer] in Holland was" findet sich ebensowenig bei de Piles wie bei Sandrart, und ist im ganzen Zusammenhang betrachtet, vielleicht nur ein ungeschickter Ausdruck dafür, dass Goudt die Werke Elsheimers in Holland kennen gelernt habe.

B. I S. 62—74. **Peter Paul Rubens.**

Aus de Piles S. 382—390 stammen folgende Angaben:

Die Geburt in Köln; Rubens' anfängliche Erziehung zu gelehrten Studien; seine Schülerschaft bei van Oort und van Veen; des letzteren gute Eigenschaften; sein Aufenthalt in Venedig und Mantua; seine Reise nach Rom (H: hij kreeg „gelegenheid om ..... in de nieuwe kerk van St. Pieter „eenige altaarstukken te schilderen;" de P: „église neuve des Pères de l'Oratoire"); seine Heirat nach dem Tode seiner Mutter mit Catharine de Brentes (H: Brintes); die vierjährige Dauer der Ehe; die auf den Tod der Gattin folgende Reise durch die nördlichen Provinzen; die zweite Ehe mit Hélène Forman „qui était une Hélène en beauté et qui lui fut „d'un grand secours dans les figures de femmes qu'il avait à „peindre" („die een Helena in schoonheid was; een schoon „voordeel voor een schilder, om de kosten van 't model te sparen" fügt der practische und wenig mit irdischen Gütern gesegnete Houbraken hinzu); sein angenehmer Charakter und seine feinen Sitten; seine Mission nach England und endlich sein Besuch beim Herzog von Braganza.

Bei dem vorletzten Ereignis wird de Piles ausdrücklich citirt und nur ausgelassen, dass der Herzog von Buckingham Rubens während dessen Pariser Aufenthalt kennen gelernt und darauf der Erzherzogin Isabella vorgestellt habe. Wir dürfen annehmen, dass Houbraken diese Darstellung der Begebenheiten als unrichtig erkannt hat. Bekanntlich wurde Rubens schon 1609 Hofmaler der Erzherzöge und fällt die Bekanntschaft mit Buckingham erst ins Jahr 1625 (v. d. Branden, S. 488 und 532).

Houbrakens Ausdruck „dat door de Infante het zoo bij Philips „bekuipt was, dat hij [Rubens] als ambassadeur naar 't Engelsche hof gezonden werd" ist eine nicht ganz genaue Wiedergabe des Gedankens in de Piles' Worten „elle le fit „nommer Ambassadeur par son neveu Philippe IV." Vielleicht hat Houbraken hier Kunde gehabt von dem starken Widerstande, welcher der Sendung Rubens' von Seiten des spanischen Ministers Olivarez entgegengesetzt wurde. (v. d. Branden, a. a. O. S. 535).

In der Erzählung des Besuches in Villa vizosa differiren Houbraken und de Piles in der Angabe der Geldsumme [deux mille pistoles: duizend pistolen].

B. I S. 128. **Cornelis Poelenburg.**

Ausser dem bei le Comte zu erwähnenden Passus ist de Piles (S. 409) Houbrakens Hauptquelle, was hervorgeht aus:

1) der ausdrücklichen Erwähnung des Geburtsjahres bei beiden Schriftstellern.

2) dem Vergleich der folgenden Sätze, deren Grundgedanke, trotz der abweichenden Fassung, offenbar identisch ist:

d. P: « enfin, après avoir étudié « la nature même, il se fit une « manière particuliere, qui est vraie « et agréable. »	H: « eindelijk nam hij een eige « wijze van Schilderen aan en oef- « fende zig voorts naar 't leven. »

B. I S. 153. **Christoffel Schovarts.**

Obwohl Sandrart citirt wird, ist der ganze Artikel ausser der Mitteilung über den Aufenthalt in den Niederlanden aus de Piles übersetzt, wo der Meister Schoüarts heisst (S. 364). Houbraken und die ganze Reihe seiner Abschreiber haben übersehen, dass dies nichts anderes ist als die französische Form für Schwartz. Die ersten Berichte über Christoffel Schwartz bringt van Mander ([2] S. 175b), dann in erweiterter Form Sandrart (II S. 263b). Keiner von diesen erwähnt jedoch einen niederländischen Aufenthalt des Meisters.

B. I S. 223 ff. **Philippe de Champagne.**

Ganz entlehnt aus de Piles (S. 497—501) mit folgenden Abweichungen:

Houbraken behauptet, dass Philippe einziger Sohn gewesen sei. Trotzdem giebt er später (B. III S. 209) die Biographie seines Bruders Sohnes Jan Baptiste.

de P: « il changea plusieurs fois « de maître, qui n'étoient que des « Peintres médiocres à la reserve « de Fouquiere qui lui apprit à « faire du paisage. »	H: « zijne ouders..... deden « geen goede keus, 't geen hem « dikwils van meester deed ver- « anderen. « (Fouquière wird nicht erwähnt).
« Étant arrivé à Paris il se mit « chez l'Alleman, fort mauvais « Peintre. »	« hij bleef eenigen tijd in Vrank- « rijk ten huize van een Duitscher, een gemeen schilder. »
« du Chesne, qui bien qu'ignorant « avoit entrepris les ouvrages de Pein- « ture du palais de Luxembourg, les « employa tous deux dans ce palais, « Poussin à quelques petits ouvrages « dans les lambris et Champagne « à faire quelques tableaux dans « l'apartement de la Reine. »	« Chesne een schilder, maar een « zottebol en windbuil had aange- « nomen eenig werk te schilderen « in 't paleis van Luxemburg en « gebruikte daartoe deze twee jonge « konstenaren. Champagne maakte « het groot en Pousijn het kleen werk « tot de sieraden van dat vertrek. »

Der Grund, weshalb der Königin die Arbeit Champagne's besonders gefiel: „van wegen deszelfs helderheid in vergelijking „van het werk van Poussin" ist Erfindung Houbrakens.

de P: « la reine lui donna un « logement dans le Luxembourg et « douze cent livres de pension. »	H: « hij kreeg een inkomen van « 1200 gulden jaarlijks. »

Dass die Tochter du Chesne's „viel Geld hatte," meldet de Piles nicht.

de P: « Le Cardinal de Riche-
« lieu n'ayant jamais pu faire quitter « à Champagne le service de la « Reine par les promesses qu'il lui « avoit fait faire de lui établir une « grosse fortune pour lui et pour « les siens, ne put s'empêcher de « louer sa fidélité et de l'estimer « d'autant plus qu'il persistoit dans « son attachement. Le premier Valet « de Chambre du Cardinal qui lui « avoit fait la proposition ajouta, « qu'il n'avoit qu'a souhaitter et que « Son Eminence ne lui refuseroit » rien. A quoi Champagne répondit, « Que si M. le Cardinal pouvoit le « rendre plus habile Peintre qu'il « n'étoit, ce seroit la seule chose « qu il ambitionneroit le plus: mais « comme cela n'étoit pas possible, « il ne désiroit de Son Eminence « que l'honneur de ses bonnes graces. »

H: « De Kardinaal de Richelieu « zocht hem door anderen te lokken « uit den dienst der Koningin met « aanbiedinge dat hij zooveel zou « eisschen als hij begeerde om voor « hem te schilderen, maar hij sloeg « dit op eene beleefde wijze af en » voegde daarbij: Dat hij den Kar- « dinaal (indien hij zulks begeerde) « wel een schilder zoude aanwijzen « die hem genoegen zoude geven « en verzocht verder in zijn gunst « te mogen blijven. »

de P: « M. Poncet.... qui étoit « de ses amis le pria un jour de « Dimanche de faire le portrait de « sa fille, qui devoit faire profes- « sion le lundi aux Carmelites de « la rue Chapon n'y ayant plus « que ce jour-là où les gens du « monde pussent la voir; mais « Champagne faisant scrupule de « peindre un Dimanche ne voulut « jamais, quoiqu'on lui pût dire « et offrir se laisser vaincre, aux « prieres de son ami, car outre « qu'il étoit bon chrétien il étoit « fort desintéressé..... »

H: « Monsr. Poncet..... kwam « hem eens op eenen zondag be- « zoeken om van hem geschildert « te worden, maar hij weigerde « zulks te doen, (schoon hij een « groot man en bijzonder vriend « van hem was); omdat hij zwarig- « heit maakte van de Kerkelijke « beveelen en het gemeen gebruik « te overtreden; hoe gretig hij ook « op winst was. »

B. I S. 276—282. **Joachim Sandrart.**

Trotz seiner Kenntnis und Benützung der (Auto-) biographie,

welche der Teutschen Academie angehängt ist, hat Houbraken mehrere Angaben aus de Piles (S. 434—437) entlehnt. Es sind dies:

de P: « à l'âge de quinze ans « il alla à pied jusqu'a Prague. »	H: « hij heeft in den ouderdom « van 15 jaren zig te voet naar « Praag begeven. »

(zu Fuss steht nicht bei Sandrart.)

der Passus auf S. 276 von Engelant, alwaar hij gelegenheid vond bis om daarmee zijn paleis te sieren.

de P: « la (d. h. das Gut Stockaû) « trouvant un peu délabrée, il vendit tout ce qu'il avoit de beaux « tableaux de desseins et autres « curiosités pour la rétablir. »	H: « bewust, dat het lanthuis « en de lustgaarden bijster vervallen « waren, verkocht hij al 't gene « hij tot Amsterdam bezat, zoo van « schilderijen, teekeningen als andere « frajigheden. »

Sandrart selbst giebt als Motiv des Verkaufs an „inständiges „Bitten und Anhalten der Kunstliebhaber in Amsterdam.".

de P: « il la rétablit plus belle « qu'elle n'étoit; et craignant une « seconde invasion, il la vendit. »	H: « Doch hij boude hetzelve « weder op, schooner dan 't geweest « was en beducht voor een tweeden « inval, verkocht het. »

Sandrart: er verkaufte Stockau „weil er zu einigen Leibeserben keine Hoffnung hatte."

de P: « de tous ses livres, le « plus considérable est celui de la « vie des Peintres, dans lequel il « a abrégé Vasari et Ridolfi pour « ce qui regarde les Peintres Italiens, « Charles Ver-Mander pour les « Flamans du siecle passé et du « reste il a écrit sur les mémoires « qu'il a pu recouvrer et sur ce qui « étoit de sa connoissance. »	H: « de voornaamste inhout van « zijne boeken, daar wij van gemelt « hebben, behelst het levensbedrijf « van de schilders, waarin hij Vasari « en Rudolfi in opzigt van de Italianen of anders K. van Mander « in zijn geheele schikking en orde « gevolgt heeft en daar hij in zijn « tijd omgang met veele schilders « had, heeft hij derzelver leven en « konstwerken beschreven, daaraan « toegedaan. »

Die ausgiebige Benützung de Bie's von Seiten Sandrarts ist de Piles also entgangen und er selbst scheint das Gülden Cabinet auch nicht verwertet zu haben, denn er fügt hinzu: „c'est là

„ que l'on a puisé la plus grande partie de ce que l'on a dit „ dans cet abrégé-ci touchant les Peintres Flamans de ce siecle."

B. I S. 359—364. **Pieter van Laer.**

Den Bericht über van Laers Selbstmord und den Frevel, wofür derselbe die Strafe des Himmels war, hat Houbraken aus de Piles (S. 415) entlehnt. Nur in Bezug auf die — wenig wichtigen — Détails der Begegnung mit dem Pfaffen hat er seine eigne Darstellungsweise.

B. II S. 114—116, **Jan** und **Andries Both.**

Houbraken erwähnt de Piles nur, um gegen ihn zu polemisiren, weil dieser Andries fälschlich Hendrik nennt. Woher dieser Irrtum stammt, ist nicht ersichtlich, denn Sandrart, der sowohl Houbrakens wie de Piles' Quelle ist, nennt den Namen des zweiten Bruders überhaupt nicht, sondern sagt immer „Jan „und sein Bruder", „der andre Bruder" usw. Dennoch ist die Existenz des Andries sowohl durch die Inschriften von Gemälden und Stichen, wie durch urkundliche Zeugnisse vollkommen gesichert, während ein Hendrik wohl kaum nachweisbar ist.

B. II S. 193—195. **Hendrik Verschuring.**

Diese ausführliche Biographie ist vom Anfang bis zum Ende geistiges Eigentum de Piles' (S. 437—441, wo er Verscure heisst). Ihren Umfang verdankt sie vielleicht dem Umstande, dass de Piles im Schlosse Loevestein, wo er als Staatsgefangener weilte, Gelegenheit hatte, über den erst vor kurzem als angesehenen Künstler und Bürgermeister der gegenüberliegenden Stadt Gorinchem verstorbenen Maler genaue Erkundigungen einzuziehen. Teilt er sogar mit, dass er mehr als zwanzig Skizzenbücher von ihm gesehen habe!

Die Geburts- und Todesdaten, welche Houbraken giebt, sind beide wohl als Druckfehler zu betrachten und stillschweigend in 1627 und 1690 zu verbessern. Nicht so leicht ersichtlich sind die Gründe für die folgenden Abweichungen:

de P: « Henri étoit un fruit pré- « coce que son pere prit soin de « faire cultiver dès son bas âge;	H: « De vader, welke een teedere « geneigtheit voor zijn kind had, « te meer alzoo hetzelve in zijn

« car s'étant apperçu de l'inclination « que son fils fit paroître pour la « Peinture, dans le tems que ce « jeune homme commençoit à se « servir de la raison, il le mit dès « l'âge de huit ans chez un peintre « de Gorcum qui ne faisoit que « des portraits. »	« vroege lentejeugt zwakker en teederder dan wel anderen was, had « veel bekommertheit daarover, niet « wetende wat daarmede te zullen « aanvangen..... maar 't leed niet « lang of het middel van zijne « kostwinning ontdekte zig in de « geneigtheit, welke strekte tot de « teekenkonst. De vader dit bemerkende bestelde hem straks ter « ouderdom van acht jaren gekomen « bij eenen Dirk Govertsz, Portretschilder. »

Houbraken nimmt die Mitteilung vom ersten zehnjährigen Aufenthalt n Italien nur bedingtermaassen an, indem er hinzufügt, der Sohn Verschurings habe die Dauer desselben mit fünf Jahren angegeben. de Piles' Mitteilung stimmt aber vollkommen zu dem Datum der Rückkehr nach Gorinchem (1662), welches Houbraken nicht beanstandet. Es ergiebt sich folgende Berechnung:

Geboren wurde Verschuring nach 26 April 1627, weil sein Alter, als er an diesem Tage des Jahres 1690 ertrank, mit 62 Jahren angegeben wird;

Zwanzig Jahre alt ging er nach Italien, also etwa Sommer oder Herbst 1647;

Hier blieb er zehn Jahre, also etwa bis Ende 1657;

Hierauf reiste er nach Paris, darauf zurück nach Italien, und blieb hier abermals drei Jahre. Es kann also leicht Ende 1661 geworden sein, ehe er von dort fortging und Anfang 1662, ehe er wieder in Gorinchem war.

Es zeigt sich also, dass die fünfjährige Dauer seiner Reise, von der der Sohn spricht, wenig für sich hat, es sei denn dass man die übrigen Daten de Piles' ebenfalls bezweifle.

de P: « il suivit l'armée des « Etats en 1672. »	H. spricht von den Jahren 1671 und 1672; im ersteren gab es jedoch keinen Krieg in den Niederlanden.

Houbraken übergeht stillschweigend, dass de Piles einige zwanzig dünne Studienbücher Verschurings gesehen hatte und selbst ein grosses Buch mit Zeichnungen von ihm besass; sowie, dass des Malers schönste Werke sich im Haag, Amsterdam und Utrecht befanden.

B. II S. 332. **Joan Guil. Baur.**

Ein eigenartiges Licht auf die allgemeine Bildung Houbrakens wirft der Schlusssatz dieses Artikels: „te Weenen (holländisch „für Wien)...... van een onverwachte ziekte overvallen, stierf „hij in 't jaar 1640; du Piles schrijft, dat hij te Vienne, een „stad aan de Donau is gestorven"! Der Zusatz „een stad aan de Donau" findet sich übrigens bei de Piles (S. 411 f.) nicht.

B. III S. 92—96 **Caspar Netscher.**

Dies ist der zweite holländische Maler, über den de Piles ausführliche quellenmässige Mitteilungen bringt. Da der alte Netscher seiner Zeit im Haag der beliebte Maler der höheren Stände, der fremden Fürstlichkeiten usw. war (vgl. S. 95); da de Piles ferner in Lissabon, wo er 1685 bis 1687 war, Gelegenheit hatte viele seiner Werke zu sehen (sieh unten); da endlich einerseits der älteste Sohn Theodor in Paris „beim ersten Adel und Reichtum der Stadt" bekannt geworden war (van Gool, N. S. I S. 179) und andererseits der zweite Sohn, der Maler wurde, im Haag in die Fussstapfen seines Vaters trat (v. Gool a. a. O. S. 370 f.), so dürfen wir wohl die Vermutung aussprechen, dass de Piles in der Lage war, aus zuverlässiger Quelle zu schöpfen und dass er diese Gelegenheit nicht unbenützt vorübergehen liess.

Bereits in seiner Einleitung (I S. 6) teilt Houbraken mit, dass Netscher zu Prag geboren wurde, und diese Nachricht hat er offenbar aus de Piles S. 441 entnommen. Im dritten Bande giebt er jedoch Heidelberg als Geburtsort an und ist hierin, wie in den von ihm mitgeteilten Jahreszahlen unabhängig vom französischen Autor, bei dem sonst fast sämmtliche Züge der Lebensbeschreibung bereits vorkommen. So die Flucht der Mutter Netschers mit ihren Kindern aus einem belagerten Schloss; ihre Ankunft in Arnheim und die Sorge Tullekens für den jungen Caspar. Als dessen erster Lehrer wird dann aber genannt „un

„vitrier qui étoit le seul homme dans Arnhem qui sût un peu „peindre.“ Ferner erwähnt de Piles bereits die Schülerschaft bei ter Borch; dessen meisterhafte Nachbildung von Seidenstoffen und Netschers Talent, ihm darin nachzuahmen; das Arbeiten für die Kunsthändler; die Reise nach Bordeaux und die dortige Eheschliessung; die Erfahrung, dass das Porträtmalen am lucrativsten sei, um eine zahlreiche Familie zu unterhalten; Netscher's Berühmtheit im In- und Auslande:

« Dom Francisco de Melo, Ambassadeur de Portugal ne se contenta « pas d'avoir son portrait, mais il en emporta encore beaucoup d'autres, « qui sont aujourd'hui à Lisbonne chez l'Archevêque de cette ville-là. »

das Anerbieten Karl II von England; sein langjähriges Nierenleiden und sein Todesjahr 1684; — dies alles findet sich schon bei de Piles. Zu beachten ist nur, dass dieser keine Jahreszahlen und Eigennamen mitteilt. Diese hat Houbraken also aus andrer Quelle geschöpft. Nur das Geburtsjahr ist indirekt bei de Piles zu finden, denn nach ihm starb Netscher 48 Jahre alt. Da dies 1684 der Fall war, wurde er also 1635 oder 1636 geboren. (Houbraken sagt 1639).

Erwähnenswert ist de Piles' Urteil über Netscher und seine Kunst, welches Houbraken nicht wiedergiebt:

« Netscher a été un des meilleurs Peintres des Pays-Bas: de ceux au « moins, qui n'ont travaillé qu'en petit; son dessein étoit assez correct, « mais son goût en cette partie-là ne sortoit point de celui de son « pays. Il entendoit fort bien le clair-obscur, et entre ses couleurs lo- « cales qui étoient toutes bonnes il avoit un talent particulier pour « bien faire le linge. Sa maniere de peindre étoit très-moéleuse, sans « touches apparentes, finie néanmoins, sans être pénée, et comme on « dit stantée. Quand il vouloit donner la derniere main à quelque ou- « vrage, il y passoit un vernis, qui avant de sécher lui donnoit le tems « d'y travailler deux ou trois jours de suite; il lui donnoit en même tems « le moyen de remanier à son gré les couleurs, qui, n'étant, ni trop « dures ni trop liquides, pouvoient se lier facilement à celles qu'il y « mettoit de nouveau, sans rien perdre de leur fraîcheur, ni de leur « premiere qualité. »

B. III S. 209. **Joan Baptiste de Champagne.**

Vollständig entlehnt aus de Piles (S. 503) mit der Ausnahme, dass die Notiz über die Kinder des Philippe beim französischen Schriftsteller in dessen Biographie (S. 501) vorkommt. Auch hier wird wie fast immer der ursprüngliche Sinn durch die Ausdrucksweise Houbrakens ein wenig geändert, wie aus folgendem Vergleich hervorgehen mag:

de P: « l'union dans laquelle « ils (d. h. die beiden Champagne) « vivoient et l'estime qu'ils avoient « l'un pour l'autre, fit prendre au « neveu la même maniere qu'avoit « suivie son oncle, en dégénerant « un peu de force et de vérité. « Du reste ils avoient les mêmes « sentimens dans leur profession et « dans leur morale, celui-ci fit un « voyage en Italie, qui ne dura que « quinze mois, sans prendre d'autre « goût, que celui que les ouvrages « de son oncle, lui avoient inspiré. « Il mourut Professeur de l'académie « en 1688 âgé d'environ quarante- « trois ans. »

H: « hij in jaren en konst op- « geklommen, deed een reis naar « Italie, voor 15 maanden..... Hij « nam dien tijd naarstig met schil- « deren en teekenen in acht; maar « hield zig aan dezelve wijze van « schilderen, die zijn oom had. « Wedergekeert zijnde, wist hij het « door zijn vrinden zoover te bren- « gen, dat hij op den kruiwagen « van 's Konings gunst geklommen « opzigter van de koninklijke konst- « school wiert. Hij stierf 1688, oud « 43 jaren. »

(Hieraus hat Houbraken am Anfang der Biographie das Geburtsjahr 1645 berechnet).

5. Le Comte's Cabinet des Singulatirez.

Aus den drei Bändchen des

Cabinet des singularitez d'architecture, peinture, sculpture et gravure ...... par *Florent le Comte* etc. Seconde édition A Brusselles, chez Lambert Marchant MDCCII [1]) hat Houbraken manches geschöpft, was er auch schon in ältern und zuverlässigeren Quellen gefunden hätte. Die Benützung hängt zusammen mit seiner Neigung, die neueste Literatur heranzuziehen, mit Gelehrsamkeit zu renommiren und eine bereitliegende bequeme Form der Erzählung selbständigen Quellenuntersuchungen vorzuziehen.

Für die folgenden Artikel sind Entlehnungen aus le Comte nachweisbar:

B. I S. 23. **Jan de Hoey.**

Aus le Comte II S. 273. Er war Enkel des Lucas van Leijden, und wird als solcher schon bei van Mander erwähnt ([2] S. 137a).

B. I S. 24. **Barend van Orleij.**

Aus le Comte II S. 203. Ueber das Verhältnis zu van Mander vergleiche man oben S. 226.

B. I S. 34. **Joan Dac.**

Auch über diesen Artikel, ein der stärksten Beispiele von Houbrakens Oberflächlichkeit, vergleiche man bereits oben S. 226. Bei seiner Abhängigkeit von van Mander ist der le Comte'sche Lebensabriss für uns absolut wertlos.

---

[1]) Die erste Ausgabe vom Jahre 1699 stand mir leider nicht zu Gebote.

B. I S. 62 ff. **P. P. Rubens.**

Die einzige Stelle, wo in dieser Biographie eine Benützung le Comte's wahrscheinlich ist, ist auf S. 63, wo Houbraken sagt: „Andere behaupten, dass Adam van Oort sein erster „Lehrer gewesen sei." Zu diesen Andren gehört in der Tat le Comte, der ausser Adam van Noort noch Otto Vaenius als Rubens' Lehrer nennt (II 241).

B. I S. 115 ff. **Wencelaus Koeberger.**

Stammt hauptsächlich aus le Comte (B. II S. 223—225), den Houbraken citirt, mit folgenden Abweichungen:

Houbraken behauptet, dass aus dem Altarbilde Koebergers in der Antwerpener Liebfrauenkirche, der Kopf des heiligen Sebastian ausgeschnitten wurde, während le Comte richtig mitteilt, es seien zwei Frauenköpfe gewesen [1]).

le C.: « Claude Fabri de Peyresc « venu de France au Païs Bas « voulut avoir sur ces choses quelque conversation avec lui et Co- « berghe se fit honneur de lui montrer les curiosités de son cabinet « et de lui en expliquer les particularités. » [2])	H: « Glaude F. de P. kwam uit « Vrankrijk om zijn Kabinet te zien. « Hij vertoonde het hem en wees « hem veele dingen tot berigt daaromtrent dienende. »

le Comte spricht von Arbeiten, welche Coberger ausgeführt habe im „Palais de Tervure, une des agréables demeures des Pais Bas"; Houbraken: im herzoglichen Palast zu „Fornure,

---

[1]) v. d. Branden, S. 596. — Arn. Buchelius notirte sich bereits um das Jahr 1620: « vidi apud Fererium [wohl in Leiden] 2 feminas a Wen- « ceslao Cobergero in Italia factas, excisas Antverpie ex quodam altari. » (O. H. V S. 149).

[2]) Dass le Comte Recht hatte, beweist die Vita Nicolai Claudii Fabricii de Peiresc, authore Petro Gassendo 1655 im Haag bei Adr. Vlacq in dritter Auflage erschienen. Hier wird auf S. 51 ff. über die Reise berichtet, die jener Gelehrte 1606 erst durch England, später durch die Niederlande machte. Nach Besuchen bei Gelehrten in Leiden, Enkhuizen und Antwerpen kam Fabri auch nach Brüssel. Hier « suspexit potissimum celebrem Pictorem Venceslaum Cobergerum, qui tum habebat prae manibus insigne opus quadripartitum..... Memorabat porro varios circa partes singulas consertos cum illo sermones » etc.

„anders Veurné, gelegen tusschen Nieupoort, Duinkerken en „Dixmuyden, de vermakelijkste lantstreek van Vlaanderen."

Es liegt hier bei Houbraken offenbar eine Verwechslung vor der Arbeiten Cobergers für den Erzherzog Albert zu Tervure [1]) und der Trockenlegung der Moräste zwischen Veurne und Dünkirchen, worüber le Comte am Schluss seines Artikels — allerdings ohne Ortsangabe — spricht [2]).

B. I S. 128. **Cornelis Poelenburg.**

In der Hauptsache stammt diese Biographie aus de Piles (vgl. daselbst), der folgende Passus dürfte jedoch aus le Comte entlehnt sein (II S. 276).

le C: « Il donna dans le païsage « en petit, du goût d'Elsheimer; et « comme il avoit étudié Raphaël et « la nature.....» usw.	H: « Te Rome gekomen be« haagde hem de behandeling van « Ad. Elsheimer,.... maar 't leed « niet lang of hem bekoorde de « zachte, en lieffelijke behandeling « Rafael. »

de Piles sagt grade umgekehrt: „il dessina quelque temps „d'après Rafael. Il s'attacha en suite au paisage, se proposant „Adam Elseimer pour modèle."

B. I S. 149. **Gerard Honthorst.**

Die Abhängigkeit von der französischen Quelle verrät der Ausdruck „prins Palatin", und wirklich finden wir dieselbe bei le C. B. II S. 236 f. Vgl. jedoch auch bei de Bie und Sandrart.

B. I S. 162. **Jacques Francart** und **Anna Françoise de Bruin.**

Aus le C. II S. 225 f. entlehnt, den Houbraken citirt; jedoch findet sich folgende Abweichung:

le C: « il avoit une parente, qui « apprit de lui l'art de peindre et « qui excella dans cet art au dessus « de toutes les femmes de son	H: Francart was ook inzonderheit bemint bij de Infante Isabelle, « voor welke hij geschildert heeft « de Misterien van den Rozekrans,

[1]) Etwas östlich von Brüssel; abgebildet im Grand Théâtre profane de Brabant, la Haye 1730 No. 64, mit Text auf S. 28.

[2]) Ueber letztere Tätigkeit vgl. P. Bortier; Coberger, Peintre, Architecte, Ingénieur, Bruxelles 1875 S. 18 ff.

« temps ; .... il en fit naître une « si grande estime à l'Infante Isa- « belle, qu'elle peignit pour cette « Princesse tous les Mystères du « Rosaire, qu'elle envoya ensuite « au Pape Paul V dont il lui témoigna « des agrémens tous particuliers. »

« die gezonden zijn aan Paus Paulus « V en naderhand in koper ge- « sneden. Anna Fransoise de Bruns, « die hem in maagschap bestondt, « heeft hij de schilderkonst geleert, « zoodat zij alle schilderessen van « dien tijdt overtrof. »

B. I S. 223 ff. **Philippe de Champagne.**

Vgl. bereits bei de Piles oben S. 311 f.

Eine Anzahl dort aufgezählter Werke des Meisters in den Kirchen und Klöstern Frankreichs hat Houbraken unerwähnt gelassen. Er citirt statt dessen le Comte B. I S. 78, wo in einem Verzeichnis der Werke Champagne's besonders gerühmt werden soll dasjenige, worin Ludwig XIII vor einem Marienbild, welchem er seine Krone anbietet, knieend dargestellt ist. Dies Gemälde hatte er für die Pariser Silberschmiede gemalt; es befand sich in der Notre-Dame-Kirche usw. und wurde an jedem ersten Mai öffentlich ausgestellt.

In der mir allein zugänglichen zweiten Ausgabe le Comte's befinden sich über dies Bild die beiden folgenden Stellen:

B. III S. 92 in einem Verzeichnis von Champagne's Bildern:

« il peignit dans le même tems le tableau qui fait face à la Cha- « pelle de la Vierge à Nôtre Dame, où il a representé un Christ mort « au bas de la Croix et sa Mere dans une attitude de tristesse et de « langueur; dans le même tableau on y voit la figure de Louis XIII « qui est l'autheur de ce present. »

B. I S. 227—245 befindet sich die Liste der Bilder, welche die Gold- und Silberschmiede, Mitglieder der Genossenschaft von Ste. Anna und St. Marcellus am ersten Mai jedes Jahres in die Pariser Notre-Dame-Kirche stifteten. Dort wird auf S. 233 mit folgenden Worten unser Bild erwähnt:

« le 9me tableau, de la même grandeur que les autres, fut donné en « 1638 par le Roy Louis XIII qui s'y voit representé à genoux, offrant « sa Couronne à la sainte Vierge: elle y paroit regardant un Christ « mort; ce morceau fut peint par Philippe de Champagne. »

An beiden Stellen steht also ausdrücklich, dass der König

und nicht die Goldschmiede das Bild stifteten, und an keiner von beiden wird es, wie Houbraken sagt „ins besondere gerühmt."

B. II S. 329. **Antoine** [soll heissen **Adam**] **Francois van der Meulen.**

Diese Biographie findet sich bei le Comte B. II S. 282 ff., von dem Houbraken in folgenden Punkten abweicht:

le C: « il faisoit des perspectives, « des païsages et des batailles. »	H: « zijne neijging strekte tot het « schilderen van geboomte, lant- « schappen en landbataljes. »
le C: .... « ce qui lui procura « tant d'estime que feu Monsieur « Colbert, voulant ramasser en « France les plus sçavans esprits « dans chaque genre d'ouvrage, « Monsier le Brun ..... fit connoître « à ce Ministre l'importance etc.»	H: « Monsr. Colbert .... had « straks bevallen in zijne konstwer- « ken en deed hem eenige stukken « schilderen, welke hij eerst aan « C. le Brun .... vertoonde. »
le C: « Le Roy lui a fait l'hon- « neur de nommer un de ses enfans « avec Mademoiselle dans la Cha- « pelle des Thuilleries. »	H: « Hij heeft ook de eer ge- « had, dat koning Lowijs de XIV « heeft voor gevader gestaan over « een van zijne dochters. »
le C: « il mourut aux Gobelins, « au mois d'Octobre 1690, âgé de « 56 ans.	H: « Hij is gestorven te Gobelins « in 't jaar 1690 in den ouderdom « van 65 jaren. »

Der Catalog seines Oeuvre steht in der zweiten Ausgabe le Comte's B. I S. 213—221. Houbraken sagt: B. I S. 63, was sich wohl auf die erste Auflage bezieht. Als Stecher nach ihm werden dort ausser den von Houbraken angeführten noch erwähnt: Ant. Franç. Baudouins, Nolin l'aîné, Rob. Bonnaert.

Was Houbrakens Quelle gewesen ist für Vermeulens zweite Ehe mit der Nichte le Brun's habe ich nicht entdecken können; le Comte erwähnt davon nichts.

B. III S. 64. **Jan Asselin.**

le Comte sagt B. II S. 280 „Breenberg et Asselin, dit Petit „Jean, Hollandais ont bien fait le paisage, ils moururent en „1660." Houbraken hat also das Komma übersehen, wenn er mitteilt, dass le Comte Asselin „petit Jean Hollandais" nenne.

Der Passus über den ebenfalls als „Petit Joan le Hollandais" in Frankreich bekannten Maler, der Landschaften mit kleinen Figuren malte, beruht vermutlich auf persönlichen Mitteilungen Genoels'. Ich gehe daher nicht weiter auf ihn ein, und bemerke nur, dass Jan Miel bei Hoet-Terwesten häufig als „Bieke, Biche, alias Petit Jean" erwähnt wird. Derselbe malte in der Tat Landschaften mit kleinen Figuren und war auch schon gestorben als Genoels 1674 (nicht 1651, wie Houbraken sagt; vgl. B. III S. 100) nach Rom kam.

B. III S. 204. **Francisque Millet, (Millé).**

Dieser Artikel ist in etwas verkürzter Form aus le Comte B. II S. 280 ff. übersetzt, mit Benützuug brieflicher Mitteilungen von Abr. Genoels und folgenden Abweichungen:

Der Vater starb 37 Jahre alt, als Francisque noch sehr jung war. (Fehlt bei Houbraken).

le C. nennt als seinen Lehrer „Franck Flamand, peintre des plus habiles en petit." Houbraken sagt blos „de kunstschilder Frank", und etwas später „Laurentius Frank."

Ueber seine Werke teilt le Comte mit, dass er anfing die Bilder Poussins bei Herrn Jabach zu copiren; später malte er vier Werke im Cabinet der Königin, für den Presidenten de Bercy und 26 Bilder mit Metamorphosen in einer Privatsammlung.

Ueber seine Todesart bemerkt:

le C: « .... quelques uns de sa « profession que l'on soupçonne « de l'avoir empoisonné .... il fut « saisi d'une maladie violente et presque inconnuë .... et est inhumé « à St. Nicolas des Champs. »

H: « men hout 't voor een zekere « waarheit, dat hij door een zijner « konstgenoten ..... is vergeven; « want zijn lichaam door een onlesbaren brant ontsteken, bewerkte « eerst dolzinnigheit, daarna de « dood..... Hij wert begraven a « Saint Nublas des Champs. »

Seine beiden Söhne lebten noch zur Zeit le Comte's.

B. Theoretische Schriften über Kunst.

6. ANGELS LOF DER SCHILDERKUNST.

Im Jahre 1642 erschien zu Leyden die am letzten Lucastage (18 Oct. 1641) ausgesprochene Rede Philip Angels: „Lof der Schilderkunst". Es ist ein — heutigen Tages seltenes — Buch von 58 Seiten 4°, welches vor kurzem von P. J. Frederiks in Oud Holland VI, 1888 S. 113—122 ausführlich beschrieben ist. Ich brauche daher auf die historisch-aesthetisirenden Betrachtungen des Meisters nicht weiter einzugehen und erwähne nur die beiden kunsthistorisch wichtigen Stellen, welche Houbraken entlehnt hat. Es sind dies:

B. I S. 300 f.: die Beschreibung zweier von Lievens gemalter Bilder, und

B. II S. 4. Anm.: der Preis, wofür sich Herr Spiering das Vorkaufsrecht der Dou'schen Bilder sicherte.

Zu ersterer Stelle sind einige Bemerkungen zu machen:

Angel schrieb seine Rede schon 1641 und nicht 1642, wie Houbraken glaubte.

Das Bild, die Opferung Isaaks war eine grisaille [een graüwtje].

Angel sagt nicht, dass es „natürlich und kunstreich" sondern, dass es „sehr hübsch [aardig] obwohl roh" gemalt war.

Die von Houbraken an dieser Stelle nur in abgekürzter Form wiedergegebene Beschreibung des Bathsebabildes [1]) lehrt uns, dass

[1]) B. II S. 251 giebt Houbraken eine ausführlichere Beschreibung desselben.

die alttestamentliche Schöne dargestellt war, wie sie, vor Scham leicht errötend, Davids Brief las, welcher ihr von einer alten Kupplerin überbracht worden war. Der Cupido in der Luft, der von Houbraken getadelt wird, schoss statt seines gewöhnlichen Pfeils einen feurigen auf sie ab, weil ein heisses Wollustfeuer in ihr gewesen sein muss, als sie vom Könige versucht wurde [1]).

Die übrigen Mitteilungen Angels sind wenig bedeutend; hervorzuheben wäre allenfalls noch die ausführliche Beschreibung des Simsonbildes von Rembrandt (jetzt zu Dresden, Cat. Nr. 1625), welche von de Bie (S. 361) fast ganz wiederholt wird. Ferner werden rühmend erwähnt: der hochgeschätzte Backer, der „artige" [aardige] Bliecker, der wegen seiner Kenntnis des Nackten hervorragende P. Fransz de Grebber und der wegen seiner Sauberkeit [„netticheit"] nie genug gepriesene Gerrit Dou [2]).

---

[1]) « Omdat een heete brand van lust in Bathseba moet geweest zijn « wanneer zij van den koning verzocht werd. »

[2]) Damals, 1641 erst 28 Jahre alt!

7. HOOGSTRATEN'S INLEYDING TOT DE HOOGE SCHOOLE DER SCHILDERKUNST.

Houbraken stand, wie er an mehreren Stellen seiner Schouburgh selbst mitteilt, mit seinem dritten und letzten Lehrer Samuel van Hoogstraten auf besonders freundschaftlichem Fusse. Er hatte sogar nach dessen Tode das nur in Manuscript vollendete Werk „de onzichtbaere Wereld", ein Gegenstück zur Hooge schoole der Schilderkunst oder zichtbaere wereld, zum Zweck der Herausgabe anvertraut bekommen und wurde nur durch seinen eigenen Tod an seine Absicht es nach der Vollendung seiner Künstlerbiographien druckfertig zu machen, verhindert (G. S. B. II S. 161). Hatte er ja wie er selbst a. a. O. erzählt, auch zu Hoogstratens Hauptwerk, der „Inleyding tot de hooge schoole der schilderkunst, anders de zichtbaere wereld. Rotterdam, Fr. v. Hoogstraten 1678 eine der Platten radirt, was durch das Monogramm AHB des Stiches auf S. 269 dieses Werkes bestätigt wird. Man darf daher von vorn herein eine ausgiebige Benützung desselben erwarten, welches, wenn es als Quellenschrift für die Künstlergeschichte auch nicht in einem Athem mit dem Gülden Cabinet oder der Teutschen Academie genannt werden kann, dennoch über den Verfasser selbst, über seine theoretischen Anschauungen über seine Verwandte, seinen Lehrer und seine Mitschüler recht schätzenswerte Mitteilungen enthält. In der Tat erwähnt Houbraken die Inleyding öfters und wo er über seinen Lehrer und die diesem nahestehenden Künstler spricht, werden persönliche Erinnrungen die gedruckten Mitteilungen ergänzt haben. Daneben ist ausserdem die Benützung jenes unveröffentlichten Werkes „de onzichtbaere wereld" nicht nur nicht ausgeschlossen, sondern sogar wahrscheinlich. Die Grenzen derselben auch nur in grossen Umrissen anzugeben, entzieht sich unsrer Befähigung und so müssen wir uns auf den Nachweis der benützten Stellen der Inleijding beschränken. Es sind dies folgende:

B. I S. 62. **P. P. Rubens.**

Nur zwei Mitteilungen von untergeordnetem Interesse dürften auf Hoogstraten zurückgehen und zwar S. 64 über Rubens' Aufenthalt zu Rom, und S. 65 über die wenigen Studien, die er von dort mitgebracht hatte. Beide befinden sich Inleijding S. 194 in derselben Form.

B. I S. 159 ff. und in der Anmerkung B. II S. 44 f. **Dirk van Hoogstraten.**

Entlehnt ist nur die Anecdote von der Ziege, welche so natürlich von ihm dargestellt gewesen sein soll, dass die zum Modell benützte Gais wütend auf sie losstürzte und das ganze Bild zerfetzte (Inl. S. 170; nicht 107, wie Houbraken irrtümlich angiebt). Inl. S. 118 ist von der „ersten Reise in Italien" die Rede, Houbraken dagegen spricht überhaupt nur von einer Reise und zwar nach Deutschland, um das Goldarbeiten zu lernen.

B. I S. 165 ff. Die ganze Stelle über das Mal-tempo ist aus Inl. S. 237 ff. entlehnt. Mehr als die Mitteilungen über die antiken Künstler interessirt uns davon die Erzählung des Wettmalens zwischen Knibbergen, van Goyen und Porcellis, welche mit nur geringfügigen Abweichungen wiedererzählt ist. Nur den Schlusssatz: „In d'aangesmeerde verwen, vernissen en „olien wonderen te zoeken was Jan Lievens dapper thuis" hat Houbraken weggelassen.

B. I S. 357. **Otto Marseus.**

Es erscheint zweifelhaft, ob Houbraken die folgende Stelle (Inl. S. 169) benützt hat, da er nur sagt, dass Marseus in England, Frankreich, Rom und Neapel war und in der Bent „snuffelaar" getauft wurde: „Otho Marseus, alias Snuffelaer hat seine Fähig-

„keit in der Kunst genügend gezeigt, denn als ich 1652 bei „ihm zu Rom war, staunte ich über die vielen Untiere („ge-„drochten"), die er unterhielt und ernährte, deren Natur er „in ebenso wunderbarer Weise ergründete, wie er ihre Gestalt „lebendig wiedergegeben hat."

B. I S. 363. **Pieter de Laer.**

Das Citat aus Inl. S. 311 ist mit gewohnter Flüchtigkeit nachgeschrieben:

Inl: « Men verbood hem [Ant. « van Dijck] niet geen strop te koo- « pen en het stont hem vrij, zoowel « als Fransisko Fiamenko van mis- « troosticheit te sterven, die door « Bernijn verbluft na 't huis der « schimmen voer. »	H: « Francisco Framenko voer, « door Bernijn verbluft, mistroostig « door middel van een strop naar « 't huis der schimmen. »

Unbekannt ist Houbraken das, was Inl. S. 95 mitgeteilt wird, geblieben: „Bamboots hoffte zu Wien bei Ferdinand III sein „Glück zu finden und liess diesem ein Probestück seiner Hand „von Luix zeigen, aber der Kaiser wollte als er hörte, dass „es ein Gemälde mit Bettlern war, es kaum ansehn und liess „den armen Bamboots oder de Laer in seiner Armut stecken."

B. II S. 41 ff. **Pieter Lely.**

Richtig aber in verkürzter Form hat Houbraken die beiden folgenden Stellen benützt:

Inl. S. 234 „Andere heeft een los penseel groot voordeel „ingebracht, gelijk onzen Gelderschen Lely, wiens aerdig toe-„getakelde konterfeijtsels tot London genoeg betoonen, dat hij „een schoone Lely in de konst is."

S. 257. „Pieter Fransen de Grebber [1]), die d'eer heeft, dat „hij nevens andere tot discipel gehadt heeft den edelen en vol-„maekten Pieter Leely, die in 't hof te Withal van Koning „Karel II tans als een alderuitgelezenste bloeme bloeit."

[1]) Soll heissen Frans de Grebber: nach v. d. Willigen, S. 136 wurde dieser im Nov. 1637 aufgefordert, den Gildebeitrag zu bezahlen u. A. für seinen Schüler Lely.

B. II S. 136. **Hercules Segers.**

Diese Biographie stammt ganz aus Inl. S. 312, 196, 240.

B. II S. 155 **Samnel van Hoogstraten.**

Bei diesem seinem Lehrer standen Houbraken natürlich ganz andere Quellen zu Gebote, als die dürftigen Angaben der Inleijding und deshalb darf hier eine Abweichung nicht als ein Irrtum betrachtet werden, selbst nicht immer da, wo die Inleijding ausdrücklich citirt wird. So ist es z. B. nicht unmöglich, dass Houbraken Recht hat, wenn er als Motiv für Hoogstratens Reise nach Wien die Liebe angiebt [1]), während dieser selbst sagt, es sei die Sucht, fremde Länder zu sehen, gewesen, welche ihn auf Reisen trieb (Inl. S. 201). Von S. 257 hat Houbraken die Mitteilung entlehnt, dass Rembrandt Hoogstratens zweiter Lehrer war. Diese interessante Stelle lautet vollständig: „Ik „zal eenige met naemen aenwijzen, die meest op 't gros der „konst en de edelste verkiezing hebben gezien. Als daer is „geweest: Strazio Voluto of Gilliam Fermout [2]), Lastman, „Mierevelt, Theodorus Babuere: Pieter Fransen de Grebber, „die d'eer heeft, dat hij nevens andere tot discipel gehadt heeft „den edelen en volmaekten Pieter Leely, die in 't hof te „Withal van Koning Karel II tans als een alderuitgeleezenste „bloeme bloeit [3]); Hondhorst, Ravesteijn, den verzierlijken „Rembrant, nae de dood van mijn vader Theodoor mijn „tweede Meester: Jaques de Bakker, Govert Flink, Gerrit „Douw, Stokkade, Jan Lievens, Mieris, Doudeins, de Baen, „maer holla, ik wil de tans noch levendige, om geen jalouzie „te verwekken, overslaen."

B. II S. 157 erwähnt Houbraken die Darstellungen auf den drei Bildern, welche Hoogstraten dem Kaiser anbot. Dies findet sich in der Inleijding nicht. Dort heisst es nur S. 274: „was ferner ein andrer (als der vorhergenannte Fabritius; hier

---

[1]) Vgl. hierüber G. H. Veth; O. H. VII S. 132.

[2]) Heutzutage nur noch dadurch bekannt, dass seine Wittwe Jacques Metsu heiratete und mit diesem Gabriel Metsu zum Sohne hatte.

[3]) Wie bereits erwähnt, war dieser Schüler von Frans de Grebber.

„offenbar er selbst) für den Kaiser zu Wien und auch in England „mit dieser Kunst [dh. der Perspective] geleistet hat, geziemt „mir nicht, zu melden"; und S. 308: „wir selber haben uns „in derartigen Täuschungen [den sogen. trompe d'oeil's] sowohl „im östlichen als westlichen Reiche Europa's so gut wie möglich „versucht."

S. 356 erwähnt Hoogstraten „die goldne Kette mit der kaiserlichen Gnadenmünze", von der bei Houbraken auf S. 160 die Rede ist.

Der Zeitpunkt von Hoogstratens englischer Reise erfahren wir aus Houbraken nicht. Die Inleijding S. 266 enthält im Betreff dessen die Mitteilung, dass der Künstler sich am 12 September 1666, dem Tag des grossen Brandes von London, dort aufhielt.

Das von Houbraken B. II S. 163 Anm. erwähnte Schattenspiel wird Inl. S. 260—262 ausführlich beschrieben.

Von andern Mitteilungen, welche Houbraken unbenützt gelassen hat, sind zu erwähnen:

Inl. S. 11. Der Vormund riet dem jungen Samuel nach dem Tode seines Vaters von der Erlernung der Malerei ab, weil ein andrer Beruf sicherer sei; aber er selbst, obwohl noch keine 14 Jahre alt, hatte schon die Hälfte seines Lebens im Dienste dieser Euterpe zugebracht und wollte daher nicht ablassen.

Zwei seiner Mitschüler bei Rembrandt werden von Hoogstraten erwähnt: Furnerius und Fabritius. Ueber jenen heisst es Inl. S. 95: „Ich legte einmal in unsrer Malschule dem Furnerius, der später in seinen Landschaften sehr geschickt [„aardig"] war, diese Frage vor" usw. — Von diesem Maler wurde 1785 zu Amsterdam eine gebirgige Landschaft mit Gebäuden und Bäumen verkauft (Kramm, i. v.). Heutzutage scheinen nur noch Zeichnungen von ihm vorhanden zu sein, welche wenn sie nicht bezeichnet sind, häufig unter dem Namen Rembrandts gehen. Das Dresdener Kupferstichcabinet besitzt mehrere mit „Abraham Farnerius" bezeichnete Landschaftszeichnungen im Stile des Grossmeisters. Ueber sein Leben wissen wir jetzt, dass er am 13 Juni 1641, als „kunstschilder" zu Amsterdam vorkommt und erklärt ungefähr 20 Jahre alt zu sein (Bredius, O. H. VIII S. 8). Da Hoogstraten erst einige Zeit nach dem am 20 Dec. 1640 erfolgten Tode seines Vaters zu Rembrandt kam (Veth, a. a. O.) kann er, wenn überhaupt, jedenfalls nicht sehr lange Mitschüler der Furnerius im eigentlichen Sinne gewesen sein, da aus der obenstehenden Erklärung hervorgeht, dass dieser damals selbständig war. Vielleicht hat er aber auch noch als fertiger Meister Rembrandts Atelier besucht.

S. 11 f. der Inleijding erzählt Hoogstraten von einem Gespräch mit „unserm Fabritius, meinem Mitschüler" [1]).

Da es zwei Meister dieses Namens giebt: Barend und Carel, welche beide unter dem unmittelbaren Einfluss Rembrandts gearbeitet haben, könnte man zunächst die Frage aufwerfen, welcher von beiden hier gemeint sei. Dieselbe findet jedoch eine unzweideutige Antwort zu Gunsten Carels an andern Stellen der Inleijding, wo von den perspectivischen Kenntnissen des Meisters die Rede ist (S. 291 und 308), eine Fähigkeit, von der allerdings seit dem Untergange des Rotterdamer Gruppenbildes im Brande des Museum Boymans (1864), keine Beweise mehr bekannt sind, die aber Bleijswijck ausdrücklich an Carel rühmt. Während Bernard nur zu Leiden nachweisbar ist, zog jener am Ende seines kurzen Lebens nach Delft, und hiermit ist wiederum die Stelle der Inl. S. 274 in Verbindung zu bringen, wo es heisst: „Fabricius hat mit der Perspective ebenfalls Wun- „der getan, wie zu Delft im Hause des kunstliebenden seligen „Herrn D°. Valentius und anderswo zu sehen ist." Diese Stellen beziehen sich alle auf Carel und da wir annehmen dürfen, dass Hoogstraten in dem Falle, dass er das eine Mal den einen, das andere Mal den andern Meister meinte, sie durch den Vornamen unterschieden hätte, müssen wir auch jene erstgenannte Notiz auf Carel Fabritius beziehen, und hierbei stossen wir wieder auf dieselben Schwierigkeiten, wie bei Furnerius: Hoogstraten wird schwerlich vor dem Frühling von 1641 zu Rem-

---

[1]) S. 181 kommt nochmals ein Gespräch mit ihm vor « als ich noch Schüler war. »

brandt gekommen sein, und Fabritius war, laut dem echt-datirten Bildnisse der Sammlung Dudley bereits 1640 fertiger Meister, ja sogar am 24 Apr. 1643 Wittwer mit einem Kinde [1]).

Auch hier müsste man daher annehmen, dass er nach seiner Aufnahme in die Gilde als Meister und nach seiner Verheiratung noch in Rembrandts Atelier gemalt habe [2]).

B. II S. 168. **Jan van Hoogstraten.**

Ueber seinen jüngeren Bruder teilt Samuel in der Inleijding an zwei Stellen etwas mit: S. 113 die von Houbraken entlehnte Episode mit dem furchtsamen Modell zu Wien und S. 17 den Inhalt eines Briefes, den er von Wien an seinen Bruder, auch seinen Schüler, richtete. Dieses Schreiben enthält ausser theoretischen Betrachtungen nicht viel Bemerkenswertes: der Schreiber giebt seinem Bruder den Rat, nicht zu früh nach Italien zu gehn, Beiläufig erwähnt er auch, dass das Grabmal seines Bruders zu Wien im Heilig-Kreuzgange zu sehen sei.

Weitere Benützung der Inleijding von Seiten Houbrakens ist nicht nachweisbar und die folgenden Stellen sind von ihm unbeachtet geblieben:

S. 44. Hooft, in seinem 151sten Brief, schreibt an Barlaeus, dass dieser ihn zu günstig beurteile, ebensowie Mierevelt diejenigen seiner Bildnisse, welche nach Frankreich geschickt werden sollen, in der dort üblichen Weise verschönere.

S. 176. Das öfters citirte Urteil über Rembrandts sogen. Nachtwache: Lob der Composition, es scheine keiner zu wenig und keiner zu viel dargestellt zu sein; der Maler habe sich mit dem Ganzen mehr Mühe gegeben, als mit den einzelnen Porträts, die ihm in Auftrag gegeben waren; wie viel darin auch zu tadeln sei, das Werk werde wegen seiner malerischen Gedanken und momentanen Auffassung [3]) nach Hoogstratens

[1]) O. H. VIII S. 226 f.

[2]) Das von Bleijswijck angegebene Geburtsjahr 1624 steht mit den beiden obenerwähnten Daten in Widerspruch und ist daher vermutlich falsch.

[3]) So sind vielleicht die Worte, das Werk ist « zwierig van sprong » zu übersetzen.

Meinung all seine Concurrenten überflügeln; es sei so kräftig, dass nach vieler Ansicht all die übrigen Bilder als Figuren eines Kartenspiels daneben erscheinen. Dennoch hätte er gewollt, dass der Maler mehr Licht darin angezündet hätte.

S. 183. Die bekannte Stelle über die Predigt Johannis des Täufers von Rembrandt, über welche Vosmaer, S. 344 ff. zu vergleichen ist. Houbraken sah das Bild, eine Grisaille, in der Sammlung des Postmeisters Johan Six zu Amsterdam [1]).

S. 212 erzählt Hoogstraten, dass er Rembrandt einmal achzig Rijksdaalders für den Eulenspiegel von Lucas von Leijden habe geben sehen.

Ueber einen sehr tüchtigen Maler im Haag Namens Sam. Smits erzählt Hoogstraten S. 192, dass er die Gewohnheit hatte, seine Compositionen vorher plastisch zu entwerfen; die Figuren wurden von Wachs, die Kleider von angefeuchtetem Papier gefertigt und die Bäume durch kleine Zweige, das Wasser durch Spiegelglas dargestellt usw. [2]).

S. 196 enthält Einiges über die Schabkunst und ihre vermutliche Erfindung durch den Pfalzgrafen Prinzen Ruprecht. (Houbraken B. II S. 103 bezeichnet den Prinzen ohne Einschränkung als Erfinder dieser Technik).

S. 227 rühmt die trefflichen Farben des Nackten bei Jacob Backer, worin er seinem Namensvetter Jaques de Bakker von Antwerpen, an dem Vermander dasselbe preise, gleich gekommen sei.

S. 232: Lijfring kolorirte in geistreicher Weise Felsenpartien [3])

S. 234 endlich wird das Gespräch zwischen Adriaen van Linschoten und Gerard Honthorst erzählt, worüber man Bredius in O. H. II S. 135 ff. vergleiche.

---

[1]) Näheres oben S. 157. Seitdem ist das Werk in den Besitz des Berliner Museums übergegangen.

[2]) Ein Maler Samuel Smit kommt 1610—16 in den Haager Gildebüchern vor.

[3]) Ueber Cornelis Liefring vgl. man weiter unten bei Orlers.

8. BEURS, DE GROOTE WAERELD IN 'T KLEEN GESCHILDERT.

Auf S. 355 des dritten Bandes der Groote Schouburgh citirt Houbraken ein Werkchen seines ehemaligen Mitschülers bei Drillenburg (vgl. oben S. 3 Anm. und S. 58), welches unter dem Titel: De groote Waereld in 't kleen geschildert, im J. 1692 zu Amsterdam bei Joh. & Gil. Janssonius van Waesberge erschien.

Hieraus ist ausser einem Citat mal-technischen Inhaltes Folgendes entlehnt:

Die Tatsache, dass Beurs sich im genannten Jahre 1692 in Zwol — nicht Grol, wie Houbraken sagt — aufhielt: Die Dedication ist datirt: In Swolle gegeven uit mijn Schilderkamer, den 26 Aug. 1692, und das Vorwort: Uit Swolle, den 1sten September 1692.

Ausserdem, dass er sich dort mit dem Unterricht der Jugend beschäftigte: Die Dedication ist gerichtet an Sophia Holt, gegenwärtig Gattin des Pastors Math. Noppen, an Cornelia van Marlen, Aleijda Greven und Anna Cornelia Holt, seine sehr geachtete und geliebte Schülerinnen. Aus der zweiten Seite geht noch hervor, dass diese Damen vier Jahre lang bei ihm lernten.

Im übrigen enthält das Bändchen nichts kunsthistorischwichtiges.

9. DE GEEST'S KABINET DER STATUEN.

Dem durch seine Verschwägerung mit Rembrandt bekannten friesischen Hofmaler Wijbrand de Geest schreibt Houbraken (B. I S. 147) ein Werk zu, das von seinem gleichnamigen Enkel verfasst worden ist. Es ist das Kabinet der Statuen, welches 1702 zu Amsterdam bei S. Lamsveld, Buchhändler und Kupferstecher erschien. Dass wir in der Tat ein Werk des jüngeren und nicht etwa ein nachgelassenes des ältern Wijbrand vor uns haben, geht daraus hervor, dass der Verfasser, der nirgends als verstorben erwähnt wird, in seinen gleich mitzuteilenden Notizen Maler anführt, welche zur Zeit des alten Wijbrand noch nicht oder kaum gelebt, bzw. das Knabenalter überschritten hatten. Auch macht er S. 82 vom vermutlich erst nach dem Ableben seines Grossvaters [1]) erfolgten Tode Rembrandts Meldung. Houbraken wurde vielleicht durch den Gebrauch, den der Verfasser von den Papieren seines Grossvaters machte, dazu verführt, diesen für den Autor zu halten [2]). Ein zweiter Irrtum, den wir hier allerdings nicht eingehender besprechen können, ist der, dass H. den Nachbildungen der antiken Statuen eine Originalität zuerkennt, die sie durchaus nicht besitzen.

---

[1]) Das letzte Datum auf seinen Bildnissen ist 1659 (Museen zu Amsterdam und Lille).

[2]) Im Anhang des Werkchens, der zum Titel hat « Getrouwe « leidsman in Rome, aanwijzende de straten... schouwplaatsen enz. », sagt der Verfasser, dass er einigen Nutzen hatte von den kurzen Adnotationen seines Grossvaters, unter dessen nachgelassenen Papieren er dieselben gefunden. Der alte Wijbrand war nach O. H. VIII S. 235 ff. um die Jahre 1616—18 in Rom.

Der letzte Satz Houbrakens: „deze [d. h. der jüngere Wijbrand] „heeft tot leermeester gehad Antoni Coxie, wanneer hij [de „Geest oder Coxie?] t'Amsterdam woonde." fusst auf der Stelle der Dedication des Kabinet der Statuen, wo de Geest „Johannes Antonius de Coxie, vermaard schilder dezer eeuw „en beminnaar van alle wetenschappen" anredet. Er spricht von seinen ewigen Verpflichtungen und seiner unverbrüchlichen Freundschaft gegen ihn, der ihn in der höchsten Wissenschaft erzogen habe. Hier nennt er auch den Michiel Coxie Antoni's Grossvater. Die Chronologie gebietet aber entweder die Annahme einer Hyperbel: Grossvater = Vorfahre, oder der Verwechslung des grossen Michiel Coxie's (1499—1592) mit seinem gleichnamigen Sohn (± 1570—1616 [1])) oder Enkel.

Das Kabinet der Statuen bringt folgende — von Houbraken nicht benützte — Notizen, welche kunsthistorisch von einigem Interesse sind:

S. 5. Ueber ein Bild des Malers Mijtens — er sagt nicht welchen Vornamens — die Errichtung der ehernen Schlange darstellend, worin die Laokoongruppe im Vordergrund angebracht war, und zwar deshalb, weil der Maler wusste, welche Grossartigkeit dies dem Gemälde verleihen würde.

Dieser Mijtens war der Lehrer von de Geest's verstorbenem Vater gewesen.

S. 23. H. Goltzius hat die beiden Satyrn aus dem Palaste von D. D. de la Valle nachgeahmt.

S. 28. Der Apoll von Belvédère wurde vom Grossvater, [dem älteren Wijbrand] gezeichnet, als er zu Rom war. Oefters sieht man auch Copien danach, deren der Vf. drei kennt, welche sehr geistreich behandelt waren. Eine davon war nach van der Does gemacht.

S. 33. Mijtens hat den Ares Ludovisi verwendet in einem Gemälde, worin Venus ihn liebkost; neben ihm lagen seine Kriegsgeräte.

S. 34. Den sog. Ares Borghese sah der Vf. [2]) in mehreren Gemälden, unter andern in einem Bilde von Nore dargestellt, sich von Venus verabschiedend, während Amoretten seine Waffen in Stand setzten.

S. 43. Mijtens verwandte den Ganymed aus dem Hofe der Medici

[1]) v. d. Branden, S. 328.

[2]) Er nennt ihn Alexander.

in einem Götterhimmel, den er malte, als des Vf's Vater bei ihm in der Lehre war. Dieses Bild wurde für einen Engländer gemalt, und nach England transportirt.

S. 52. Die Juno Borghese sah der Vf. gezeichnet von Quellius [soll heissen Quellinus [1])], einem sehr berühmten Meister, bei dem sein Vater ebenfalls gelernt hatte. Zu jener Zeit malte er [Quellinus oder der Vater?] sie auch in halber Lebensgrösse als Mnemosyne.

S. 58. Der grosse Maler J[odocus] a Winge hat die Diana aus dem Hofe von M. Junius als Medea in einem Gemälde verwendet, zu welchem Zwecke er ihr einige Kostbarkeiten umgehängt und ihre Drapirung verändert hatte.

S. 82. Wie herrlich und kräftig der kühne Maler Rembrandt gemalt hat, ist sichtbar für alle kunstverständige Augen, dennoch hat der Vf. kurze Zeit vorher gesehen, wie aus Unwissenheit ein Porträt von ihm für sechs Stüber verkauft wurde, was er durch Augenzeugen bestätigen kann. Wenige Zeit später wurde dasselbe Bild für elf Gulden verkauft und jetzt erlegt man mehrere hundert Gulden für dieses rohe Gemälde; so ist dieser berühmte Mann nach seinem Tode behandelt.

S. 104. Der süsse und schmeichelhafte Pinsel A. Bloemaerts hat den liegenden Neptun im Capitol nachgeahmt.

S. 111. Hier zählt der Vf. die niederländischen Kunstheroen auf und erwähnt namentlich: Rubens, van Dijk, Bloemaert, Mijtens, Spranger, Frans Floris, Holbein (!), Jordaens, Hans de Vries, Goltius, Breugel, Lucas van Leijden, Rembrandt und den weitberühmten Mann Michiel de Coxie.

---

[1]) Vgl. die Antwerpenschen Liggere (II 280):
«Julius de Geest ontfangen als leerling bij Erasmus Quellinus, schilder «anno 1657.»

C. 10. DIE SAMMLUNG VON MALERBILDNISSEN DES ANT. VAN DIJCK.

Houbraken hat die unter dem Namen Iconographie bekannte Bildnissammlung des Ant. van Dijck, sowohl für seine Malerporträts als für den Text seiner Schouburgh verwertet. Jenes geht aus einem Vergleich der betreffenden Bildnisse, dieses aus seiner, an mehreren Stellen ausgesprochenen, ausdrücklichen Erwähnung hervor. Je grösser der Nutzen war, den er in erster Beziehung aus den schönen Stichen der besten Kupferstecher ihrer Zeit ziehen konnte, um so kleiner war die Ernte, welche die Unterschriften auf biographischem Gebiete lieferten, da dieselben sich meistens auf die Namen der Dargestellten, ihre gewöhnlichen künstlerischen Vorwürfe, und ihren Geburts- bzw. Aufenthalts-ort beschränken. Mitunter kommen auch noch Titel wie bei W. Coeberger oder Ger. Segers vor. Ich gebe im Folgenden eine Uebersicht derjenigen Bildnisse und ihrer Unterschriften, welche Houbraken in einer der beiden erwähnten Richtungen benützt hat und verweise für nähere Information auf die treffliche Monographie Wibirals: l'Iconographie d'Antoine van Dijck par le Dr. Fr. Wibiral, Leipzig 1877, deren Nummern ich angebe:

B. I S. 17 ff. **Desiderius Erasmus.**

Es ist möglich, dass dem Stecher das berümte Blatt van Dijcks als Vorlage gedient hat (W. 5), wahrscheinlicher jedoch, dass beide auf ein gemeinschaftliches Original zurückgehn.

B. I S. 35. **Johannes Snellinks.**

Houbraken beschränkt sich darauf, die biographischen Angaben van Manders zu wiederholen und fährt dann fort: „Mehr „weiss auch ich nicht von ihm, als dass der grosse van Dijck „ihn wegen seiner Kunst würdig geachtet hat, ihn zu den „besten Künstlern zu rechnen und sein Bildnis eigenhändig zu „malen. Auch gehört es zu denjenigen Bildnissen van Dijcks, „welche als Kupfer verkauft werden. Ich habe ihm oben auf „der Tafel A einen Platz gegeben."

Bekanntlich kommt in der Iconographie das Bildnis Snellinks' zweimal vor, dass eine Mal (W. 10) mit der Unterschrift „Ant. „van Dijck fecit aqua forti", das andere Mal (W. 37) mit „Anton van Dijck pinxit, Pet. de Jode sculp." Beide zeigen genau denselben Kopf in derselben Haltung, nur in der Meisterschaft der Ausführung und dem Stadium der technischen Vollendung sind sie verschieden. Houbraken hat das letztere für sein Werk verwendet, und auch seine oben mitgeteilten Worte beziehen sich auf dasselbe. Es ist daher nicht nachweisbar, dass er das erstere gekannt hat.

B. I S. 52. Die Malerfamilie **Franks (Vranx).**

Houbraken sagt: „Unter den Bildnissen van Dijcks sieht man „Sebastian, Fransois und Fransois Franks den jungen" und: „Wir sehen, dass der berühmte van Dijk ihre Bildnisse für „wert hielt, unter die der grössten Kunstmaler ihrer Zeit ge„stellt zu werden." Die betreffenden Nummern sind:

W. 6: „Franciscus Vranx [später Franck] Antverpiae, Pictor „Humanarum Figurarum, Ant. van Dijck fecit aqua forti."

W. 25: „Sebastianus Vrancx, Pictor praeliorum minorum „Cohortis civium Antverp. Ductor Ant. van Dijck pinxit, Schelte à Bolswert sculpsit."

W. 28: „Franciscus Franck Junior. Pictor Humanarum Fi„gurarum in Parvis Antverpiae Ant vau Dijck pinxit." Auf dem zweiten Etat steht ausserdem „Pet de Jode sculp," was vom dritten an verbessert ist in „Guilielmus Hondius sculpsit."

Houbraken hat keins dieser Bildnisse in seinem Werke reproduzirt.

B. I S. 77. **Cornelis Schut.**

„Der grosse van Dijk hat sein Bildnis aus Liebe zur Kunst „neben denen seiner Kunstgenossen und zum Dienste der Stecher „in kleinem Format gemalt, und wir haben aus demselben „Grund sein Brustbild auf der Tafel E. wiedergegeben." Ob Houbraken hiermit sagen will, dass sein Stich nach van Dijcks Vorlage angefertigt sei, ist nicht ganz deutlich, er stimmt aber überein mit W. 91: „Cornelius Schut, Pictor Humanarum „Figurarum Antverpiae, Ant. van Dijck pinxit, L. Vorsterman „sculp."

B. I S. 81 ff. **Hendrik van Balen.**

Houbraken erwähnt das van Dijcksche Porträt nicht, copirt es aber auf der Tafel D. Die Unterschrift desselben lautet (W. 42): „Hendricus van Baelen, Pictor Antv. Humanarum „Figurarum, Vetustatis Cultor, Ant. van Dijck pinxit, Paul „du Pont sculp."

B. I S. 84 f. **Frans Snijders.**

Houbraken bringt eine Copie nach van Dijck auf Tafel E. (W. 11): „Franciscus Snijders, Venationum, Ferarum, Fructuum „et Olerum Pictor Antverpiae, Ant. van Dijck pinxit et fecit „aqua forti." Auf den spätern Abzügen steht ausserdem: „Jac. Neffs sculpsit."

B. I S. 85 ff. **Joan Breughel.** (Sammet Breughel).

W. 1: „Joannes Breugel, Antverpiae Pictor Florum et „Ruralium Prospectuum, Antonius van Dijck fecit aqua forti." Dies Bildnis hat Houbraken auf Tafel E. copirt.

B. I S. 115. **Wencelaus Coeberger.**

Die Unterschrift dieses Bildnisses lautet nach W. 77: „Wen„ceslaus Coeberger, Praefectus Generalis Montium Pietatis, „Bruxellis, Alberti Archiducis Quondam Pictor Humanarum Figurarum, Ant. van Dijck pinxit, L. Vorsterman sculps." Houbraken schreibt dies ab und übersetzt es mit Weglassung des Wörtchens quondam. Auch hat er in seinem Bildnis dieses copirt (Tafel F.).

B. I S. 154 ff. **Jacob Jordaens.**

W. 33: „Jacobus Jordaens, Pictor Antverpiae Humanarum „Figurarum in majoribus, Ant. van Dijck pinxit, Pet. de Jode „sculp." Dieses Bildnis ist entlehnt auf Tafel H.

B. I S. 158 f. **Lucas van Uden.**

W. 94: „Lucas Van Uden, Pictor Ruralium Prospectuum „Antverpiae, Ant. van Dijck pinxit, Vorsterman sculp."

Auf Tafel F. copirt.

B. I S. 179. **Anton van Dijck.**

In der Iconographie kommt sein Bildnis zweimal vor, das eine Mal (W. 4) auf einem Piedestal auf dem Titelblatt der Sammlung, das andere Mal (W. 79) mit der Unterschrift: „D. „Antonius van Dijck Eques, Caroli Regis Magnae Britanniae „Pictor Antverpiae natus, Ant. van Dijck pinxit, L. Vorsterman „sculp." Letzteres hat Houbraken auf Tafel K. wiedergegeben.

B. I S. 188 f. **Jodocus de Momper** u. A.

Houbraken sagt hier, dass er diesen und andere seiner Kunst- und Zeitgenossen, deren Lebens-Anfang und Ende ihm unbekannt geblieben war, nach van Dijck erwähne, weil sie ihm Dank schuldig sind, dass er ihre Gedächtnis durch seinen Pinsel bewahrt habe. de Momper's Bildnis habe er eigenhändig radirt. Es bezieht sich dies auf No. 7 der Iconographie, deren Unterschrift lautet: „Judocus de Momper, Pictor Montium Ant- „verpiae, Anton van Dijck fecit aqua forti." No. 88 ist nochmals ein Bildnis dieses Malers mit z. T. derselben Unterschrift, aber die Künstlerangaben lauten hier „Ant. van Dijck pinxit, „L. Vorsterman sculpsit."

Die übrigen an dieser Stelle erwähnten Meister sind:

„Ioannes van Ravesteijn [auf den ersten États Caspar „Ravestijn genannt] Pictor Iconum Hagae Comitis, Ant. van „Dijck pinxit, Paulus Ponsius sculp." (W. 60).

Houbraken kennt das Blatt blos mit dem Vornamen Joannes.

„Cornelius de Vos, Pictor Iconum Antverpiae, Ant. van „Dijck pinxit, L. Vorsterman sculp." (W. 95).

Houbraken rühmt seine festen Gesichtszüge aus denen man ersehen könne, dass er ein gescheidter Kopf war.

„ Adam de Coster, Pictor Noctium Mechliniensis, Ant. „ van Dijck pinxit."

„Daniel [früher Isaac] Mytens, Hollandus Pictor Huma- „narum Figurarum, Ant. van Dijck pinx, Paul du Pont sculp." (W. 56) Houbraken erwähnt es mit dem Vornamen Daniel.

„Artus Wolfart, Pictor Humanarum Figurarum Antver- „piae Ant. van Dijk pinxit, S à Bolswert [später: Corn. Galle] „sculp[sit]." (W. 27).

„Theodorus Vanlonius, Pictor Humanarum Figurarum „Majorum Lovanie, Ant. van Dijck pinxit Paul du Pont sculp." (W. 68).

B. I S. 217. **Andries van Ertvelt.**

Houbraken drückt sich hier ungenau aus, wenn er sagt: Er hat neben andern seiner Zeitgenossen die Ehre gehabt, dass sein Bildnis vom grossen A. van Dijck auf Kupfer gebracht wurde, denn die Unterschrift seines Porträts lautet: „Andreas „van Ertvelt, Pictor Triremium Naviumque Majorum Antver- „piae, Ant. van Dijck pinxit. S. à Bolwert sculpsit." (W. 100).

B. I S. 291. **Justus Zustermans.**

Die Unterschrift dieses Porträts lautet (W. 12) „Justus Sut- „termans [früher Judocus Citermans] Antverpiensis Pictor Magni „Ducis Florentini, Ant. van Dijck fecit aqua forti." Mehr als diese Worte enthalten, erzählt Houbraken uns über den Meister eigentlich auch nicht; was drübergeht, ist wohl seine eigene Erfindung.

Ibid. **Paulus de Vos.**

W. 16: „Paulus de Vos, Pictor venationum Antverpiae, „Anton van Dijck fecit, Joan Meyssens excudit [später: Anton „van Dijck pinxit et fecit aqua forti, S. à Bolswert sculpsit]".

Houbraken sagt: Sein Bildnis befindet sich unter denen van Dijcks, womit er aber auch No. 181 von Wibiral gemeint haben kann: „Paulus de Vos, Antverpiensis, pictor in omni genere „animalium etiam venationum nec minus Instrumentorum tum „bellicorum tum aliorum per totum orbem celebris, A. van „Dijck pinxit, A. Lommelin sculp."

Ibid. **Theod. van Thulden.**

Auch von ihm glaubte Houbraken ein Bildnis in der Iconographie anzutreffen, aber er verwechselte ihn mit „Diodorns Tuldenus I. C. et Professor" (W. 38).

B. I S. 296 ff. **Jan Lievens.**

W. 85: „Ioannes Livens, Pictor Humanarum Figurarum „Majorum Lugduni Batavorum, Ant. van Dijck pinxit, L. Vorsterman sculp." Houbrakens Bildnis ist eine Copie hiernach, ohne Erwähnung der Herkunft (Tafel N.).

B. I S. 303 f. **Palamedes Palamedesz.**

W. 58: „Palamedes Palamedessen, Praeliorum Pictor in Hol-„landia, Ant. van Dijck pinxit, Paul Pontius sculp."

Auch dieses Bildnis wird von Houbraken ohne Quellenangabe entlehnt (Tafel N.).

B. I S. 318 ff. **Adriaen Brouwer.**

W. 21: „Adrianus [früher Abraham] Brouwer [früher Brauwer] „Gryllorum Pictor Antverpiae Natione Flander. Ant. van Dijck „pinxit, S. à Bolswert sculp."

Ueber die Benützuug von Seiten Houbrakens gilt das zu den beiden vorigen Nummern gesagte. (Tafel O.).

B. I S. 342 f. **Cornelis Zachtleven.**

„Er wird älter gewesen sein als sein Bruder Herman, da man „sein Bildnis zählt zu denjenigen van Dijcks."

Diese Worte Houbrakens beziehen sich auf W. 90: „Cor-„nelius Sachtleven, Hollandus pictor, Noctium Phantasmatum, „Ant. van Dijck pinxit, L. Vorsterman sculp."

Houbraken hat es auf Tafel P. reproduzirt.

D. Die Städtebeschreibungen.

11. AMSTERDAM.

Amsterdam, die vornehmste, reichste und grösste Stadt der sieben Vereinigten Provinzen hatte schon im 17ten Jahrhundert eine stattliche Zahl von Historiographen: Pontanus, Fokkens, Dapper, von Zesen, Domselaar und Commelin haben nach einander den Ruhm Amsterdams der Nachwelt überliefert. Keinem von ihnen ist es aber zum Bewusstsein gekommen, dass die breite Künstlerschaar, welche während des ganzen Jahrhunderts dort lebte und wirkte, vielleicht den grössten Beitrag lieferte zum Nachruhm von ihr, die damals, wie Vondel sagt, als Kaiserin die Krone Europens trug. Keiner von ihnen hat daher, wie es die Chronisten der übrigen Städte: Haarlem, Leiden, Delft, Rotterdam und Gouda getan haben, in einem besondern Abschnitt das Leben der berühmten Künstler geschildert [1]). Nur ausnahms- und sozusagen zufälliger-weise bringt der eine oder andere etwas über die äussern Lebensverhältnisse eines Kunstjüngers. Und mit den Kunstwerken steht es nicht besser. Wenn man im Rijksmuseum die Schätze sieht, die seit Eröffnung des Neubaus aus den verschiedensten An-

[1]) Allerdings zählt Commelin in seinem 1691 erschienenen Werke Amsterdamer Künstler auf, aber.... nur zwei: den zu Dordrecht geborenen Ferdinand Bol und den Landschafter Jan Blom, (einziges bekanntes Bild im Ferdinandeum zu Innsbruck). Dass Commelin Houbrakens Quelle gewesen sei für die Biographie Bols, wie neuerdings von berüchtigter Seite behauptet worden, ist eine ebenso unerwiesene Vermutung, wie die grosse Mehrzahl jener «Grundlagen zu einem Neubau der holländischen Kunstgeschichte.»

stalten ans Licht gezogen sind, wenn man ferner im königlichen Palast, im Rathaus, in der Universität, dem Wallonischen und Bürger-waisenhaus, im remonstrantischen Kirchenzimmer und an vielen andern Orten die Meisterwerke betrachtet, die alle seit ihrem Entstehen in Amsterdam aufbewahrt worden sind und wenn man endlich erwägt, wie vieles durch die Ungunst der Zeiten veräussert worden, bzw. ganz verloren gegangen ist [1]), — dann muss man staunen, dass nur ein so verhältnismässig geringer Bruchteil davon von den Stadtchronisten erwähnt wird Mit Ausnahme der Kunstwerke im neuen Rathause — dem jetzigen königlichen Palast, — das von jeher den Stolz eines jeden Amsterdamers ausmachte, findet man nur sehr sporadisch Mitteilungen über die Gemälde in den Kirchen, Doelen und gemeinnützigen Anstalten der Hauptstadt, während über die zahlreichen Privatsammlungen in der Regel der Auctionscatalog die erste Auskunft giebt.

Houbraken hat sich ebensowenig die Mühe gegeben, selbst in den oben erwähnten Gebäuden Umschau zu halten, wie die Stadtbeschreibungen durchzulesen, er hat sich vielmehr beschränkt auf die Ausbeutung eines „Wegwijzer door Amsterdam, be„nevens eene beschrijving van het heerlijk stadhuis," welcher 1713 dort zum ersten Male, und dann im Laufe des 18ten Jahrhunderts wiederholt in holländischer, französischer und deutscher Sprache erschienen ist.

Dies Buch, welches, wie man vermutet, zum Gebrauch der zahlreichen Fremden, die die Utrechter Friedensunterhandlungen (1713) ins Land führten, entstanden ist, enthält die folgenden Angaben über Künstler und Kunstwerke, welche von Houbraken mehr oder weniger benützt worden sind:

B. I S. 22 f. **Cornelis Anthoniszen.**

= Wegwijzer S. 459, mit Ausnahme des Gedichts von Jan Vos, welches dort nicht vorkommt.

[1]) Ich denke z. B. an Rembrandts Anatomie, an die Regentenstücke der Weinkäufergilde, und an die von Schaap aufgezählten Schützenstücke, welche jetzt nicht mehr nachweisbar sind. (Vgl. Amstels Oudheid B. VII).

B. I S. 158. **Jacob Jordaens.**

Obwohl Houbraken die Ww. S. 476 f. erwähnten Gemälde Jordaens: der Friede zwischen den Batavern und Römern, der Ueberfall dieser durch jene, Simson der die Filister und David der Goliath besiegt, nicht namentlich anführt, scheint er doch auf diese Bilder, welche sich in der Galerie des Rathauses an einem allgemein zugänglichen Ort befanden, anzuspielen, wenn er sagt: „was braucheu wir mehr zu sagen, da wir die Proben seines Talentes täglich sehen können."

B. I S. 175. **P. Saenredam** und B. II S. 197 **Jacob van der Ulft.**

Ihre Ansichten des alten und des neuen Rathauses erwähnt Ww. S. 433. Sie hingen damals, wie noch heute, im Bürgermeisterzimmer des Rathauses.

B. I S. 232 f. **Jan van Bronkhorst.**

Die Beschreibung der gemalten Fenster in der Neuen Kirche ist aus Ww. S. 166 entlehnt; die der Orgeltüren aus Ww. S. 164 [1]). An dieser Stelle wird ausserdem noch berichtet, dass des Künstlers Selbstbildnis sich auf einer der Aussenseiten befand, dargestellt als ein Mann, der aus einem Fenster in die Kirche schaut.

Auf S. 209 des Ww. wird ferner das damals im Oude-Zijds-Huissittenhuis, jetzt im Rijsmuseum (Cat. No. 198) befindliche Bild Bronkhorsts, worauf die Austeilung von Speisen an die Armen dargestellt ist, erwähnt, ebensowie zwei ähnliche Bilder von Jacob van Loo (der Ww. nennt ihn van Loon) und Corn. Holsteijn (jetzt R. M. Cat. Nr. 877 und 655).

Endlich teilt der Ww. S. 437 mit, dass „der alte Bronkhorst" die Decke des Bürgermeisterzimmers im Rathaus gemalt habe.

B. I S. 273. **Jurriaen Ovens.**

Die „Verschwörung der Bataver" im Rathaus wird Ww. S. 475 beschrieben [2]).

[1]) Die Erwähnung dieses Sachverhalts ist oben S. 104 versehentlich ausgelassen.

[2]) Näheres über dies Bild oben S. 152 f.

B. I S. 298. **Jan Lievensz.**

Die Beschreibung des Bildes von Suessa, sammt dem Gedichte Vondels findet sich Ww. S. 434 f. Ferner wird daselbst S. 476 sein Bild von der Erhebung Brinio's in der Galerie des Rathauses erwähnt, was Houbraken nicht herübergenommen hat.

B. I S. 302. **Ferdinand Bol.**

Auch in dieser Biographie ist die Beschreibung dreier Gemälde: der Erwählung der Aeltesten in Israel, der Gesetzgebung auf Sinaï und der Unerschrockenheit des Fabricius bei Pyrrhus nebst den Lobgedichten Vondels aus Ww. S. 442, 451 und 461 entlehnt. Bereits oben S. 99 habe ich aber darauf hingewiesen, dass Bronkhorst und nicht Bol der Maler des ersten Bildes ist.

B. I S. 336. **Jacob Backer.**

Zu den wenigen Angaben über diesen Künstler, welche Houbraken bringt, hätte er noch hinzufügen können, dass er, laut Ww. S. 210 im Nieuwe-Zijds-Huissittenhuis ein Regentenstück malte, die jetzige Nr. 31 des Rijksmuseum.

B. I S. 367. **Nicolaas de Helt, Stokade.**

Das Bild „Joseph in Egypten Getreide austeilend," welches sich in der Thesaurie des Rathauses befand, wird Ww. S. 459 ohne Nennung des Malers erwähnt. Auch die Verse Vondels kommen dort ohne Dichternamen vor. Vermutlich stammt daher die ganze Stelle aus Vondels Poezy, Franeker 1682, II S. 315.

B. II S. 9. **Bartholomeus van der Helst.**

An dieser Stelle citirt Houbraken den Wegwijzer namentlich, erwähnt aber blos das eine der dort (S. 453 f.) angeführten Schützenstücke. Das andere, worin Roelof Bicker als Commandant dargestellt war, wurde 1639 gemalt und ist die jetzige Nummer 477 des Rijksmuseum. Der Ww. lobt beide Bilder gleichmässig, während Houbraken nur das berühmte Schützenmahl vom Jahre 1648 erwähnenswert findet.

B. II S. 24. **Govert Flinck.**

Ww. S. 462 wird das Blld „M. Curius die Geschenke der Samniter zurückweisend", ibid S. 442 „Salomon, Gott um

Weisheit anflehend" beschrieben. Beide Stellen hat Houbraken benützt; die erste, ohne die Verse Vondels mit abzuschreiben. S. 23 erwähnt er ferner zwei Schützenstücke, welche Flinck während seines Wittwerstandes [1]) gemalt hätte. Das eine befand sich im grossen Saal des Cloveniersdoelen neben dem Kamin (jetzt R. M. Cat. Nr. 364); das andere, worüber Houbraken weiter nichts erzählt, erwähnt der Ww. S. 353 mit den Worten: „Unter „diesen: d. h. den elf Gemälden des grossen Kriegsratszimmers „im Rathause, zeichnet sich das Stück aus, worin der Herr „Joan Huidekooper, Ritter, Herr von Maarsseveen als Hopman „dargestellt ist, von Govert Flinck kunstreich ausgeführt." (Jetzt R. M. Cat. Nr. 362).

Sechs von den acht grossen Bildern für die Galerie des Amsterdamer Rathauses, für die Flinck bereits Auftrag bekommen hatte, welche aber durch seinen Tod nicht über die Skizze hinauskamen, wurden darauf von J. Lievens, J. Ovens und J. Jordaens ausgeführt [2]). Die beiden übrigen wurden später von einem Legrand al fresco gemalt. (Ww. S. 477).

B. II S. 236. **Ludolf Bakhuijzen.**

Aus Ww. S. 445 hätte Houbraken entnehmen können, dass sich in der Kunstkammer des Amsterdamer Rathauses ein herrliches, unter andern Bildern hervorragendes Stück, und zwar ein Selbstbildnis dieses Meisters befand, worauf er sich mit dem eigenen, geschabten Porträt in der Hand abgebildet hatte. (Jetzt R. M. Cat. Nr. 45).

B. II S. 341. **Cornelis Brizé.**

Das Bild in der Schatzkammer des Rathauses wird mit Ausnahme des Gedichtes von Vondel Ww. S. 460; die bemalten Orgeltüre der Alten Kirche werden ibid. S. 137 beschrieben [3]). Beide Stellen dürfte Houbraken gekannt haben.

---

[1]) Dies ist notorisch falsch; das eine Bild (Nr. 364) ist bereits 1645 entstanden, also im Jahre von Flincks erster Ehe mit Ingitta Thovelingh, während das zweite, von 1648, fast drei Jahre vor dem Tode dieser Frau (Jan. 1651) gemalt wurde (Vgl. Meijer, O. H. VII S. 56.)

[2]) Vgl. darüber das zu B. I S. 158, S. 273 u. S. 298 gesagte.

[3]) Vgl. über beide bereits oben S. 103.

B. III S. 106. **Gerard Lairesse.**

Der Ww. teilt, ohne von Houbraken benützt zu sein, auf S. 184 mit, dass die Orgeltüren der Westerkerk von diesem Kunstler mit „verschiedlichen Sinnbildern" bemalt worden sind.

B. III S. 186. **Adriaen Backer.**

Houbrakens Mitteilungen über sein Jüngstes Gericht im grossen Bürgersaal des Rathauses stammen wohl nicht aus dem Ww. (S. 430), der das Bild mit den Worten erwähnt „sehr stattlich [deftig] gemalt; die Figuren sind in reichlich „doppelter Lebensgrösse und sehr kräftig und geistreich in „ihrer Wirkung."

B. III S. 324. **Cornelis Holsteijn** [1]).

Sein Bild in der Weeskamer des Rathauses wird Ww. S. 443 ohne Nennung des Malernamens beschrieben; desgleichen die dortige Decke, welche auch von ihm herrührt. S. 460 wird seiner Deckengemälde in der Thesaurie-ordinaris rühmend gedacht. Benützung zweifelhaft.

B. III S. 415. **Jan Hoogzaat.**

Das laut Ww. S. 424 von Jan Goeree gezeichnete Deckengemälde im Rathaus wird S. 427 f. ausführlich beschrieben. Houbraken hat diese Erklärung in abgekürzter Form abgedruckt.

[1]) Vgl. über ihn bereits oben, bei J. van Bronkhorst.

12. DELFT.

Nicht weniger als seine Vorgänger in Haarlem und Leiden war der Delftsche Stadtchronist, Dirk Evertsz van Bleijswijck bemüht den Ruhm seiner Vaterstadt dadurch zu mehren, dass er die Lebensbeschreibung der vornehmsten Künstler in seine Stadtgeschichte aufnahm. Diese Beschrijvinge der stadt Delft, deren erster Teil 1667, und zweiter etwa 1674 oder 1675 herauskam [1]), ist auch von Houbraken in ausgedehnter Weise benützt. Bereits die erste Biographie, welche er bringt, ist durch Mitteilungen des Delftschen Stadtbeschreibers veranlasst, obwohl man schwerlich beweisen kann, dass Bleijswijck die alleinige Quelle derselben war. Es ist dies das Leben des:

B. I S. 17—21. **Desiderius Erasmus.**

Die Urquelle ist jedenfalls die sogen. Autobiographie, welche vor den Colloquia abgedruckt ist. Houbraken hat entweder diese, bzw. eine davon abhängige Quelle recht schlecht benützt, oder geringwertige Vorlagen gehabt. Sicher ist, dass er häufig Verstösse gegen die geschichtlichen Tatsachen macht, welche hier weiter zu verfolgen kein kunstgeschichtliches Interesse

---

[1]) Obwol dieser zweite Teil einige Jahre nach dem ersten erschien, wurde er doch gleichzeitig geschrieben. Dies geht u. A. aus S. 840 hervor, wo der Vf. vom «15 März dieses laufenden Jahres 1667» redet. Dagegen spricht Bleijswijck S. 883 von einer dreijährigen Reise, die er nach Veröffentlichung des ersten Teiles gemacht und von Lobgedichten, die er nach der Rückkehr in den Jahren 1673 und 1674 empfangen habe. Der zweite Teil kann also frühestens im letztgenannten Jahre gedruckt sein.

hat. Es genügt zu constatiren, dass die Stelle über Erasmus' Tätigkeit als bildender Künstler (S. 19) aus Bleijswijck S. 321 und S. 360 stammt. Nur stellte das Bild nach diesem Schriftsteller keine Kreuzigung Christi dar, sonnern war es einfach ein gemaltes Crucifix.

B. I S. 21 f. **David Jorisz.**

Aus Bl. S. 404 f., S. 761 ff. Hier wird vom kirchengeschichtlichen Standpunkte aus mit Citirung vieler älterer Werke ausführlich über diesen Maler-Wiedertäufer berichtet. Die Stelle, welche sich auf seine Kunst bezieht, ist folgende:

S. 405: « Hij was, (soo de meeste seggen) een Speelmans Soon, en, « hetgeen seeckers is, een konstigh Glasschilder sijns Ambachts, werdende « hier en daer noch heerlijcke konst van hem gesien. »

S. 762 wird dieselbe Stelle wiederholt und S. 842 am Anfang der Biographien Delftscher Künstler hierauf verwiesen.

In der Beschreibung seiner ketzerischen Lautbahn hat Houbraken sich nach Gewohnheit ziemlich frei mit den geschichtlichen Tatsachen abgefunden: 2 Februar statt 26 Februar; Jan van Broek statt Jan van Brugge usw.

B. I S. 31. **Willem Tybout.**

Bleijswijck beschreibt S. 171 das von Tybout gemalte Fenster der Ursulakirche, was mit wenigen Abkürzungen von Houbraken wiederholt wird.

Ibid. **Laurens van Koot** (nicht **Kool**).

Die Beschreibung bei Houbraken betrifft nur die untere Hälfte des Fensters, und auch diese nicht vollständig, denn jene knieende Personen — die sogen. „hooge heemraden van Delfland" — beteten, nach Süden gerichtet, einen auferstandenen Christus an; auch sass an der Nordseite an einem Tische eine Person Namens van der Meer; die obere Hälfte des Fensters stellte Moses dar, Wasser aus dem Felsen schlagend; dies war ebenfalls sehr ausgezeichnet· und durfte wohl zu den vornehmsten Glasmalereien gerechnet werden [1]); es war, nach dem Urteil einiger Kenner gemacht von Laurens van Koot (Bleijswijck S. 171 f.).

[1]) Näheres bereits oben S. 202 f.

B. I S. 46 ff. **Michiel Jzn Mierevelt.**

Houbraken benützt Bleijswijck (S. 849 f.) von der Stelle an, wo er sagt „en als wij de oude gedenkboeken der stad Delft doorsnuffelden" bis zur Erwähnung seiner Schüler. Er schweigt aber über das Schützenstück, welches Bleijswijck auf S. 566 beschreibt:

«In den Doelen is onder anderen een schutterstuk, 't welck door «den vermaerden en konstrijcken Meester Michiel Mierevelt weleer ge- «daen en (12 October 1654) ganschelijck verbrijselt en in meenichte «van stucken geslagen zijnde, door de goede voorsorge van den Heer «Jacob Delft Zalg:.... seer kunstig weder aeneengebragt en alhier her- «stelt is.»

B. I S. 48, 61; II S. 56 f. Die Malerfamilie **Delff.**

Aus Bl. S. 845.

Ueber den Stammvater Jacob Willemsz. Delff stimmen Houbrakens Angaben mit denen Bl.'s überein. Nachzutragen ist das Todesdatum: 5 Mai 1601.

Von Cornelis, dem ältesten Sohne rühmt Bl. noch die vortreffliche Darstellung des Kupfers und Messings. Viele seiner Werke gab es zu seiner Zeit noch in vornehmen und alten Bürgerhäusern.

Beim zweiten Sohn, Rochus, hat Houbraken die Erwähnung des folgenden Bildes ausgelassen:

« 't oude Schilderij van d'officiers van 't Orange Vendel in de blaeuwe «Zael op den Doele; dit stuk heeft voor het springen van 't Kruyt «Magazijn veel grooter geweest, maer nevens andere jammerlijk ge- «schonden zijnde, heeft niet beter konnen gerepareert werden.» [1]).

Willem Delff endlich, der dritte Sohn Jacobs war auf dem ebengenannten Bilde als Fähnrich dargestellt. „Hij was „seer uijtsteeckende en konstigh in 't Plaetsnijden, hebbende „een seer stoute en vaste handelinge in 't snijden." — Er erreichte ein Alter von 58 Jahren.

Zu bemerken ist hier, dass, obwohl dieser Abschnitt inhaltlich auf Bleijswijck zurückgeht, Houbraken sich in Bezug auf die Chronologie ein starkes Versehen hat zu Schulden kommen lassen,

1) Jetzt im Delfter Rathause.

indem er den Stammvater des Geschlechtes Jacob Willemsz. Delff für einen Zeit-, dh. in diesem Zusammenhange immer Jahres-genossen der nach ihm 1577 geborenen Maler Adam Willaerts, Aert Jansz. Druivesteijn und P. P. Rubens erklärt. Dies ist aus mehreren Gründen unmöglich. Erstens malte Delff schon 1592 ein Schützenbild, wie Houbraken selbst dem Stadtchronisten nacherzählt. Zweitens starb sein dritter Sohn, Willem im Jahre 1638 in einem Alter von 58 Jahren, wurde also bereits um 1580 geboren, drittens erwähnt van Mander (1604) den zweiten Sohn als Schüler von Cornelis van Haarlem und als einen guten und gewandten (goed en vaardig) Meister und viertens hatte er selbst um 1584/5 Pieter van Rijck zum Schüler (v. M² S. 211b). Diese Beweisgründe, welche ihm nicht unbekannt sein konnten, hätten Houbraken dazu bringen sollen, die Geburt des Jacob Wzn. Delff mindestens 20—25 Jahre früher zu stellen [1]).

Das fünfte Glied dieser Familie, welches ihren Namen auf kunsthistorischem Gebiete bekannt gemacht hat, ist:

Jacob Willemsz. Delff Jr.

Houbraken (B. II S. 56) hat die Biographie vollständig und fehlerfrei aus Bl. S. 856 abgeschrieben. Nur in der Orthographie der Grabschrift hat er einige Ungenauigkeiten: caro für charo; Anna (ab) Hoogenhouck, und qualecunque statt qualequale. Auch nennt er als Todesmonat „Bloeimaand" (= Mai), obwohl in der Grabschrift richtig Juni steht.

B. I S. 118. **Jacob Woutersz. Vosmeer.**

Wörtlich mit Bl. S. 848 übereinstimmend, ausser dem Todesdatum, was dieser genauer angiebt: Juni 1641. Ueber die Verwechslung Leidens mit Delft als Geburtsort des Künstlers ist bereits oben S. 214 gesprochen worden.

B. I S. 121. **Willem van der Vliet.**

Wiederum wörtlich aus Bl. S. 851 entlehnt, mit Ausnahme des Todesjahres, was er — sei es zufällig oder absichtlich, jedenfalls aber diesmal mit Recht — von 1644 in 1642 umän-

---

[1]) Die neuere Geschichtschreibung (Woermann III 826) nimmt als Geburtszeit etwa die Mitte des 16ten Jahrhunderts an.

dert [1]). Da Bleijswijck sagt, dass der Künstler 58 Jahre alt starb, berechnet Houbraken aus dem von ihm verfrühten Todesjahr das Geburtsjahr 1584. Van der Vliet hatte nach Bleijswijck:

« een vaerdighe en bloeyende manier van Schilderen, doende oock « seer wel gelijckenen, waer van menichte van sijne wercken in de « voornaemste Burgershuijsen hier te Delft getuijgen konnen sijn en met « groot genoegen van de kenders gesien werden. »

B. I S. 121. **Hendrik van der Vliet.**

Aus Bl. S. 852, jedoch in folgender Weise abweichend:

Bl: « Eerst bij zijn oom [Willem « van der Vliet] en naderhand bij « den vermaerden Miereveld geleerd « hebbende, is hij althans mede « een goet Contrefeijter geworden, « zijnde ook niet ongeluckig in In- « ventien en Historien, zoo dach- « als nacht-lichten, hem de per- « spectiven wel verstaende, gelijck « te sien is aen sijn moderne of « hedendaegse Tempels, wanneer hij « die op sijn best heeft gemaeckt, « zijnde alsdan seer wel verschie- « tende en ingaende, oock natuijr- « lijck gecoloreert. »

H: « Hij oeffende zich lange jaren « onder zijn Ooms opzicht in 't « schilderen van Historien, Nacht- « lichten, Perspectiven, naderhant « begaf hij zig bij den beruchten « Mierevelt, om zich tot het pour- « tretten schilderen te oeffenen. « Doch zijne kerkjes van binnen « in te zien en op de wijze van « Em. de Wit, met geestige Val- « lichten en beeltjes gestoffeert, be- « hagen mij wel best. » [2])

B. I S. 122 f. **Christiaan Jansz van Biezelingen.**

Houbrakens Erzählung beruht im Ganzen auf Bl. S. 844 f., der ausserdem mitteilt, dass er ein tüchtiger Meister im Porträttiren und im Malen von Küchenstücken war. Aus dem Bericht über die spanische Reise ist durchaus nicht mit Houbraken zu schliessen, dass seine Frau und zwei Kinder dieselbe mitmachten. Bleijswijck erzählt nur, dass er, trotzdem er verheiratet war und schon zwei Kinder hatte, mit seinen jungen Freunden mitzog. Die Mitteilung der Anmerkung geht auf eine andre Quelle, vielleicht auf persönliche Erfahrung zurück.

---

[1]) Vgl. Necrologium van Delftsche Kunstenaars, Obreens Archief IV 9, wo der 6 Dec. 1640 als Beerdigungsdatum des Künstlers nachgewiesen wird.

[2]) Vgl. hierüber oben S. 207.

B. I S. 122. **Hendrik Gerritsz. Pot.**

Eine ausführliche Beschreibung des von Houbraken nur flüchtig erwähnten Bildes im Schöffenzimmer des Delfter Rathauses findet sich Bl. S. 127. Da sie im fünften Jahrgang Oud Hollands (S. 168) vollständig abgedruckt ist, brauche ich hier nicht weiter auf sie einzugehen.

B. I S. 135. **Pieter van Bronchorst.**

Er besuchte in seiner Jugend Frankreich. Dies hat Houbraken nicht; im übrigen kommt seine Erzählung mit Bl. S. 857 überein.

B. I S. 136. **Adriaen van de Venne.**

Houbraken entlehnt aus Bl. S. 857 f., was dieser aus de Bie S. 234 ff. citirt. Zusatz von Bl. ist das Todesdatum: 12 November 1662, welches Houbraken nicht erwähnt; seine Auslassungen folgen weiter unten. Dass er nicht das Gülden Cabinet direkt benützt, geht aus einem Vergleich der drei Texte hervor. Die Erzählung der Jugendgeschichte ist von Houbraken in der ihm eigentümlichen Weise umgeändert:

de B: « Ghelijck de Latijnse « studie grootelijckx dienstich is « voor eenen Schilder, overmidts « daerdoor het verstant gheset wort « ende overvloedigher ordonnan- « tien can voortbrenghen als iemant « die tot de Const natuerelijck « aanghewent sijnde) gheen studie « en heeft, soo ist dat Adriaen « van den Venne met de Latijnse « studie zijn verstandt heeft gaen « scherpen [1]) en is daerdoor ghe- « vallen in den schoot van onse edele « Pictura, waervan hem de fonda- « menten eerst aenghewesen zijn van « eenen Sr. Simon de Valck, Goud- « smidt ende Schilder tot Leiden. »

H: « Hij is van zijne ouders te « Leiden bestelt geweest om de « Latijnsche taal te leeren. Maar « hij leerde meteen door 't lezen « van d' oude Poeëten zulke fraje « denkbeelden vormen, dat hij ook « zucht heeft gekregen, om dezelven « op 't papier, of met verwe af te « malen, tot welken einde hij eenen « Simon de Valk, meester Goud- « smit en Schilder in den arm nam, « die hem de grontbeginselen der « Konst heeft onderwezen. »

---

[1]) Ich glaube die Spur von v. d. Venne's lateinischen Studien wiedergefunden zu haben in der folgenden Eintragung des Album Studiosorum zu Leiden: 8 Juni 1605, Adrianus Petri Delphensis 18 [Jahre alt] M[edicinae studiosus].

Die Mitteilung am Schlusse der Biographie: von seinen „Büchern sind mir bekannt" usw. hat in Houbrakens Munde keinen Wert, da er die Titel mit ebendemselben Zusatz aus Bleijswijck abgeschrieben hat.

Bei der Erwähnung von van der Venne's Werken ist de Bie dem Delfter Stadtchronist offenbar zu ausführlich. Manches ist auf die Weise auch Houbraken entgangen:

„Um zu einem Probestück seines grossen Verstandes über- „zugehen, so muss ich hier eine Frucht seines wackern Geistes „erwähnen, worin man eine grosse Wissenschaft spüren kann, „nehmlich eine Abbildung des geistlichen Fischfanges der Men- „schenseelen, voll Werk [1]).

„In weiss und schwarz hat er den ganzen Stammbaum des „Hauses Nassau gemalt, vom alten Prinzen Wilhelm bis zum „jetzigen Prinzen, wie man im Haag sehen kann [2]).

„Noch ein Erinnerungsstück, das voll Werk und sehr hübsch „behandelt ist, hat er für den König von Dänemark gemacht, „mit reichlichem Beiwerk, worin der Frieden abgebildet ist mit „den Herolden und allen Fürstlichkeiten der Christenheit. Dies „ist sehr schön und mit grossem Verstande gemacht und noch „zu Glückstadt zu sehen [3]).

„Für den Ratsherrn Reijnier Pauw hat er ein grosses, herr- „liches Stück und mehrere andere von grosser Qualität gemacht.

„Zu Antwerpen befindet sich beim Herrn Franciscus Enghel- „graeff ein Bild den Trevis (= Trèves, Waffenstillstand) dar- „stellend mit vielen zierlichen Darstellungen und Beiwerk. Es „ist im Jahre 1616 gemalt [4]).

„Ferner habe ich nicht unerwähnt lassen können ein wun- „derschönes Stück, von einer Länge von 12 Ellen, worin die „Schlacht bei Nieuwpoort in Flandern dargestellt ist, worin rings-

[1]) Das bekannte Bild des Rijksmuseum, Cat. Nr. 1521.

[2]) Wahrscheinlich die bekannte Reitergruppe, die mit der Unterschrift: Nassoviae proceres von Delff gestochen wurde. F a r b i g e Originale des Stiches findet man u. A. in den Museen zu Darmstadt und Amsterdam, beide jedoch mit Abweichungen in den Einzelheiten.

[3]) Jetzt in Kopenhagen, vgl. Francken, A. v. d. Venne S. 54 Nr. 25.

[4]) Jetzt im Louvre, Cat. Nr. 545.

„herum alle niederländische Städte sehr nett und geistreich zur „grössten Zier des Werkes abgebildet sind. Er hat dies für „einen polnischen Grafen gemacht sowie mehrere andere Werke, „zu viele um hier aufzuzählen."

Unter dem Selbstbildnis bei Meijssens und im Gülden Cabinet liest man noch, dass seine schönsten Werke in weiss und schwarz ausgeführt seien und am Schlusse seiner Biographie erwähnt de Bie die beiden Söhne: „der älteste Pieter ist besonders her- „vorragend schön im Malen von Blumentöpfen, Bildnissen und „anderen herrlichen Erfindungen; der andere Huijbrecht übt „sich täglich um diese hochberühmte wünschenswerte Wissen- „schaft zu erwerben."

B. I S. 49 und 163. **Pieter** und **Jan Mierevelt.**

Was Houbraken an letzterer Stelle über Jan sagt, ist wörtlich aus Bl. S. 851 entnommen.

Die Mitteilungen, welche er S. 49 über Pieter machte, werden S. 163 mit Bezugnahme auf Bleijswijck corrigirt.

Houbraken schlug die Stadtbeschreibung auf, weil ihm ein Bild auf Namen Michiel Miereveld's gezeigt wurde, welches das aus den verschlungenen Buchstaben P. und M. bestehende Monogramm trug [1]). Hieraus wäre abzuleiten, dass er an der ersten Stelle Bleijswijck noch nicht kannte, aber dem steht entgegen, dass er ihn schon zu den vorhergehenden Abschnitten über Erasmus, David Jorisz und Willem Tybout benützt hat und auch in der Biographie des alten Miereveld eine „Durchblättrung der Gedenkbücher Delfts," womit nur Bleijswijcks Werk gemeint sein kann, erwähnt.

Vermutlich hat er damals zu flüchtig durchblättert und in Folge dessen Pieters Geburtsjahr fälschlich 1595 gelesen, obwohl er den Geburtstag 5 October bestätigt. S. 163 erwähnt er letzteren nicht, corrigirt aber stillschweigend das Jahr (1596). Wenn er dann, das 27 jährige Lebensalter beibehaltend, den 11 December 1632 als Todesdatum hinschreibt, so ist dies wieder ein Flüchtigkeitsfehler für 11 Januar 1623, den Tag, den Bleijs-

[1]) Vgl. hierüber bereits oben S. 86.

wijck mit Recht angiebt, da nach Obreen's Archief, VI S. 19, am 14 Januar 1623 der Sohn von Mr. Michiel van Mierevelt, Maler in der Neuen Kirche begraben wurde.

Bei der Erwähnung des Delfter Anatomiebildes (S. 49) wäre Bleijswijck zu benützen gewesen, der S. 576 — wohl auf Grund der Bezeichnung des Bildes [1]) — mitteilt, dass der Vater das Gemälde im Jahre 1617 ordonnirt und gezeichnet hatte. Auf demselben waren abgebildet: sechzehn Mediciner, Pieter Miereveld selbst, und im Hintergrunde drei Schüler des Malers.

B. I S. 178. **Hubertus Jacobsz Grimani.**

Ganz aus Bl, S. 846 entlehnt, ausser dem Geburtsjahre 1599, was daselbst nicht vorkommt und von Houbraken mindestens 30 Jahre zu spät gegriffen ist, da nach van Mander ([2]S. 211 b) Pieter van Rijck spätestens bereits um 1588 Grimanis Schüler war.

B. I S. 228 ff. **Evert** und **Willem van Aelst.**

Erstere Biographie ist ganz, letztere bis S. 229 oben (Willem anders Guilhelmo usw.) aus Bl. S. 855 entlehnt. Nachzutragen ist, dass Everts Vater Willem hiess, und dass Bleijswijck nach Guillelmo's Rückkehr aus Italien keinen Aufenthalt in Delft mehr erwähnt.

B. I S. 235. **Pieter Jansz. van Asch.**

Bei Bl. S. 859 wird blos sein Geburtsjahr, 1603 angegeben. Ausserdem wird er unter den im Jahre 1667 noch lebenden Künstlern genannt.

B. I S. 236. **Christiaan van Couwenberg.**

Vollkommen übereinstimmend mit Bl. S. 859, der nur noch hinzufügt: „seine Bilder befinden sich noch in fast all den vornehmsten Häusern Delfts:

Die bei Bleijswijck folgende Liste der bei der Herausgabe seines Werkes noch lebenden Delfter Künstler wird von Houbraken copirt, ohne Rücksicht darauf, dass er Pieter van Asch eben erst, Leonard Bramer schon S. 163 und Adriaan van Linschoten schon S. 145 ausführlicher behandelt hat. Ueber Bramer wäre nachzutragen gewesen, dass er am Christabend

[1]) Mitgeteilt auf S. 145.

1596 geboren wurde, und dass er den zweiten Saal des Delfter Doelens, den man den gemalten nennt, ringsumher auf italienische Art in fresco oder nassem Kalk mit Darstellungen bemalt hatte, welche sich auf diesen Ort bezogen [1]). Von den übrigen Künstlern dieser Liste kommt Houbraken B. II S. 28 auf Hans Jordaens zurück, wo er aber als Geburtszeit September [statt März] 1616 angiebt. Auch Cornelis de Man wird später (B. II S. 99) ausführlich erwähnt. Dass Bleijswijck seinen genauen Geburtstag: 1 Juli 1621 enthält, hat Houbraken dann freilich längst wieder vergessen. Endlich werden wir bei B. III S. 337 Gelegenheit haben auf Johannes Vermeer zurückzukommen.

B. I S. 303. **Palamedes** und **Antony Palamedesz Stevers.**

Wörtlich aus Bl. S. 847 f., ausser dem Urteil über Antony, welches dort lautet: „ein guter Bildnismaler und sehr nett im „Malen von Gesellschaften und Wachtstuben, da er eine sehr „feste und energische Art und Weise zu zeichnen und zu malen „hat." Seine Angaben über Antony's Mitgliedschaft der Delfter Gilde hat Houbraken aus andrer Quelle.

B. II S. 83 ff. **David Beck.**

Aus Bl. S. 854 f., wo jedoch der zweideutige Zusatz über Becks Verhältnis zur Königin Christina von Schweden nicht vorkommt, ebensowenig wie die Anecdote von der Wein- und Wassertaufe in St. Goar und von Beck's zweimaligem Tode. Andere kleine Abweichungen sind:

Bl: er besuchte Deutschland.	H: er besuchte sämmtliche Deutsche Höfe.
Bl: Er hatte ungefähr 60 Unterschriften unter dem Taufschein der Malerbent.	H: er hatte deren 60.

Die Beschreibung von Becks Persönlichkeit auf S. 86: „Hij „was een schoon en welgemaakt Persoon doch niet kloek" geht durch Vermittlung von Bleijswijck auf das Porträt bei de Bie (S. 161) zurück.

[1]) Auch im Saale des Prinsenhof befanden sich derartige Wand- und Deckenmalereien von Bramers Hand. Vgl. Riemsdijck, Het Klooster van Sinte Agatha 1889 S. 25.

B. II S. 344. **Johan van Nes.**

Aus Bl. S. 852, der nur in seinem Urteil etwas ausführlicher ist: „Hij heeft van Italie gebracht een seer kloecke en vaerdige „handelinge, die hij alhier in sijn geboorte-plaets uijt lust en „genegentheit onderhouden heeft, hebbende onder sijn vrinden „veel heerlijcke Contrefeitselen gemaeckt, als oock verscheijde „Ordonnantien, die gene anderen van sijnen tijd behoeven te „wijcken."

B. III S. 337. **Carel Fabricius.**

Aus Bl. S. 852 ff., aber mit Weglassung des letzten Verses des Trauergedichtes auf Fabricius' jämmerlichen Tod:

« Soo doov' dan desen Phenix t' onser schade
« In 't midden en in 't beste van zijn swier,
« Maar weer gelukkig rees'er uijt zijn vier
« Vermeer, die meesterlijck betrad zijn pade. »

Man hat darüber gestritten, ob durch diese Verse die Schülerschaft Vermeers bei Fabricius angedeutet werde [1]). Meines Erachtens kann die Bejahung dieser Frage keinem Zweifel unterliegen. Arn. Bon, der Verfasser des Gedichtes, hätte gar keinen Grund gehabt, grade Vermeer hier zu erwähnen, wenn dieser nicht in enger Beziehung zum verunglückten Meister gestanden hätte. Was der heutigen Kunstwissenschaft im Lichte der geschichtlichen Betrachtung und mehr oder weniger bevorurteilt durch ihre Kenntnis von gemeinschaftlicher Lebenszeit und Vaterstadt in den beiden Künstlern gemeinsam erscheint, dürfte wohl schwerlich dem zeitgenössischen Buchdrucker von solcher Bedeutung erschienen sein, um ohne das Vorhandensein eines Schulverhältnisses auszurufen: Der eine geht in seiner höchsten Kraft unter, aber wie ein Phenix erhebt sich der andre aus seiner Asche!

Bis hier geht die Benützung Bleijswijcks durch Houbraken. Sie zeigt, dass letzterer den Abschnitt „Beschrijving der Delfsche Schilders" (S. 842—59) insofern er nicht auf van Mander

[1]) Vgl. z. B. Havard, Art et art. holl. IV 66 ff. Woermann III 831 usw.

zurückgeht, nahezu ganz abgeschrieben hat, dass er dagegen die in Kirchen und andern öffentlichen Gebäuden beschriebenen Kunstwerke unerwähnt gelassen hat. Einige derselben habe ich im vorhergehenden bereits namhaft gemacht, die übrigen mögen hier ihren Platz finden:

Von Mich. Jzn. Miereveld sah man im Bürgermeisterzimmer des Rathauses neun herrliche Bildnisse, den alten Prinzen von Oranien, seine drei nachgelassenen Söhne Philips Willem, Maurits und Frederik Hendrik, sowie einige andere Mitglieder der Familie darstellend. Hierunter befanden sich auch der König und die Königin von Böhmen; alle bis zu den Knieen in Lebensgrösse, einige in den modernen Kleidern ihrer Zeit, andere in ihrem Kriegsanzug [1]). (Bl. S. 126).

Willem Verschoor malte die Türe der Orgel in der Gasthuiskirche aus und zwar mit der Darstellung eines auf dem Trone sitzenden und Harfe spielenden Davids. Der leere Raum war mit allen möglichen Musikinstrumenten ausgefüllt [2]).

---

1) Zum Teil noch jetzt im Ratssaale vorhanden: Wilhelm I, seine drei Söhne und die beiden friesischen Statthalter: Wilhelm Ludwig und Ernst Casimir.

2) Das einzige heutigen Tages bekannte Bild dieses Meisters wird im Museum Kunstliefde zu Utrecht aufbewahrt.

13. DORDRECHT.

Der Wert der Beschrijving der stad Dordrecht door Matthijs Balen Jzn., Dordrecht 1677 für die Quellenkunde der holländischen Künstlergeschichte ist gering in Verhältnis zur Bedeutung dieser Stadt. Denn während Balen in fünfzig Spalten die Gelehrten seiner Vaterstadt preist, hat er über Männer wie die drei Cuyp, wie Ferd. Bol und Nic. Maes, wie die Hoogstraten, wie Godfr. Schalcken oder Aert de Gelder sozusagen kein einziges Wort. Kein Wunder daher, dass Houbraken, dem hier das Ergebnis zahlreicher persönlicher Beziehungen zu Gebote stand, diesem Buche nur wenig entnommen hat und dass die beiden Biographien, bei welchen eine Entlehnung stattgefunden hat, nicht Personen betreffen, die wegen ihrer Malkunst in erster Linie bekannt sind: den Glaubensmärtyrer Jan Woutersz van Kuik und die gelehrte Jungfrau Margaretha Godewijk.

B. I S. 49. **Jan van Kuik.** [1])

Entlehnt aus Balen S. 841. Die einzigen Abweichungen bestehen in der Angabe des Orts bei Houbraken, wo dieser Maler gefangen sass: das Thor genannt „Vuilpoort, toenmaals de Gevangenpoort," was wohl auf seiner Ortskenntnis beruht, und darin, dass er das von Kuik gemalte Urteil Salomonis, für ein grosses Bild erklärt, während Balen sich über das

[1]) Näheres über ihn bei Veth, O. H. VII 307.

Format gar nicht auslässt: „der Schulze liess sich von ihm malen als Salomo, der zum ersten Male das Urteil fällt.“ Endlich findet sich Houbrakens Mitteilung, dass Kuik eine Wittwe und ein siebenjähriges Töchterchen hinterliess, nicht bei Balen, während umgekehrt Houbraken nicht beachtet hat, dass dieser S. 671 im grossen Saal des Georgendoelens einen Adam und eine Eva in grau und weiss erwähnt, welche man damals für Werke unseres Meisters hielt.

B. I S. 316. **Margarita Godewijk.**

Balen S. 203 f. giebt im Texte nur eine Aufzählung ihrer vielen Kenntnisse und guten Eigenschaften und auf dem Selbstbildnis ihre Geburts- und Todesdaten, nebst der von Houbraken herübergenommenen Unterschrift von Sam. van Hoogstraten. Was Houbraken sonst mitteilt, beruht nach seiner eigenen Aussage auf dem — wahrscheinlich mündlichen — Zeugnisse Balens.

Balen erwähnt bei der Beschreibung der öffentlichen Gebäuden Dordrechts noch an folgenden Stellen Kunstwerke, über die Houbraken schweigt:

S. 111. Die Feuersbrunst, welche am 22 Januar 1568 die Nicolaïkirche einäscherte, war abgebildet von Jan Dudeijn (Doudijns) und eins der besten Bilder dieses Meisters. Es befand sich bei Mr. Adr. van Bleijenburg: der Schulze und die Bürgermeister waren mit bunten Mützen dargestellt, jeder gefolgt von drei Hellebardenträgern, die nötigen Massregel treffend. Die Mönche, Männer und Weiber waren mit grossem Eifer beschäftigt, das Feuer zu löschen [1]).

S. 682. Von demselben Maler befand sich ein Gemälde vom Jahre 1560, die Bildnisse der Münzmeister darstellend in der Münze.

S. 183. Im Heilige-Geest-Haus befand sich ausser andern, anonymen Bildern ein kunstreiches Stück vom jüngsten Gerichte,

---

[1]) Jetzt im Rathause zu Dordrecht. Näheres über den Künstler bei Veth, O. H. VI 182 ff.

gemalt im Jahre 1563 von Jacob Bornwater aus Dordrecht [1]).

S. 672. Im St. Christophorusdoelen sah man ein Altarblatt mit der Kreuzigung Christi von demselben.

S. 233. Auch im Ratsaale gab es mehrere Bilder und unter ihnen eine Ansicht Dordrechts im Jahre 1629, von A. Willarrs (Willaerts) gemalt [2]).

S. 666. Im Kloveniersdoelen sah Balen ein grosses Bild, die Schützen der zweiten Abteilung („kavel"), von Jacob Kuyp gemalt und diejenigen der dritten Abteilung, ebenfalls in einem grossen Bilde; gemalt, aber nicht vollendet von Pouwels Lesire, beide aus Dordrecht [3]).

S. 682. Von Jacop Kuyp sah man ferner in der Münze ein Regentenstück vom Jahre 1617 [4]).

Ebendort ein Stück von den Münzmeistern mit den Generälen, nach dem allgemeinen Urteil gemalt von einem Snellaard. Dies Bild wird in der vermutlich chronologischen Reihenfolge erwähnt zwischen dem Doudijns von 1560 und dem Cuijp von 1617 [5]).

Endlich werden als dort befindlich erwähnt: zwei Bilder, beide in Lebensgrösse vom „Waardijn" und den Münzmeistern, an einem Tisch sitzend um zu richten, gemalt von Sam. van Hoogstraten in den Jahren 1657 und 1674.

Letzteres Bild erwähnt Houbraken B. II S. 158 in der Biographie dieses Meisters: „Er hat eine lobenswerte Malweise in „seinen Bildnissen und war glücklich im Treffen der Aehn- „lichkeit, wie besonders aus dem letzten Bilde der Dordrecht- „schen Münzmeister hervorgeht, welches er in der Zeit malte, „als ich bei ihm war. Ich habe sie alle gekannt, und einige „davon leben noch heute."

In der Genealogie seines Geschlechtes erwähnt Balen S. 1355

---

[1]) Vgl. über ihn Veth, O. H. VI 76 ff.

[2]) Noch jetzt vorhanden im Museum.

[3]) Veth. & Bredius, O. H. V 49.

[4]) Veth, O. H. II 212 f.

[5]) 1586 tritt ein Maler Namens Claes Snellart in die Dordrechter Gilde ein, Obreens Archief, I 184.

dass eine Cousine von ihm sich mit Sam. van Hoogstraten vermählte. Er nennt ihn dort: berühmten Maler und Dichter, der am 2 August 1651 vom Kaiser Ferdinand III mit einer goldnen Kette und Schaumünze beschenkt wurde, welche an der einen Seite des Kaisers Bildnis, an der andern eine Waage mit Kreuz, Zepter und Schwert zeigte mit der Beischrift Firmamenta Regnorum.

Houbraken erwähnt dies Ereignis B. II S. 157, nennt dort aber als Datum den 6 August und weicht auch in andern Details vom Obenstehenden ab. Bei den engen Freundschaftsbeziehungen zwischen ihm und Hoogstraten ist es daher sehr wahrscheinlich, dass er seine Mitteilungen aus andern Quellen geschöpft hat [1]).

---

[1]) Vgl. Veth, O. H. VII 133.

14. GOUDA.

Houbrakens Quelle für die Gouda'schen Künstler ist die Beschrijving der stad Gouda, welche im Jahre 1713 von der Hand des katholischen Priesters Ignatius Walvis zu Gouda und Leiden erschien.

Bei der Benützung begeht Houbraken seinen Hauptfehler dadurch, dass er die beiden Generationen der Crabeth's; die alten Glasmaler Dirk und Wouter und des letztern Enkel und Namensvetter, der Oelmaler war, verwechselt, trotzdem er B. I S. 178 ihr gegenseitiges Verhältnis richtig erkannt hat.

Hierdurch entsteht auch zwischen ihren Schülern eine allgemeine Verwirrung in Bezug auf Lebenszeit und Kunstgattung, ein Uebelstand, dem umsoleichter vorzubeugen gewesen wäre, da Walvis aufs gewissenhafteste die Glasmaler von den übrigen Künstlern sondert.

Zu den einzelnen Biographien ist Folgendes zu bemerken:

B. I S. 26—29. **Dirk** und **Wouter Crabeth** [1]).

Wörtlich entlehnt aus W. I S. 326 ff., ausser der Mitteilung über Adriaan Pietersz. Crabeth, welche zwar dort auch vorkommt, aber nachweislich [2]) direct aus van Mander entnommen ist.

Abweichungen:

---

[1]) Der Herr Almeloveen, der von Houbraken zu diesen Biographien citirt wird, ist eine Quelle von Walvis: I 327 in marg: Amoen. Theol. Philologicae, erschienen zu Amsterdam 1694 und 1698.

[2]) Wegen der bei Walvis fehlenden Angabe der betreffenden Seite van Manders. Diesen Tatbestand habe ich oben S. 226 übersehen.

W: « Willem Tomberg, Glas-« schrijver en zoon van Daniel « Tomberg, mede glasschrijver. »	H: » Willem Tomberg, zoon van « Daniel Tomberg, glasschilder. »
W: « Hij stak uit in konstig te « hoogen. »	H: « Zijn werk stak uit in hel-« derheid. »

Eine ausführliche Beschreibung der S. 27 Z. 28 von Houbraken erwähnten Glasgemälde, giebt Walvis B. II S. 65 ff. bei seinem Gang durch die Johanniskirche.

S. 28: Walvis bestimmt die Lage von Wouter Crabeths Wohnung genauer als Houbraken: achter de Vischmarkt, „in het „eerste huis op de noordzijde als men van de Gouwe koomt, „een hoog gebouw, daar naderhand Jaspar Tournay, boek-„drukker heeft gewoond."

W (S. 328): « De rechte tijd van « hun [Dirk und Wouter's] sterven « weet men niet. »	H (S. 29): « Het jaar, waar in « hij [Wouter] gestorven is, weet « ik niet. »
W: « Reinier van Persijn met « Wouters kleinzoons dochter « getrouwd. »	H: « R. v. P. met Wouters zoons « Dochter getrouwt. »

Die Bildnisse der beiden Brüder sind von Houbraken der Beschreibung Gouda's entlehnt [1]).

B. I S. 29 f. (von Z. 21 an) **Willem** und **Daniel Tomberg**, **Alexander Westerhoud.**

Aus W. I S. 331 und S. 330.

Abweichungen:

W: „Deze meesters zijn gestorven, en ook mogelijk zegd „Tomberg [2]) de konst met hen." [Die gesperrten Worte fehlen bei Houbraken.]

Desgleichen im Satz: „de koleuren worden aan 't glas gegeven „door zilver, ijzer, koper, keijsteen, rood krijt, bloed-„steen, een vermengzel van menie en zand of „andere mineralen."

---

[1]) Vgl. oben S. 192.

[2]) Vgl. unten die Anmerkung auf S. 370.

Ueber Willem Tomberg teilt Walvis noch mit, dass von ihm die Glasmalereien der Lutherischen Kirche herrühren und dass er einige Zeit die Aufsicht über die Crabeth'schen Fenster gehabt habe.

Houbrakens Abschnitt auf S. 30 die eerst zeven jaren bis voor den besten gehouden wierd ist, wie aus Walvis' Worten deutlich hervorgeht und wie er selbst es B. I S. 179 auch richtig auffasst, auf Daniel Herboldsz. Tomberg und nicht auf W. Tomberg, Herbolds Enkel zu beziehen.

Ueber Westerhoud ist aus Walvis (I 330 und II 89) nachzutragen, dass er in Utrecht geboren wurde, dort bei Jan van der Burch die Kunst lernte, sechs Jahre in Frankreich (Paris und Orléans) reiste, darauf noch bei Lebzeiten seines Vorgängers Adr. Gzn. de Vrije (blind gestorben am 25sten März 1643) Aufseher der Glasgemälde zu Gouda wurde, sich dort verheiratete und am 9 Dec. 1661, 73 Jahre alt, starb. Als er durch sein Alter nicht mehr im Stande war, seines Amtes zu walten, wurde er durch Dan. Tomberg ersetzt. Ueber seine Malweise sagt Walvis: „Hij was net, inzonderheid in 't klein" und „Sijne „gronden waren op sijn Fransch sterk en sijne hoogzels daar „in op eene vaste en gezette wijze."

Der letzte Abschnitt dieser Biographien ist ebenfalls von Houbraken verkürzt wiedergegeben. Er lautet bei Walvis (S. 331):

« Tomberg..... zegt, dat noch noit de stoffe gevonden is, waar van « 't swart aan 't kleed van d' Abdisse van Rhijnsburg in 't glas van « den Koning Salomon gemaakt is, als ook van de Religieus, staande « achter den Bisschop van Luik, zijnde als beenzwart, 't welk nochtans « op 't glas (vermits alles van mineraal moet gekoleurd worden, door « dien olie-verf het vyer van den oven niet kan wederstaan) niet kan « gebruikt werden. »

B. I S. 30. **Willem Tybout** und **Cornelis IJsbrantsz Kusseus** [1]).

Alles, was W. über die Gouda'schen Werke dieser beiden Glasmaler erzählt, lässt Houbraken weg. Es ist Folgendes:

[1]) H. schreibt fälschlich Kuffeus; desgleichen Schrevel in seinen beiden Ausgaben Russeus. Die richtige Leseart geht aus Ampzing und den Documenten bei v. d. Willigen, S. 200 hervor.

Im Jahre 1570 malte Tybout die Enthauptung Johannis des Täufers im Auftrag von Hendrik van Zwol, dem Commandeur des Johanniterordens in Haarlem; im Jahre 1597 die Eroberung Damiatens im Auftrag der Stadt Haarlem. (W. II S. 76, 80).

Kusseus hatte nach W. II S. 81 im Jahre 1597 das von Amsterdam in die Gouda'sche Kirche gestiftete Fenster gemalt, welches das Gebet des Pharisäers und Zöllners darstellt. Der Baumeister Hendrick de Keijser hatte die Zeichnung dazu geliefert. Auch gab es im Greisenspital mehrere „parken met omwerk" [1]) von ihm.

B. I S. 33. **Jacob Caan** u. A.

Hier fängt die Verwechslung des ältern und jüngern Wouter Crabeth und ihrer Schüler an. Von den hier erwähnten gehören zu den Glasmalern aus der Schule des Bruderpaares Dirk und Wouter: Jacob Caen, Jan Dirksz Lonk, Govert Hendriksz nebst den von Houbraken übergegangenen Adriaan Gerritsz de Vrije, Willem Jan Damansz und Isenhout. (W. I S. 329). Zu den Schülern des jüngeren Wouter rechnet W. (I S. 337) dagegen: Aert Verharst (nicht Verhaast). Gijsbert van der Kuijl und Dirk de Vrije. Jan Dame de Veth endlich, sowie Adriaen van der Spelt nennt er ohne Angabe ihrer Lehrer.

Jan Dirksz. Lonk. Ueber diesen Meister ist aus Walvis (II S. 66) nachzutragen, dass er nach alten Zeugnissen [2]) abgebildet ist im ersten gemalten Fenster vom Jahre 1556 (von Dirk Crabeth verfertigt) und zwar stehend vor Christus, mit einem kurzen Mantel, roter, flacher Mütze und spanischen Hosen. Später wurde er Secretär des Schlosscastellans van Swieten und starb grade am Tag des Entsatzes von Leiden (3 Oct. 1574).

Adriaen Gerritsz de Vrije. W. (II S. 78, 80, 89) berichtet Folgendes, was Houbraken einzuschalten unterliess:

Er malte 1594 das Fenster mit dem städtischen Wappen,

[1]) D. h. wahrscheinlich Fensterteile mit decorativem Randwerk.

[2]) B. II S. 69 sagt Walvis, dass ihm bei der Beschreibung der Glasgemälde Notizen von D. Tomberg zur Verfügung standen. S. 327 in margine citirt er W. Tomberg, Gouds. Arc.

und 1596 im Auftrag der Staaten Süd-Hollands die Gewissensfreiheit nach Zeichnungen von Joach. Wttewael. Von diesem Bilde hat jedoch nach dem Urteil von Kunstkennern ein andrer den weniger gelungenen architektonischen Hintergrund gemalt, de Vrije zeichnete auch die von Rijnland und den Staaten Nord Hollands gestifteten Fenster, jenes hauptsächlich Wappen und Allegorien, dieses David und den Christlichen Ritter darstellend.

Nach den Brüdern Crabeth und seinem einstigen Mitschüler Isenhout war er Aufseher der Gouda'schen Glasmalereien, bis er als blinder Greis durch Westerhoud ersetzt wurde. Er starb 25 März 1643.

B. I S. 33. **Aert Verharst** und **Gijsbert van der Kuijl**.

Ganz entlehnt aus W. (I S. 337), wo sich jedoch selbstverständlich Houbrakens Wortspiel mit der von ihm aufgebrachten Namensform V e r h a a s t nicht findet.

B. I S. 34. **Dirk de Vrije.**

Aus W. I S. 337, der noch hinzufügt, dass er von Herkunft und Geburt Gouda-er und mit Adr. Gzn. de Vrije verwandt war, und die Kunst ausser bei Wouter Crabeth in Utrecht bei einem andern Meister gelernt hatte.

B. I S. 34. **Adriaan van der Spelt.**

Vollständig aus W. I S. 338, der nur noch die Lage seiner Wohnung angiebt: „in de Peperstraat, het derde huis noordwaarts de Komijnsteeg."

B. I S. 34 **Jan Franse Versijl** und **Jan Damesz de Vet.**

Diese Meister werden von Houbraken nur hier und blos dem Namen nach erwähnt. Aus W. I S. 335, 338 hatte er Folgendes entlehnen können: J. F. Versijl, Zeitgenosse und Mitschüler von J. Duijve, Jan Govertsz Verbijl und A. v. Waes [beim jungen Wouter Crabeth] besuchte Italien und Rom und brachte sein übriges Leben in Gouda zu. Im Aalmoezeniershuis befindet sich ein grosses Bild von seiner Hand, die Regenten an einem Tische darstellend, welche die Pläne des neu zu erbauenden Hauses betrachten [1]) Er starb im Jahre 1647.

[1]) Dies schöne Bild (datirt 1644) befindet sich noch jetzt an seinem alten Platz im Regentenzimmer des jetzigen Waisenhauses. Es zeigt in der Beleuchtung starken Einfluss Rembrandts.

Jan Damesz de Vet, obwohl zu Leiden geboren, stammte aus Gouda. Ehe er sich dort niederliess, hatte er Frankreich, Italien und Rom besucht. Im Doelen befindet sich ein bedeutendes Schützenstück [„stuk van den krijgsraad"] von ihm [1]). Er hatte die Absicht sich zum Kupferstecher auszubilden, doch starb 1625 ungefähr 30 Jahre alt an einer ansteckenden Krankheit.

B. I S. 178. **Wouter Crabeth Jr.**

Wörtlich aus W. I S. 334, der jedoch seine Frau Adriana Vroesen statt Vriesen nennt und sagt, dass das Schützenstück in Lebensgrösse ausgeführt ist.

B. I S. 179. **Antoni van Dijk.**

Die Notiz über seinen Vater kommt bereits S. 30 vor; hier jedoch in richtigerer Fassung. Beide Male entlehnt aus W. I S. 330, wo aber das Prädicat gut vor Glasmaler fehlt.

B. I S. 289. **Abraham van Diepenbeek.**

Aus W. I S. 330 stammt die Stelle Hierbij ('t geen wij bis tot het paneelschilderen begaf.

B. II S. 90. **Jan Duijve.**

Aus W. I S. 335. „Er war Schüler Wouter Crabeths", d. h. des jüngeren.

W:	H:
Hij was vaardig in 't schil- « deren, meest in 't conterfeiten. »	« Hij was een vaardig en goed « schilder van portretten. »

B. II S. 91. **Jan Govertsz Verbijl.**

Aus W. II S. 335, der ausführlicher sagt:

„hij trok naar Italie, van waar hij eens wedergekeerd bij „sijne vrinden en derwaarts verreist, sijne dagen eindigde."

B. II S. 91. **Aart van Waas.**

Aus W. I S. 335. Zeile 14 f. sagt Houbraken: „medeijveraar „in de kunst," Walvis bestimmter: „medediscipel bij Wouter „Crabeth Jr." Desgl. Zeile 20. H: „teekeningen met potlood," wo W. hinzufügt op perkament.

B. II S. 91. **Dirk Meerkerk.**

Die Mitteilungen über seine Lebenszeit und Schule sind vermutlich Erfindung Houbrakens, stammen jedenfalls nicht aus

[1]) Jetzt sind deren drei im städtischen Museum, Cat. 1885 Nr. 218—220.

Walvis, der nur sagt (S. 337): „Men heeft Ter Goude ver- „scheide schilderijen van eenen Dirk Meerkerk," woran sich ferner wörtlich der von Houbraken abgeschriebene Lebensabriss anschliesst, mit Ausnahme der Zeitbestimmung des Todes „kurz „nach seiner Heimkehr", welche man ebenfalls vergeblich bei Walvis sucht.

B. II S. 92. **Cornelis de Visscher.**

Houbraken nennt ihn Zeitgenosse der vier vorhergehenden, irrt sich aber dabei ungefähr um ein Jahrhundert, denn Walvis teilt mit, er sei Zeitgenosse von Damiaan van der Goude. dem Schüler Frans Floris' gewesen. Da van Mander ihn schon erwähnt ([2]fol. 148b) und Walvis nur dessen Worte wiederholt, hätte Houbraken ihn füglich weglassen können.

B. II S. 92. **Jacob Rengersz** (nicht **Reugers**) **Blok.**

Im ganzen aus W. I S. 335 f.

Abweichungen:

W: « Rubens.... getuigde, dat « onder alle de treffelijke Meesters, « die hij hier te lande had gevonden, « in de teeken- en schilderkonste « deze J a c o b de alleruitsteekenste « was, hij schilderde alles in 't « perspectief. »	H:.... « dat hij onder al de « konstenaren in Nederland geen « gevonden had, die hem in 't « schilderen en teekenen van door- « zicht en bouwkunde gelijk was. »

Als Geburtstätte nennt W: „Gouda in de Lange Groenendeel „in het huis, daar de h e l b a a r d e n weleer uithongen."

W: « Hij verhuijsde met sijn « gezin na Vrankrijk, en geraakte « naderhand in handen der Spaan- « sche, in dienst bij den Hertog « Leopoldus » usw.	H: « Naderhand kwam hij in « dienst bij den hertog Leopoldus, » usw.

B. II S. 93. **Jan** und **Pieter Donker.**

Aus W. I S. 336 f.

Abweichungen.

W: « broederskinderen. »	H: « neven » (Z. 15).
W: « Pieter Donker t' Anfwerpen « bij den vermaarden Jordaans be-	H: « Pieter Donker heeft de « kunst geleerd te Antwerpen bij

« steed, vertrok na twee jaren van « hem onderrecht te zijn na Frankfort..... (welke reize in druk « quam) » usw.

« den vermaarden Jacob Jordaans « en trok naar Frankfort, om....» usw.

B. II S. 261. **Christoffel Pierson.**

Auf W. II S. 90 scheint blos die folgende Mitteilung zurückzugehen:

W: « Christoffel Pierson tekende « in de jaren 1673—76 de patroonen der kerkglazen. yder op een « blad parkement zeer net in 't « klein, berustende in de Kerkmeesterskamers tusschen de wapens « der regeerende Vroedschappen. »

H: « Door hem zijn ook alle « glazen in de St. Janskerk tot « Gouda.... in 't klein op perkament afgeteekend, welke teekeningen onder de heeren burgemeesteren berusten. » [1]

[1]) Vgl. bereits oben S. 192.

15. HAARLEM.

Ueber die Haarlemer Künstler stehen uns zwei Werke zu Gebote, von denen das eine in doppelter Ausgabe vorliegt. Es sind dies:

Samuel Ampzing, Beschrijvinge ende Lof der Stad Haerlem, Haerlem 1628.

und

Theod. Schrevelius Harlemum, sive urbis Harlemensis incunabula; Lugd. Bat. 1647.

— Harlemias, of de eerste stichting der stad Haerlem, Haerlem 1648.

Houbraken hat diese Werke in ausgedehntem Umfang benützt. Sehen wir zu, auf welche Weise.

A. *Ampzing*.

B. I S. 30 f. **Willem Tybout** und **Kornelis IJsbrantse Kusseus** (nicht **Kuffeus**).

Die beiden Verse und die folgenden Zeilen sind aus A. S. 365 entlehnt. (1699 ist wohl Druckfehler für 1599).

B. I S. 60. **Aert Jansz Druijvesteijn.**

Am Anfang dieses Artikels citirt Houbraken van Mander. Er hat diesen aber vielleicht nicht direct benützt, sondern wahrscheinlich die ganze Biographie aus A. S. 366 abgeschrieben. Dieser citirt van Mander [1]S. 300a:

A: « Noch is te Haerlem een « Jongman Aert Janszen Druyvensteyn, in landschap en beeldekens « wel ervaren wesende, doch de « konst maer bij lust gebruijkende. » Dann fügt er selbst hinzu:

« Hij is in sijn leven Wethouder « ende Burgemeester der Stad Haerlem geweest, ook Diaken ende « Ouderling in Gods gemeijnte. Sterf « den 5 Aug. 1627. Oud 50 jaeren. »

H: « Aart Janze Druivestein, dien « van Mander in 't laatste van zijn « Boek onder de aankomelingen « gedenkt, werd een fraaij Land- « schap en Beesteschilder: doch « oeffende die konst uit enkele « liefde tot de zelve, en niet uit « noodwendigheid. Hij word onder « de Borgermeesteren van Haarlem « getelt, en was ook voor dien tijd « Ouderling van de Gereformeerde « Kerk. Hij overleed op den 5 van « van Oegstmaand 1617 oud 50 « Jaren. »

Aus dem Schlusssatz bei Ampzing hat Houbraken das Geburtsjahr berechnet und demnach den Künstler den Meistern des Jahres 1577 eingereiht. Das von ihm gegebene Todesjahr 1617 ist ein Versehen, bzw. Druckfehler, ebensowie bei van der Willigen S. 122 [1]).

B. I S. 76. **Pieter Claesz Soutman.**

Aus A. S. 372 sind die Verse entlehnt, in denen bei Houbraken „Pruische" in „Poolsche" Majesteit zu verbessern ist.

B. I S. 92 f. **Frans** und **Dirk Hals.**

Ausser den beiden Versen auf S. 93 stammt noch aus A. S. 371 folgende Mitteilung Houbrakens:

« Te Delft in de oude of Kolveniers Doelen is een groot stuk van « hem, waar in eenige Hoofden of Bevelhebbers der Schutterij, levens « groot in staan afgebeelt en zoo kragtig en natuurlijk geschildert zijn, « dat zij de aanschouwers schijnen te willen aanspreken. »

Dieser Bericht über ein angeblich Delfter Schützenstück von Frans Hals hat sich bis in die neueste Zeit in den Werken über den Künstler behauptet [2]), obwohl er nur einer der vielen Nachlässigkeiten Houbrakens seine Existenz verdankt. Man braucht blos statt Delft Haarlem zu lesen [3]), um sofort

[1]) Herr Staatsarchivar Gonnet zu Haarlem hatte die Güte, in diesem Punkte die Beerdigungsregister für mich nachzuschlagen.

[2]) Bode, Studien S. 80.

[3]) Vgl. über diese Verwechslung Delfts mit andern Städten bereits oben S. 214 f.

zu sehen, dass Houbraken aus folgender Mitteilung Ampzings geschöpft hat:

« Daer is van Franz Hals een groot stuck schilderije van enige Be-« velhebbers der Schutterije in den Ouden Doelen ofte Kluijveniers, « seer stout naer 't leven gehandeld. »

Gemeint ist hier die jetzige Nummer 83 des städtischen Museums in Haarlem (Cat. 1892), welche die Mahlzeit der Offizire des Cluveniersdoelen am 18 October 1622 darstellt und 1627 gemalt ist. Die beiden Bilder aus dem Georgsdoelen vom Jahre 1616 und 1027 (jetzige Nummern 81 und 82) werden von Ampzing nicht erwähnt, während Schrevelius grade von mehreren Bildern in „de oude Schuts-doelen", dh. dem Georgsdoelen spricht [1]).

B. I S. 174. **Pieter Janszen Saenredam.**

Hauptquelle Houbrakens ist de Bie [2]). Aus A. S. 872 hätte er auch nur Folgendes entlehnen können:

« Behoord mijn rijm ook niet van Zaenredam te singen,
« So suiver ende net in alle sijne dingen?
« Hoe aerdig is sijn pen, en waerdig haere kroon!
« Hij heeft mij in dit werk getrou de hand geboon. »

Diese Stelle bezieht sich darauf, dass Saenredam zur Mehrzahl der Stichen die Zeichnungen geliefert hat.

B. I S. 213 giebt Houbraken eine Liste von Haarlemer Malern, welche er in der Beschreibung Haarlems gefunden hatte und zwar: **Jan Parcellis**, **Pieter Molijn**, **Karel de Hooge**, **Jacob Pinas** und **Salomon de Brij.**

---

[1]) Wie die Ausdrücke « oude of Cluveniersdoelen » und « oude schuts-doelen = Georgsdoelen » zu unterscheiden sind, lehrt Ampzing S. 302: Die Georgsschützen waren ursprünglich die ältern. Ihr Local hiess daher « de oude doelen. » Die Cluveniersschützen entstanden dagegen erst 1562 und hielten ihre Zusammenkünfte in « de nieuwe doelen. » Als nun aber der Georgsdoelen abbrannte, zogen die Georgsschützen 1592 in das « grösstenteils vermehrte und verbesserte » Michaëliskloster. Jetzt war der Cluveniersdoelen « de oude doelen » und waren « de oude schuts » in « de nieuwe doelen » etablirt. Man muss daher die Ausdrücke « schuts » und « doelen » genau unterscheiden. An unsrer Stelle steht « oude Schuts doelen » — doelen der oude Schuts, folglich Georgsdoelen.

[2]) Vgl. oben S. 249 f.

Vollständig lautet dies Verzeichnis bei A. S. 372:

Jan Jacobsz Guldewagen und Pieter Molijn, „twee dappre Meesters."

P. Cl. Soutman.

Karel de Hoog.

« Wilt gij ruwijnen sien, naer 't leven afgebeeld?
« So siet wat sijne hand en sijne konst hier teeld. »

Jacob Pynas.

« Ook heeft Pynas gewoond hier binnen onse wallen. »

Jan Porcellis.

« De grootste Constenaer in schepen recht geacht. »

Cornelis Verbeek.

« Verbeek is ook heel fraeij, en net in schepen malen. »

Hans Goderis.

« Goderis kan alhier sijn prijs ook wel behalen. »

Frans Elouts.

« En wat Franz Elouts mee in sijn banketten doet,
« Is suijver ende schoon en meer dan overgoed. »

Salomon de de Breij, durch Feder und Pinsel, sowie als Architect berühmt.

Pieter Klaeszen und

Willem Klaeszen Heda werden wegen ihrer Banketten [1]),

Klaes van Heuszen wegen seines Obstes,

Hans Bolongier wegen seiner Blumen gerühmt;

Reijer Klaeszen Zuijker.

Gerrit Blieker und

Salomon Rustdael sind gut in Landschaften und Figürchen dabei. — Hier schliesst die Aufzählung mit den oben mitgeteilten Versen zu Ehren Saenredams. An frühern Stellen werden noch erwähnt:

S. 370. Judith Leijster, die mit gutem und wackerm Verstande malt, und

S. 371. Andries Snelling, dessen Obst, und

Floris van Dijk, dessen „banketstücke" rühmend erwähnt werden.

---

[1]) Stillleben von Frühstückstischen, usw.

B. I S. 250. **Karel van Mander.**

Das Todesdatum hat Houbraken aus A. S. 365 entnommen. In der zweiten Ausgabe des Malerbuches ist blos aus Versehen die Monatsangabe, nicht, wie Houbraken behauptet, auch das Jahr weggelassen.

B. II S. 35. **Hendrik Goltzius.**

Die Grabschrift fand Houbraken bei A. S. 365.

B. II S. 343. **Jan Post.**

Als Vater der Gebrüder Frans und Pieter wird dieser Glasmaler von Houbraken mit kurzen Worten erwähnt. A. S. 366 nennt ihn unmittelbar nach seinen Kunstgenossen W. Tybout und Corn. Kussaeus und giebt als Todesdatum: 11 November 1614 [1]), in welchem Jahre dagegen Houbraken ihn geboren werden lässt!

B. *Schrevelius.*

Vorauszuschicken ist die Bemerkung, dass Houbraken dies Werk erst von seinem zweiten Bande an benützt hat, was daraus hervorgeht, dass er zu einer ganzen Reihe bereits vorher behandelter Meister Nachträge aus Schrevelius bringt und dass er B. II S. 117 sagt, dass ihm damals das Werk „in die Hände kam." Deshalb hat er auch zu

B. I S. 31. **W. Tybout** und **Corn Kusseus.**

die Mitteilungen Schrevels (S. 390) unerwähnt gelassen. Wir wollen sie nur hervorheben, da dieser über den erstgenannten gut unterrichtet gewesen sein kann, weil sie eine Zeit lang Nachbarn waren. Er erwähnt folgende Werke Tybouts, über welche die übrigen Quellenschriften schweigen:

bei den Johannitern in Haarlem das Leben Johannis des Täufers;

in der grossen Kirche daselbst das obere Fenster an der Ostseite mit der Darstellung des Herzogs und der Herzogin von Baijern, sowie an der Südseite die Bildnisse des Sebastiaen Craenhals und seiner Hausfrau.

Ebensowenig hat Houbraken zu

---

[1]) Von v. d. Willigen S. 246 bestätigt.

B. I S. 76. **Pieter Claesze Soutman**

unsern Schriftsteller benützt, der S. 383 f. mitteilt, dass Soutman soviele Bildnisse zu malen bekam, dass er allen Aufträgen unmöglich genügen konnte. Auch malte er „een geheel koporaalschap der schutterij [1]).

Dasselbe gilt

B. I S. 92 f. von **Frans** und **Dirk Hals**,

über welche Schr. S. 383 Folgendes aussagt:

« hier kan ick oock met stille swijghen niet verbijgaen Frans ende « Dirck Hals, Ghebroeders, van welcke d'eene, die deur een on- « ghemeijne manier van schilderen, die hem eijghen is, bijnae alle over- « treft, want daer is in sijn schilderij sulcke forse ende leven, dat hij « te met de natuijr selfs schijnt te braveren met sijn Penseel; dat spreecken « alle sijne Conterfeijtsels, die hij ghemaeckt heeft, ongheloofelijcke « veel, die soo ghecolereert zijn, dat se schijnen asem van haer te « gheven ende te leven. Daer zijn noch veel stucken schilderij in de « oude Schutsdoelen, in dewelcke hij nae 't leven gheschildert heeft « Collonels, Cappiteijns, Fiscaels, Vendrichs, Sergeant in haer volle « wapenen. Ende wederom in een ander Tafereel Schutbroeders sittende « aen tafel malkanders ghesontheijdt toedrinckende. »

B. II S. 118. **Johanes Torrentius**.

Ausdrücklich nimmt Houbraken hier zurück, was er B. I S. 137 aus de Piles, Sandrart und le Comte mitgeteilt hat. Statt dessen giebt er in einem langen Citat die besseren Berichte aus Schr. S. 385 f., wobei jedoch der Ausdruck „dit zijn des schrijvers eigen woorden" cum grano salis aufzufassen ist. Da die Abweichungen das Gebiet der Kunstgeschichte nicht berühren, kann ich sie hier übergehen. Für die Rechtsgeschichte verweise ich auf Ampzing S. 454—456, Schrevelius a. a. O. und die Resultate der archivalischen Forschung bei van der Willigen S. 296—301.

B. II S. 122 die Familie **de Grebber**.

Houbrakens Mitteilungen sind alle aus Sch. S. 382 (= lat.

---

[1]) Dieser Singular ist zu beachten, da von den zwei ihm jetzt zugeschriebenen Schützenstücke im Haarlemer Museum (Cat. 1892, Nr. 183 f.) das eine (Nr. 184) zweifelhaft erscheint. Ein sicheres Urteil freilich lässt dies sehr verdorbene Bild z. Z. nicht zu.

Ausgabe S. 289) entlehnt. Das Bild P. de Grebbers zum Lob der Musik beim Bürgermeister Guldewaghen heisst in der lateinischen Ausgabe Tubalcainus, in der holländischen Jubalcainus, bei Houbraken Jubalinus.

Nicht benützt hat Houbraken folgende Mitteilungen des Schrevel:

Frans Grebber war ungefähr gleichaltrig („goelijkjens van een jaar; fere coaetaneus) mit Cornelis Engelsze. Beide malten 1647 schon nicht mehr; sie waren glücklich im Porträtmalen nach dem Leben und haben davon in der Blüte ihres Lebens Proben gegeben durch das Malen mehrerer Schützenstücke, wodurch sie Lob und Ehre geerntet haben; dieselben befinden sich im Doelen [1]).

Pieter Grebber war ebenso glücklich in der Invention wie sauber im Malen, sodass er den besten Malern unseres Jahrhunderts beigezählt zu werden verdient. In Holland sowohl wie in Dänemark giebt es viele von seinen Bildern [2]).

B. II S. 123. **Gerard Sprong** (soll heissen **Joh. Verspronck**).

Von Houbrakens Mitteilungen stammt nur die, dass Sprong „met een luchtighe sprong die hij in de kunst gedaen heeft" (volucri saltu in arte facto) seinen Vater überholt habe, aus Schrevel. Dass er mehrere Schützenstücke gemalt habe, sagt dieser nicht von ihm, sondern von Fr. de Grebber und Cornelis Engelsz. Factisch existirt auch nur ein Schützenstück von ihm (Haarlem Nr. 176). Der Vorname ist bei Houbraken sowohl wie bei Schrevel Johannes statt Gerard zu lesen [3]).

---

[1]) Die jetzigen Nummern 69—72 und 198 des Haarlemer Museums. Von Cornelis Engelsz wurde unlängst ein Schützenbild mit etwa 50 Personen dem Berliner Museum zum Geschenk angeboten.

[2]) Ein Teil dieser Mitteilungen findet sich bereits bei Ampzing S, 370, der von Frans ein grosses Bild mit Schützenofficieren im Nieuwe Doelen oder Oude Schuts (vgl. das oben Gesagte) erwähnt, welches sehr meisterhaft gemalt war (vermutlich die jetzige Nr. 71 des Haarlemer Museums vom Jahre 1619, welche Georgsschützen darstellt). Ferner rühmt er den Sohn Pieter und die Tochter Marie und schliesst mit den Versen:

«De Grebbers sijn vermaerd door hunne groote beelden
« Wie sag, dat iemands hand en geest hier kloeker speelden?»

[3]) Obwohl es sonderbar ist, dass Schrevel sich in einem so wichtigen Punkt geirrt hat, muss man doch unbedingt als Maler des — freilich

B. II S. 123. **Hendrik Gzn. Pot.**

Aus Sch. S. 383 entlehnt mit folgender Abweichung:

Schr: Noch heeft hij geschildert « d' Historie van Judith en Holo- « fernes, een juweel van de kunst, « dat te sien is in 't huijs van mijn « Heer Hofman in welcke stuck d' « Autheur schijnt hooger te gaan « als hij vermagh waarin hij sulcken « scherpen Penceel gebruijckt heeft, « dat 't ghesicht qualijck kan nae- « speuren (« in qua exprimenda su- « perare se ipsum author videtur, « in qua tantum acumen ut ocu- « lorum aciem fugiat. »)

H: « maar 't waardigste, dat in « dien tijd van zijn penceelkonst « was te zien, was een Tafereel, « waar in Judith en Holofernes af- « gebeelt stonden, hier in had de « Meester (zeit de Schrijver) zijn « uiterste vermogen getoont, en 't « was in 't kabinet van den Heer « Hofman te zien. »

Die lateinische Ausgabe erwähnt das Schützenstück Pots noch nicht, obwohl es sich seit 1630 im Cluveniersdoelen befand. Ampzing (S. 371) enthält blos das Bild von 1622: den Triumphwagen des Prinzen von Oranien darstellend.

B. II S. 123. **Cornelis Claesz van Wieringen.**

Aus Schr. S. 389 entnommen, der aber selbst, ebensowie Ampzing (S. 371) auf van Mander (¹S. 300a, ²S. 213a = Cornelis Claesz) zurückgeht. Des letzteren Mitteilungen hat Ampzing die Erwähnung des Bildes „die Einnahme von Damiate" im alten Doelen, als eines Meisterstückes von kräftiger Behandlung, hinzugefügt [1]), was Schrevel ihm nacherzählt, und dieser teilt ausserdem mit, dass von Wieringen Schüler Vrooms gewesen sei.

Der Sohn, Claes Cornelisz van Wieringen wird ebenfalls als Marinemaler von Ampzing hervorgehoben. Keine dieser Mitteilungen hat Houbraken benützt.

B. II S. 123 f. **Cornelis Verbeek** u. A. bis **Willem Heda.**

Vgl. Ampzing zu B. I S. 213.

---

unbezeichneten — Schützenstückes den Meister der zahlreichen J. oder Jan Verspronck bezeichneten Bildnisse anerkennen. Ueber einen Gerard schweigen sämmtliche Quellen und Johannes n e b e n Gerard dürfte von Schrevel nicht unerwähnt gelassen sein!

[1]) Jetzt im Museum Nr. 224.

Für eine ganze Anzahl Haarlemer Meister ist Sch. S. 381 ff. vollkommen von Ampzing abhängig, dessen Mitteilungen er einfach abschreibt. Wir werden daher hier nicht wieder auf die schon S. 378 behandelten Maler zurückkommen. Es sind dies J. Porcellis, P. Saenredam, Jac. Pynas, Corn. Verbeek, Joh. Goderis, Reyer Niclaesz Zuijcker [1]) Gerard Bleijcker, Salomon Rustendael, Floris van Dijck, Wil. Heda und Johan Bolongier. Von Johan Jacobsz [Guldewaghen] sagt Schrevel, dass er „Italien gesehen hat"; Houbraken macht daraus, dass er „lange Jahre in Italien gewesen ist."

Der Vollständigkeit wegen mag hier auch noch die von Houbraken augenscheinlich nicht benützte Stelle über Cornelis Vroom und Pieter Molijn erwähnt werden, die bei Sch. S. 389 folgendermaassen lautet:

« Onder de Landtschapsschilders is noch in 't leven Cornelis Vroom, « die in 't sijn, sijn Vader niet en wijckt (lat: « primum locum meretur « et palmam Henrici Vroom non degener filius »), men houdt het daer « voor, dat hij alsoo uijtsteeckt in sijn kunst, dat hij qualijck niemandt « sijns ghelijck heeft van die noch leven, hoe wel Pieter de Moulijn « nae 't oordeel van veele hem seer naekomt, jae in gelijcke graed « (lat: « certare cum eo proxime videtur »)».

Ampzing (S. 368) singt nur: „en wat heeft Vroom (dh. Hendrik, der Marinemaler) een Soon! Kornelis, sijt gij niet dijns Stads en Vaders kroon?"

B. II S. 124. **Pieter** und **Roeland van Laar** [2]).

Die Angabe dieser Stelle, dass Pieter der ältere Bruder gewesen sei, wird hier stillschweigend im Citat aus Sch. S. 384,

---

[1]) Aus diesem Maler macht Houbraken deren zwei: Nicolaes Zuijcker und Reijer. Er wurde dazu durch die Interpunction der holländischen Ausgabe Schrevels (S. 390) verleitet: Reijer, Niclaes Zuijker, Gerard Bleijcker, Salomon Rustendael, en meer andere. Ampzing jedoch, und seine eigene lateinische Ausgabe (S. 294: Reinerus Nicl. Zuijcker, Gerardus Bleicker) lehren uns, dass nur von einem Meister die Rede ist. Bei der bekannten Abhängigkeit Houbrakens von seinen Quellen ist nicht anzunehmen, dass er einen Claes Suijker, den v. d. Willigen erst wieder aus den Archiven aufgestöbert hat, von den aber nun bekannt geworden ist, dass er sich 1596 in die Haarlemer Lucasgilde aufnehmen liess, hat erwähnen wollen.

[2]) Vgl. zu B. I S. 359 f. bereits Sandrart.

berichtigt, der die beiden Brüder mit Jac. Pynas, P. C. Soutman, H. G. Pot und F. und D. Hals auf eine Stufe stellt: „zij hebben niemant van de voorghenoemde konstenaers gheweecken in handelingh ende wetenschap." Der Schlusssatz dieser Biographie lautet bei Schrevel anders als Houbraken ihn wiedergiebt:

Schr: « derhalven is hij te rade « geworden wederom opnieus te « reijsen; « Soo heeft hij aen de « vrienden sijn afscheijt genomen, « dat men noch niet en weet, waer « hij voleijndt is, dat Empedocles « voorhadde. »	H: « derhalven werd hij voor- « nemens, die reis op nieus aan te « vangen. Hij heeft dan van zijn « vrinden afscheit genomen, dat zij « nimmer zoude op zulk een wijs « weten waar hij vervaren was, « dat ook Empedocles voor had. »

Dieser Passus ist seit Houbraken bis in die neueste Zeit [1]) auf den Selbstmord de Laers bezogen. Abgesehen von den Daten nach 1648, welche sich auf seinen Werken finden, ist auch aus folgendem Grunde diese Interpretation von Schrevels Mitteilung unmöglich: Der holländische Text ist eine, wenn auch nicht wortgetreue, so doch dem Sinne nach richtige Uebersetzung des lateinischen vom Jahre 1647, und dieser lautet S. 290: „de nova peregrinatione consilia cepit, ita amicis dixit „extremum vale: quo ille abierit et ubi terrarum degat, Empe- „doclis exemplo adhuc hodie ignoratur" Hier kann man zwar über die Bedeutung des Ausdrucks „Empedoclis exemplo," streiten, zugeben muss man aber die Tatsache, dass Schrevel den Meister als noch lebend erwähnt, denn sonst hätte er nicht schreiben können: ubi terrarum d e g a t, sondern wie a b i e r i t, hätte es d e g e r i t lauten müssen.

Schrevels ausführliche Beschreibung von de Laer's Bildern weicht darin von den uns bekannten, sogenannten Bambocciaden ab, dass ausschliesslich der landschaftliche Teil betont wird und der figürliche unerwähnt bleibt.

B. II S. 124. **Peter Holsteijn** und **Johan Boechorst.**

Houbrakens kurze Mitteilungen sind aus Sch. S. 390 entnommen, wo sich auch am Schluss des Werkes das Gedicht von Ampzing zum Lobe der gemalten Fenster im grossen

[1]) Vgl. z. B. Riegel, Beiträge II S. 317.

Rathaussaale befindet, aus dem Houbraken ein dutzend Verse citirt. Von kunsthistorischem Standpunkte aus bietet es nichts erwähnenswertes.

Schrevel berichtet ausserdem, dass sich im Salon des Bürgermeisters Loo ein von Boechorst gemaltes Fenster befand, worauf nach dem Leben (?) [1]) dargestellt war „de timmeragie, stich-„tinge en gebouw van den Hartog van Beijeren, die hij daer te „pas brenght als stichter en fundeerdeer van de Kerck van St. „Bavo (ad vivum expressit Alberti Bavariae ducis molitionem, „quem templi Bavoni consecrati conditorem fingit)."

B. III S. 380. **Jacob van Kampen.**

Houbrakens Angaben über diesen Künstler lassen sich nicht auf Sch. (S. 383) zurückführen, der nur Folgendes mitteilt:

« Alle dese [dh. die beiden de Grebber und Verspronck] noch over-«treft Jacob Campen, soo noble Schilder als geswinde Mathematicus, « ende Architect van de Prince van Orangien, sijn Hoogheijdt, self « een man van groote middelen, de welcke uijt de konst gheen winst « ghesocht heeft, maer de naem" (« ipse in re lauta, qui ex arte non « quaesivit lucrum, sed nomen.")

Bereits Ampzing (S. 371) schätzte ihn sehr hoch:

« Van Kampen en behoefd voor niemand ook te wijken,
« Ja, mag de kroon van 't hoofd van alle schilders strijken:
« Besiet sijn beelden maer in 't Bosch voor sijnen hof,
« En geeft hem sijne eer, en spreekt van sijnen lof. » [2]).

Der Vollständigkeit halber möge hier noch der folgende Passus aus Sch. S. 384 Platz finden, obwohl Houbraken ihn nicht benützt hat:

« Phlips Wouerman, oock te Haerlem geboren, heeft in sijn jongen « tijdt [3]) uijtghesteken in de Schilderkonst, dat hij qualijck sijns ghe-« lijck hadde. Alsoo zijnder andere meer gheweest, als Jacob de Wit

---

[1]) Es ist dies unmöglich, da der Bau der Bavokirche 1471 angefangen wurde. Vgl. G. Galland, Gesch. d. holl. Baukunst S. 444.

[2]) Auf die Frage, ob es neben dem bekannten Architecten des Amsterdamer Rathauses noch einen zweiten Jacob van Campen gegeben hat, werde ich weiter unten zurückkommen.

[3]) Richtiger sagt die lateinische Ausgabe: in flore adhuc aetatis, denn er zählte 1648 kaum dreissig Jahre.

« van Haerlem [1]) ende een Verbeeck..... Daer sijn oock veele Vrouwen « gheweest, in de Schilderkonst wel ervaren, die voornemelijck bij « onse tijdt noch vermaert zijn, die met de mans haer soude konnen « versetten in de maelkonst (quae cum viris certare possint in arte « graphica) van welcke een insonderheijdt uijtmuijt, Judith Leister « wel eer genaemt, de rechte Leijster in de konst, daer sij oock de « naem van draeght de huijsvrouw van Meulenaer, die oock een « vermaert schilder is, van Haerlem geboren, tot Amsterdam wel bekent [2]).

---

[1]) Vgl. G. S. III 74, wo er Jan de Wet und II 57, wo er J. de Wit heisst.

[2]) Der bekannte Jan Miense Molenaer, über dessen Aufenthalt zu Amsterdam Bode und Bredius im Jahrb. d. Preuss. Kunsts. 1890 II gehandelt haben. In der lateinischen Ausgabe fehlen die beiden letzten Ortsbestimmungen.

16. LEIDEN.

Ueber die Leidenschen Künstler bringen die folgenden Werke Nachrichten:

J. Jzn. Orlers, Beschrijving der stad Leijden. Dies Buch erschien 1614 in erster und 1641 in zweiter, bedeutend erweiterter Auflage. Die späteren Auflagen von 1759 oder 1762 und 1781 geben den Text der zweiten unverändert wieder [1]).

Sim. van Leeuwen, Korte Beschrijving van Leiden, 1672 erschienen.

Ausserdem wiederholt

Joh. Meursius, Athenae Batavae, 1625 die Notizen aus Orlers' erster Auflage in lateinischer Sprache und abgekürzter Form.

A. *Orlers.*

Das Werk des Leidenschen Bürgermeisters nimmt unter den ebengenannten unzweifelhaft die erste Stelle ein. Hauptsächlich die zweite Auflage hat für uns Wert, weil sie die Nachrichten der ersten vollständig wiederholt, neue dazu bringt, und von Houbraken benützt worden ist. Sie wurde deshalb der folgenden Besprechung zu Grunde gelegt.

B. I S. 31 f. **Willem Tybout.**

Die Beschreibung der gemalten Fenster im Doelen [2]) zu

---

[1]) Bodel Nijenhuis, Topografische lijst der plaatsbeschrijvingen, Amsterdam 1862, Nr. 1000.

[2]) Jetzt im städt. Mus. zu Leiden, Cat. Nr. 797 ff.

Leiden kommt inhaltlich nahezu überein mit dem was O. S. 170 erzählt. Direkte Entlehnung ist aber nicht nachweisbar. Die Stelle bei Orlers lautet:

« Boven dese Huijsinge (dh: de voorste Doelen) is een uijtgenomen « schoone Camer ghebout, rontomme inde Glasen van de voornoemde « Camer zijn seer constich ghemaeckt ende geschreven, mette handt « van den vermaerden Glaesschrijver Mr. Willem Tybaut van Haerlem, « alle de Graven en Gravinnen de welcke het Graefschaep van Hollant « geregeert hebben. Den meergenoemden Gouthoven, seyt in sijne « Chronijcke van Hollant pagina 264 dat den voornoemden Tybault « dese Conterfeijtsels gemaeckt heeft, naer de gheene die tot Haerlem « int Carmelijten Clooster aende muijr gheschildert stonden, te weten « van Diderick den eersten Grave van Hollandt, tot Vrou Jacoba toe. »

B. I S. 36 f. **Isaak Nicolaï, Jacob Isaaksz, Claes Isaaksz** und **Willem Isaaksz** [**van Swanenburch**].

Die Angaben Houbrakens finden sich zuerst bei O. S. 369 [1]), der die Lebensumstände dieser vier Mitgleider des Geschlechtes Swanenburch bis zum Jahre 1614 bereits in seiner ersten Auflage (S. 274) erwähnt. Falsch ist Houbrakens Behauptung, dass Willem Isaaksz Schützenhauptmann in Delft war. Es muss heissen Leiden [2]).

Das Bild Isaak Nicolaï's in der Vierschaar wird bereits S. 116 der ersten Ausgabe beschrieben (= [2]S. 163)

« Noch onlanghs (also kurz vor 1614) hebben die van den Gerechte « voor de Schoorsteen doen maken een stuck soo hooch ende breet als « die selfs is, bij de handt van Meester Claes Isaacxzoon Swanenburch, « innehoudende de Historije van den Coninck Pharao in het Roode « Meer ende de leijdinge vande kinderen Israels inde Woestijne.... « eenichsins passende opte onghehoorde verlossinghe der Stadt Leyden.»

Desgleichen die Bilder der grossen Looihalle ([1]S. 123), wo es heisst:

« Dese Secreet-kamer is rontomme verciert met veele schoone stucken « Schilderije gemaeckt mette hant van Meester Isaack Nicolaï Swanen- « burch,.... inde welcke afgebeeldet is, eerst de vervallen oude Leijt- « sche Draperie, de incomste van de Vlamingen, oprechtende de nieuwe,

---

1) Die Seitenzahlen meiner Citate sind stets die der zweiten Ausgabe.

2) Vgl. oben S. 214.

« daernaer alle de Handwercken, waermede dese Neeringhen gedaen « ende geoefent werden. » (= ²S. 172). [1])

Houbraken hat sich in beiden Fällen mit dem kurzen Citat aus O. S. 369 begnügt.

B, I S. 118 f. **David Baillii.**

Vollständig entlehnt aus O. S. 371 mit folgenden Abweichungen und Auslassungen:

Den Vater nennt O. „een Constigh Schrijver," was vermutlieh glasschrijver, dh. Glasmaler bedeutet, Houbraken dagegen „een kunstig schilder."

O: « Zijnen Vader, ziende, dat « hij van natuijren in zijne jonckheijdt tot het teijckenen ende « de Schilder-Conste genegen was, « liet hem eerst eenigen tijt bij hemselven, en sonder eenigen Meester « deselve Konst bij der hant nemen. »	H: « Zijn Vader ziende in hem « van der jeugt aan een natuurlijke « drift tot de konst doorsteken, liet « hem eenigen tijd bij zich zelven « zoo wat teekenen naar prenten. »

A d r i a a n V e r b u r c h nennt O. „een expert Chirurgijn „ende goet Schilder, al hoewel dat hij bij hem selven geleert „hadde," d. h. Autodidakt war.

Von der Copie nach dem Bilde Steenwijks sagt

O: « dien hij zo wel gevolcht « hadde dat den Meester zijn eijghen « werck uijt de Copije seer qualicken « con onderscheijden, ende tselve « met verwonderinge gesien heeft. »	H: « dien hij zoo konstig naar« gebootst had, dat de gemelde « Steenwijk bezwaarlijk het een stuk « van het andere konde onder« kennen. »

In Hamburg blieb Bailii ungefähr ein Jahr, und im Jahre 1610 ging er von Rom nach Venedig. Die beiden Tatsachen hat Houbraken weggelassen.

O: « van Venetie is hij genoegh« saem langhs denzelven wech, die « hij van te vooren gebruijckt hadde « tot Frankfurt vertrocken. »	H: « van Venetie keerde hij « genoegzaam weder langs den « zelven weg dien hij van te vooren « gereist had naar zijn Vaderlant « terug. »

Ausser in Braunschweig war Bailii nach Orlers noch an den Höfen der Grafen von Stierum, von der Lippe, von Schouwen-

[1]) Diese Bilder bilden jetzt die Nr. 1576—1581 des städtischen Museums.

burg, von Oldenburg und mehreren anderen, die er verschweigt.

Als Gegenstände seiner Kunst nennt Orlers hauptsächlich „Conterfeijten naer het leven, soowel in het groot als in het „cleijn tot groot contentement van degene, die hem zijn ghe„bruijckende."

Dass Bailii, wie Houbraken behauptet, 1623 den Pinsel mit der Feder vertauschte, ist nicht richtig, wenigstens nicht genau. O. sagt darüber:

« Boven sijne constige handelinge van Schilderen heeft hij in den jaere « 1623 bij der hant genomen, eenige persoonen in het cleijn mette « penne ende daer naer met een fijn Pinceeltgen seer curieus ende suijver « te maecken, dewelcke bij de constliefhebbers met grooten lust ende « aengenaemheijt gesien werden. Den Constrijcken Jaecques de Geijn, « eenige van die Conterfeijtsels zo gemaeckt zijnde, gesien hebbende « verklaerde noijt bij niemant anders, sodanigen werck ofte handeling « gesien te hebben, ende prees die uijtermaten zeer. »

Im Jahre 1641 lebte Baillii noch und übte seine Kunst in Ehren.

B. I S. 119 f. **Jan Arentsz** oder **Adriaensz.**

Houbraken citirt nur van Leeuwen, wo dieser Maler S. 189 erwähnt wird, und zwar in derselben, vermutlich chronologischen, Reihenfolge, in der er bei Orlers vorkommt: Isaak Nicolaï und seine Söhne, Jan Arentsz, David Bailii. Bei O. S. 370 heisst er aber M. Jan Adriaansz, was als frühere Form vorzuziehen ist. Das M. = Meester vor seinem Namen deutet auf hohes Ansehen oder vornehme Abkunft. Er ist wohl identisch mit Jan Adriaensz de Man, den O. S. 373 als den dritten Lehrer van Goyens erwähnt. Er teilt Folgendes über ihn mit:

« Een seer konstich ende geestich Lantschap Schilder, seer aerdich « ende bevallich inde vervallen ruijnen na te conterfeijten. Wiens wercken « bij de Liefhebbers seer aengenaem ende begeert sijn. Is over eenige « Jaren alhier tot Leijden overleden. »

B. I S. 130. **Joris van Schoten.**

Entlehnt aus O. S. 372. Auch hier hat Houbraken sich eine Verwechslung von Delft und Leiden im Schlusssatz zu Schulden kommen lassen [1]). Sonst weicht er nur von seinem

[1]) Vgl. oben S. 214 f.

Vorbild ab in der Angabe des Grundes, weshalb van Schoten nicht auf Reisen ging. O. sagt: Elternliebe, H: seine Verheiratung.

Der Schlusssatz bei O. lautet folgendermaassen:

« hij heeft met vlijt ende naersticheijdt zijnen tijdt bestedet in het « Schilderen so van Historijen, Lantschappen ende andere dingen, als « insonderheijt met het Conterfeijten naer het leven; ghelijck daer van « getuijgen de menichvuldige stucken, die alhier binnen Leijden als in « andere Landen ende Steden gevonden werden. Insonderheijt zijn bij « hem alhier opten voorsten Doelen, over eenige jaeren geconterfeijt « nae het leven, alle de voorneemste Officiers van seven Vaendelen « van onse Leijtsche Schutters, de welcke bij hem met grooten vlijdt « ende naersticheijt geschildert zijn » [1]).

B. I S. 170, **Jan Josephsz van Goijen.**

Ganz aus O. S. 373 entnommen. Von van Goijens Lehrer Coenraad Schilperoort sagt O. S. 373, dass er für einen für jene Zeit guten Landschaftsmaler galt. Dies war 1606, als van Goijen zehn Jahre zählte. Später (S. 380) erwähnt O. ihn nochmals (an dieser Stelle schon [1]S. 275) und fügt hinzu, dass er 1635 starb.

Die Dauer von van Goijens französischer Reise giebt O. auf ein Jahr an. Sein Urteil über des Meisters Kunst lautet:

« In de schilderkunst is hij soverre ghecomen, dat hij tegenwoordich « geworden is, een van de cunstichste Lantsschap-schilders ende aer- « dicheijt van Beelden inne dezelve, die in onse tegenwoordige eeuwe « vermaert ende bekent sijn. Gelijck daervan konnen getuijgen de menich- « vuldige schilderijen, die bij alle Liefhebbers in grooter waerden ge- « houden werden. »

B. I S. 171. **Cornelis Liefring, Arnoudt Elsevier, [Justus van] Egmond**, und **Cornelis Stooter.**

Diese werden am Schlusse der Beschrijving van Leiden als noch lebende Künstler erwähnt (S. 380). Elsevier und Liefrink kommen zusammen mit David Bailii auch schon S. 275 der ersten Auflage vor, wo O. sie nennt:

---

[1]) Diese Bilder hat O. auch schon bei der Beschreibung des Doelens S. 170 f. erwähnt. Es sind die jetzigen Nr. 962—968 des städtischen Museums.

« de kunstige jonge schilders, wel jong in jaren, maar oud in weten« schap en verstand, dewelcke met verscheijden andere al te samen « haer selven door hare constige wercken ende inventien genoechsaem « bekent maken, ende sonder twijfel noch meer doen sullen, vermits « sij dese waerdige Konst van harten beminnen, ende noch dagelicx met « vlijdt ende naersticheijt practiseren ende toenemen. »

Houbraken erwähnt nur die Namen und macht dabei aus Egmont und Cornelis Stooter einen Egmont Cornelis Stooter, der sich noch bis in die Neuzeit in der kunstgeschichtlichen Litteratur behauptet hat.

Meursius a. a. O. S. 77 sagt nur: „Ioannes Adrianus, Cun„radus Scilperortus, Arnoldus Elzevirius, David Billius et „Liefringus ad suprema laudum tendunt."

B. I S. 172. **Pieter Pietersz de Neijn.**

Wörtlich aus O. S. 374.

Die Variante des Namens: van Neijn hat Houbraken aus van Leeuwen, wobei ihm aber entgangen ist, dass dieser sie bei den Berichtigungen verbessert in de Neijn.

Als Gegenstände von de Neijn's Bildern nennt O: Feld„schlachten und Landschaften, welche er mit grosser Fertigkeit „machte, und die den Kunstfreunden und Bürgern sehr an„nehm waren."

Im Folgenden weicht Houbraken ab:

O: « hij heeft om de Const te « leeren groote kennisse gemaect « metten vermaerden Lantschap « ende Battailleschilder Esaias « van den Velde, wiens Teijcke« ningen ende Schilderijen zo veel « hij conde becomen Copieerde « ende naermaeckte, de zelve den « voornoemde vanden Velde ver« tonende, dewelcke hem uijt goede « vrientschap daer van ten besten « onderrecht ende gheleert heeft» [1].

H: « En wijl hij .... kennis en « omgang had .... aan Esaias van « den Velde ...., zoo liet hem die « eerst eenige zijner teekeningen « en daar naar ook van zijne schil« derijen, (op voorgaande bericht « aangaande de mengelinge der « verwe, om dat hij een bijzondere « drift in hem zag) na maken. »

B. I S. 254 ff. **Rembrandt Harmensz van Rijn**

Obwohl Houbraken sämmtliche Angaben Orlers' abschreibt (S. 375), macht er gleich im Anfang bei der Zeit- und Ortsangabe der Geburt einen Fehler, denn statt „15 Juli 1606 binnen de stad Leiden" sagt er: 15 van Wiedemaand (= Juni) aan den Rijn buiten Leiden.

Dass Rembrandt einziger Sohn gewesen sei, wie Houbraken wissen will, ist weder wahr, noch wird es von Orlers mitgeteilt.

Dieser nennt als Lehrer Rembrandts blos Jac. Iszn. van Swanenburch und Pieter Lastman [1]) und sagt dann:

« Bij denzelven ontrent ses maenden gheweest zijnde, soo heeft hij goet« gevonden alleen ende op hem selven de Schilderconste te oeffenen, ende « te practiseeren; ende heeft daerinne soo geluckich gheweest dat hij gewor« den is, een vande tegenwoordighe vermaertste Schilders van onse eeuwe.»

B. I S. 296 ff. **Jan Lievensz.**

Vollständig aus O. S. 375 f. entlehnt, mit folgenden Abweichungen:

H: „de vader, een kunstig borduurwerker, naderhand een pachter." letzteres findet sich nicht bei Orlers.

Als Lievens das Bild seiner Mutter malte, war er 14 Jahre alt.

O: Ontrent dien tijd heeft hij « gecopieert twee treffelicke stucken « vanden uijtmuijtenden Schilder « Mr. Cornelis Ketel van « Haerlem, zijnde Democritus ende « Heraclitus, Die hij soo wel ge« volcht hadde, dat de Konstver« standige Liefhebbers, tusschen « de principalen ende de Copien, « geen onderscheijt en conden vin« dnen, ede zijn in 't sterfhuijs van « den Heer Boudewijns voor de « principaelen vercocht ende naer « Duijtslandt versonden. »	H: « In dien tijd schilderde hij « den Democriet en Heracliet van « Korn. Kornelisz van Haerlem « na, zoo even gelijk, dat men « geen onderscheit tusschen die « beide konde bespeuren. »

[1]) Beiläufig möchte ich hier einem bis in die Jetztzeit weitverbreiteten Irrtum entgegentreten, dass nemlich Lievens Rembrandts Mitschüler bei Lastman gewesen sei. Nichts ist weniger wahr, denn Lievens war bereits von 1617 bis c[a] 1619 in Lastmans Atelier, während Rembrandt noch im Mai 1620 gelehrten Studien oblag — am 25 Mai d. J. wurde er als Student der Leidener Universität eingeschrieben, — später eine dreijährige Lehrzeit bei Swanenburch durchmachte und erst darauf zu Lastman kam.

Houbraken dürfte Recht haben, wenn er die Angabe Orlers' „Mr. Cornelis Ketel van Haerlem" für einen Irrtum ansieht und sie stillschweigend in Cornelis Cornelisz van Haerlem verändert, denn erstens wissen wir von einem Haarlemer Aufenthalt Ketels nichts, und zweitens sind uns nur von Cornelis Corneliszen derartige Philosophendarstellungen bekannt [1]).

Die Gefechte vom 4 October (Houbraken: 4 van Slachtmaand = November) fanden statt zwischen „Remonstrantsche waardgelders en de gemeene burgers; Houbraken sagt zwischen „Remonstranten, waardgelders en burgers." Lievens zeichnete damals grade nach Zeichnungen von geestige Willem [2]).

Orlers nennt als Werke von Lievens „aus seinen jungen Jahren und kurzer Zeit darauf" bei den Erben von Pier Huijgen du Boijs mehrere Bildnisse und eine, vermutlich allegorisch-genrehafte, Darstellung eines Cupido mit einem Tragkorb mit Kalendern, um seinen Hals ein kleiner Kübel mit weissen Reifen, voll Knollen und anderer Gemüse, ausserordentlich schön behandelt; ferner bei Adriaen van Leeuwen die fünf Sinne auf einer Tafel und bei Jan van der Graft einen Pilatus.

Der Grund, weshalb Lievens grade nach England ging, ist Erfindung Houbrakens.

Von den Kirchen, für die Lievens in Antwerpen malte, erwähnt Orlers namentlich die Jesuitenkirche.

B. II S. 1 ff. **Gerard Dou.**

Was Houbraken S. 1 und 2 bis zum Satze „Velen hebben zich verwonderd usw." erzählt, ist aus O. S. 379 geschöpft. Die friesische Abkunft, obwohl des Namens wegen nicht unmöglich, ja sogar wahrscheinlich, erwähnt dieser nicht. Bartholomeus Dolendo nennt er „een redelijk goed plaatsnijder." Die Dauer der Lehrzeit bei Couwenhorn giebt er mit „omtrent

---

1) Vgl. z. B. die des Braunschweiger Museums. Houbrakens Irrtum, von einem statt von zwei verschiedenen Bildern zu reden, hat Riegel, Beitrage II S. 159 f., zur Conjectur verleitet, dies Braunschweiger Bild könnte das von Lievens copirte sein. Hier sind jedoch die beiden Philosophen auf einer Tafel dargestellt.

2) Beiname des älteren Willem Buijtewech. Vgl. Kramm in voce.

twee en een half jaar," Houbraken mit twee jaar of wat meer" an.

Das Urteil Orlers' über Dou lautet:

« In welcken tijd (dh. in den Lehrjahren bei Rembrandt) hij so wèl « geleert ende toegenomen heeft in de selve Konste, dat hij daerinne « geworden is een uijtnemend Meester, insonderheijdt in cleijne, subtile « ende curieuse dingen, 'tsij Persoonen naer het leven, Gedierten, « Insecten ofte andere saken te Schilderen, dat een ijder, de selve « siende, over de netheijt ende curieusheijt van dien hem moet ver- « wonderen: ende bij de Liefhebbers van de Konste in grooter waerde « gehouden ende dier vercocht werden. »

Hier endet die Benützung von Orlers durch Houbraken. Die Künstlerbiographiën hat er sämtlich berücksichtigt; nur aus der Beschreibung des Rathauses hätte er noch ein Kunstwerk erwähnen können: das Gemälde des Pieter van Veen, des Bruders von Otto Venius, im Bürgermeisterzimmer, welches die Befreiung Leidens und die Ankunft der Flotte des Admirals Boisot darstellte, ein kunstreiches und grosses Bild, sagt O. S. 164 [1]).

B. *van Leeuwen.*

Sim. van Leeuwens kurze Beschreibung Leidens entbehrt für die ältere Zeit aller Authenticität. Er hat seine Mitteilungen (S. 188 ff.) einfach aus seinem Vorgänger Orlers abgeschrieben. Dies geht daraus hervor, dass er keinen einzigen Maler nennt, der dort nicht schon vorkäme, und zweitens, dass er die ganze Serie von Cornelis Engelbrechts bis Gerard Dou in genau derselben Reihenfolge aufzählt, in der Orlers sie behandelt. Nur eine kurze Notiz über Pieter Couwenhorn, einen der Lehrer Dou's hat er aus dessen Biographie herausgenommen und als selbständigen Artikel zwischen de Neijn und Rembrandt eingeschoben. Derselbe lautet:

« Onder dese is geensins de minste geweest Mr. Pieter Kouwenhorn, « een uijtnemend Teijkenaar ende Glaesschrijver, leermeester van Gerrit « Douw. »

[1]) Jetzt im städtischen Museum, Cat. Nr. 2504.

Wenn die Verhältnisse so liegen, dann dürfen wir van Leeuwens Abweichungen für Irrtümer und Nachlässigkeiten erklären und ihnen die geschichtliche Glaubwürdigkeit absprechen.

In erster Linie muss unter diesem Gesichtspunkt die Mitteilung van Leeuwens erwähnt werden, durch die er Joris van Schoten zum Lehrer Rembrandts macht (S. 189; Houbraken B. I S. 255). Ich glaube für diesen Irrtum eine Erklärung gefunden zu haben, die ich hier wenigstens vermutungsweise erwähnen möchte:

van Leeuwen hat offenbar in aller Kürze Orlers excerpirt; dies geht aus der knappen Fassung seiner Angaben deutlich genug hervor. Hierbei mag er den Lehrer Rembrandts durch die drei Anfangsbuchstaben J. v. S. des Namens Jacob van Swanenburch angedeutet haben. Da dieser Künstler nur an dieser einen Stelle mit dem Familiennamen, sonst aber immer als Jacob Isaaksz vorkommt, fand er später in seiner Liste als einzigen Maler auf dessen Namen jene drei Buchstaben passten, den Joris van Schoten. So dürfte dieser zur unverdienten Ehre gekommen sein, in vieler Augen für den ersten Lehrer Rembrandts zu gelten.

Neue, selbständige Nachrichten van Leeuwens sind blos die folgenden:

S. 109 dass Rembrandt unlängst, dh. kurz vor 1672, gestorben sei. Hierüber hat Houbraken nichts.

Ibid. Frans van Mieris und Pieter Slingeland waren Schüler des Ger. Dou. Houbraken teilt B. III S. 2 und 161 dasselbe mit.

Ibid. „Isaak Paling, kwekeling van den vermaarden Abraham „van den Tempel, uijtnemend levendgroot Schilder van onsen „tijd, mede binnen Leijden geboren" (G. S. III S. 168).

17. ROTTERDAM.

Nur kurze, aber bei Mangel an übrigen Nachrichten nicht zu unterschätzende Mitteilungen bringt Gerrit van Spaan über die Rotterdamer Künstler in seiner 1698 zum ersten Male erschienenen *Beschrijvinge der Stad Rotterdam.* Trotzdem dieselben in mehr als einem Fall sich mit denjenigen Houbrakens decken, ist eine Benützung seinerseits kaum zu erweisen. Am wahrscheinlichsten ist sie bei der Erwähnung des Schützenbildes von Lieven de Jong im Rotterdamer Doelen. Durch Nebeneinanderstellung der beiden Abschnitte will ich meinen Lesern das Urteil über die Abhängigkeit des einen vom andern anheim geben:

v. Sp. S. 412: « Voorts is den « Doel niet misgedeelt van kostelijke schilderijen van Colonellen « en Kapiteinen; onder anderen is'er « een van Leuve de Jong; dit 's « een Koninklijk stuk; hij staat er « zelfs in, als Majoor der Stad, « den Heer Johan van IJk Dijkgraaf, als Colonel en meer andere « groote Meesters na 't leven afgebeelt. »

H. II 34: « Hij wierd begunstigt « met het Majoorschap der Stadt... « Ondertusschen bleef het konstvuur « in hem levendig, zoo dat hij in « dien tijd een pourtretstuk voor « de Schutterij maakte dat heden « nog in de Stadts Doele kan gezien « worden, hangende op de Princekamer, welk het vermogen van zijn « penceelkonst te kennen geeft. »

van Spaan fügt noch hinzu, dass sich ebendort ein Meisterstück von Beeldemaker befand, einen Fahnenjunker darstellend, wenn er sich nicht irrte, das Bildnis des jungen Doctor Sismus.

Im Folgenden gebe ich die übrigen Mitteilungen van

Spaans, wo nötig mit einer kurzen Verweisung auf Houbraken:

S. 287. „Onder anderen is in deze [d. h. Lutherische] kerk „een verwonderenswaardig, doch niet heel groot ophangbord „te zien alwaar eenige schriftuurplaatsen door den beroemden „Westervelt in geschildert zijn. Ik zou wel durven zeggen, „dat er geen meester in de wereld is of komen zal, die kun„stiger, zwieriger of pertinenter letters met de pen of penseel „ooit of ooit trekken, schilderen of maken zal."

Unter den 1698 bereits verstorbenen Meistern wird erwähnt: Westervelt, Maler und unübertrefflicher Kalligraph.

S. 421 ff. Rotterdam hat hervorgebracht:

I. Bereits verstorbene Maler:

Persellus, den vornehmsten Schiffs- und Marinemaler. — H. giebt B. I S. 166 ff. und S. 213 Mitteilungen über diesen Meister, erwähnt aber seine Beziehungen zu Rotterdam nicht.

Symon de Vlieger. — G. S. II 325 sagt H., dass er seinen Geburtsort nicht habe erfahren können; er hält ihn für einen Haarlemer oder Amsterdamer.

Zorg, einen humorvollen Maler von Bauern, Schiffen und Marinen. — G. S. II 89 befindet sich seine Biographie, worin aber von seinen Marinen nicht die Rede ist.

Leuve de Jong, einen vornehmen Maler von Bildnissen und Zimmerdecorationen. Dieser wusste so gut mit dem Pinsel zu spielen, dass er ein dutzend Bilder in zwölf Tagen „opslingerde [1]) Er verlangte für jedes hundert Gulden.

Cornelis Zagtleven, einen Spuck- und Figurmaler, auch einen guten Porträtisten. — H. erwähnt ihn B. I S. 342 nur als Maler von Binnenhäusern in der Art des Adr. Brouwer und Dav. Teniers.

Abraham Hondius, Maler von Gewässern, Hunden, Jagden und Historienbilder. — H. erwähnt ihn B. III S. 318 ohne Angabe des Geburtsorts.

Kouzijn, einen trefflichen [deftig] Zeichner mit Bleistift und Anderm.

---

[1]) Dieses Wort ist mir unbekannt; die Bedeutung kann nur sein « hastig herstellen. »

Frans Verwilt, einen Bildnis- und Historienmaler. — H. hat B. I S. 129 seine Angaben der Teutschen Academie entlehnt.

Willem Tybout, einen berühmten Glasmaler [1]). — Nicht zu verwechseln mit seinem ältern Namensvetter aus Haarlem. (G. S. I 30).

Schaak, einen tüchtigen Maler von Bauernstücken.

Picolet, einen guten Porträtmaler — G. S. III 389: ein ziemlich guter Porträtmaler und erster Lehrer Adriaen van der Werfs.

Duifhuizen, einen Maler von Kühen, Stieren und Ruinen,

de Meijer, einen Maler von Belagerungen, Reitern und Feldschlachten,

Westervelt (bereits oben erwähnt),

Jan Sonjé und van Battem, ausgezeichnete Landschaftsmaler,

die Kolonien [Colonia's], gute Maler von Christnächten Mondscheinlandschaften und Tieren,

Lieve Verschuur, seiner Zeit ein fideler Kunde; er war ein ausgezeichneter Maler von Morgenstimmungen, Schiffsbildern und Marinen, auch ein guter Bildhauer.

Aalbrecht Verschuur, sein Bruder. war ein guter Bildnismaler.

Egbert van der Poel war der beste Maler von Feuersbrünsten in Niederland,

Snellink, ein guter Landschaftsmaler, aber seine Figuren sind keinen Heller wert.

Der alte und junge Vierly [Viruly], waren treffliche [deftige] Landschaftsmaler.

Cornelis de Mooy war ein trefflicher und ausgezeichneter Schiffszeichner und

Volmarin ein ausgezeichneter Historienmaler.

II. Noch lebende Meister sind:

A. U. van der Neer, ein stolzer Bildnis-, Historien- und Mondscheinmaler. — Die Vornamen sind falsch; der Meister

---

[1]) Vgl. über ihn Rot. Hist. bladen III 1 S. 698.

hiess Eglon Hendrik; dass er Mondscheinlandschaften gemalt habe, beruht auf Verwechslung mit seinem Vater. H. bringt B. III S. 172 ff. ausführliche Nachrichten über ihn und erwähnt auch seinen Rotterdamer Aufenthalt.

Adriaen und Pieter van der Werf, zwei Brüder, welche königlich, meisterhaft und sehr zauberhaft zu porträtiren wissen. — Ueber Adriaen vgl. H. III S. 388 ff.

Bernard Vaillant weiss auf blauem Papier, wie auch mit Farbe die Menschen dem besten Meister der Welt zum Trotz abzumalen; seine Kunst hat er beim Nijmeger Friedenscongress gezeigt, wo er alle Ambassadeure skizzirt hat. — H. II S. 204 rühmt seine Crayonporträts und erwähnt seinen Aufenthalt in Rotterdam.

Sebastiaan Heemskerk, ein ausgezeichneter und trefflicher Maler von betrunkenen Bauern und Gesellschaftsstücken. Diese Kunst versteht er sehr meisterhaft, flott und humorvoll [1]).

Sr. Joost van Geel, ein herrlicher Figurenmaler. — Nach G. S. III 51 malte er in der Art des Gabr. Metzu [2]).

Peutemans ein unverbesserlicher Historien und Bildnismaler. — H. III S. 322 erwähnt ihn als Rotterdamer Maler von Stillleben [3]) und lässt ihn kurz nach dem 18 Sept. 1692 sterben, was der Angabe van Spaans und den urkundlich überlieferten Tatsachen widerspricht, denn nach Rot. Hist. bladen III 1 658 wurde Pieter Peutermans am 15 Juni 1698 als gestorben angemeldet.

Thomas Halleman, ein ausgezeichneter Bildnismaler. Wenn dieser unermüdliche, kunstreiche Eiferer, der die Menschen sehr civil behandelt, so fortfährt, wird er wohl innerhalb eines oder anderthalb Jahres als ein sehr hervorragender Meister [overvlieger] gebucht werden.

---

[1]) Bei van Spaan noch die Eigenschaftsworte «aktieus» und «lodderlijk», deren Bedeutung mir dunkel ist.

[2]) Vgl. über ihn oben S. 124.

[3]) Sein einziges mir bekanntes Bild ist in der Tat ein Stillleben im Museum von Rouen.

Elias van Nimwegen, auch ein sehr guter Maler von Porträts und Zimmerdecorationen.

Govert Sinjeur weiss nicht nur gründlich über die Kunst zu disputiren, sondern sie auch auszuüben in der Art des Wouwerman.

Cornelis Bouwmeester, welcher höher hätte gestellt werden sollen, ist ein sehr guter Schiffszeichner; ferner weiss er meisterhaft Städte, Küsten, Golfe, Stürme, und Schiffsbrüche wiederzugeben und die Schiffe in der Art zu skizziren, dass nicht ein Tau daran fehlt.

Philips Vilaan, ein Figurenmaler in grossem und

Nicolaas Juweel in kleinem Maassstabe.

Olivier van Durren und Pieter Veen, gute Porträt- und Historienmaler. — Ersterer ist vielleicht identisch mit einem der Brüder van Doren, die nach G. S. III 217 i. J. 1671 mit Johann Polydor Glauber von Rotterdam aus die Reise nach Frankreich und Italien antraten. Dav. v. Hoogstraten richtete ein Gedicht an ihn (sieh weiter unten).

Willem van Kleef ist ohne Schmeichelei der beste Wappenmaler von ganz Holland und auch ein trefflicher Glasmaler.

Pieter Lover versteht diese Kunst auch gründlich. Beider Werke sind in den Kirchen zu sehn.

Johan Blauwvoet weiss augezeichnet Buchstaben zu malen mit dem Pinsel und Zimmerdecken und Wände in flotter Weise zu bemalen.

Huig van Dorre Wiltschut, ein amüsanter Landschaftsmaler.

Adriaen Maes, desgleichen und

van der Groes, ein Bildnismaler.

In den umliegenden Dörfern findet man ebenfalls gute Meister, unter denen sich Pieter und Gerrit Maas, sowie der Landschaftsmaler Penninks auszeichnen.

Auf der nächsten Seite erwähnt van Spaan noch, dass der Uhrmacher Johan de Vouw in der Landschaftsmalerei über das Durchschnittsmaass hinausging

18. HOORN.

Die „Kronijk van de vermaarde Zee- en Koopstadt Hoorn," welche 1706 bei Feyken Rijp daselbst erschienen ist, enthält auf S. 318 f. eine Notiz über den Maler Jan Lis, richtiger Lys, wonach dieser dort geboren sein soll. Sandrart dagegen lässt ihn aus Oldenburg stammen, und Houbraken ist ihm hierin, wie in der ganzen Biographie des Meisters gefolgt.

Die Frage, wer von beiden Recht hat, ist zur Zeit noch eine offene; die Wahrscheinlichkeit aber, dass Sandrart sich geirrt, ist aber a priori eine grössere, als die, dass der Localhistoriker einen fremden Künstler von Ruf zur Verherrlichung seiner Vaterstadt usurpirt hätte.

Kramm (i. v. Jan Lis) hat den ganzen Abschnitt abgedruckt. Ich begnüge mich daher mit der Mitteilung, dass sich damals in den Sammlungen Schepers zu Rotterdam und de Flines [1]), de Vries, Six [1]), de Wolf und Hooft in Amsterdam Werke von Lys befanden; in letzterer ein Phaëton, den Houbraken in Anschluss an Sandrart ebenfalls unter seinen Werken aufzählt.

[1]) Vgl. Hoet I 55, 72 und 416.

E. Gedichtsammlungen.

Die Sitte, Werke der bildenden Kunst durch dichterische Ergüsse zu feiern, war im siebzehnten und achtzehnten Jahrhundert in Holland weit verbreitet. Ist der poetische Wert der Mehrzahl dieser Verse gering, auch die Kunstgeschichte zieht keinen grossen Nutzen aus ihnen. Selten wird ein Kunstwerk so beschrieben, dass man es eventuell wieder erkennen könnte. Auch die künstlerische Persönlichkeit des Malers bleibt meistens ausser Betracht. Die Eigenschaften der dargestellten Person bei einem Bildnis; die ethischen, philosophischen oder allegorischen Seiten eines geschichtlichen Vorganges, die Schilderung der Naturkräfte bei einer Landschaft, dies war es, was in der Regel die Poeten und Poetaster veranlasste in die Saiten zu greifen.

Houbraken hat dem Geschmacke seiner Zeit Rechnung getragen und eine beträchtliche Anzahl von Gedichten seiner Groote Schouburg einverleibt. Ich behandle sie in der alphabetischen Reihenfolge der Verfasser, beschränke mich im Allgemeinen auf die Angabe des Titels und den Nachweis der Quelle und führe nur ausnahmsweise etwas aus dem Inhalte an. Wo dies nicht geschieht, enthält das Gedicht eben nichts kunsthistorisch wichtiges. Die Verse aus de Bie, Ampzing und den andern bereits behandelten Quellenschriften bleiben selbstverständlich hier unberücksichtigt.

19. Johannes Antonides, genannt **van der Goes**.

B. I S. 41 und B. II S. 296. Zwei Citate aus „Zege der Schilderkunst voor Gerard Uilenburg, anlässlich einer Auction italienischer Gemälde verfasst, welche am 2 Febr. 1673 zu Amsterdam abgehalten wurde, nachdem die Bilder zuerst dem Kurfürsten von Brandenburg zum Kauf angeboten, von diesem aber als Kopien erkannt und zurückgeschickt waren. Quarto—Ausgabe vom Jahre 1685 S. 248 mit der Bemerkung: Dit gedicht staat door verziening in J. v. Vondels Poezy I 378 [1]). Sonst enthält die Sammlung nur noch auf S. 277 ein Epigramm auf ein von Valjant (welchem?) gemaltes Bildnis von Hendrik Koning, während ein von Houbraken B. II S. 243 citirtes Gedicht zu Ehren Lud. Bakhuijzens darin nicht angetroffen wird.

20. Nicolaas Berchem.

B. II S. 111. Ein achtzeiliger gereimter Spruch.

21. Govert Bidloo

B. II S. 205 f. Epigramme auf ein Kaminstück von Barend Graat, David und Bathseba in allegorischem Randwerk darstellend. — Sie sind nicht enthalten in der einzigen mir bekannten Ausgabe von Govard Bidloo's Mengelpoezy. Leiden 1718/19 [2]).

22. Joh. Blasius.

B. III S. 64. Epigramme auf zwei Bilder von Johannes Buns, entlehnt aus: Geslachtsboom der goden en godinnen enz. met bijgevoegde mengeldichten S. 139: Op de eene Venus van J. Buns, datirt Amsterdam 27 December 1660 und S. 236: De tweede Venus van J. Buns, Amsterdam, 22 April 1661.

Houbraken erwähnt ferner anonyme Sonette auf Bildnisse eines N. Sanders. Diese Stelle geht ebenfalls auf Blasius zurück (S. 108): Sonnet op de afbeelding van Mejuffrouw Keria Koen-

---

[1]) Von Vondel existirt aber auch ein Gedicht auf diese Auction. Näheres O. H. IV 41, 278.

[2]) Diese enthält dagegen auf S. 173 ff. eine interessante Beschreibung der Kunstkammer Filips de Flines', welche bei der Benützung des Auctionscatalogs (Hoet I 54 ff.) zum Vergleich heranzuziehen ist.

rings, gedaan door N. Sanders, Emden 2 Oct. 1660 Der Buchstabe N. deutet an, dass der Vorname dem Dichter unbekannt war. In Wirklichkeit hiess der Maler Alexander Sanders. Von seiner Hand wird im Emdener Kirchenzimmer ein grosses Gruppenbild aufbewahrt.

B. III S. 167. 't Familieportret der Schrevelii door J. Torenvliet, Leiden 30 Febr. 1661, Mengeldichten S. 276.

Ausserdem enthält das Bändchen [1]):

S. 79. Klinkdicht op 't Afbeeldsel van Mej. la Gouche door J. Ovens, Amsterdam 10 Juni 1660.

S. 184 Op een Venus geschilderd door mijne zuster Eleonora Blasia, ten huijze van mijn broeder Gerard Blasius.... te Amsterdam, Leiden 20 Febr. 1661.

23. Caspar Brant.

B. III S. 11. Grafschrift voor den kunstrijken schilder Frans van Mieris, entlehnt aus G. Brandt, Poëzy, Rotterdam, Bar. Bos 1702 [2]) S. 188.

Ausserdem:

S. 161. Op 't afbeeldzel van mijn eega Agatha Paets: „Dus trof 't penseel van Musscher mijn Agaat."

S. 162. Op de afbeelding van mijne zuster Cornelia Brandt door van der Werf (der Maas-Apell, also Adriaen).

Das Porträt Brandts, von P. van Gunst nach Mich. v. Musscher gestochen, ist den Gedichten vorangestellt.

24. Gesine Brit.

B. III S. 297—305 Koridons Herderzang op de Papieren Snijkunst van Juffr. Johanna Koerten, Huisvrouw van Monsr. Adriaen Blok, 1699 zu Amsterdam in 4° herausgegeben. Die Anmerkungen sind Zusätze Houbrakens.

Dieser citirt noch Gedichte von den Feitema, den Brüdern

---

[1]) Mit diesen Worten werden im Folgenden jedes Mal die von Houbraken nicht berücksichtigten Kunsthistorica angeführt.

[2]) Es existirt auch eine Ausgabe vom Jahre 1701, Amsterdam, Jac. v. Nieuwveen. Als v. Mieris starb, war Brandt Pastor in dem Leiden nahe gelegenen Warmond.

Brant, J. B. Wellekens, A. Bogaart, C. Bruin, Prof. A. Reelant u. A. zu Ehren der gefeierten Künstlerin mit der Scheere. Kunsthistorischer Wert: nihil.

25. Jan van Broekhuizen.

B. III S. 296. Lateinische Beischrift zu einem von Joh. Koerten Blok geschnittenen Bildnis des Med. dr. D. van van Hoogstraten, entlehnt aus Jani Broukhusii Poematum Libri XVI, editore Davide Hoogstratano Amstelaedami CIƆIƆCCXI p. 279: In eandem (scil. effigiem Davidis Hoogstratani) opus forficis Joannae Curtiae [1]).

26. J. Koenerding.

B. III S. 319. Lobgedicht zu Ehren eines von Franc. Danks gemalten Bildnisses der Catharina Questiers.

27. M. Consart.

B. III S. 196. Krüppelverse über die Abstammung der Brüder Berkheijde vom König der Wiedertäufer Jan Beukelsz.

28 Heiman Dullaert.

B. II S. 161. Gedicht „An die Winde," welche Sam. van Hoogstraten nach England führen sollten (S. 160).

B. III S. 78. Die Biographie Dullaerts.

Es ist nicht zu entscheiden, in wie ferne an beiden Stellen Entlehnungen aus den 1719 bei Gerard Onder de Linde zu Amsterdam erschienenen Gedichten Dullaerts vorliegen, weil die Frage nach der Priorität der Herausgabe ohne nähere Nachrichten nicht zu beantworten ist. Houbraken war aber mit dem Herausgeber David v. Hoogstraten und dem Verleger [2]) bekannt, und mag daher das Werk vor dem Erscheinen benützt haben. Vor dem Register ist ein, vermutlich von D. v. Hoogstraten verfasster: „Kort berecht wegens het Leven van Heiman Dullaert," eingeschaltet, der in manchen Punkten mit Houbrakens Mitteilungen übereinstimmt, obwohl dieser auch noch andere Quellen verwertet.

---

[1]) Vgl. auch unten bei Dav. v: Hoogstraten.

[2]) Er lieferte ihm die Zeichnung zur Titelvignette des Buches.

Eine Entlehnung ist möglich an folgenden Stellen:

S. 78 der Anfang bis zur 7ten Zeile auf S. 79: wist te behelpen. Eingeschaltet ist die Mitteilung, dass Dullaerts Vater am Botersloot woonde.

S. 80. Die letzte Alinea.

Die Mitteilung Velthuizens (S. 79) hat einige Uebereinstimmung mit den Worten des Kort Berecht: Hij wist Rembrandt zulks na te volgen, dat zekere copie van een van Rembrandts stukken door Dullaert gemaakt te Amsterdam voor 't werk van Rembrandt verkocht werd."

Die Erklärung der grossen Freundschaft Dullaerts mit Sam. van Hoogstraten: „omdat hij met S. v. H. de schilderkunst bij Rembrandt geleerd had" hat Houbraken wohl mit Recht weggelassen, denn als Hoogstraten im Frühjahr 1641 zu Rembrandt kam, zählte Dullaert kaum fünf Jahre [1]).

Das Bildnis auf Tafel C. stimmt mit demjenigen der Gedichte überein. Beide sind von Jac. Houbraken gestochen [2]).

29. Petr. Francius.

B. III S. 295. Drei lateinische Disticha unter dem Bildnis des Kaiser Leopold, zusammen damit von Joh. Koerten Blok mit der Scheere geschnitten. Die Verse finden sich in P. Francii Poemata. Ed. alt. Amst. 1697, S. 455: Leopoldus Imp. Rom. Opera forficis quam artificiosissime repraesentatus. Der Name der Künstlerin wird hier nicht genannt.

30. Joan de Haas.

B. III S. 404 f. Eerekroon der Stadt Rotterdam, 1716 erschienen und aufs neue abgedruckt in der gleich zu erwähnenden Ausgabe von 1720 (S. 431 ff.). Strophe zu Ehren des Adriaen van der Werf.

S. 404. Beischrift eines Selbstbildnisses dieses Künstlers: Op de afbeeldinge van den Heere Adriaan van der Werf, Ridder enz.

1) Vgl. schon Vosmaer, Rembrandt 2S. 296.

2) Ueber die Totenklage Oudaens, aus der das Todesdatum 6 Mai 1684 hervorgeht, sieh weiter unten.

Dies Gedicht kommt in der nach Houbrakens Tode erschienenen Ausgabe von de Haas' Gedichten, Rotterdam 1720 vor. Es trägt darin auf S. 228 die Jahreszahl 1715, und ist vermutlich damals schon publizirt. Auf derselben Seite liest man zwei weitere Gedichten aus jenem Jahre: Op zijn Gemalin (Dus maalde van der Werf zijn lieve bedgenoot) und Op juffrouw Maria van der Werf (Dus maalde van der Werf zijn schoone dochter af). Im Jahre 1709 hatte de Haas bereits ein Gedicht verfasst: Op de afbeelding van den heer Joan van Broekhuizen, geschildert door Fransois van Hoogstraten. (S. 225 der genannten Ausgabe).

S. 236. Op mijne Afbeelding van Henrik Patijn 1710 (Dus maalt Patijns' penseel mijn opzicht en gelaat).

S. 412. 't Schoonste proefstuk van den Ridder van der Werf (1713): Das Bildnis seiner Tochter Maria. Andere Werke, welche in diesem Gedichte erwähnt werden, sind: sein Urteil des Paris, Loths Töchter und Hagar [1]).

31. Arn. van Halen.

B. III S. 130. Op de Stilzwijgentheijd van de Amsterdamse Helicon, over 't afsterven van den Vermaarden Konstrijken Schilder de Heere Gerard de Lairesse, Aan de Liefhebbers van de Poeëzy en Schilderkonst. Wegens het nalaaten van eenig Vaers op den Overleden in 't licht te brengen. Overleden in Amsterdam in Hooijmaand in 't Jaar 1711.

Dies Gedicht, dessen Anfang Houbraken citirt, erschien in 4° ohne Jahresangabe zusammen mit der Antwort des W. van der Hoeven, aus dem Houbraken a. a. O. ebenfalls einige Zeilen mitteilt [2]).

---

[1]) Ueber Bilder dieses Gegenstandes vergleiche man oben S. 179—181.

[2]) Im Klebeband der kgl. Bibliothek im Haag, welcher beide enthält, wird ausserdem noch ein Gedicht van Halens: Op de Schilderkonst van den Heere Joan van Huchtenburg, Beroemd Batalje Schilder dezes tijts angetroffen. Hierin teilt der Dichter u. A. mit, dass er früher schon Verse zu Ehren Lairesses, van Huijzums und Moucherons verfasst habe. Ausserdem wird ein Gemälde Huchtenburgs, die Einnahme von Namur darstellend, ausführlich besungen.

32. Willem v. Heemskerk.

B. III S. 5. Sechszeiliger Vers unter dem Schabkunstblatt A. Blootelings nach dem gezeichneten Selbstbildnis des Fr. v. Mieris. — Vgl. bereits oben S. 185.

B. III S. 12. Grabschrift des Fr. v. Mieris auf seinem Grabstein in der Peterskirche zu Leiden.

33 Willem v. d. Hoeven.

B. II S. 219 Grabschrift für Wil. Kalf († 31 Juli 1693).

B. III S. 71 f. Trauergedanken über das Hinscheiden des Melch. d'Hondecoeter († 3 April 1695).

B. III S. 366. Trauergedicht zur Erinnrung an Jac. de Heusch, unter dem Titel: De Poezy aan de Schilder-konst. Over 't afsterven van den vermaarden Schilder Jac. de Heus, Den 9 Meij 1701. — Beschrieben im Catalogus van de Tractaten, Pamfletten enz. in de Bibliotheek van Is. Meulman Nr. 7227.

B. III S. 130. Eine Antwort an Arn. v. Halen über den Tod des Ger. de Lairesse. Vgl. bereits oben.

34. David v. Hoogstraten.

Vierzeilige Unterschrift zu Houbrakens Bildnis am Eingang der Groote Schouburgh. Vermutlich zu diesem Zwecke verfasst und deshalb vorher nicht nachweisbar.

B. II S. 167. Vierzeilige Unterschrift zum Selbstbildnis des Sam. v. Hoogstraten, nach dessen Tode gedichtet. — Entlehnt aus: D. van Hoogstratens Gedichten, T'Amsterdam bij Jac. v. Hardenberg 1697 4° S. 281.

Ibid. S. 241. Lobgedicht zu Ehren des Lud. Bakhuizen. — Es ist der Schluss eines a. a. O. S. 250 ff. vorkommenden Gedichtes: Aen den Kunstrijken Heere Ludolf Bakhuizen. Op de afbeeldinge van den Fenixdichter Joannes Antonides van der Goes, Mij t'huis gezonden. S. 280 nochmals zwei Gedichte: Op Joannes Antonides van der Goes, door Bakhuizen geschildert.

Ibid. S. 243 f. Uebersetzung eines lateinischen Gedichtes des J. van Broekhuizen: Op het kunstig zeeschilderen Van den

Heere Ludolf Bakhuizen. Entlehnt aus Ibid S. 162 f. [1].

Ausserdem enthält die Sammlung:

S. 143 f.: Uitvaert Van den heere Aelbrecht Spijk, Kunstrijk schilder. Nicht datirt. Aus dem Inhalt geht nur hervor, dass der Künstler „in het opgaen zijner jaren" gestorben war.

S. 164 f. Ter gedachtenisse der drie Kunstrijke Schilders Pieter Leli, Frans Mieris, en Kasper Netscher. Aen den Heere Olivier van Deuren [2]. Letzterer wird genannt „Apelles zoon"; von Mieris wird gesagt:

Wie volgde Leidens voesterling,
Die, schoon in Bacchus vocht verzopen,
Van Pallas hand de kroon ontfing;

Am Schluss wird van Deuren, der Hoogstraten offenbar um das Gedicht angegangen hatte, aufgefordert, selbst den berühmten Namen der drei Meister — seiner Lehrer? — durch seine Kunst bis in den Himmel zu erheben.

S. 165 f. Op een Doodshooft, Geschildert door Mr. Pieter Duifhuizen [3].

B. III S. 306 f. In Excessum industriae et optimae matronae Joannae Curteniae. — In der Ausgabe von 1728 von D. v. Hoogstratens Poemata kommt das Gedicht auf S. 360 f. vor. Im Titel fehlen die Worte „et optimae". Eine frühere Ausgabe, aus der Houbraken entlehnt haben müsste, stand mir nicht zu Gebote.

35. Frans van Hoogstraten.

Seine Mengeldichten sind der Schoole der Wereld, Dordrecht 1682, angehängt, von deren Illustration durch Houbraken oben S. 15 die Rede war. S. 79 findet sich die G. S. II 168 wiedergegebene Grabschrift des Jan van Hoogstraten. Das eine Seite vorher citirte Erinnrungsgedicht für Samuel van Hoogstraten liest man Mengeldichten S. 72. Es hat die Form einer kurzgefassten Autobiographie und ist von Veth in O. H. VII S. 130 ff. abgedruckt und commentirt worden.

[1] Das Original Epigr. III, 13. Poemata p. 263.

[2] Vgl. oben S. 401.

[3] Vgl. über ihn den neuesten Rotterdamer Catalog (1892).

36. Arn Hoogvliet.

B. III S. 346, 348. Die Uebersetzungen zweier anonymer lateinischer Beischriften zu Bildnissen vom Prinzen Eugen und Marlborough in der Schlacht bei Oudenaerde, von Carel de Moor gemalt.

37. Arn. Houbraken.

B. III S. 256. Die sechs ersten Zeilen der Beischrift zum Bildnis des Jan Luijken. Ganz kommt sie vor in: Des Menschen Begin, Midden en Eijnde, mit Aenderungen in der dritten und vierten Zeile. Desgleichen in der ersten Ausgabe von Luijkens Schriftuurlijke Geschiedenissen en gelijkenissen, 1712.

B. III S. 308. Beischrift zum Stich nach dem von Dav. v. d. Plaas gemalten Bildnis der Johanna Koerten-Blok.

38. Kath. Lescaille.

B. III S. 305. Unterschrift des Bildnisses der Joh. Koerten Blok; zu finden unter dem von P. Schenk geschabten Porträt, Muller, Catalogus Nr. 2969.

39. Joach. Oudaen.

Seine Gedichte wurden 1712 von Dav. v. Hoogstraten herausgegeben und zu Amsterdam von Wed. P. Arentz und K. van der Sijs in drei Bändchen verlegt. Nach Houbrakens Zeichnung radirte P. Sluijter das Titelblatt.

B. I S. 20 wird die Aufschrift der Statue des Erasmus zu Rotterdam erwähnt. Sie findet sich Poezy, II 218.

B. I S. 48. Chronostichon als Grabschrift für Michiel Mierevelt. Es findet sich Poezy III 421, ist 1641 datirt und wurde daher in 13 jährigem Alter verfasst.

B. III S. 80 wird das Lijkgedicht des Heiman Dullaert zwar citirt aber nicht mitgeteilt. Es findet sich Poezy III 552: „Op de dood van den Lieftalligen en Welgeaarden Heimen Dullaart; na een langwijlige, en voor den lichame smertelijke, uitquijninge op den 6 Meij des Jaars 1684 binnen Rotterdam, zacht en lieffelijk, in den Heere ontslapen.

Von Houbraken unerwähnt gelassene Gedichte sind:

Poezy I 30. Lastmans Offerstrijd tusschen Pylades en Orestes, Aan den Heer Reinier van der Wolf, datirt 1657. Vosmaer, Rembrandt S. 473 hat die erwähnenswerten Partien des Gedichtes abgedruckt.

S. 349: Op de Afbeeldinge van den Heer Samuel van Hoogstraten, Uitnemend Schilder.

Poezy II 115 ff. Op schilderij, teikening en Naeldewerk Ten Huise van Joffr. Joh. Van der Burgh, 18 Juli 1646.

I. Op een Onweer, door Porcellis.
III.[1]) Op den Brand buiten Haerlem, konstig na 't leven gedaen, door H. Bollangier.
IV. Op een Heremyt, door F. Knibbergen.
V. Op Hester in onmagt, door M. Mierevelt.
VI. Op Christus geboorte, door Arnhout Vermout.
VII. Op Elias, door Arnhout Vermout.
VIII. Op Lasarus verresen, door A. Willarts.
XI. Op een Slagregen, en een Regenboog, door Neun.
XII. Op een Mooy-we'ertge, door W. V. Diest.
XVI. Op een Boere-keuken, door H. M. Sorgh.

40. Adr. Pels.

B. I S. 103, 268 und passim. Mehrere Citate aus dem historisch-didactischen Gedichte „Gebruik, en Misbruik des Tooneels", 1681 zu Amsterdam bei Albert Magnus in 4° herausgegeben. Von bleibendem Interesse ist nur die öfters abgedruckte Stelle über Rembrandt (S. 35 f.), welche Houbraken ebenfalls citirt.

41. Chr. Pierson.

B. III S. 4. Vierzeilige Unterschrift eines Stiches von H. Bary nach Fr. v. Mieris. Vgl. oben S. 184.

42. Hub. Cornzn. Poot.

B. III S. 405 ff. Kunstkroon voor den Edelen Heere Adriaan van der Werf, Ridder enz. Fenix der Schilders."

In den 1716 erschienenen Mengeldichten Poots kommt es

---

[1]) Die fehlenden Nummern sind anonyme Kunstwerke.

noch nicht vor. Ich finde es zuerst in den Ausgaben von 1721 und 1722, welche erst nach Houbrakens Tod erschienen sind.

43. P. van Rixtel.

B. I S. 175 und III 198 werden Teile eines Gedichtes citirt: Op het Stadthuijs v. Amsterdam, geschildert door den vermaerden schilder Gerrit Berckheijden van Haerlem, welches auf S. 40 f. von Rixtels Mengelrijmen, Haerlem Vinc. Casteleijn 1669 vorkommt. Houbraken giebt als Seitenzahl p. 52 an, hat also entweder eine andere Ausgabe [1]) benützt oder falsch citirt.

B. I S. 176. Op de Afbeeldinge van den grooten Haarlemse Poet Francisko Snellinx geschildert door de Breij. Mengelrijmen S. 58. — Houbraken nennt den Maler J. de Braij, dessen Vater Salomon aber auch Porträtmaler war und gemeint sein kann.

B. III S. 131 wird eine Vergöttrung des Aeneas, von Lairesse gemalt und in der Sammlung van Halen befindlich, erwähnt, den P. Rixtel besungen hätte. Das Epigramm steht allerdings in den Mengelrijmen S. 54: Op d'Afschilderingh der Vergodingh van Aeneas, aber ohne die Namen des Malers und des Besitzers.

B. III S. 63 wird Joh. Buns auf Grund eines Gedichtes von Rixtel „den doorluchtige Pourtretschilder" genannt. Dies bezieht sich auf Mengelrijmen S. 115, wo die Ueberschrift eines Epigramms lautet: Aen den doorlughtigen Schilder J. Buns, toen hij den Heer N. in 't harnas had geschildert en tot zijn ongenoegen hem door de Verf most verkleeden."

44. Cornelis van Rijssen.

Goldschmied aus Amsterdam, gab heraus: Gedigten, verdeeld in Snel, Punt- en Mengeldigten. Alsmede eenige Bendvaarzen en liederen in de jaaren 1668 en 1669 te Romen gemaakt. t'Amsterdam, H. Schelte 1704 nebst Vervolg van Snel- en Puntdigten, ibidem 1708 [2]).

Auf S. 135 ff. lesen wir die „Gedigten te Romen gemaakt in de jaaren 1667 en 1668", woran sich auf S. 143 das Namen-

[1]) Eine solche von 1717 stand mir nicht zu Gebote.

[2]) I. J. 1719 erschien bei Pieter und E. en J. Visser eine unveränderte Neuausgabe.

verzeichnis der „Bendvogels, in dit Lied genoemd, zijnde op die tijd te Romen, zeer weijnig uijtgezonderd" anschliesst. Auf S. 144—146 folgen noch einige extemporirte Gedichte, bei der Aufnahme neuer Bendvögel verfasst. Houbraken hat diese Sammlung gekannt und sich dadurch zu einer ähnlichen Production auf S. 348 f. des zweiten Bandes begeistern lassen. Der Unterschied zwischen beiden ist, dass v. Rijssen uns den Schlüssel zu den Spitznamen vorenthält, während Houbraken uns darüber in den Anmerkungen nach Kräften Auskunft verschafft. Der Wert van Rijssens besteht deshalb ausschliesslich darin, dass man von denjenigen Malern, deren Bentname von anderswo bekannt ist, annehmen kann, dass sie sich mit sehr wenigen Ausnahmen um 1667/8 zu Rom aufgehalten haben. Aus diesem Grunde und wegen der Seltenheit des Werkchens [1]) gebe ich hier das Verzeichnis, alfabetisch geordnet. Wo mir eine Erklärung bekannt ist, füge ich sie hinzu.

Achilles, Admiraal, Afrikaan (Houbraken II 251, ohne Erklärung) Afzetsel, Bachus, Balsem, Bevalligheid, de Boer, Bontekraaij (Dan. Mijtens, Houbraken II 349), Boterblom (Pieter v. d. Hulst II 349), Brave (II 358 o. E.), Brijberg (Gil. du Mont, II 350, III 101 [2]), Centaurus, Cupido (II 357 o. E.), Dedalus, Echo (Cl. Alb. Sevin II 353), Eervrugt (Momper II 352), de Fluit, 't Gedagt, Gedult, 't Geluk, 't Geneugt (II 350 o. E.), Gladbek (II 350 o. E.; über einen Rembrandtschüler J. v. Glabbeck vgl. O. H. VII 42 ff. und über einen Maler Glatbeck, 1630 zu Utrecht, S. Muller Utrechtsche Schildersvereenigingen S. 120), Glaucus, Goedhart (II 357 o. E.), Goudvink (II 349 o. E.; nach einer von Levin in Lützows Zeitschrift 1888 S. 171 publizirten Notiz von Smeijers, war dies der Beiname des Johan Fijt, der aber ein Menschenalter vor v. Rijssen zu Rom war). de Groeter, Gulde Eeuw, Hector (Bar. Appelman II 357), Janitzer (Pieter Hofman II 351, III 103 [2]), de

[1]) Das von mir benützte Exemplar wird in der Bibliothek zu Leiden aufbewahrt.

[2]) Die Deutung dieses Bentnamens verdankt Houbraken offenbar den Unterschriften des Taufbriefes (datirt 3 Jan. 1675) Abr. Genoels von dem er vom Künstler selbst eine Abschrift bekam. Die betreffenden Künstler waren also vermutlich von 1667/8 bis Anfang 1675 zu Rom Immerhin ist die Möglichkeit im Auge zu behalten, dass mehrere nach einander eintretende Mitglieder der Bent denselben Namen erhielten. Vgl. z. B. Houbraken II 354 Anm. 65.

Jeugd (Monnaville II 350, III 101 [1]) Kan 'er niet uit, Kemel, Kemphaantje (II 351 o. E.), Kustepenning, Leege Stoel, Leeman (II 358 o. E.), Ligtmis (II 353 f. o. E.), Lossenbruij, (Adr. Honingh, II 351, III 102 [1]), Meleager (J. Bapt. Breughel, II 355, III 102 [1]), Mengelaar (Maurits Bibe, II 359, III 102 [1]), Nagtraaf (II 358 o. E.), Navolger (II 355 o. E.), Nephtunus, Niemendal, Opzigt, Orpheus (Phil. v. d. Does II 350, III 102 [1]), Pan (Jan Lijs II 354, I 205 † 1629), Paris, Pekelhaaring, Pelikaan, Phebus (Fr. de Wit II 348), Praxeteles, Pijp, Rekel, Remus, Roeper, Romulus (Bonav. Overbeek, II 356), Rond uit (II 355 o. E.), Roselaar, Ruster (II 350 o. E.), Rijngraaf (Abr. Breughel III 101 [1]), de Zakpijp (II 350 o. E.), Zandruiter, Zandzak (Alb. Clovet, II 360, III 101 [1]), Satyr (Corn. v. Rijssen II 353; dies ist die Stelle, woraus Houbrakens Bekanntschaft mit v. Rijssens Gedichten hervorgeht), Schrobber (II 350 o. E.), Silenus (Joh. Froschel, vgl. Fiorillo, Gesch. d. z. Künste in Deutschland IV S. 187), Slegten tijd, Snep (Aug. Terwesten, II 349), Zoeker, Zoet geluid (II 350 o. E.) Zoeten Inval, Zonder Geld (II 350 o. E.), Stam (II 350 o. E.), de Stille, Sukkelaar (II 350 o. E.) Swaluw, Swavelstok, Tempeest (P. Mulier Jr. II 350, III 183), Typhon, Tregter (Christ. Puijtlinck III 349, II 359; o. E.), Triton (kommt zweimal vor), Trouwenharder (Bredius fand in einem Amsterdamer Inventar v. J. 1666 Marinen von «de Getrouwe Herder» erwähnt, Amst. Jaarboekje 1891), Uitgelaten, Uitgescheeten, Uitstel (Franç. de Meijer II 354, III 102 [1]), Vogelaar (Kar. de Vogel; Houbraken II 349 und III 103 [1]) nennt ihn Distelbloem und hat für den Bentnamen Vogelaar keine Erklärung, Voor de Wind (Gil. v. d. Meeren II 360, III 101 [1]), Wederkomst, Wekker (II 350 o. E.), Welgemoed (Pieter Fris II 354, 345 f.), Welkomst, Wel te vreeden (Dom. Schaft II 360), Wisseling (II 357 o. E.).

Ausserdem enthält die Gedichtsammlung v. Rijssens auf S. 81 der Fortsetzung ein „Feestdigt, Toegeeijgend aan den Konstrijken Jongman Sr. J[ohannes] H[uchtenburg] en d'Eerbare Deugdrijke Jongedochter Juffr. E[lisabeth] M[ommer]. Vereenigt met den band des Huwelijks den 7 van Wijnmaand 1670 binnen Haarlem." Der Name des Bräutigams geht aus dem Gedicht selber hervor, derjenige der Braut, sowie das Datum der Hochzeit finden sich bei van der Willigen S. 185. Ausserdem bestätigt die Ueberschrift uns, dass v. Rijssen und Huchtenburg damals

[1]) Vgl. die Anmerkung [2]) auf S. 414.

wieder in Holland zurück waren. Von Letzterem sagt Houbraken, dass er gegen Ende des Jahres in seine Heimat zurückkehrte (III 251).

45. D. Schelte.

B. II S. 204 f. Allegorie einer guten Hausverwaltung, von Bar. Graat gemalt. — Dies Gedicht findet sich in den „Rijmwerken" van Dirk Schelte, Amsterdam 1714. S. 1016: Op 't puikstuk staande voor mijn schoorsteen in de Nes, Geschildert in 1700 door den vermaarden Heer Barend Graat, verbeeldende een goede huisbestierster.

Von Houbraken übergangene Kunsthistorica sind:

S. 425: Verjaardag van Maria Oosterwijck, 27 August 1673, wegen haar weergaloos bloemschilderen [1]).

S. 459. Aan Lodewijck van Ludik: „Vader van een huisvol lieve spruiten, Man van een vrouw, die God U gunstig heeft verleend." Diese Frau hiess Cornelia und war am 25 Oct. 1676 43 Jahre alt.

S. 720: Aan den Schilder, Hr. Barnard Valiant getrouwd 9 April 1670.

S. 1006: Op de afbeelding van den Ed. Wel Geb. Heere de Heere Jacob Duart, Edelman en Domestique van zijn kon. Maj. van Groot Britannie, kunstig geschilderd door Gilliam van Rijck.

46. Anna Maria Schuurmans.

B. I S. 314. Lateinisches Distichon unter ihrem gestochenen Selbstbildnis, welches sich vorn in den Opuscula, Ausgabe von 1648, befindet. Muller, Nr. 4868.

47. Samuel Sylvius.

B. I S. 245. Uitvaart van den Heer Wilhem Doedijns, Aartsschilder dezer eeuw, datirt 1697. Dies Gedicht befand sich in einem Zimmer der Haager Malerconfrerie. Gedruckt liegt es vor in S. Sylvius' Gedigten II 101, Haag 1729.

48. Jan Six.

B. III S. 294. Vierzeiliges Epigramm zu Ehren der Johanna Koerten-Blok.

[1]) Houbraken giebt 20 Augustus als Geburtstag an, war also um 7 Tage im Irrtum.

49. Lud. Smids.

Seine „Gallerije ofte proef van sijne Dichtoefeningen, Groningen 1685, 4° war ein Buch nach Houbrakens Geschmack. Es enthält Beischriften zu historischen Compositionen der streng-academischen Maler seiner Zeit: Lairesse, Voorhout, Doudijns u. A. An zahlreichen Stellen hat Houbraken ihn citirt:

B. I S. 165. Leonard Bramer. Darstellung von Pyramus und Thisbe, auf Kupfer, im Hause eines Ungenannten zu Groningen befindlich [1]. (Gal. S. 3) Letzteren Umstand verschweigt Houbraken. Näheres bereits oben S. 102.

B. I S. 347. Jac. Bakker. Eine Darstellung der Iphigenie von Cypern nach Bocaccio 19. In der Anmerkung heisst es: „J. Vos dicht ook op dit van Bakker" (Gal. S. 28) Houbraken citirt das Gedicht dieses Dichters auch, denkt aber an zwei verschiedene Bilder.

B. I S. 365 f. Nic. de Helt Stocade.

Houbraken rühmt ihn, weil er von der herkömmlichen Darstellung der gefesselten Andromeda abgewichen sei, indem er den Augenblick wählte, an welchem Perseus ihre Hände von den Fesseln befreite. Dies Bild befand sich in Groninger Privatbesitz. (Gall. S. 5) [2]. Die traditionelle Auffassung wird illustrirt durch 4 Zeilen eines Epigramms von Smids: Andromeda aan een rots gebonden. Door Titiaan. (Gall. 4.). Die Anmerkung sagt noch: Vermanders Andromeda is meede schoon; gelijk ook Bloemaerts; en Blotelings, in 't swart [3].

Ausserdem S. 44: de verkraghtinge [der Lucretia], door Stokade gedaan, heb ik hier [dh. in Groningen] in eens

[1]) In einer zweiten modificirten Ausgabe: Gallerije der Uitmuntende vrouwen, Amsterdam 1690 8°, S. 123 wird noch eine Thisbe erwähnt hangende in zeker huis binnen Groningen naar de teekening van Schut geschilderd.

[2]) ²S. 128. Gemeenlijk (also grade das Gegenteil von dem was Houbraken behauptet!) evenwel beeldmen Perseus af, haar zelf de boeijen van de handen stroopende, gelijk mij, voor eenigen tijd binnen Groningen, in een schilderij van Stokade is ontmoet.

[3]) Aus ²S. 126 geht hervor, dass Blootelings Schabkunstblatt nach Titian gemeint ist. (Wessely Nr. 78).

Burgemeesters huijs gesien und S. 45: Vondel en J. Vos dichten op een Cloelia van Stokade.

B. III S. 112 ff. Gerard Lairesse.

Polyxena am Grabe Achills getötet (Gall. S. 17).

Der Tod Dido's (Ibid. S. 22).

Ausserdem enthält die Gallerije:

S. 9. Venus umringt von Amoretten am Grabe des Adonis [von Lairesse]. In der Anmerkung: Sijn Dood heeft de Schilders een aangename Stoffe gegeven, boven alle de Sielroerende Wilh. Doudijns.

S. 32: „De Liefkooserijen van Ulysses met Calypso in het lieflijk Tafereel van de roemwaarde Laires."

B. III S. 227. Joh. Voorhout.

Die sterbende Sophonisba: door Verhout.

Auch im Gedichte selbst nennt Smids den Künstler Verhout, was Houbraken stillschweigend in Voorhout umändert [1]).

B. III S. 230. Dav. v. d. Plaas.

Drei Strophen zu Ehren eines von ihm gemalten Bildnisses von Cornelis Tromp. Kommt nicht vor in der Gallerije.

B. III S. 311. Joh. Starrenberg.

Stratonica im Zimmer ihres Geliebten Antiochus (Gall. S. 42).

B. III S. 313. Jac. de Wolf.

Alcestis ihrem Gatten Admetus zurückgegeben (Gall. S. 7). In der Ueberschrift heisst es ausdrücklich: „door J. de Wolf", in der Anmerkung dagegegen: ich erinnre mich nicht, diese Fabel irgendwo in Gemälden gesehen zu haben. Ob es sich also um einen Stich handelte?

S. 314: Cassandra von Aegysthus und Clytemnestra ermordet; „vereeuwigd door Cath. Lescailles Poësy en door Jac. de Wolfs Schilderij". (Gall. S. 18). In der zweiten Ausgabe (S. 152) heisst es statt Jac. de Wolfs Schilderij: Jakobus de Rijks Teekening. An keiner von beiden Stellen kann von einem Druckfehler die Rede sein, da jedes Mal der Name im Gedicht selbst wiederholt wird.

Ausserdem von J. de Wolf:

---

1) Näheres oben S. 176.

Gallerije S. 1: Hypermnestra aus dem Gefängnis befreit S. 20: Andromache zu Füssen des Pyrrhus, nach Racine. S. 47: „Fannia beleefd aan haaren vijand den gevangenen Marius." S. 55: Mariamna am mörderischen Hofe des Herodes. In der Anmerkung heisst es: „Siet hoe ik het in poesij, gelijk J. de Wolf in schilderij, uitvoer" und S. 73: Constanse, of Pretiose of het Spaansch heidinnetje.

Ausserdem enthält die Gallerije folgende Erwähnungen holländischer Künstler und Kunstwerke:

(III 188). P. Verhoek. S. 13, 29, 53. Drei an ihn gerichtete Gedichte: Alcyone beim Leichnam des ertrunkenen Ceijx, Isabella von Rodomont enthauptet, und Cornelia ihren aus Thessalien fliehenden Gatten Pompeius empfangend. Nur aus dem ersten geht genügend deutlich hervor, dass P. Verhoek den Gegenstand gemalt hatte.

(II 234). W. Doudijns. S. 15. Eine Iphigenie von seiner Hand war zu sehen im Fürstlichen Hause von Beerum in Ost Friesland.

In der zweiten Ausgabe liest man noch auf S. 126:

Voorts, het bijnaar in alle historiestukken gezochte naakt aangaande, ontmoet mij in de Winteravonds Tijdkortinge van de onbekende J. C. een dubbelzinnige quinkslag, die wegens haar aartigheid, verdiend hiernevens gevoegd te worden:

Zoo eêl is 's schilders konst, dat ze, in verscheiden stof,
Haar konstenaars beloond met veelerhande lof.
In landschap Keerens [1]) praald en Mompert in zijn rotzen
Naar 't leven Holbeen kan de gantsche waereld trotzen,
Van Dijk mee; Rubens in histori; Olivier
In zijn verlichterij, in keukens Lange Pier
In Scheepen Vroom; Steenwijk in perspektive kerken;
Maar Kousnaar, uw vermaak is in het Naakt te werken!

und S. 166: Sofonisba von Massinissa ermordet, von Joh. Voorhout gemalt.

50. F. Snellinx.

B. III S. 196. Houbraken findet zwischen alten Papieren zwei

---

[1]) A. Keirinx.

Beischriften Snellinx' zu den Bildnissen der Brüder Berckheijde. Gedruckt sind mir dieselben sonst nicht vorgekommen. Vielleicht waren sie nur geschrieben und stammten sie aus dem Nachlass des Vinc. v. d. Vinne, wovon oben S. 54 f. die Rede war.

51. P. Verhoek.

Seine Gedichte erschienen erst 1726 zu Amsterdam bei W. Barents 4°, können Houbraken daher nicht als Quelle gedient haben. Dennoch werden zwei in der G. S. abgedruckt:

B. II S. 97 ff.: De zaele van ..... Kornelis Bakker Schepen, Raet usw...,. door Adam Pijnakker geschildert [1] (S. 147).

B. III S. 114 ff. Heliodorus de Kerkroover door Gerard de Lairesse [2] geschildert (S. 155). Näheres bereits oben S. 138.

Sonst enthält der Band die Hochzeitsdaten von:

Willem Goeree und Elizabeth van Waesbergen, Februar 1666 (S. 69).

Gerrit Ulenborg und Elisabeth Juste, 5 Mai 1666 (S. 74) und

Michiel van Musscher und [Elise] de Jager 1 Febr. 1693 (S. 103).

Die Randschrift des Porträts: Pieter Verhoek, geboren te Bodegraven den 4 September 1633, gestorven te Amsterdam den 29 September 1702 bestätigt die Angaben Houbrakens (III 188).

52. Frederik Verloo.

d'Amstelsche Zang-goddin, gerijmt door Frederik Verloo, Amsterdam, Jac. Vinkkel 1660 16°.

Houbraken citirt den Titel dieses Werkchens ohne den Verfasser zu nennen G. S. II 326, wo er die Grabschrift Sim. de Vliegers mitteilt. Sie befindet sich am Schlusse der „Toe-eigenende Vaerzen" unter dem Titel: Grafschrift, op 't Graf van den deftigen en Konstrijkken Schilder Symon de Vlieger. Ebendort auch die Verse in der Form einer Klage der Stadt Weesp über den Aufenthalt seiner Tochter Cornelia in Amsterdam. Houbraken schreibt sie S. 325 ab unter Beifügung, dass

[1]) Houbraken berichtet B. III S. 188 über die Freundschaft des P. Verhoek mit Pijnacker.

[2]) S. 136 erwähnt Verhoek Sinnbilder von ihm im Saale des ebengenannten Schöffen Corn. Bakker.

sie zu Ehren ihres Geburtstages verfasst seien. Dies gilt vielmehr vom „Verjaarkrans, vereert aan Juffrouw Cornelia de Vlieger, Op het 28 jaar haars ouderdoms, den 28 Junij, 1658", woraus u. A. hervorgeht, dass sie damals seit acht Jahren in Amsterdam wohnte [1]).

Die beiden B. III S. 379 (bruchstücksweise) mitgeteilten Gedichte stammen ebenfalls aus Verloo, S. 57: Op het Droevig af-sterven van den Konstrijkken Schilder Paulus van Hillegaart, Overleden in Februario [2]), in 't Jaar, 1658 und S. 59: Op de Ontijdige Doodt van den geestrijken Poët en Schilder Pieter des Ruelles, Overleden in April, in 't Jaar 1658: [3]). — Beide Künstler starben in Amsterdam („de Stadt, die gantsch Italien tart door 't puik der Konstenaren"); letzterer wird genannt „de tweede Mander", aber wohl nur weil er „door zijn gauwe geest een dubble konst kon vinden"; nicht etwa wegen Tätigkeit auf kunsthistorisch-biographischem Gebiete.

53. J. Vollenhove.

Seine „Poezy" erschien 1686 zu Amsterdam. Das Gedicht an Pieter Lely befindet sich, wie Houbraken B. II S. 44 richtig mitteilt, auf S. 490 ff. dieser Sammlung: Aan den Heer Peeter Lelie, vermaard schilder te London.

Ein Lobgedicht veranlasst durch den Anblick eines Buches mit Zeichnungen und Malereien des Joh. Bronkhorst (G. S. III 243 f.) und eine Uebersetzung des Epigramms von Jan. Broukhusius auf ein mit der Scheere geschnittenes Porträt von D. v. Hoogstraten (G. S. III 296) habe ich in dieser Ausgabe nicht angetroffen, dagegen giebt ein (von Houbraken nicht benütztes) Gedicht: Geboortegroet aan mijn broeder Bernhart Vollenhove, Bürgermeester der stadt Kampen, uns Aufschluss über das Geburtsjahr dieses Dilettant-Künstlers. Der Gruss ist datirt:

---

[1] Sie hatte dort im Oct. 1651 den gleich zu erwähnenden P. v. Hillegaert geheiratet, O. H. III 150.

[2]) Nicht ganz genau; er wurde bereits am 21 Jan. 1658 beerdigt. O. H., a. a. O.

[3]) Nach O. H. III 311 wurde er am 6 April 1658 beerdigt.

Rijnsburg $\frac{17}{7}$ September 1677 und in der zweiten Strophe wird mitgeteilt, dass der Angeredete 44 Jahre alt wurde. Demnach sind die Mitteilungen Nanninga Uitterdijks, Obreens Archief II 278, gegen Rouffaer, O. H. V 297, aufrecht zu erhalten.

54. Joost van den Vondel.

Houbraken legte die Gesammtausgabe vom Jahre 1682: Poezy of Verscheide Gedichten, Franeker in 2 Quartobänden seinen Entlehnungen zu Grunde, wie aus der citirten Seitenzahl auf S. 299 des ersten Bandes hervorgeht.

Ausserdem kannte er Einzelausgaben, wie die des Joseph in Dothan (s. u.) und der Aenlijdinge ter Nederduitsche Dichtkunst (I 267).

B. I S. 20. Op het metalen Pronckbeelt, te Rotterdam opgerecht, ter eere van den grooten Erasmus, datirt 1622, Poezy I 296.

B. I S. 98. Op Peter Lastman, den Apelles onzer eeuwe: sein von Thom. de Keijser gemaltes Porträt, P. I 591.

Ibidem Lastmans Offerstaetsi van Listren, aen Joan Six, P. II 321 ff.

B. I S. 141. Bijschrift voor Daniel Zegers. Fenix der Bloemschilderen, P. II 359. Auch bei Jan Vos liest man Verse: Op de geschilderde bloemen van Pater Zeegers, Ged. 534.

B. I S. 148. Waerschuwing aen Wybrant de Geest, Schilder, P. I 354.

B. I S. 215. Jan Pinas. Eine Stelle aus der Dedication des Trauerspiels Joseph in Dothan, 1640 zum ersten Male gedruckt. Aus derselben geht hervor, dass der Arzt Robbert Verhoeven ausser mehreren Werken Lastmans einen „Jacob empfängt den blutigen Rock" von Jan Pinas besass, durch welches Bild dem Dichter der erste Gedanke seines Trauerspiels kam.

B. I S. 251. Op den onsterfelijken Heer, Karel van Mander, Schilder, en Dichter, en schrijver van het Schilderboek; datirt 1657, das Jahr in dem Vondel in Dänemark den Enkel van Manders kennen lernte, P. I 592.

Ibidem ff. Op . . . : Frederik III, Geschildert door Karel van Mander, Hofschilder van Z. M. P. I 548. Im Hintergrunde war das Meer und Schloss Kroonenburgh dargestellt [1]). Auch von J. Vos besungen.

Op mijne afbeeldinge door Karel van Mander, datirt 1657, in Dänemark gemalt, P. I 588.

Ausserdem Bildnisse von Erijk Zeesteed (P. I 574) und der Königin Sofia Amalia (P. I 598). Jan Vos besingt letzteres und ferner diejenigen des Joach. Gerstdorp, Hendr. Bielke und des Prinzen Christian (Ged. 145, 152 f.).

B. I S. 274. Op Godart Adriaen van Reede.... nu Gezant aan den Koning van Spanje, staende op zijn vertrek door Ovens geschildert; P. I 572, datirt 1660.

Ausserdem:

Bildnisse Karls II (für den Prinzen Moritz von Nassau kurz vor der Rückkehr des Königs nach England (1660) im Harnisch, aber ohne Helm gemalt), des Herrn Diedrik van Os (1651), und der Jacoba Bikker, Gattin von Pieter de Graef van Zuidpolsbroek (1663) (P. I 547, 573, 601).

B. I S. 289 f. Op den kunstrijken Heer Abraham van Diepebeek, P. I 593. Es scheint sich um sein gezeichnetes Selbstbildnis, vielleicht dasjenige des Gülden Cabinets, zu handlen. In der letzten Zeile wird die Vielseitigkeit des Künstlers als Glas-, Staffelei-maler und Stecher hervorgehoben.

B. I S. 294. Op den Nederlantschen Fidias Artus Quellijn, Het licht der beelthouwerije onzer eeuwe en beelthouwer van Amsterdam, Geschildert door Stokkade, P. I 593.

B; I 298 ff. [3]). Op d'Afkomste van.... Lamb. Reinst.... en Alida Bikkers van Swieten door Joan Lievensz geschildert, P. II 340. Houbraken hat das Gedicht falsch verstanden. Vgl. oben S. 140.

Gesprek op den Leeuw door Livius van Leiden geschildert, P. II 358.

---

[1]) Dies war der Enkel des alten Karel, nicht sein Sohn, wie Houbraken meint, vgl. oben S. 143. Beim folgenden Bild hat er die Persönlichkeit des Malers richtig erkannt.

[2]) Auch bei Vondel, aber ohne Malernamen.

[3]) Das Epigramm auf das Bild im Rathaus: Suessa gebietet seinen Vater vom Pferde zu steigen (P. II S. 326) ist von Houbraken dem Wegwijzer S. 434 entlehnt.

Op .... Michaël de Ruiter .... door Joan Lievensz geschildert, und: Op .... Kornelis Tromp .... door Joan Lievensz geschildert. Beide P. I 555, datirt 1666.

Ausserdem:

Bildnisse von Marten Hzn. Tromp (gezeichnet, P. I 553), von J. v. Vondel (gezeichnet und gestochen, P. I 586) und von Diedr. Zweling, dessen Technik nicht angegeben wird. P. I 595.

B. I S. 302 [1]). Op het Heerlijke Stuk van Ferdinandus Bol, voor den Doorluchtigen Zeeraet t'Amsterdam in 't reisjacht geschildert, P. II 330. Vgl. auch Vos S. 654.

B. II S. 25. Op het gestrenge krijgsrecht van T. Manlius Torquatus, Op het nieuwe Raethuis ter Admiraliteit t'Amsterdam, P. II 329. Ein Malername wird nicht genannt. Houbraken schreibt das Bild dem Gov. Flink zu; es existirt aber noch und ist ein unzweifelhafter Ferd. Bol. Näheres bereits oben S. 122 f.

B. I S. 341. Op het kunstboek van Herman Zachtleven, vermaert schilder en tekenaer, P. II 359 ff.

Ausserdem wird P. II 300 eine von ihm gezeichnete Ansicht Utrechts besungen.

B. I S. 367 [2]). De Klelia van den heer Hogenhuis, geschildert door Stokkade, P. II 325. Auch bei Vos, Ged. 522.

Op het uitdeelen der graenen door Joseph in Egypten, geschildert door Nikolaes Stokkade. P. II 315. Auch bei Vos, Ged. 526, der ausserdem seine Deckendecorationen in den „Trippenhuizen" besingt (Ged. 772 ff.).

B. II S. 25 [3]). Op Govaert Flink; P. I 591, eine Klage über seinen vorzeitigen Tod, welche unter dem von A. Blooteling gestochenen, von Houbraken auf Tafel B copirten Bildnis vorkommt. Ein Gedicht ähnlichen Inhalts P. II 81: Ter Gedagtenisse van wijlen den kunstrijken Govaert Flink, Schilder. Auch bei J. Vos, Gedichten S. 720 ein In Memoriam.

---

1) Das Gedicht Fabricius bei Pyrrhus ist wahrscheinlich dem Wegwijzer entlehnt. Vgl. auch Vos S. 526.

2) Vgl. auch oben zu Art. Quellinus.

3) Das Gedicht Salomon Gott um Weisheit anflehend ist aus dem Wegwijzer in die G. S. übergegangen (oben S. 348). Vgl. auch Vos, Ged. 527.

Ausserdem:

Bildnisse des Grossen Kurfürsten (P. I 550; Houbraken erwähnt das Bild II 22), Johan Moritz von Nassau (P. I 551; ebendort auch: Op Joannes Mauritius — folgen 4 Zeilen Titel — Geschildert en bij een geschikt, en uitgegeven door Govaert Flink, 1659), Ger. Hulft (P. I 557) und Rijklof Goens (P. I 574) beide, als sie in Begriff waren nach Indien abzureisen; Peter Kloek, (P I 570) J. v. Vondel (1653, P. I 586, auch von J. Vos besungen S. 155. Ein zweites Porträt des Dichters wurde dem eben erwähnten Herrn Ger. Hulft nach Indien zugeschickt, P. II 132) und der Margarita Tulp, Gattin von Joan Six (P. I 602).

Historische Compositionen: Op de Historieschilderijen, Ter eere van de Keurvorstinne, den Vorst van Anhalt en alle Nassausche Heeren en Vrouwen op het stadthuis geschildert door G. Flink (P. II 327).

Op G. Flinks Tekeninge Over het eeuwgeschil tusschen Keur-Brandenburgh en de Stenden van Kleef en Mark door Prins Mauritius beslecht (P. II 333).

Op Venus en Cupido (P. II 351) und Op G. Flinks schilderij van Venus en Kupido door Kornelis van Dalen den Jongen gesneden [1]).

Endlich P. I 747 ein Gedicht zu Ehren seiner Hochzeit mit Sofia van der Hoeven, datirt 1656.

B. II S. 36. Hendrik Goltzius; sein Grabstein wird eingeführt, wie er Goltzius' Enkel Diedrik Mathan anredet, P. II 37.

B. II S. 52.... Kraanevelt. Grabschrift, P. II 81.

B. II S. 53 ff. Op mijne afbeeldinge in het kleen door Filips de Koning [2]), datirt 1656. P. I 587.

Ausserdem auf derselben Seite: Op mijne afbeeldinge door Filips de Koning, und S. 588 Desgleichen, Aet. 75 A° 1662.

---

[1]) Jan Vos hat dasselbe Bild, damals im Besitze von Tob. van Domselaar besungen, Ged. 560.

[2]) In Vondels Biographie, welche den Gedichten angehängt ist, wird S. 89 gesagt: Doch in zijn' hoogsten ouderdom werd zijn weezen van niemant beter getroffen dan van den gemelden Koning, die hem, uit liefde tot zijne poezy wel zes- of zevenmaal schilderde of teekende.

Vos (Ged. 797) hat ebenfalls ein Gedicht auf ein Vondelbildnis Konings.

Op d' afbeeldinge der Hoogh-edele Mejoffer Maria van Outshoren door Filips de Koning, P. II 346.

Aen de Jongkvrouw Margareta van Rijn, Kunstigh afgebeelt door P. de Koning, P. II 346 f., datirt 1656.

De slaepende Venus van Filips de Koning, P. II 354 f.

Op dezelve Venus door F. de Koning, P. II 356.

Einige in ersterem Gedicht vorkommende Ausdrücke haben Houbraken und nach ihm dem Vondel-herausgeber van Lennep sowie Busken Huet (Land van Rembrandt II, 2, 554) Anlass zu Erörterungen über Vondels Verständnis für Rembrandts Kunst gegeben. Die von ihnen mehr oder weniger in das Gedicht hineininterpretirte Geringschätzung Vondels für seinen grossen Zeitgenossen ist von N. Beets, Poezij in woorden S. 89 ff. auf das richtige Maass zurückgeführt.

Ausserdem:

Darstellungen der Freundschaft zwischen Orest und Pylades (P. II 353, für Filips van Haerlem gemalt), eines Bacchuszuges (P. II 357 für Jacob Faes gemalt) und des Friedens (P. II 359).

B. II S. 84 Op de Koningin Christina door David Beks, haren Kamerling geschildert. P. II 596, datirt 1653 und auch schon von de Bie citirt. Ein ähnliches Gedicht P. I 206.

B. II S. 295 f. Op de Verkopinge der Italiaensche Schilderijen ten huize van Geeraert Uilenburg, Schilder P. II 372, datirt Amsterdam, 23 Febr. 1673.

B. II S. 326. Simon de Vlieger, Grabschrift; aber nicht zu Ehren des Malers, sondern: Op d'uitvaert van den Eerw. Heer Mr. Jacob Vlieger, datirt 1651, P. II 53.

B. II S. 341. Op de brieven en papieren, Ter Trezorije geschildert door Kornelis Brize, P. II 330. Auch bei Vos, Ged. 526.

B. II S. 343. Op Blekers Danae, voor den Heere van Halteren, Baljuw van Kennemerlant, geschildert, und: Op Blekers Triomferende Venus, geschildert voor Zijn Hoogheit. Het beeldt spreekt Mevrouw de Koninghlijke Princesse aen. P. II 352 f.

B. III S. 57. Karel du Jardijn [1]).

B. III S. 197, Op de nieuwe Heeregraft. Geschildert door Geeraert Berkheijde, P. II 332, datirt 1672, 20 October zu Amsterdam.

Ausserdem enthalten die Gedichte Vondels die folgenden Erwähnungen von Künstlern und Kunstwerken:

Lambert Jakobsz. Seine am 28 Juli 1620 vollzogene Hochzeit mit Aeghtje Antonis. Aus dem Gedicht geht hervor, dass der Bräutigam in Rom gewesen war und seine Braut in Friesland gefunden hatte. (P. I 306 [2]).

Joachim von Sandrart. Bildnisse Ferdinands III (P. I 544, es wurde Vondel vom Maler von Wien aus übersandt), vom Pfalzgrafen Karl Gustaf (P. I 549, gelegentlich des Nürnberger Friedens gemalt), von Ger. Vossius. (P. I 584; vgl. auch Vos S. 200), Casp. v. Baerle (P. I 585) Dr. Sam. Koster (P. I 585, vom Dargestellten dem St. Peterskrankenhaus geschenkt. Vgl. auch Vos S. 172), von J. v. Vondel, P. I 586), und Joach. v. Sandrart (P. I 592). Ferner Darstellungen einer Maria Magdalena (P. I 320), eines St. Sebastian (P. I 324, als Altarbild für den Bairischen Hof gemalt), der Schützencompagnie des Herrn van Swieten (P. II 332) und der 12 Monate (P. II 567; jetzt in Schleissheim). Endlich P. II 137 eine Klage über Sandrarts Rückkehr nach Baiern.

Thom. de Keijser. Bildnis des Laurens Reael, P. I 552.

Mich. Mierevelt. Bildnis des Hugo Grotius, P. I 559.

Christ. Huyghens. Zeichnung zu dem [von C. de Visscher gestochenen] Bildnis seines Vaters, P. I 572.

Baudringhien. Bildnis des Mich. le Blon, P. I 573.

Rembrandt. Bildnisse des Corn. Anslo, der Anna Wijmers, und des Joan Six, P. I 578, 602, 571; näheres hierüber bei Vosmaer S. 385.

Joh. Hals. Eine Darstellung Homers in der Sammlung Wil. Spierings, P. I 581; das Gedicht ist O. H. VI 304 abgedruckt.

---

1) Sieh unten bei Jan Vos.

2) Dies Paar wurde die Eltern Abr. v. d. Tempels. Es gehörte wie Vondel damals auch zu den Mennoniten.

Corn. de Visscher. Gezeichnetes und gestochenes Bildnis des Dichters, datirt 1657, P. I 587.

Joannes Lutma Jr. Bildnisse des Paulus van Vianen und des alten Lutma, P. I 560 f.

Ger. v. Zijl. Bildnis der Susanna van Baerle, als Braut Ger. Brandts, datirt 1652, P. I 604.

Hendr. Bloemaert. Eine Uebersetzung von Guarini's Pastor fido, durch H. Bloemaert, doorluchtigh schilder en poeet, P. II 233.

Car. v. Savoye. Bildnis der Isabelle Benzi. P. II 342.

55. Jan Vos [1].

Seine Werke erschienen 1662 bei Jac. Lescaille zu Amsterdam unter dem Titel: Alle de Gedichten van den Poëet Jan Vos, verzamelt en uitgegeven door J. L[escaille]. Entlehnungen sind an folgenden Stellen nachweisbar.

B. I S. 23. Op 't stuk van Oudt-Amsterdam, in de Trezory. Ged. 527. Der Name des Malers Cornelis Anthonisze wird nicht genannt. Die Entlehnung ist aus dem Wegwijzer erfolgt.

B. I S. 33. Op de geschilderde voet van Vulcanus te Haarlem in 't Prinsenhof. Ged. 485 Nr. 743, näheres oben S. 111.

B. I S. 150. Maria de Medicis, Koningin van Frankrijk etc. door Hondhorst, Ged. 148; auch von Vondel besungen, P. I 170, der mitteilt, dass die Königin das Bild der Stadt Amsterdam zum Geschenke machte. Vgl. auch oben S. 133.

B. I S. 185. Isabella Klara Eugenia.... in nonnekleeding door van Dijk geschildert, Ged. 149.

B. I S. 220. Op Jakus de Geest, Schilder t'Antwerpen, Ged. 721. Op Gerrit Bartels, die door de val van een steen sturf [2]). Ibidem.

B. I S. 230. Bloemen, door van Aalst geschildert, Ged. 566.

B. I S. 260. Haman bij Hester en Assueer te gast etc. door

---

[1]) Vos war vielfach dem Verdachte ausgesetzt, dass seine Lobsprüche käuflich seien. Vgl. hierüber Worp, J. Vos, Groninger Doctordissertation 1879 S. 20. Auch Houbraken spielt hierauf an, indem er G. S. II 203 von Bar. Graat sagt, er habe nie etwas getan, um «Vosse-Gunst» zu erlangen.

[2]) Aus dem Epigramm geht nicht hervor, dass Bartels Maler war.

Rembrandt geschildert, damals im Hause des Schöffen J. J. Hinloopen, Ged. 565.

Ausserdem:

Bildnis des Mr. Lieven van Koppenol (Ged. 161).

B. I S. 300. Op mijn afbeelding door Jan Lievensen geteekent, Ged. 785 [1]).

Ausserdem:

Bildnisse von Andr. de Graaf (Ged. 147), der Marg. Lasmans, Gattin von Eug. Fontein (Ged. 170), der Joanna Six, Gattin von P. Six (Ged. 182), des Joan Huidekooper van Maarsseveen und seiner Frau, Sofia Koeimans (Ged. 198 f.), und Darstellungen von Fabius Maximus im Bürgermeisterzimmer des Rathauses (Ged. 526), der Auferweckung des Lazarus (Ged. 566) und Christi im Grabe (Ged. 568).

B. I S. 337. Op een slaapende Harderin, die van Chimon gezien wordt; in de groote zaal van Abr. van Bassen, door Bakker geschildert, Ged. 541.

Ausserdem:

Ein Johannes d. T. (Ged. 159), ein Bildnis der Christina Hooft, Gattin des Schöffen Burg (Ged. 188) und eines Jazon, für den „S. M." Modell gestanden hatte (Ged. 190).

B. II S. 10. Op d'afbeelding van Mejoffer Konstancy Reinst door van der Helst geschildert, Ged. 798.

Ausserdem:

Eine Venus (Ged. 166) und Bildnisse des Korn. van Vlooswijk und seiner Gattin Anna van Hooren (Ged. 155 f.) des Frans Banning Kok (Ged. 165), des Alb. Pater (Ged. 169), des Korn. Witsen (Ged. 170), des Jac. Fransz Hinloopen und seiner Gattin Maria Huidekoopers v. Maarsseveen (Ged. 179) und des Jan v. d. Poll (Ged. 202).

B. II S. 53. Diana wordt Adonis door Venus ontschaakt in de Zaal van.... Willem Blaeu, door Kaarel Savooy geschildert. Ged. 795 [2]).

B. II S. 101. Jezus in d'armen van Simeon door G. Eckhout

[1]) Vgl. oben S. 191.

[2]) Vgl. auch S. 571, wo der Malername fehlt.

geschildert, in 't Huis van den Heer Jan Jacobsen Hinloopen, Ged. 565.

B. II S. 226. Op d'afbeelding van.... Wil. Pauw door Geeraerts van Zijl geschildert, Ged. 784.

Ausserdem:

Bildnisse von Hendrik Sandra (zu Pferde) und seiner Gattin Marg. Tortarolus (Ged. 146), von Sybr. Kamey und Maria Koppen (Ged. 169), von Kornelia Pauw (Ged. 200) und einer Lautenschlägerin (Ged. 558).

B. II S. 342 f. De verarmde ouderdom in het Oude Mannenhuis, die terwijlze van de Nijdt voortgetrokken wordt, van 't Geluk verlaten wordt, door A. de Grebber en K. Brizé geschildert, und: De Ouderdom komt bij Amsterdam, die d'Overvloedt bij zich heeft. Ged. 795 f. Vos unterscheidet nicht (wie Houbraken) das Anteil der beiden Maler an diesen Bildern.

B. III S. 39. Mej. Kornelia Bikker, door Terburg geschildert, Ged. 187.

B. III S. 57 ff. Op de gekruiste Christus, in de Zaal van.... Michiel Popta, door Kaarel Zjardijn geschildert, Ged. 787 f. Houbraken hält irrtümlich Vondel, „den Prins der Nederduitze Dichteren" für den Verfasser.

Op mijn afbeelding door Kaarel Zjardijn geschildert, Ged. 785.

B. III S. 324. In de Weeskamer van 't Stadthuis: op Lycurgus door Kornelis Holstein, Ged. 527.

Ausserdem:

Eine Darstellung der Liebe, Barmherzigkeit und Woltätigkeit im Waisenhaus (Ged. 574).

Folgende Erwähnungen von Künstlern und Kunstwerken hat Houbraken übergangen:

Gov. Flink: Bildnisse von Sym. v. Hoorn, Gov. Flink, Constancy Huidekoopers, (Ged. 180, 186, 201) und historische Darstellungen: Markus Kurius im Bürgermeisterzimmer des Stadthauses (Ged. 526); „Christus, voor Joris de Wijze, door Gov. Flink naar een Joodt geschildert" (Ged. 531); „Lucretia deursteekt zich", und Filippus doopt de Moorman"; diese beide allein mit den Initialen G. F. (Ged. 550, 572).

Joach. Sandrart: Bildnis von P.Czn. Hooft, Ged. 157.

[W?] Vaillant: Bildnisse von Jac. Bikker und Alida Bikkers, getekent door Vaillant; im Gedichte selbst: Hier ziet men Bikker, door 't penseel van verf geschapen, Ged. 157 f.

van Loon [1]): Bildnis von Joan Jacobsz Hinloopen, Ged. 168.

[Jurr.] Ovens: Bildnis der Elisabeth Vastriks, Ged. 173.

[Corn.] Jansen [v. Ceulen]:Bildnis von Joan Huidekooper, Ged. 188.

J. B. Weenix: Bildnis von Dan. de Lange, door de Ratel [2]) geschildert, Ged. 198.

Sim. Lutikhuis: Bildnisse Karls II und seiner Brüder, der Herzöge von York und von Glocester, im Mai 1660 zu Breda gemalt. Die beiden ersten waren im Harnisch dargestellt, Ged. 203 f.

Sal. Koning: „Sextus vindt Lukrecia in de nacht bij haar staatdochters", in der Sammlung von Joan Huidekooper, Ged. 538. Vgl. bereits oben S. 110. Das Bild befindet sich, was mir dort noch nicht bekannt war, noch heute im Besitz der Familie auf dem Gut Wulverhorst zu Zeist bei Utrecht. Derselbe Huidekooper besass von:

D. Vinkeboon. Oost Indien, door Vingboons geteekent.

[H. M.] Zorg: Jupiter und Merkur bei Philemon und Baucis, in der Sammlung Tob. van Donselaar, Ged. 560.

J. Kontoriqus [3]): Ein durchschossener St. Sebastian, bei Jan Jacobsz Hinloopen, Ged. 567.

Kornelis Vreede, als er den Kriegsgott malte, Ged. 569.

K. de Bie [4]): von ihm gemalte Blumen, Ged. 570.

G. Metsu vgl. oben S. 144.

Abr. de Vries, vermaart schilder; eine Grabschrift, Ged. 744.

Ferd. Bol: Kaminstück im Hause Hendr. Trips. Ged. 778.

M. Bloem: Allegorisch-mythologische Deckenmalereien bei Corn. Witsen, ausführlich beschrieben, Ged. 780 ff.

Zahlreiche Kunstwerke, deren Urheber nur durch Initiale

---

1) Der Vlame Theod. van Loon oder der Amsterdamer Jacob v. Loo?

2) Weenix' Bentname nach G. S. II 77.

3) Dieser Name scheint verstümmelt.

4) Der S. 303 erwähnte Landschaftsmaler?

angedeutet sind, für die mir nicht wie oben bei Gov. Flink eine naheliegende Lösung bekannt ist, lasse ich unerwähnt.

56. Anonyme Gedichte [1]).

B. I S. 48. Zweizeilige Unterschrift eines Selbstbildnisses des Mich. Mierevelt.

B. I S. 83. Vier Zeilen über Hendrik und Jan van Balen.

B. I S. 134 f. Grabschrift des Hendr. Terbruggen.

B. I S. 316. Sechszeilige Unterschrift des von J. Munnikhuijsen gestochenen Bildnisses der A. M. v. Schurman, Muller, Nr. 4877.

B. II S. 89. Zweizeilige Unterschrift des von Chr. Hagens gestochenen Bildnisses von S. P. Tilman, v. Someren Nr. 5537 b.

B. II S. 116. Zwei Strophen über den Tod von Andries Both.

B. II S. 258. Spottvers im Brabantischen Dialect über einen Farbenklexer Guiliam van den Brande.

B. III S. 26, Grabschrift für Jan Steen.

B. III S. 33. Mahnung an Ger. Dou, dem Rufe Karls II von England nicht Folge zu leisten.

B. III S. 89. Grabschrift für Cornelis Cornelisz van Haerlem.

B. III S. 191. Zwei Zeilen über die perspectivischen Vorzüge des Gerr. Berckheijde.

B. III S. 223 f. Drei Strophen zu Ehren der Maria Sib. Merian.

B. III S. 345 f. Zwei lateinische Beischriften zu Bildern Carel de Moors. Vgl. oben S. 411.

B. III S. 381. Grabschrift des Jac. van Kampen.

B. III S. 384 f. (vermutlich von Houbraken selbst) Totenklage zu Ehren des frühverstorbenen Ant. Vreem.

---

[1]) Die Wahrscheinlichkeit liegt nahe, dass mehrere dieser Gedichte von Houbraken selbst verfasst sind.

F. Varia [1]).

57. HET LEVEN VAN D. RZN. CAMPHUIJSEN.

Houbraken kannte, wie schon oben ausführlich erwähnt, Gemälde mehrerer Maler namens Camphuijsen: Bauernställe, Landschaften mit Figuren, Kühen und Pferden, sowie Mondscheinlandschaften, die er aber alle auf Namen eines einzigen Künstlers, des bekannten heterodoxen Theologen Dirk Rafelsz Camphuijsen stellte.

Da dieser sich nach seinem achtzehnten Jahre einem andern Berufe widmete und Gemälde seiner Hand weder urkundlich bezeugt, noch jetzt nachweisbar sind, haben seine Lebensschicksale kein weiteres kunsthistorisches Interesse. Es genügt deshalb, die tatsächlichen Irrtümer Houbrakens bei der Benützung seiner Quelle zu constatiren, ohne das von ihm weggelassene nachzuholen.

Quelle ist die B. I S. 126 citirte Biographie: Het leven van Dirk Rafelsz Kamphuizen, Nooit voor dezen gedruckt [2]), Amsterdam Jan Rieuwertsz 1699, 40 S. 4°, wovon die zwölf ersten von einem Lobgedicht des P. Rabus eingenommen werden. Dieser Rabus ist auch der (ungenannte) Verfasser der Biographie [3]).

---

[1]) Auf eine Anzahl kleinerer Schriften, aus denen Houbraken nur die Erwähnung einzelner Kunstwerke — grösstenteils Stiche — entlehnt hat, komme ich hier nicht wieder zurück. Man vergleiche z. B. oben S. 183, 185, 191, 199, 201.

[2]) Dies ist falsch; 1683 war bei Barent Bos in Rotterdam bereits dieselbe Biographie, mit demselben Zusatz erschienen.

[3]) Nach Glasius, Godgeleerd Nederland, in voce Camphuijsen.

Houbraken hat ihr den Satz „Van zijne geschilderde tafereelen zijn mij nog eenige voorgekomen" usw. (S. 124) hinzugefügt. Die Stelle, wo vom Malunterricht die Rede ist, hat er etwas modificirt wiedergegeben; sie lautet in Het leven (S. 14):

« Deze broeder, in den jongen een snedig vernuft bespeurende, vond « geraden hem bij een zekeren vriend Diderik Govertsz [1]), een kunstig « schilder te besteden en hem dezelfde kunst te laten leeren, waartoe « hij lichtelijk verwilligde en binnen weinige jaren zoozeer vorderde, « dat hij — 't is wonder — zijnen meester, zoo hij hem niet overtrof, « ten minste gelijk was, bizonder in aardig te teekenen, 't welk hem « zoowel gelukte, dat vele van zijne teekeningen voor prenten werden « aangezien, gelijk dusdanige tafereelen nog onder eenige zijner bloed- « vrienden berust hebben. In deze kunstoefening sleet hij zijn jongeling- « schap tot den ouderdom van achttien jaren. »

S. 126 erzählt Houbraken, dass Lambert Jacobsz, Maler und Prediger in Leeuwarden, Camphuijsen den Rat gab, das predigen eine Zeit lang aufzugeben. Het Leven erwähnt dies auch, sagt aber nicht ausdrücklich, dass dieser Lambert Jacobsz der als Lehrer Flincks und Backers, sowie als Vater van den Tempels bekannte Künstler war. Dies ist jedoch an sich wahrscheinlich.

Ueber den Sohn, der Maler war, von dem nach Houbraken aber nicht viel Rühmens gemacht werden könne, enthält Het Leven nichts.

---

[1]) Wohl auch ein Camphuijsen? Vierzig Jahre später war ein Dirk Govertsz in derselben Stadt Gorkum der erste Lehrer des H. Verschuring. G. S. II 193.

58. MORERY, DICTIONNAIRE HISTORIQUE.

Weil Morery in seinem allgemeinen Wörterbuch viele Ereignisse im Leben des Antoni van Dijk viel genauer und mit grösserer Sorgfalt erzähle, glaubte Houbraken ihn als Quelle benützen zu müssen. Welcher der zahlreichen vor 1718 erschienenen Ausgaben er dabei gefolgt ist, ist nicht nachzuweisen [1].

B. I S. 182 fängt die Benützung an; wo der Satz Morery's „Il fit son premier aprentissage sous Henry van Balen" mit Hinweis darauf widerlegt wird, dass van Dijks Vater ein guter Glasmaler war. Im unmittelbar Folgenden finden wir bereits ein Flüchtigkeitsversehen:

M: « Il fit beaucoup de portraits « étant encore chez Rubens, entr'autres celui de sa femme et deux « tableaux, dont l'un représentait « la prise de N. Seigneur au jardin « des Olives et l'autre le couronnement d'épines. »	H: « Hij heeft nog bij zijn meester « zijnde deszelfs portret, dat van « vrouw en verscheiden anderen « gemaakt..... De twee eerste stukken, waaraan hij zijn vermogen « in de kunst deed zien, wanneer « hij van zijn meester was, « waren de gevangenneming van « Christus » usw.

Der auf S. 183 ausgesprochene Verdacht: Doch men verhaalt bis bemind heeft findet sich nicht bei M.

M: « d'Italie il passa en Sicile « avec le chevalier Nani.	H: « De reis ging aan en de heer « Nani was een dergenen, die hem « op weg naar Rome vergezelde. »

---

1) Soviel ich constatiren konnte, hat dieser Artikel in allen denselben Wortlaut.

Dann folgen wieder Erfindungen von H. über van Dijks Verhältnis zu Rubens' Tochter [1]), bis zu den Worten: Het eerste groote stuk (S. 184). Rechnet man in diesem Absatz das was über die Bezahlung des Bildes gesagt wird ab, dann geht das übrige auf M. zurück ebensowie der Bericht über die Reise zum Prinzen von Oranien, wo M. aber hat: portrait.... de ses enfants, H. dagegen von seinem Sohn redet.

Im Folgenden ist H. wieder in gewohnter Weise flüchtig; Aus Morery erwähnt er zwei Bilder und fährt dann aus le Comte, der als drittes noch eine Geburt Christi aufzählt, fort: „Diese drei Stücke....."

Van Dijks Aufenthalt in England wird schliesslich im Grossen und Ganzen Morery nacherzählt, zum Teil mit Zusätzen, welche auf eigener Anschauung beruhen. Weder für die Kunstgeschichte noch für die Kenntnis der Houbrakenschen Methodik findet sich hier etwas erwähnenswertes.

Eine Benützung der übrigen Künstlerbiographien dieser Encyclopedie lässt sich bei H. nicht nachweisen.

---

[1]) Vgl. oben S. 217.

59. R. TERBRUGGEN, NOTIFICATIE ETC.

Ueber Hendrik Terbruggen stand Houbraken (B. I S. 133), wie bereits oben S. 273 erwähnt wurde, eine Notificatie oder gedruckter Bericht an alle Liebhaber der Malerei, zu Gebote, die von Hendriks Sohn Richard verfasst war und eine stark polemische Tendenz gegen Sandrart hatte. A. a. O. habe ich gezeigt, dass Houbraken diesen Schriftsteller zahlreicherer Isrtümer zeiht, als ihm mit Recht vorgeworfen werden können. Wie nun Houbraken jene Notificatie benützt hat, ist leider mit Bestimmtheit nicht mehr nachzuweisen, da sie verschollen zu sein scheint.

Es lässt sich aber für diesen Zweck die Unterschrift eines von einem P. Bodart gestochenen Bildnisses Terbruggens benützen [1]), welche offenbar ihre Daten über den Meister jenem Pamphlet entlehnt hat. Diese Unterschrift lautet wie folgt:

« Henric Ter Brugghen, in Over-IJssel geboren 1588, van Utrecht « naer Rome gereijst en naer 10 jaren tot Utrecht gereverteert, daer ge- « trout, altijt gewoont en oud 42 jaren is op den 1 November 1629 « overleden, was een geroemt groot Historie-schilder naer 't leven, « levensgrote op de Italiaense manier, boven alle anderen soo uijt- « steeckende, dat dien vermaerden P. P. Rubens heeft tot Utrecht ver- « claert de Nederlanden doorreijst en een Schilder gesocht en maer « één, met name Henric Ter Brugghen te hebben gevonden. P. Bodart fec. »

---

[1]) Herrn Dr. J. L. Sponsel in Dresden verdanke ich den ersten Hinweis auf dies Porträt, welches einem Gülden Cabinet der dortigen kgl. Bibliothek eingeklebt ist. Ein zweites Exemplar im Leidener Kupferstichcabinet.

Da der Name Bodarts um 1720 auf datirten Werken vorkommt, besteht die Möglichkeit, dass seine Mitteilungen aus Houbraken geschöpft, oder dass sie aus der Notificatie hergeleitet sind und uns diese Schrift zum Teil ersetzen können.

Der erste Fall hat wenig für sich, da Bodart zwar in der Mitteilung der Hauptdaten aus dem äussern Leben Terbruggens mit Houbraken übereinstimmt, aber bei der Charakterisirung seiner Kunst ganz andere Ausdrücke verwendet wie dieser. Mehr als ein Umstand spricht aber dafür, dass Bodart die Notification seinen Worten zu Grunde gelegt hat. Es ist dies erstens die Inconsequenz in den drei biographischen Daten: Geburt, Lebensalter und Tod, welche Bodart bietet: Geboren 1588, soll Terbruggen, 42 Jahre alt, im Jahre 1629 gestorben sein. Dieselben Zahlen citirt Houbraken aus der Notification, nachdem er zuvor aus de Bie und Sandrart das wahrscheinlichere Geburtsjahr 1587 angegeben hat. Hätte Bodard die Groote Schouburgh gekannt, dann wäre sein Versehen weit auffälliger, als bei unsrer Annahme, dass er aus der Notification geschöpft hat. Ein zweiter Umstand, der dazu führt, dies Pamphlet für Bodarts Quelle zu halten, ist folgender. Dasjenige, was Terbruggens Sohn in der Darstellung Sandrarts offenbar am meisten verletzt hat, ist die nicht-Erwähnung des Rubens'schen Besuches, wobei Sandrart selbst zugegen gewesen sein soll. Es ist anzunehmen, dass der Verfasser der Notification sich darüber ausführlich ausgesprochen hat. Und auch Bodart erwähnt ihn in ausdrücklichen Worten und das dabei dem Meister zu Teil gewordene Lob. Nichts ist daher wahrscheinlicher als die Annahme, dass dieser jene Schrift benützt hat. Wir dürfen somit wohl alles, was sowohl bei Houbraken als auch bei Bodart vorkommt, als auf die Notification zurückgehend betrachten; was Houbraken allein erzählt, entzieht sich dagegen unsrer Controle.

Ausser der Notification hat Richard Terbrugghen noch eine zweite Schrift zur Verteidigung der Ehre seines Vaters herausgegeben. Kramm hat diese gekannt und im Anhang seines Künstlerlexicons abgedruckt. Sie enthält hauptsächlich das Urteil Adriaen van der Werffs über den Meister, welches er in einem

Brief vom 15ten April 1707 ausgesprochen hat. Diesen Brief kannte Houbraken ebenfalls. da er auf S. 135 eine Stelle daraus citirt. Das Datum giebt er jedoch mit 18 April 1707 an.

Drittens teilt Houbraken aus einem gedruckten Extract vom 5 August 1707 aus dem Resolutionsbuch der Stadt Deventer mit, dass Richard Terbruggen dieser Stadt einige Werke seines Vaters geschenkt habe. Mir ist dieser Auszug nicht zu Gesicht gekommen, dagegen verdanke ich Herrn Stadtarchivar de Bussy eine Abschrift der Resolution, welche folgendermaassen lautet:

Jovis, den 4 Augusti 1707.

Praesent van vier schilderijen,

« Door Dr. Bernhard de Lespiere op huiden aan Señ en Raad ge-
« praesenteert ende overgegeven sijnde, vier konstrijke, deftige en
« kragtige schilderijen van de vier Evangelisten, door den seer ver-
« maerden schilder Henrick ter Bruggen in den jare 1621 gemaakt:
« welke Richart ter Bruggen desselfs soon althans advocaat tot Uitrecht
« met sijn vrienden aen de stad is aenbiedende ende vereerende, in
« consideratie dat den voorñdn vermaerden meester Henrick ter Bruggen,
« ende die van sijn familie oorspronkelijk uit dese provincie geboortig
« sijn, met versoek ende conditie, dat de voorñde vier Evangelisten
« in eene van d'aensienlijkste gemacken alhier op het Stadhuis tot een
« gedagtenis geplaatst mogen worden, ende verblijven, Is na deliberatie
« goedgevonden Dr. Lespiere voorñt voor de genomene moeite te be-
« danken, en te versoeken van aen den voorñden Adv. Rijchart Ter
« Bruggen te willen rescriberen, dat het voors: praesent Señ eñ Raad
« gansch gevallig eñ aengenaem is, sijn Ed. daervoor doen bedanken
« ende voorts die ordre sullen stellen, dat de voorgemelde vier Evan-
« gelisten tot een eeuwige gedagtenis van den voorñdn Aucteur en die
« van sijn familie in een van de beste gemacken van het Stadhuis
« opgehangen sullen worden eñ verblijven. » [1]).

---

[1]) Aus dem Liber Resolutionum civitatis Daventriae 1704—1708(XXIII).

60. MARIA SIBYLLA MERIAN.

Ein Teil der über Maria Sibylla Merian mitgeteilten Tatsachen lässt sich auf Angaben, welche ihre Werke enthalten, zurückführen; das Uebrige wird mit Wahrscheinlichkeit aus persönlichen Beziehungen erklärt. Aus ihren Werken nun erfahren wir über ihr Leben Folgendes:

Die Daten ihrer Geburt und ihres Todes gehen aus der Unterschrift des von J. Houbraken gestochenen Bildnisses hervor, welches sich vor dem Titel des 1717 erschienenen Werkes: Erucarum ortus, ... per Meriam Sibyllam Merian, Amstelaedami, ap. Joan. Oosterwijk befindet. Dieses Werk wurde, laut der Vorrede, nach dem Tode der Verfasserin von einer ihrer Töchter herausgegeben. Die betreffenden Daten lauten: nata 12 Apr. 1647, obiit 13 Jan. 1717. Houbraken hat sie sammt dem Bildnis entlehnt (B III S. 220), aber giebt 2 statt 12 April 1647 als Geburtstag an [1]).

S. 221 behauptet Houbraken, dass die Künstlerin sich auch nach ihrer Heirat mit Joh. Andr. Graff mit ihrem Mädchennamen nennen liess. Für die spätere Zeit, nachdem sie sich von ihrem Manne getrennt hatte, trifft dies zu, auf ihren ersten Werken aber nennt sie sich noch „Maria Sibylla Gräffinn", mit dem Zusatz „Matthaei Merians des Eltern Seel. Tochter." Diese Werke sind das hier nicht weiter in Betracht kommende „Neue Blumenbuch," welches 1680 zu Nürnberg erschien und

[1]) Vielleicht der Unterschied zwischen dem alten und neuen Stil?

das von Houbraken a. a. O. S. 222 citirte Werk „Der Raupen wunderbare Verwandelung".

Der erste Teil erschien 1679 zu Nürnberg, der zweite 1683 zu Frankfurt a/M., beide bei ihrem Gatten Joh. Andr. Graff. Das oben citirte lateinische Werk: „Erucarum ortus" ist eine um einen dritten Teil vermehrte neue Ausgabe desselben [1]). In der Vorrede letzterer sagt die Tochter, dass ihre Mutter „hicce locorum", also in Holland, auch eine holländische Ausgabe besorgt habe. Diese, welche vermutlich die von Houbraken benützte ist, ist mir nicht zu Gesicht gekommen.

Houbrakens Angaben über die Surinamische Reise der Künstlerin sind dem 1705 — und später zu wiederholten Malen — erschienenen Werke „Metamorphosis insectorum Surinamensium" entnommen. Der Zeitpunkt dieser Reise wird aber in der Vorrede mit Juni 1699 angegeben, während Houbraken sagt „im Jahre 1698". Die zweijährige Dauer, welche er angibt, stimmt überein, da die Merian Juni 1701 von Surinam abfuhr und am 23 Sept. dieses Jahres wieder in Holland ankam.

[1]) Auch bei Houbraken III 223.

61. HAARLEMS DOODT-BASUIN.

Houbraken will B. III S. 380 aus einem Knittelvers mit der Ueberschrift: Haarlems Doodt-Basuin, uitgeblazen op de Tombe van den Heer Jacob van Kampen enz. das Todesdatum des bekannten Architecten und Erbauers des Amsterdamer Rathauses entdeckt haben und giebt als solches den 4 März 1658 Dies ist aber falsch. Aus der Inschrift seines Grabmales in der Kirche zu Amersfoort wissen wir, dass er bereits am 13 September 1657 starb. Nun wird neben ihm z. B. von Galland [1]) ein zweiter Architect dieses Namens angenommen, der älter als sein berühmter Namensvetter und zu Haarlem ansässig gewesen sein soll. Er wäre dann der von Ampzing und Schrevel (Vgl. oben S. 385) gelobte Künstler. Hiergegen wäre nichts einzuwenden, wenn Schrevel nicht von seinem Landsmann als von d e m berühmten Meister, dem Architecten des Prinzen von Oranien usw. redete, also offenbar nur einen einzigen Künstler kannte. Umgekehrt wird der in Haarlem nachweisbare v. Campen von Ampzing bereits im Jahre 1608 mit Lieven de Keij als Erbauer des Alte-männer-hauses genannt (S. 398), während Galland den Bau für letzteren allein in Anspruch nimmt [2]). Ist die alte Ansicht die richtige, dann wäre die Existenz zweier verschiedener J. v. Campens erwiesen, denn der berühmte wurde etwa 1596 geboren, war somit i. J. 1608 erst 12 Jahre alt.

---

1) Gesch. d. holl. Baukunst 303 *).
2) A. a. O. S. 447.

Bei dieser Sachlage muss die Frage eine offene bleiben, bis es gelingt ein Exemplar jener „Doodt-basuin" aufzufinden. Stellt sich dann das von Houbraken gegebene Todesdatum als richtig heraus, so ist die Sache aufgeklärt und die Zweizahl erwiesen.

Houbraken hält, wie gesagt, den Haarlemer Meister für den berühmten Jacob van Campen und erwähnt seine bekannten Bauwerke: das Amsterdamer Rathaus, das Morizhaus, das Haus des Const. Huyghens u. A.

62. DIE GILDEBUECHER.

An mehreren Stellen erwähnt Houbraken die Gildebücher [1], aus denen er die Mitteilung geschöpft, in welchem Jahre dieser oder jener in die Malergilde eingetreten, wann er Hauptmann gewesen sei und dergleichen mehr.

Die noch vorhandenen Bücher dieser Gilden sind in den letzten Jahren publizirt worden, was Haarlem angeht, in dem vortrefflichen Werke von A. van der Willigen, les Artistes de Harlem und was die übrigen Städte: Alkmaar, Delft, Dordrecht, Haag, Leiden und Middelburg betrifft, in Obreens Archief. Für Amsterdam fehlen leider bisjetzt derartige Documente vollständig.

Ob Houbraken diese Bücher selbst eingesehen hat, ist nicht sicher zu entscheiden, jedoch nicht sehr wahrscheinlich. Er würde dann in viel ausgiebigerer Weise Daten über seine Künstler daraus entlehnt haben, während seine Angaben sich jetzt nur auf ganz wenige Meister, ohne irgend welche Methodik, beschränken. Ein Vergleich der uns erhaltenen Bücher mit den Mitteilungen Houbrakens wird dies klar machen. Wir behandeln die Städte in alphabetischer Reihenfolge.

A. *Alkmaar.*

Obreens Archief II S. 26—61 sind die Verzeichnisse der Gildebücher dieser Stadt veröffentlicht.Sie fangen mit der Gründung der Gilde am 30 December 1631 an, während das letzte darin vorkommende Jahr 1797 ist.

[1]) Die Stelle, wo Houbraken am ausführlichsten über die Gilden im Allgemeinen spricht, findet sich. G. S. I 238 ff.

B. II S. 8. Nicolaes van der Hek war einer derjenigen, „welche im Jahre 1631 zu Alkmaar die Kunstgenossenschaft „von St. Lucas gründeten." — In der Tat gehört er zu den Künstlern, vor dessen Name die Jahreszahl 1631 als Datum des Eintritts geschrieben ist. (S. 34). Da die Gilde am vorletzten Tage dieses Jahres errichtet wurde, dürften alle Künstler bei denen dasselbe der Fall ist, zu den Gründern zu zählen sein.

Ibid: „Sein Sohn Marten Heemskerk van der Hek „kam September 1653 in die Gilde und war im Jahre 1654 „ihr Regent." — Zur Controle letzterer Angabe fehlen uns die Regentenverzeichnisse. Erstere wird bestätigt durch Archief II 33, wo allerdings das genaue Datum fehlt.

B. II S. 16 „Matthijs van den Berg kam am 1 Juni „1646 in die Lucasgilde zu Alkmaar." A. a. O. bei Obreen lesen wir „16 Juni 1646 Matthias van den Berg."

B. II S. 198. „Arent Teerling, genannt Sinceer finden „wir im Jahre 1632 in der Liste der Alkmaarschen Künstler „als Meister verzeichnet.... aber er wurde später Anstreicher. „Er war Lehrer von Jan Theunisz Blanckerhof und Joh. Bulot."

Die Angaben bei Obreen über ihn sind folgende:

„1632 Arendt Samuelsz Teerling" (S. 27).

„1640 Jan Theunisz Blankenhof und Johannes Bulot Schüler „von Arend Cinceer" (S. 48).

Die übrigen Lehrer Blanckerhofs: P. Scheijenburg, Ces. v. Everdingen und Gerr. de Jong stehen als solche in den Gildebüchern nicht verzeichnet.

Das Todesjahr 1669, welches Houbraken mitgeteilt war, findet sich auch in den Gildebüchern. Er verwirft es aber, da Joh. Voorhout ihm erzählte, dass er Blankerhof 1674 zu Hamburg angetroffen habe. Wir haben bereits oben S. 83 gesehen, dass dies falsch ist, und einen Versuch gemacht, den Irrtum zu erklären.

B. *Amsterdam.*

Aus Mangel an erhaltenen Documenten über die Amsterdamer Lucasgilde sind wir ausser Stande, Houbrakens Angaben zu prüfen. Nur von einer können wir sagen, dass sie sicher falsch ist: Hendrik Dubbels sei, nach G. S. II 237, zur Zeit als Bakhuizen zu ihm kam, der älteste Künstler der Genossenschaft gewesen. Im Jahre 1650 war jener nach Amsterdam gekommen, es wird spätestens 1655 gewesen sein, als er bei Dubbels in die Lehre trat [1]). Dieser, um das Jahr 1620 geboren, kann also damals unmöglich einer der ältesten Künstler Amsterdams gewesen sein.

Ueber die Erneuerung der Lucasgilde in den Jahren 1653 und 1654 bringt Houbraken B. III S. 329 ff. ausführliche Nachrichten, welche einer kleinen Gedichtsammlung mit Beiträgen von T. Asselijn und J. v. Vondel entlehnt sind. Dieses Buch unter dem Titel: Broederschap der Schilderkunst, ingewijdt door Schilders, beeldthouwers en deszelfs begunstigers op den 21 van Wijnmaent 1654 op St. Jorisdoelen in Amsterdam, bei Jacob Vinkel erschienen, enthält weiter nichts kunsthistorisch wichtiges.

Dagegen bezieht sich ein — freilich von Houbraken nicht berücksichtigtes—Gedicht des Jan Vos: Strijdt tusschen de Doodt en Natuer, of Zeege der Schilderkunst ebenfalls auf diese Feier und hierin liest man S. 140 eine Stelle, welche wegen der Aufzählung der Künstlernamen Beachtung verdient.

Die Natur redet ihre Tochter, die Kunst an:

Amsterdam zal grimmelen van Schilders en Poëeten
Deez' zullen in dit hooft der watersteên,
Een broederschap, door Kretsers raadt, oprechten,
Om u op 't jaargetij ten dienst te staan.
Briezé zal, tot sieraadt, festonnen vlechten
Van speel- en bou- en wapentuigh, en blaân
Van lauwren offeren op uw altaaren.
Zoo wordt uw Faam behoedt voor ondergang.
Apollo zal hier met Apelles paaren
De Dichtkunst met haar dochters Maatgezang.

[1]) Es sind bereits datirte Bilder vom Jahre 1658 von ihm bekannt.

[2]) O. H. III 141.

Hier ziet men Rembrandt, Flink, de Wit, Stokade
Daar van der Helst, de Koningen Quellien,
Van Loo, Verhulst, Savooy, van Zijl wiens daade,
In 't kleen zoo groot zijn dat de doodt moet vliên:
Men ziet er Bronkhorst, Kalf en Bol uitmunten
En Graat en Blom en die penseel en plet
Veel waarder schatten dan de heldre punten
Van dierbaar diamant in goudt gezet.
Die Stadt zal zich zoover, door hare verven
Doen roemen, als haar scheepen zee beslaan.

C. *Delft.*

Von der 1613 gegründeten Malergilde zu Delft sind uns zwei Bücher erhalten, mit den Verzeichnissen der aufgenommenen Meister zwischen den Jahren 1613 und 1714. Houbraken bezieht sich an zwei Stellen auf diese Urkunden:

B. I S. 145 „Adriaen van Linschoten (im Verzeichnis „der Regenten der Lucasgilde zu Delft findet sich sein Name „im Jahre 1627 so angegeben: Kornelis Adriaan Linschoten) „ist geboren zu Delft im Jahre 1590."

Offenbar liegt hier eine Verwechslung des Vaters Cornelis Adriaensz und des Sohnes Adriaen Cornelisz Linschoten vor. Auf diesen bezieht sich die Biographie, auf jenen vermutlich die Notiz des Regentenverzeichnisses. Ich sage vermutlich, da wir für das Jahr 1627 keine Angaben über diesen Punkt besitzen. Das einzige Mal, das der Name des Vaters in den Gildebüchern vorkommt, ist Archief I S. 7, wo er als Nr. 6 der zur Gilde gehörigen Glaser fungirt. Sein Sohn Adriaen Cornelisz Linschoten wird S. 6 ohne Datum, aber zwischen Symon de Vlieger, der 1634 und Willem van den Landen, der 1635 eintrat, erwähnt, ist also vermutlich in einem dieser beiden Jahre als Mitglied aufgenommen worden.

B. I S. 304 heisst es von Anth. Palemedes: „er kam „1636 in die Lucasgilde zu Delft und war 1673 zum letzten „Mal Obmann derselben." Die zweite Hälfte dieser Mitteilung wird bestätigt durch Archief I 80, während S. 18 uns lehrt, dass der Meister sich bereits am 6 Dec. 1621 als Mitglied der

Gilde aufnehmen liess und wir ihn bereits 1635 als Regent antreffen.

D. *Dordrecht.*

Wie bei Allem, was die Malerei in Houbrakens Vaterstadt betrifft, ist es auch hier sehr schwer zu entscheiden, in wie fern seine Mitteilungen auf persönliche Erlebnisse und mündliche Erkundigungen, oder auf gedruckte Quellen zurückgehen. In Bezug auf die Lucasgilde trifft dies um somehr zu, da ihre Bücher uns nur zum Teil erhalten sind, und zwar derjenige Teil, welcher die Jahre 1580—1649 umfasst. Nun trennten sich aber im Jahre 1642 die eigentlichen Maler von der alten Gilde, welche hauptsächlich Handwerker zu Mitgliedern hatte und gründeten eine neue Genossenschaft, von deren Büchern keines übrig ist. Wir besitzen also nur bis zum 4 Sept. 1640, wo der letzte Feinmaler aufgenommen wurde, Daten über die Dordrechter Künstler und da Houbrakens Mitteilungen sich alle auf die spätere Zeit beziehen, sind jene uns hier von keinem Nutzen. Ich beschränke mich daher auf eine Zusammenstellung der Stellen, an welchen die Gilde erwähnt wird.

B. I S. 238. Hier werden Jacob Gerritsz Cuyp, Isack van Hasselt, Corn. Tegelberg und Jaques Grief, gen. Klaau als diejenigen erwähnt, welche 1642 die neue Gilde errichteten. Zu bemerken ist, dass ausser dem Erstgenannten ihre Namen nicht im Buche der alten Gilde vorkommen, was man eigentlich doch erwarten durfte.

B. II S. 155. Jacob Lavecq kam 1655 in die Kunstgenossenschaft.

B. II S. 168. Jan van Hoogstraten: seinen Namen finde ich verzeichnet in der Liste der St. Lucas-kunstgenossen im Jahre 1649.

B. III S. 181. Pieter van der Leeuw kam 1669 in die Kunstgenossenschaft und schrieb 1678 als Regent Houbraken als Mitglied ein.

Ibid. S. 213. Ary Huijbertsz Verveer kam 1646 zu

gleicher Zeit als Gerard de Jager, Abraham Susenier und Arnout Elsevier in die Kunstgenossenschaft von St. Lucas.

Ibid. S. 216. Isrel Covijn war seit 1647 Mitglied der Kunstgenossenschaft, und als Houbraken ihn kennen lernte, das älteste darin.

Ibid S. 248. Abraham Diepraam wurde 1648 Mitglied der Lucasgilde.

E. *Haag*.

Eine Benützung der eigentlichen Meisterbücher der Haagschen Lucasgilde von Seiten Houbrakens ist nicht nachweisbar. Seine Mitteilungen baschränken sich 1) auf die Errichtung der Confrerie im Jahre 1656 (I 243); 2) auf eine Beschreibung der Deckengemälde im Gildezimmer (I 244).

Ad 1) standen ihm „darüber gemachte Aufzeichnungen," zur Verfügung. Dies verhindert ihn nicht, wie schon van Gool N. S. II 314 bemerkt hat, ein falsches Datum anzugeben: 15 Februar statt 16 October. Dieser Fehler verrät uns seine Quelle. In Obreens Archief IV 56 ff. hat Bredius ein Manuscript veröffentlicht, welches auf der ersten Seite die Aufschrift trägt: „Aanteeckeningen bij mij Corn. van Veen, zeedert den 15en „February des Jaers 1656 van tijt tot tijt gehouden, ten versoucke van verscheijde meester Schilders de welcke van meij-„ninge waren Requeste te presenteeren aen de Ed. Achtbaere „Magistraeten van 's Gravenhaege omme te bekoomen Afsonde-„ringe van het St. Lucas Gilde ende oprechtinge van een nieuwe „separate Confrerije, bestaende uit meesters Schilders, Glaese-„schrijvers, Beelthouders ende Plaetsnijders." Dieses Datum 15 Februar, an welchem der nachherige Schriftführer der Confrerie seine Aufzeichnungen anfing, hat Houbraken für den Zeitpunkt ihrer Entstehung gehalten, als welcher, wie bereits gesagt, vielmehr der 16 October anzusehen ist, da an diesem Tage die Maler — 48 an der Zahl, wie auch Houbraken sagt — aufgerufen waren „tot de Erectie van een nieuwe Confrerie" (Archief a. a. O. S. 59). Die Bitte an den Magistrat, welche

Houbraken als Folge ihrer Zusammenkunft angiebt, hatte schon vorher stattgefunden. Mit Recht erwähnt Houbraken unter den Gründern namentlich den Schöffen Dirk van der Lis[se], der nach den Aufzeichnungen van Veens als Maler und als Magistratsperson in den damaligen Verhandlungen eine grosse Rolle gespielt hat.

Die Beschreibung der Deckengemälde im Gildezimmer sind wir ebenfalls im Stande zu controliren, da wir eine poetische Beschreibung vom Jahre 1737 [1]) und einen Inventar vom Jahre 1763 besitzen. (Archief IV 204 f.). Aus letzterem geht hervor, was Houbraken nicht erwähnt, dass das Kaminstück von Mattheus Terwesten erst 25 Jahre nach den übrigen Bildern gemalt war (1686 und 1711).

F. *Haarlem.*

Die Haarlemer Lucasgilde wird nur einmal und zwar G. S. I S. 95 erwähnt. Dort heisst es: „In der Liste des Lucasgilde„buches zu Haarlem sind mehrere Söhne und Enkel von Frans „Hals verzeichnet, welche alle die Kunst geübt haben und zwar Frans Hals F.zoon, Herman Hals F.zoon, Jan Hals F.zoon und Klaas und Jan Hals Janszonen...... Keinen einzigen dieser können wir in den von van der Willigen veröffentlichten Urkunden, welche die Lucasgilde betreffen, nachweisen, obwohl die Existenz Aller mit Ausnahme des Klaes Hals Janszoon durch andere Documente, wie Taufscheine, Heiratsanzeigen etc. verbürgt ist. Die einzige auf uns gekommene Notiz aus den Gildebüchern über die Nachkommen von Frans Hals bezieht sich auf dessen Sohn Nicolaus, der am 2 Nov. 1656 in die Gilde eintrat und 1682, 1683 und 1685 zu deren Vorstand gehörte (v. d. Willigen S. 150, mit Errata und S. 24).

[1]) Gedruckt in Obreens Archief IV 181 ff.: Op het 75 jaarig jubelfeest der Broederschap van Pictura te 's Gravenhage gevierd den 31 December 1737.

63. DIE BILDNISSE DER GROOTE SCHOUBURGH.

Im vorhergehenden ist bereits bei jedem von Houbraken benützten Werke gemeldet, ob und welche Porträts er demselben entnommen habe. Der Uebersichtlichkeit wegen gebe ich jetzt noch ein Verzeichnis sämmtlicher in der Groote Schouburgh enthaltener Bildnisse und, insofern sie sich ermitteln liessen, der Quellen, woraus sie entlehnt sind [1].

I L. v. Asch, Piet. nach Joh. Verkolje. Vgl. S. 236. Wessely, 2.

III C. Asselijn, Jan nach Rembrandt, Bartsch 277. Vgl. S. 65.

II J. Bakhuizen, Lud. nach Lud. Bakhuizen, Aet 71 als Titelblatt zu seinem IJstroom.

I M. Backer, Jac. nach Theod. Matham, Th. de Keijser pinxit. Vgl. S. 336 [2].

I D. v. Balen, Hendr. nach Iconographie, W. 42; Paul du Pont sc.

III E. Bartolet aus Sandrart II III Taf. 6 Nr. 5.

---

1) Stecher der Mehrzahl der Bildnisse war Jacobus Houbraken. Ausser den beiden Tafeln D. und F. des dritten Bandes, welche von Dirk Jonkman bezeichnet sind, glaube ich in einer Anzahl radirter Bildnisse die Hand Arnolds zu erkennen. Es sind diejenigen von Bramer (I J.) Rembrandt (I M.) de Laer und de Helt (I R.) Beck und Tilman (II C.) und Asselijn (III C.). Mit Ausnahme des letzten also alle in den beiden vor Arnolds Tode erschienenen Bänden. Auch kommen ausser auf den genannten Tafeln noch auf einigen andern Hintergründe, Embleme und anderes Beiwerk vor, das ebenfalls mit der Radirnadel ausgeführt zu sein scheint. Man vergleiche z. B. die Tafeln H, L, N, O, P, Q des ersten und B, D, E, F, H, J, K des zweiten Bandes.

2) v. Someren behauptet irrtümlich, dass Houbraken das Bildnis Backers aus de Bie entlehnt habe.

II C. Beck, Dav. aus Meyssens: Dav. Beck pinx. Ant. Coget sc.
I O. Bega, Corn. L. v. d. Koogen del. Vgl. S. 350.
III H. de Bisschop, J. J. de Baane pinx. D. Coster sc. G. Blok exc. Vgl. S. 213.
I C. Bloemaert, Abr. aus Meyssens: Her. Blomaert del. Hen. Snijers sc.
III B. ter Borch, Ger. Ger. ter Borch pinx. Vgl. S. 40.
I J. Bramer, Leon. aus Meyssens: Leon. Bramer pinx. Ant. v. d. Does sc. Vgl. S. 164.
I J. de Bray, Sal. nach D. de Bray, Aet 67 Ao. 1664; Vis Blokhuijsen 122.
I E. Breughel, J. nach v. Dijck, Icon. W. 1.
I L. v. Bronkhorst, J. aus Meyssens: Io. van Bronchorst delin. Pet. Balliu scnlp.
I O. Brouwer, Adr. nach Icon. W. 21; S. à Bolswert sc.
II H. Kalf, Wil.
I L. Champagne, Phil. Se ipse pinxit, G. Edelinck sc. 1676. Auf der Rolle die Jahreszahl 1668. Unterschrift: Philippus de Champaigne, Bruxellensis, Pictor Regius et Regiae Pictorum Academiae Rector: Eximiae hujus artis excellentiâ et christianâ pietate aeque insignis.
III K. Kneller, Godfr. nach lat. Sandrart 8 Nr. 4.
I F. Koberger, Wenc. nach Icon. W. 77; L. Vorsterman sc.
III N. Koerten Blok, Joh. Dav. v. d. Plaas pinx. P Schenk sc. Vgl. S. 307.
II B. Koning, Phil. Phil. Koning pinxit. Vgl. S. 55.
I B. Crabeth, D. } nach R. v. Persijn, in Walvis' Be-
I B. Crabeth, W. } schreibung von Gouda.
I A. David Jorisz nach Chr. van Sichem, Muller 2791, Ao. 1554 Aet 54.
II F. v. d. Does, Jac. nach einer Zeichnung. Vgl. S. 108.
II A. Dou, Ger. nach Car. de Moor; v. d. Kellen P. G. Nr. 9b. Unterschrift: G. Schalcken honoris ergo praeceptorem suum delineavit [1]).

---

[1]) Diese Unterschrift stellt das in letzter Zeit angezweifelte Schulverhältnis Schalckens zu Dou fest.

II B. Lely, Piet. P. Lely pinx. A. de Jode sc. R.Thomson exc.
II G. Lingelbach, Joh. Joh. Lingelbach pinxit. Vgl. S. 147.
I N. Lievens, Jan nach Icon. W. 85, L. Vorsterman sc.
I R. Marseus, Otto.
III J. Merian, M. Sib. Jac. Houbraken sc. in dem Werke: Erucarum ortus, 1717.
III B. Metzu, Gabr.
III A. v. Mieris, Fr. F. v. Mieris del., A. Blooteling fec. Wessely, 37. Vgl. S. 5.
III F. v. Musscher, Mich. freie Copie nach v. Musschers eigenem Schabkunstblatt, datirt $\frac{26}{7}$ 1685.
I C. v. Oort, Ad. aus Meyssens; Jac. Jordaens pinx. Henr. Snijers sc. Vgl. S. 38.
I Q. v. Ostade, Adr. A. v. Ostade del., J. Gole excud.
I N. Palamedes Palamedesz, nach Icon. W. 58 Paul Pontius sc.
III C. v. Pee, J.
III J. v. d. Plaats, Dav.
I G. v. Poelenburg, Corn. nach dem Bildnisse des Jan Both bei Sandrart Tafel NN. Nr. 6.
II F. Potter, Paul.
II D. Pijnacker, Ad.
II N. Quellinus, Er. aus Meyssens; Er Quellinus delin. Petr. de Jode sculp.
I M. Rembrandt nach Rembrandt, B. 19. Vgl. S. 272.
II K. Roos, Joh. H. nach lat. Sandrart Tafel 7 Nr. 3. bzw. nach dem diesem Stiche zu Grunde liegenden Original von Phil. Kilian, Aet. 52 Ao. 1684. Vgl. S. 288.
I D. Rubens, P. P. aus Meyssens; I. Meyssens exc. Vgl. S. 74: sein wahres Bildnis nach der besten Abbildung.
I P. Saftleven, Corn. nach Icon. W. 90, L. Vorsterman sc. Vgl. S. 343.
I P. Saftleven, Herm. aus Meyssens; H. Saftleven pinx. Coenr. Woumans sc.
I D. Savery, Roel. P. Moreelse pinx. Geertr. Roghman sc. Vgl. S. 57.

III G. Schalcken, Godfr. nach J. Smith; Godfr Schalcken pinxit Londini 1694, oder nach der verkleinerten gegenseitigen Copie v. P. Schenk: Godefridus Schalcken, Dordraco Batavus apud Londinenses in Anglia Pictor praestantissimus.

I M. v. Schurman, A. M. nach A. M. v. Schurman Aet. 33 Ao. 1640 Vgl. S. 314.

I E. Schut, Corn. nach Icon. W. 91. L. Vorsterman sc. Vgl. S. 77.

I G. Segers, Dan. aus Meyssens; I. Livens pinx.

I A. Snellings, Jan nach Icon. W. 37. P. de Jode sc. Vgl. S. 35.

I E. Snijders, Fr. nach v. Dijck, Icon. W. 11.

II C. Sorgh, H. Mzn. H. M. Sorgh pinxit Aet. 34 Ao. 645. Vgl. S. 26 [1]).

III A. Steen, Jan

II K. v. Streek, Jurr. J. van Streek pinx. Vgl. S. 292.

I P. Teniers, Dav. aus Meyssens, Dav. Teniers pinx. P. de Jode sc.

III L. Terwesten, Aug.

III G. Tiedeman, Phil.

II C. Tilmans, Sim. Pet. nach Chr. Hagens, Aet. 67 Ao. 1668. Vgl. S. 88.

III F. Toorenvliet, Jac.

I G. Torrentius, Joh. nach Jan v. d. Velde, Aet. 39 Ao. 1628, Franken und v. d. Kellen 40.

I F. v. Uden, Lud. nach Icon. W. 94. L. Vorsterman sc.

II E. Vaillant, Jac.

II E. Vaillant, Wall. nach dem Schwarzkunstblatt des Meisters, ohne Hut. Wessely 2.

I G. de Valk, P. P. de Valk pinx. Aet. 21 Ao. 1605 Antje Jeppes del. Vgl. S. 120.

Ttitel v. Veen, Oct. aus Meyssens; Gert. v. Veen pinx. Aegid. Ruchel sc.

---

[1]) Das Original sammt dem Porträt von Sorghs Gattin bei Dr. v. d. Hoeven zu Rotterdam.

Zusätze und Berichtigungen.

S. 1. Zeile 9 v. u. zu lesen G. H. Veth statt J. Veth.

S. 10 f. Weitere nach Houbrakens Vorlage gestochene Bücherillustrationen sind:

Jac. Zeeus, Wolf in 't schaapsvel, Rotterdam, Arn. Willis, 1711.

J. Broukhusii, Poematum L. XVI, Amsterdam 1711: Titelillustration, Vignette und Ornament oberhalb der Dedication; nur letzteres ist bezeichnet.

J. Luiken, Schriftuurlijke Geschiedenissen, Amsterdam, v. d. Sijs 1712. Das Randwerk um das von A. Boonen gemalte Porträt.

M. Brouerius v. Nidek, Zederijke zinnebeelden, Amsterdam, Joh. Oosterwijk & Hendr. v. d. Gaete 1716.

Heim. Dullaert, Gedichten, Amsterdam 1719, Ger. Onder de Linde. Die Vignette: Tiliae sub tegmine tutus. Diese Vignette kommt auch noch in andern Büchern desselben Verlegers vor.

Pharmacopoea Dordracena, zweiter Druck [1]).

S. 14. Z. 3 v. u. Ueber die irrtümliche Identificirung der Stichtelijke Zinnebeelden mit dem Tooneel van Sinnebeelden vergl. die Anmerkung auf S. 190.

S. 15. Z. 13. Die erste Ausgabe erschien bereits 1682 zu Dordrecht und hat dieselben Illustrationen.

S. 16. Z. 18. Das Datum der Ernennung Knellers zum Baronet teilt Walpole II 207 [4]) mit: es war der 24 Mai 1715.

---

[1]) Mitteilung von E. W. Moes. Vgl. ferner S. 190 Z. 4 f.

30

S. 17 [2]) Das in dieser Anmerkung erwähnte Pamphlet trägt den Titel: Lyris, Opper Rijm- en Schilderbaaz, Niew opgestane Brievenschrijver, En nu volmaakt Zwarte konstschraper aan 't IJ. Boertend Heldendigt, Te Abdera Bij Kornelis Setsers, Stadsdrukker.

Die Dedication: Aan den Heere J. M., ist unterschrieben B. K., das 26 Seiten, bzw. 911 Zeilen lange Gedicht selbst Bernhardus Koulona, ein m. W. bisjetzt unerklärtes Pseudonym. Die Seiten 27—29 enthalten Parodien auf die beliebten poetischen Erklärungen jener allegorischen Büchertitel, deren Houbraken eine beträchtliche Zahl entworfen hatte.

Die, nicht datirte, Schrift kommt sowohl für sich in Quartoformat vor, als auch in dem 1718 erschienenen Sammelband Schimp- en hekeldigten uit verschillende poëten, gevolgd naar den Roomschen Juvenalis, Hoorn 1718 S. 188 ff.

Der Zorn des Verfassers war offenbar erregt durch Houbrakens im Jahre 1712 erschienene Briefe von Philalethes, oder „Verzameling van uitgelezen keurstoffen; handelende over den Godsdienst, Natuur-, Schilder-, Teeken-, Oudheid-, Redeneer- en Dichtkunde," ein Werk von dem bereits van Gool (N. S. I 145) bezeugt, dass es Houbraken namentlich unter den Theologen viele Feinde gemacht habe. Für die Kunstgeschichte ist es wertlos. Die allenfalls in Betracht kommenden Stellen hat der Verfasser in der Groote Schouburgh nochmals verwendet, wie z. B. einige Anecdoten aus seiner Lehrzeit bei Hoogstraten (S. 4 und 53 = G. S. II 164 „ik heb dat kwanzuis zoo gemaakt" und „of Adams zaak een gebeurlijke zaak was"), ferner Citate aus Pels über Rembrandt, die Erwähnung eines St. Nicolaus-Bildes des Jan Steen in der Sammlung Franken, usw.

Auch der Inhalt des „Lyris" ist im Ganzen von wenig Belang. Es wird sehr viel schlechtes von Houbraken und den seinigen erzählt, doch daneben auf einige Ereignisse aus seinem Leben hingedeutet, die, obwohl sonst unbekannt, auf Wahrheit beruhen mögen. In Betracht kommen die folgenden Stellen:

S. 3. Z. 21 ff. Beziehen sich auf Houbrakens Bücherillustrationen nebst erklärenden Versen.

Laat voor uw werk die 't lust, een tijtelprentje maken;
Gij zult noit zoo te pas als bij mijn held geraken:
Want deze teekenens of rijmens nimmer moe,
Geeft, voor de uitlegging, bij het prentje, een digje toe.

S. 4 f. werden Philalethes brieven wiederholt erwähnt.

S. 24 desgleichen.

S. 5 Z. 7 ff. v. u. Houbraken war Mennonit:

Aan zijne opvoeding heeft noit magt, of hulp ontbroken.
Want Menno Symons Kerk daar over aangesproken
Beval het wigt, zoo groot van hope en Poezy,
En Schilderkunst, het oog van zijn Diakony:

S. 6 Z. 12 f. Er war Schüler S. van Hoogstratens:

Gij [die Muse Thalia] zijt het zelf, die hem 't slaafs ambagt hebt ontdragen
Den schrandren Batavier [1]) bewogen om uit gunst
Of wel Pro Deo, hem te vorderen in de kunst.

S. 6 Z. 10. v. u. Sein Vater war Handwerker?

Waarom geen Snijder, of Schoenmaker hem doen worden
Tot 's Levens onderhoud, op 's voorzaats eerlijk spoor?

S. 7 f. Er wohnt bei einer verheirateten Schwester [2]), geht dann aber nach London, wo es ihm nicht so gut ergeht wie seinem Lehrer Hoogstraten.

S. 11 Z. 3 v. u. Der Name seiner Frau Sara.

S. 12 Z. 17 f. Hier wird der Name Houbraken genannt:

Of nu de maker van de dolle blijtschaps prent
(Hou! braken moet men van een tytel zoo bekent
Aan zijne teekening, en orde, woest in de oogen)
Om dese Levens schetse, ons kwam in 't hair gevlogen,
(Gelijk 't Aardts [3]) wolfs gebroet in wraakzucht uitgespat
Of 't opgeruijde grauw met Broedermoord beklad.)

S. 13 Z. 3 ff. Er wird von seinem Freunde Valentijn aufgefordert nach Indien zu gehn:

---

[1]) Der Bentname Hoogstratens.

[2]) Ihr Mann soll nach den Marginalien von kleiner Statur und Klaas de Gareklopper genannt gewesen sein.

[3]) Aardt = Arent, Arnold.

Een Preker aan de Eufraat, den Zwarten Indiaan
Gewoon te leeren, nood, met Lyris ramp bewogen,
Den held, zijn ouden vriend en landsman, onder de oogen
Van zijn gesin bekent en waardig zijner gunst,
Zig na Batavia te schepen met zijn kunst.

S. 13 Z. 26.

De Kamer, bij de naam bekent van Zeventien
Zou hem daar onderstant en wisse hulp toe bien:
Kwam hij zijn naam dat hooftgesag slegs aan te geven
In Neerland loopt de kunst om brood; een ander leven
Zou hem daar volgen; kon hij slegs geduldig zijn
En leven na den raad van broeder Valentijn [1]).
Deez had zig in de gunst der grooten daar gedrongen,
En triomfeerde nu, hoe van de Nijt besprongen.

S. 14 Z. 28 ff. Sein Gesuch wird abschlägig beschieden.

S. 15 f. Er zieht um nach Amsterdam.

S. 16 Z. 25.

Mijn landsman Goedaard heeft den weg daartoe [2]) geleijd
Dit zal strax gelt zijn, hoe de Nijt daartegen pleijt.

S. 22 Z. 21 ff. Lyris schreibt über das klassische Alterttum und verfasst Gedichte.

Ibid. Z. 5 v. u. [3]).

. . . . . . zijn bespiegeling gaat boven Zon en Maan
In deze dagt hem eens, een Ladder te zien staan,
Geen Ladder Jacobs; maar een Leer langs welkers trappen
Apelles zijn geslagt zag op en neder, stappen
Elk na zijn waarde, en rang; in 't midden, aan de Voet
Of hooger na de kunst hun waardig hield begroet.

---

[1]) Fr. Valentijn (1656—1727) Landsmann Houbrakens, 1685—95 und 1706—1713 Pastor in Indien, Verfasser mehrerer geschätzter Werke über dies Land. Vgl. v. Troostenburg de Bruijn, de Hervormde Kerk in N. O. I. S. VI Anm. [3]). Nach Houbrakens Vorlage stach P. v. Gunst sein Porträt, Fr. Muller 5563. Houbraken wird ihn zwischen 1695 und 1705, während seines Dordrechter Aufenthalts gekannt haben.

[2]) Daartoe: zum Bildnismalen der vornehmen Damen.

[3]) Worauf sich diese Stelle bezieht, ist mir nicht deutlich. Sie ist aber interessant als eine Aufzählung der auf der obersten Kunststufe stehenden Meister.

Hij grenikte, als hij zag La Res in top geklommen
Een Fenix, voor wiens naam, de aloutheit moet verstommen
En die de Schilderkroon gestreken heeft aan 't IJ
En wel met reden. Want mijn held streeft hem voorbij.
Hij kokermuilde van der Werf, daar ook te vinden
Beschimpte van der Plas, onwaardlg bij de Vrinden
Van zijne kunst getelt, die 't al te boven streeft
En daar Bakhuizen met zijn Zeen voor ijst en beeft
De Moor en Schalken voor het Leven onnatuurlijk
En Rembrand, die den nagt verbeelde te figuurlijk
In zijnen duistren grond, zag hij mé boven staan
Voor eenen mindren reij, hun volgende agter aan.

Ein zweites Pamphlet gegen Houbraken und seinen Verleger P. Boeteman hat den Titel: De onredelijke Schuld- en Schadeboete aan P. Boeteman, und die Unterschrift Philerenis. Es handelt sich um einen angeblichen Vertragsbruch Boetemans, der wie es scheint Houbraken dem Stecher van der Gouwen zur Anfertigung von Bücherillustrationen vorgezogen hatte. Die 6 4° Seiten sind weder paginirt noch mit Druckort, Jahreszahl usw. versehen. In einer der letzten Zeilen „Hou! Braken zou men van dat vuijl!" wird unser Künstler genannt. Das Pamphlet findet sich u. A. im Sammelbande Nr. 70 der Gelegenheitsgedichte in der Kgl. Bibliothek im Haag.

S. 18 ff. Bei einer zu andern Zwecken unternommenen systematischen Durchsicht der z Z. mir zugänglichen Auctionscataloge habe ich mir noch die folgenden Bilder Houbrakens notirt:

6a. **Ammon und Thamar.**

Holz 17½" × 14".

Sammlung T. Loridon de Ghellinck zu Gent, Cat. Nr. 356 versteigert i. J. 1821.

6b. **Haman, Esther um Gnade anflehend.**

Holz 51 × 61 c.M.

Auction C. Ulrich und J. A. Canta zu Rotterdam 22 Febr. 92, Cat. Nr. 3.

Auction C. A. v. Ourijk zu Rotterdam 19 Juli 1848, Cat. Nr. 28.

Auction v. d. Linden v. Slingelandt, Dordrecht 1785, Cat.

Nr. 193: De geschiedenis van Ester, Ahasver en Haman, H. 20" × 23" f. 600.

11a. **Simeon, Gott lobend im Tempel.**

4½' × 6'.

Auction A. R. v. Waay, Utrecht 27 Febr. 1764, Cat. Nr. 77.

18a. **Maria wirft sich zu Füssen Christi** und fleht, begleitet von Martha, um das Leben des Lazarus.

Leinwand 26½" × 21".

Auctie G. F. J. de Verhulst, Brüssel 16 Aug. 1779 Cat. Nr. 194, verk. f. 67 argent de change [1]).

Zu 19. Dies Bild wird nach Mitteilung Karl Madsens zu Kopenhagen jetzt in Schloss Kronborg bei Elseneur aufbewahrt.

19a und 19b. **Christus vor Pilatus**, zwei Compositionen in schönem Stil gemalt.

Leinwand, 53 × 44 c.M.

Auction Ab. de Haas, Amsterdam 8 Nov. 1824, Cat. Nr. 11.

21a. **Christus und Magdalena** (Noli me tangere).

Auction Conseiller v. d. Branden, 13 Apr. 1801 zu Brüssel, Cat. Nr. 235, verk. f. 76 arg. de change.

Zu 22. Auction Schoute-Hollander-Pino, 14 Oct. 1884 zu Amsterdam, verk. f. f 85.

Auction 31 Oct. 1892 zu Bonn, Cat. Nr. 17.

22a. **Der ungläubige Thomas**, 12 Personen in einem prachtvollen Saal.

Holz, 17" × 21", datirt 1687.

Auction 26 Aug. 1788 zu Leiden, verk. f. f 46 an v. d. Vinne.

Zu 23 und 24. Diese Bilder wurden am 8 Aug. 1821 zu Brüssel nochmals versteigert, Cat. Nr. 53 f. Die Provenienz aus der Sammlung Gildemeester wird angegeben.

24a. **Mariae Himmelfahrt.**

8' 10" × 6' 2".

Auction der aus den unterdrückten Klöstern stammenden

---

[1]) Vgl. Catal. de tableaux vendus à Bruxelles depuis 1773 Bruxelles, N. Alexandre,

Bilder 17 Juli 1785 zu Brüssel, Cat. Nr. 876, Verk f. 71 arg. de change.

24b. **Eine biblische Darstellung**, von A. Houbraken.

Leinwand 69 × 90 c.M.

Auction 1 Apr. 1833 zu Amsterdam, Cat. Nr. 90.

Zu 28. Dies Bild kam unter dem Titel Zinnebeeldige Voorstelling op den berg Parnas. Leinw. 29½" × 37" 1785 in der Auction van der Linden van Slingelandt zu Dordrecht vor und erzielte dort f 59 (Cat. Nr. 194).

Zu 31. Zu Waagens Zeit befand sich dies Bild bei Jam. Tulloch zu London. Er giebt als Maasse an 1' 5½" × 1' 10½." Art. Treasures IV 200.

32a. **Nymphen und Satyrn.**

Holz, 16 × 22 c.M.

Auction A. Philips Neven, Maastricht 24 März 1892.

Zu 33. Diese Darstellung ist von Houbraken in einem grossen und ziemlich seltenen Blatte radirt (Cabinette zu Amsterdam, Leiden und Dresden F. A. II).

Zu 35. **Vertumnus und Pomona**, durch Houbraken.

Auction 26 März 1838 zu Rotterdam, Cat. Nr. 67.

35a. **Hofansicht mit Vertumnus und Pomona.**

Auction A. v. d. Werff v. Zuidland, 31 Juli 1811 zu Dordrecht, Cat. Nr. 43: 54 × 58½ c.M. verk. f. f 40 an Kramer.

Zu 36. **Narcissus sich im Wasser spiegelnd.**

Auction 26 Aug. 1788 zu Leiden, Cat. Nr. 193, verk. f. f 3 an Delfos.

Zu 38. In der Auction M. Ph. J. Pieck. Douar. Leleu de Wilhelm, 20 Mai 1777 im Haag kam ein Bild dieses Gegenstandes vor: Cat. Nr. 11 8¼" × 10¼" auf Holz. Es wurde für f 180 von Cocler erstanden.

Desgleichen in der Auction H. D. Hooft v. Woudenberg v. Geeresteijn, 27 Apr. 1880 zu Amsterdam, Cat. Nr. 182; bez. A. Houbraken, Holz 25 × 30 c.M.

Zu 40 und 41. In der Auction J. H. v. Heemskerck, Haag 29 März 1779 Cat. Nr. 57 und 59 kamen diese beiden Bilder vor; die Maasse waren für jedes 19" × 23½", das Material Kupfer. Käufer war Muyskes für f 241 bzw. f 180.

Zu 44. **Die Geschichte Dido's.**

Auction J. A. v. Dam, 1 Juni 1829 zu Dordrecht, Cat. Nr. 66: The sacrifice of Dido, composition rich and amply and forcibly executed. 2' 4" × 1' 11".

Auction 9 Aug. 1842, zu Rotterdam Cat. Nr. 26, 68 × 55 c.M. Dagegen:

44a. **Der Tod Dido's.**

Auction Ulrich-Canta, 22 Febr. 1892 zu Rotterdem, Cat. Nr. 4 Auf Kupfer 28 × 44 cM., also bedeutend kleiner.

46a. **Horatius als Sieger zu seiner Schwester heimkehrend.**

Leinw. 53 × 44 c.M.

Auction Philips Neven, Maastricht 24 März 1892, Cat. Nr. 59.

Zu 48. **Grossmut des Scipio.**

Auction J. A. v. Dam 1 Juni 1829 zu Dordrecht, Cat. Nr. 65: forcibly executed and one of the best works of this master, 2' × 2' 8".

Zu 49. **Tod der Cleopatra.**

Holz 44 × 53 c.M. bez. und datirt.

Auction Vallet, Paris 25 Jan. 1884, Cat. Nr. 22.

49a. **Marcus Antonius und Cleopatra.**

Kupfer 4¾" × 7¼".

Auction J. H. v. Heemskerck im Haag 1779, Cat. Nr. 59 erworben f. f 71 von Loquet.

51a. **Eine historische Composition.**

Auction v. 26 Aug. 1788 zu Leiden, Cat. Nr. 194, verk. f. f 1 an Delfos.

Zu 53. Vermutlich dasselbe Bild nochmals in der Auction Twent, 11 Aug. 1789 zu Leiden, Cat. Nr. 81: Eine sinnbildliche Composition von einigen Figuren, mit Bezugnahme auf die Malerei. Delicat auf Holz gemalt 19½" × 13½".

55a. **Zwei Frauen vor der Statue des Priapus.**

Kupfer 21 × 15 c.M.

Auction Henkart, Heris u. A., Brüssel 15 März 1883, Cat. Nr. 58.

Zu 56. Diese Composition ist nach Houbrakens Erfindung von N. Verkolje geschabt. Die von den übrigen Bildern abweichende Malweise, der unmotivirte aus dem Inschriftrande des Schabkunstblattes entstandene Schatten im Vordergrund, die befremdende Form der Bezeichnung, das genau mit dem Stiche übereinstimmende Format machen es wahrscheinlich, dass das Bild eine Copie nach dem Schabkunstblatte ist. Es ist daher aus dem Verzeichnisse von Houbrakens Gemälden zu streichen.

Zu 62. **Ein Mann bei einer Kerze sitzend** und schreibend, schön von Beleuchtung und natürlich.

Auf Holz durch Arnoldus Houbraken.

Auction Sim. Focke, 6 Dec. 1784 zu Amsterdam, Cat. Nr. 38.

70a. **DER TRINKER.**

Hol, 19 X 15 c.M.

Museum zu Arras (seit 1795) Cat. 1880, Nr. 88.

Den Maassen nach stimmt dies Bild mit Nr. 70 überein.

84b. **Eine Frau, ihr Kind auf dem Schoosse haltend,** neben ihr ein Mann.

13" X 11".

Auction J. Casteleijn, 9 März 1761 zu Amsterdam, Cat. Nr. 25 [1]).

84c. **Ein Kind mit Beiwerk.**

Leinwand, 16" X 13".

Auction O. v. Cattenburg und P. de Waart 29 Sept. 1779, Cat. Nr. 258 [1]).

94a und b. Bildnisse von **JOHAN VAN ESCH** und seiner Frau **ANNA CATHARINA WALRAVEN**, lebensgrosse Brustbilder im Hoch-oval, bezeichnet A. Houbraken. Leinwand.

Im Besitze der Familie Beijen im Haag.

94c. und d. Bildnisse von **PIETER WILLEMSZ VAN LOON** († 27—3—1716) und seiner Frau **JOSINA VAN LOON—VAN LOON** († 16—10—1736).

In kleinem Format, oval auf Kupfer, bezeichnet Houbraken.

Im Besitz der Familie van Loon auf Schloss Hydepark zu Doorn bei Utrecht [2]).

[1]) Der Catalog befindet sich in Manuscript im Museum zu Rotterdam.

[2]) Mitteilung von E. W. Moes.

96a. **Männliches Bildnis.**

Auction J. W. Tollens, Rotterdam 6 Apr. 1836, Cat. Nr. 16.

96b. **Ein vornehmes Damenbildnis**, sorgfältig und schön behandelt, durch A. Houbraken.

Leinwand, oval 47 X 40 c.M.

Auction J. Berendts de Wilde, 30 März 1852.

96c. **Bildnis eines Herrn** mit gepuderter Perrücke und landschaftlichem Hintergrunde.

96d. **Desgl. einer Dame** mit lockigem Haar bei einem Brunnen.

96e. **Desgl. eines Knaben** mit einem Hunde.

Alle auf Leinwand 44 X 35 c.M.

Auction Corn. de Badts Brüssel 27 Nov. 1871. Cat. Nr. 174—176.

96f. **Bildnis eines Gelehrten**; Kniestück, im landschaftlichen Hintergrund eine Kirche.

Leinwand, 100 X 79 c.M. l. bez. A. Houbraken.

Auction Zschille, Köln 27 Mai 1889, Cat. Nr. 53.

96g. **Porträt eines jungen Herrn.**

Leinw. 81 X 66 c.M. Rechts bezeichnet H. und datirt.

Versteigert am 25 April 1892 zu Paris, Cat. Nr. 35.

Zu 101. Im Auctionscatalog (Nr. 13) wird die Mitarbeiterschaft Houbrakens nicht erwähnt.

S. 33 Z. 2 v. u. Nachzutragen: Auf Seite 264 des dritten Bandes wird eine Tafel erwähnt, die nicht vorhanden ist.

S. 36 Z. 18. Eine Reitbahn im freien von A. Cuyp mit einem Schimmel im Vordergrunde, der beim ersten Blick an Phil. Wouwerman erinnert, besitzt Herr M. Rickoff zu Paris.

S. 46 Z. 6 v. u. Statt 45 lies 5.

S. 57 Z. 5. Hinzuzufügen: Ausser in de Jongs Ausgabe van Manders II 325 (*).

Z. 12. v. u. statt 1650 lies 1656.

S. 64. Zu Abr. Diepraem: Bode hat bereits bezweifelt, dass dieser Künstler Schüler des A. Brouwer gewesen sei (Schweriner Galerie S. 63).

Z. 8. nach Alter einzuschalten: (III 244).

S. 66. Zu A. de Gelders Passionsfolge: In der Auction T. Ign. Dufresne am 22 Aug. 1770 zu Rotterdam kommt als Nr.

270 voor: De passie in 12 stukken van A. de Gelder, 28" × 22½" Leinwand. Sie wurden Paarweise verkauft. Das Material und die Maasse stimmen ganz, die Zahl nahezu zu den Aschaffenburger Bildern. Vermutlich sind sie daher mit ihnen identisch. Da sie recht wohl eine geschlossene Passionsfolge bilden können, fragt es sich, ob die von Houbraken gegebene Bilderzahl 22, von denen 20 vollendet waren, nicht Druckfehler ist für 12, bzw. 10.

S. 75 Z. 6 v. u. statt 1643 lies 1639.

S. 77 Z. 7 v. u. statt 15 bis 16 Jahre lies 17—18 J.

S. 86 [2]) Statt 210 lies 192.

S. 94 [1]) Statt Schabmanier lies Aetzmanier.

S. 97 Z. 14. Auch Herr D. Francken Dzn. zu le Vésinet bei Paris besitzt ein solches Bild.

S. 97 Z. 13 ff. v. u. Später, am 18 Juni 1743 kommt das Bild in der Auction Cornelis van Lill, ebenfalls zu Dordrecht vor, wo es f 550 erzielt (H. II 91). Hier kauft es Willem Lormier, in dessen Besitz es 1752 nachweisbar ist (II 449), mit dessen Sammlung es am 4 Juli 1763 zum Preise von f 1205 im Haag versteigert wird, (Terw. 336).

S. 99 Z. 7. Seitdem in das zum städtischen Archiv eingerichteten St. Anthoni-thor transportirt, ebensowie die Ansicht Amsterdams von Cornelis Anthoniszen (S. 111).

S. 100 Z. 10. Statt Bürgermeister lies Rentmeister.

S. 104 Z. 3. Mit dem Zeichen ° zu versehen, weil aus dem Wegwijzer door Amsterdam entlehnt.

Z. 12. Das jetzt vorhandene Bild ist eine Copie nach Rubens' bekannter Composition vom Urteil Salomonis und kam erst 1705 als Geschenk von v. Bleijswijck an die Stelle, wo sich früher die jetzt verschollene Bronkhorstsche Darstellung befand.

S. 107 Z. 14 ff. Ein von Kneller gemaltes Reiterbildnis dieses Feldherrn besitzt der Earl of Darnley zu Cobhomhall [1]).

S. 110 [1]). Auch Herr Conservator Dr. W. Schmidt zu München besitzt ein Figurenbild des Phil. Koning [2]).

---

[1]) Mitteilung von Mr. Lionel Cust.

[2]) Desgl. von E. W. Moes.

S. 111 Z. 17. Vgl. den Zusatz zu S. 99 Z. 7.

S. 113 Z. 4. Vgl. über dies Bild und einige andere desselben Künstlers Kramm, S. 293 und Anhang.

S. 117 Z. 5. Aus Houbraken III 61 in Verbindung mit I 209 geht hervor, dass hier der Utrechter Joh. van der Meer gemeint ist.

S. 120 Z. 5. Eine Anzahl dieser Bildnisse wanderten später in die Eremitage. Vgl. die dortigen Provenienzangaben und Vertue, Aedes Walpolianae. Der richtige Name fur Winsingdon ist Winchendon.

Z. 13. Das hier angegebene Beerdigungsdatum ist das der Frau. J. P. v. d. Eeckhout wurde am 8 Nov. 1652 begraben.

Z. 15. Die Bildnisse beim Staatsrat Hubrecht sind durch alte Inschriften auf der Rückseite beglaubigt. Die dort angegebenen Namen und Daten stimmen vollkommen zu denjenigen der Civilstandsregistern.

Z. 4 v. u. In der Auction Hulot, Paris Mai 1892 kam ebenfalls ein Bild dieses Gegenstandes von Eeckhout vor. Den Maassen nach kommt mit dem Berliner Bild dasjenige der Auction Ph. v. d. Land 1776 überein (33″ × 41″), wo auf Houbrakens Erwähnung Bezug genommen wird. Käufer war Wubbels für f 2149.

S. 124 Z. 4 v. u. Bürger-Thoré stellte 1867 zu Amsterdam einen David und Bathseba von Aert de Gelder aus. Cat. Nr. 53. Bez. 97 × 86 c.M., ein Bild dass 5 Dec. 1892 aus seinem Nachlass um 1650 francs an den Kunsthändler Bourgeois verkauft wurde.

S. 125 Z. 5. Hinzuzufügen: Geschabt von J. Gole, F. Muller Nr. 3924; dieses Blatt wird Houbraken gekannt haben.

Z. 6. Vgl. die Addenda zu S. 66.

Z. 8 statt neun zu lesen zehn.

S. 131 Z. 6. Auch im Liller Museum selbst habe ich (im Sommer 1892) das Bild nicht gefunden.

S. 132 Z. 16. Ist von Jan Vos vorerwähnt, und deshalb mit dem Zeichen ° zu versehen.

S. 134 Z. 9 v. u. Herr Wassermann hat sich seitdem des Bildes entäussert.

S. 136 Z. 13. Herr K. Madsen in Kopenhagen signalirt mir

eine alte Copie dieses Bild auf Schloss Gaunö bei Kopenhagen.

S. 137 [1]). Ein bezeichnetes Bild von Jurriaen Jacobsz (Jagdhund) war im Sommer 1892 in der Sportausstellung zu Scheveningen zu sehen.

S. 140 Z. 19. Von der Bezeichnung J. L. 1640 hat sich bei einer kürzlich vorgenommenen Restauration das Datum als falsch erwiesen.

S. 144 Z. 11. Das Bild befindet sich nach freundlicher Mitteilung des Ritter A. de Stuers noch heutigen Tages bei der Herzogin von Sesto, Wittwe des Herzogs de Morny zu Paris.

S. 145 Z. 13. Das Selbstbildnis Mierevelds ist noch zu Woburn Abbey vorhanden.

S. 148 Z. 9. Die im Waisenhaus zu Kuilenburg vorhandenen Bildnisse können, wie ich mich kürzlich durch Augenschein zu überzeugen die Gelegenheit hatte, nicht mit den von van Mander erwähnten identificirt werden. Sie sind später als 1604 entstanden und nicht in ganzer Figur.

S. 150 Z. 10 ff: Ein Bild dieses Gegenstandes von v. Neck in der Galerie Moltke zu Kopenhagen, Cat. 1884 Nr. 131.

S. 156 Z. 17. Nach Houbrakens Berichtigung zu G. S. I 312 ist die „Errichtung der ehernen Schlange" zu streichen.

S. 157 Z. 13 v. u. Ein zweites Bild mit sechs lebensgrossen Halbfiguren unter offenbarem Einfluss der Venezianer Giorgione bzw. Bonifacio ist aus der Galerie Blenheim in den Besitz des Kunsthändlers Sedelmeijer zu Paris übergegangen, Bode, Studien Nr. 141.

S. 157 Z. 10 v. u. Vgl. die Anmerkung [1]) auf S. 334. Den Entwurf zu dem Bilde besitzt der Maler Leon Bonnat zu Paris; reproduzirt bei Lippmann Nr. 172. Näheres bei Bode, Jahrbuch der K. P. Kunsts. 1892 IV.

S. 161 Z. 12 v. u. Das Schützenstück Sandrarts wird in der Teutschen Academie vorerwähnt, ist daher mit dem Zeichen ° zu versehen.

S. 166 Z. 17. Es ist m. W. kein Beweis vorhanden, dass das Louvrebild die Familie Meerman darstellt und mit dem von Houbraken erwähnten identisch ist.

S. 168 Z. 17 ff. Das Bild wird mit Bezugnahme auf Houbrakens Erwähnung von Hoet (II 474) im Cabinet des H. Verschuring beschrieben.

S. 169 Z. 9. Das Bild kommt zu Houbrakens Zeiten in mehreren Auctionen vor und erzielt stets hohe Preise: Joh. v. Tongeren, Haag 24 März 1692 f 117 (H. I 13); Herm. van Swol, Amsterdam 22 Apr. 1699 f 360 (H. I 47); 2 Mai 1708, Dordrecht f 370 (H. I 119; vgl. oben S. 6); Jac. v. Hoek, Amsterdam 12 Apr. 1719, f 230 (H. I 222).

S. 170. Vor Terborch ist einzufügen:

Teniers, Dav. (I 372) *Zwei Affenbilder: eine Wachtstube und eine Szene vor dem Kriegsgericht, Gegenstücke; letzteres ausführlich beschrieben.

S. 174 Z. 2. Herr Dr. A. Sträter zu Aachen teilt mir mit, dass er sich aus seiner Jugendzeit noch erinnere, die Kreuzabnahme des A. v. d. Velde in der Franz. Xaveriuskirche gesehen zu haben.

Z. 16. Das Brüsseler Bild ist eine Landschaft Verhaeghts schlechthin, kein Turmbau zu Babel. Zwei andere Landschaften im Museum-Suermondt zu Aachen und bei Paul Mantz zu Paris.

S. 175 Z. 21. Hinter Cornelis Engelsz ist Verspronck zu tilgen, ein Name, der nur vom Sohne Johannes Verspronck geführt wurde.

S. 177 Z. 9. Vergl. über dies Bild bereits oben S. 6. Es ist, wie ich mich durch Augenschein zu überzeugen die Gelegenheit hatte, keineswegs mit dem Bilde der Galerie Orléans und der Sammlung Mniszech identisch.

S. 179 Z. 19 f. Auch im Museum zu Lille wird eine Magdalena von van der Werf aufbewahrt, sie ist ebenfalls grösser als das ehemalige Braunschweiger Exemplar: pl. m. 40 $\times$ 30 c.M.

S. 183 Z. 13 v. u. Dasselbe Bild nochmals in der historischen Galerie des Brüsseler Museums. Es ist aber nicht ganz mit der von Houbraken beschriebenen Darstellung identisch; letztere ist vielmehr der bei Fred. Muller, Historieprenten Nr. 523, erwähnte Stich.

S. 193 Z. 14 ff. Ein drittes Gemälde vom Jahre 1634 in der

Sammlung Ed. André zu Paris stellt Christus dar, wie er das Brod brechend, eben von den Jüngern erkannt worden ist. Im Hintergrunde eine vierte Figur beim Herde. Diese Darstellung ist offenbar das Prototyp von Houbrakens Radirung, welche mit Weglassung des Hintergrundes gegenseitig danach genommen ist. Der Jünger des Vordergrundes ist — mit anderer Haltung der Hände — auf dem Bilde Christus, dem der zweite Jünger zu Füssen gefallen ist. Letzterer ist sehr dunkel gehalten und daher von Houbraken verkannt; er hat nur eine unförmliche und unmotivirte Kleidermasse herübergenommen. Der leere Stuhl von veränderter Form ist auf der Radirung derjenige Christi, auf dem Bilde der des anbetenden Jüngers. Durch den übertriebenen Ausdruck der Gesichter ist das Bild ein äusserst charakteristisches Beispiel der von Bode sogenannten Sturm- und Drangperiode in der Darstellung biblischer Vorgänge (ungläubiger Thomas in Petersburg, Petrusschifflein in der Sammlung Hope-London, Mahlzeit des Belsazar zu Knowsley House usw.).

S. 197 Z. 2 v. u. Statt 32,6 lies 326,

S. 214 Z. 5 statt Corn. lies Theod. Schrevelius.

S. 216 Z. 11 nach Houbraken einzufügen (II 233).

S. 225 Z. 3 v. u. Ich habe übersehen, dass der Appendix der zweiten Ausgabe van Manders zu dieser Stelle bemerkt: Hier most staen, acht stucken, in elck twee Peerden, maecken sesthien Conterfeijtselen.

S. 228 Z. 8 statt S. 288 lies S. 188.

Z. 12 „ S. 240 „ S. 250.

S. 234 f. Die Stellen über Joh. v. Balen und Fr. Snijders stehen nicht in der richtigen Reihenfolge. Sie gehören zwischen P. P. Rubens und H. v. d. Borcht.

S. 333 Z. 2. Das Bild ist inzwischen in den Besitz des Verein Rembrandt in Amsterdam übergegangen.

S. 364 zw. Z. 3 und 2 v. u. einzuschalten S. 160. Im Local der Schiffergilde eine Allegorie des Adr. Verveer. Näheres bei Kramm i. v.

S. 402 Z. 5 nach Houbraken einzuschalten: (I 205).

S. 405 Z. 7 statt Febr. lies August.

S. 417 Z. 11 statt S. 347 lies S. 337.

S. 427 Mit Bezugnahme auf S. 160 Z. 16 von unten ist zwischen der ersten und zweiten Zeile einzuschalten:

B. III S. 141 f. P. P. Rubens, Ausführliche Beschreibung einer Darstellung der Dürre zu Davids Zeiten, der Vorrede des Trauerspiels „de Gebroederen" entlehnt.

S. 428 Z. 17. Die Worte Die Entlehnung bis erfolgt sind zu streichen.

S. 451 ff. Herrn J. Ph. v. d. Kellen verdanke ich noch folgende Zusätze zu diesem Abschnitt:

Crabeth, D. und W. Diese Bildnisse gehören nicht zu Walvis, obwohl sie manchmal darin vorkommen.

Hals, Fr. Nach demselben Selbstbildnis copirt, wonach das Schabkunstblatt des C. v. Noorde (1767) gemacht ist. Baillie lebte später als Houbraken.

Potter, Paul. Wohl nach dem v. d. Helst des Haager Museums. Ich selbst finde die Nachahmung etwas zu frei.

v. Veen, Oct. Das beiden Stichen zu Grunde liegende Original ist von Paul Pontius in folio gestochen.

v. d. Vinne, Vinc. Nach einer Zeichnung des Leend. v. d. Koogen.

Voorhout, Joh. Nach dem Selbstbildnis, von A. v. Halen geschabt,

v. d. Werf, Adr. Nach dem Bildnis auf dem jetzt zu München aufbewahrten Gemälde Nr. 465.

ERSTES REGISTER.

UEBERSICHT DER BIOGRAPHIEN HOUBRAKENS SAMMT IHREN QUELLEN, WIE SIE IM ZWEITEN TEIL NACHGEWIESEN SIND [1]).

ABKÜRZUNGEN:

A. = Ampsing.
Ba. = Balen.
dB. = de Bie.
Bl. = Bleijswijk,
lC. = le Comte.
Ged. = Gedichtsammlungen.
GB. = Gildebücher.
H. = Hoogstraten.
I. = Iconographie.
vL. = v. Leeuwen.
M. = Meyssens.
vM. = v. Mander.
O. = Orlers.
dP. = de Piles.
S. = Sandrart.
dSA. = Anhang zum deutschen Sandrart.
lS. = lateinischer Sandrart.
Sch. = Schrevelius.
W. = Walvis.
Ww. = Wegwijzer.

Die übrigen Ausdrücke verstehen sich von selbst.
Die Zahl mit der Römischen Ziffer ist die Seitenzahl der Groote Schouburgh.

[1]) Bei der Benützung bitte ich die Anmerkung [2]) auf S. 92 zu beachten.

ZWEITES REGISTER.

ORTSVERZEICHNIS DER NOCH VORHANDENEN, BESPROCHENEN KUNSTWERKE.

[1]) Wo kein Name der Sammlung angegeben wird, ist stets das öffentliche am Ort befindliche Museum gemeint.

Delft.

Dendermonde.

Dessau.

Deventer.

Doorn.

Dordrecht.

Dresden.

Dulwich.

Düsseldorf.

Elseneur.

Haarlem.

Hamburg.

Hamptoncourt.

Hannover.

Hoorn.

Hopetown House.

Innsbruck.

Karlsruhe.

Kiel.

Knowsley-House.

Köln.

Kopenhagen.

Kuilenborg.

Leiden.

Leipzig.

Lille.

Linden.

Lissabon.

London.

Paris.

Pest.

St. Petersburg.

Pommersfelden.

Prag.

Wien.

Windsor Castle.

Woburn Abbey.

Wörlitz.

Zeist.

DRITTES REGISTER.

Allgemeines Personenverzeichnis [1]).

[1]) Selbstverständlich sind hier die Stellen des ersten Registers, — bzw. die Künstler denen im zweiten Teile §§ gewidmet sind, — nicht wieder verzeichnet. Auch hier bitte ich um Berücksichtigung der Anmerkung [2]) anf S. 92.

[1]) Moritz oder Friedrich Heinrich. [2]) Friedrich Heinrich oder Wilhelm II.

Made in the USA
Las Vegas, NV
14 November 2024

11639321R10302